Jahrbuch der Deutschen Vereinigung
für Chinastudien 16

2023
Harrassowitz Verlag · Wiesbaden

Wissensorte in China

Herausgegeben von
Martin Hofmann und Joachim Kurtz

2023
Harrassowitz Verlag · Wiesbaden

Bibliografische Information der Deutschen Nationalbibliothek
Die Deutsche Nationalbibliothek verzeichnet diese Publikation in der Deutschen
Nationalbibliografie; detaillierte bibliografische Daten sind im Internet
über https://www.dnb.de/ abrufbar.

Bibliographic information published by the Deutsche Nationalbibliothek
The Deutsche Nationalbibliothek lists this publication in the Deutsche
Nationalbibliografie; detailed bibliographic data are available on the internet
at https://www.dnb.de/

Informationen zum Verlagsprogramm finden Sie unter
https://www.harrassowitz-verlag.de/
© Otto Harrassowitz GmbH & Co. KG, Wiesbaden 2023
Das Werk einschließlich aller seiner Teile ist urheberrechtlich geschützt.
Jede Verwertung außerhalb der engen Grenzen des Urheberrechtsgesetzes ist ohne
Zustimmung des Verlages unzulässig und strafbar. Das gilt insbesondere
für Vervielfältigungen jeder Art, Übersetzungen, Mikroverfilmungen und
für die Einspeicherung in elektronische Systeme.
Gedruckt auf alterungsbeständigem Papier.
Lektorat: Guje Kroh
Druck und Verarbeitung: docupoint GmbH
Printed in Germany
ISSN 1860-8531
ISBN 978-3-447-12125-5

Inhalt

Martin Hofmann und Joachim Kurtz
Vorwort 7

Joachim Kurtz
Wissensorte im kaiserzeitlichen China: Eine impressionistische
Bestandsaufnahme 13

Emily Graf
Pu Songlings *Liaozhai* als Wissensort: Ein Raum, ein Rollbild
und das Einfangen des Schaffensmoments 59

Chen Hailian
Daxuetang für die Institutionalisierung der Ingenieurwissenschaft:
Von der Bowen-Akademie zur Beiyang-Universität 87

Immanuel Spaar
Neue Wissensorte: Die „Gemeinschaften" (*jianghui*) der Schüler
von Wang Yangming (1472–1529) 115

Martin Hofmann
Vom Laien zum Leiher: Ausbildung und Wissenstransfer
in spätkaiserlichen Pfandleihhäusern 135

Damian Mandżunowski
Factory State of Mind: Spreading "Three Ardent Loves"
via Collective Reading Activities in Tianjin, 1983–1985 165

Lu An
Die Sutren auf dem Rondell: *Lunzang* und öffentliche Klöster
in der Nördlichen Song-Zeit (960–1127) 193

Xie Shuyue
Bücherboote als mobile Wissensorte in der späten Kaiserzeit 221

Eve Y. Lin
Cultural Biography of the "Avant-Garde": Intellectual Bookstores
and the Legacy of High Culture 241

Liu Wenqing
Enzyklopädie in Versform? Eine Betrachtung von Li Qiaos (*c.* 645–714)
Gedichtzyklus vor dem Hintergrund Tang-zeitlicher Enzyklopädien 267

Virginia Y. Y. Leung
Literarische Zeitungsbeilagen im Hongkong der 1950er: Ein Wissensort
für chinesische Intellektuelle im Exil 291

Lena Henningsen
Fictional Texts as Sites of Knowledge: From Intertexts to Transtextuality 311

Zu den Autorinnen und Autoren 329

Vorwort

Wissensorte sind wie alle Orte Bestandteile räumlicher Konstellationen, die bestimmte Handlungs- und Denkweisen ermöglichen oder begünstigen, während sie andere einschränken oder erschweren. Als solche üben sie konkreten Einfluss darauf aus, wie Wissen in seinen vielfältigen Formen hervorgebracht, gespeichert und weitergegeben wird. Die Bedeutung von Orten für die Geschichte des Wissens wurde im Zuge des *spatial turn* in grundlegenden Studien herausgearbeitet. Im Rahmen dieser Hinwendung zum Raum sind Fragen nach den örtlichen Bedingungen von Wissen und somit von Wissensorten in den Fokus verschiedener Geistes- und Sozialwissenschaften gerückt: Welche Orte spielten bei der Sammlung und Interpretation von Wissen eine besondere Rolle? Wie haben räumliche Bedingungen Theorien und Verfahrensweisen beeinflusst? Welche ortsspezifischen Formen und Medien wurden benutzt, um Wissen zu bewahren oder weiterzugeben? Und welche Relevanz hat der räumliche Bezug für die Gültigkeit des Wissens?

Für China haben einige Studien, teils gezielt und teils am Rande, angedeutet, wie bestimmte Orte mit ihren spezifischen Gegebenheiten das Wissen von Akteuren geprägt haben und prägen. Aufgrund der inhaltlichen Breite und historischen Tiefe der Frage nach Wissensorten wurden viele Themenfelder und Problemstellungen allerdings bislang nicht oder nur skizzenhaft bearbeitet. Dieser Umstand ist nicht zuletzt deshalb bedauerlich, weil Fallstudien zu chinesischen Wissensorten eine Ergänzung und Erweiterung der Begriffs- und Theoriebildung versprechen, die weitgehend von Studien zu europäischen oder anglo-amerikanischen Beispielen bestimmt wird.

Der vorliegende Band möchte einen Beitrag dazu leisten, chinesischen Wissensorten größere Aufmerksamkeit zu sichern. Er dokumentiert ausgewählte Beiträge zur XXX. Jahrestagung der Deutschen Vereinigung für Chinastudien (DVCS), die mit dem Thema „Wissensorte in China" vom 15. bis 17. November 2019 am Centrum für Asienwissenschaftliche und Transkulturelle Studien (CATS) der Ruprecht-Karls-Universität Heidelberg stattfand.

Die elf, zum Teil auf Englisch verfassten Einzelstudien und der einführende Überblicksartikel spannen einen zeitlichen Bogen von der Han-Zeit bis zur Gegenwart. Thematisch stehen mit Institutionen der höheren Bildung, Stätten der beruflichen Aus- und Weiterbildung, Orten der Präsentation und Vermarktung von Büchern sowie

Texten, die sich als Wissensorte eigener Art verstehen lassen, vier Bereiche im Fokus dieses Bandes, die einander sinnvoll ergänzen und in bisherigen Studien noch nicht ausreichend untersucht wurden.

In seinem einführenden Aufsatz rekapituliert Joachim Kurtz die theoretischen Entwicklungen, die Studien zu Wissensorten angeregt haben und lässt einige der Orte Revue passieren, welche die Produktion und Weitergabe von Wissen im China der Kaiserzeit geprägt haben. Ohne Anspruch auf Vollständigkeit zu erheben, legt sein Überblick das Fundament für eine Bestandsaufnahme der einschlägigen sinologischen Literatur und benennt Bereiche, die für künftige Forschung als besonders vielversprechend erscheinen.

Die folgenden drei Beiträge befassen sich mit der Einrichtung und Entwicklung von Institutionen höherer Bildung. Emily Graf zeigt am Beispiel des Museums für den Schriftsteller Pu Songling, wie politische Ideologie die Auswahl, Kombination und Kontextualisierung von Ausstellungsstücken bestimmt und damit die Wissensvermittlung zu einer historischen Figur prägt. Dabei wird insbesondere das Spannungsverhältnis zwischen dem literarischen Werk des Autors und seiner späteren geschichtlichen Einordnung deutlich. Der Aufsatz von Chen Hailian beleuchtet die Gründung einer der ersten modernen Bildungseinrichtungen in China, der Beiyang-Universität in Tianjin. Er zeigt, dass dieser Ort zur Ausbildung von Ingenieuren konzeptionell Anleihen bei westlichen Bildungseinrichtungen nahm und auch ein Teil des Personals, der Lehrmethoden und der Ausstattung aus westlichen Ländern stammte. Zugleich baute die Beiyang-Universität auf chinesischen Vorläuferinstitutionen und Ausbildungskonzepten auf und schloss an einen chinesischen Diskurs zu technischer Ausbildung an, in dem traditionelle konfuzianische Vorstellungen eine integrale Rolle spielten. Der Aufsatz von Immanuel Spaar beleuchtet den Einfluss von Regeln und Ritualen auf Lehre und Lernen im Umkreis von Akademien in der späten Ming-Zeit. Im Zuge regelmäßiger Zusammenkünfte der sogenannten „Gemeinschaften" der Schüler Wang Yangmings wurden die Einhaltung moralischer Konventionen und die individuellen Lernfortschritte überprüft. Wurden die Gemeinschaften anfangs noch in Akademien abgehalten, bewirkte die zunehmende Ritualisierung des Ablaufs der Treffen, dass die Gemeinschaften bald losgelöst von Akademien an unterschiedlichen Orten stattfinden konnten.

Zwei weitere Beiträge dieses Bandes richten den Blick auf berufliche Aus- und Weiterbildungsstätten. Martin Hofmann zeigt, welche Anforderungen an Lehrlinge in chinesischen Pfandleihhäusern der späten Kaiserzeit gestellt und wie sie ausgebildet wurden. Die Analyse von Handbüchern zum Pfandleihgewerbe macht deutlich, dass neben Fähigkeiten zur exakten Bewertung, sicheren Verwahrung und korrekten Verbuchung von Pfandstücken auch moralisches Betragen und Menschkenntnis geschult werden sollten. Die Handbücher selbst dienten als Hilfsmittel bei der Ausbildung, konnten mündliche Belehrung sowie eigene Erfahrung und Beobachtung aber nur ergänzen, nicht ersetzen. Damian Mandżunowski betrachtet eine besondere Funktion von Fabriken in der Volksrepublik China: Die Weitergabe von Wissen beschränkte sich dort nicht nur auf die Prozesse der Güterproduktion, sie umfasste auch ideologische Indoktrinierung. In Lesegruppen wurden den Mitarbeitenden ausgewählte politische Texte vermittelt, um Patriotismus, die Loyalität gegenüber der Kommunistischen Partei und das Verständnis für die Notwendigkeit eines Sozialismus mit chinesischen Besonderheiten zu stärken.

Wissensorte, an denen Bücher als Träger aber auch Symbol von Wissen und Bildung vermarktet werden, stehen im Zentrum der folgenden drei Beiträge. Der Aufsatz von Lu An erläutert die rituelle Bedeutung einer Apparatur in buddhistischen Klöstern der Nördlichen Song-Zeit. Das *lunzang*, ein mit buddhistischen Sutren bestücktes, drehbares Bücherregal, ermöglichte Laien einen symbolischen Wissenserwerb und wurde so zu einer wichtigen Einnahmequelle der Klöster. Die Organisationsform der öffentlichen Klöster, so argumentiert der Autor, begünstigte die zunehmende Verbreitung dieser Vorrichtungen. Der Beitrag von Xie Shuyue zu Bücherbooten zeigt, dass Buchhändler in der späteren Kaiserzeit nicht immer an einen bestimmten Ort gebunden waren, sondern ihre Ware über große Distanzen zu unterschiedlichen Kunden brachten. Durch die Mobilität ihrer Boote waren die Buchhändler in der Lage, Wissen in Form von Büchern und Wissen über Bücher an verschiedenen Orten zu erwerben und an Interessenten weiterzugeben. Die Mobilität hatte allerdings ihren Preis: Für die Kunden bedeutete sie, dass das angebotene Wissen flüchtig war und zügig in Besitz genommen werden musste, denn die Boote verweilten nie lange an einem Ort. Der Beitrag von Eve Y. Lin hebt hervor, dass heutige, unabhängige Buchläden keinesfalls bloße Umschlagplätze für das in Büchern enthaltene Wissen sind. Vielmehr setzen diese Läden sich und ihre Waren gezielt in sorgfältig inszenierte intellektuelle Kontexte, um trotz zunehmender Kommerzialisierung des Buchgeschäfts ihre kulturelle Bedeutung zu behaupten. So verdeutlicht das Beispiel der Librairie Avant-Garde in Nanjing, dass nicht allein die angebotenen Bücher, sondern insbesondere der Besuch des Buchladens vor Ort dem Kunden den Eindruck vermitteln soll, Teil einer geistigen Elite zu sein.

Die drei abschließenden Aufsätze befassen sich mit Texten als Wissensorten. Die Aspekte der Wissenskategorisierung und Wissensselektion stehen im Fokus des Beitrags von Liu Wenqing, in dem ein umfangreicher Zyklus von sogenannten „Dinggedichten" aus der Tang-Zeit betrachtet wird. Auch wenn die einzelnen Gedichte primär moralische und belehrende Ziele verfolgen, hat der gesamte Zyklus enzyklopädischen Charakter, da er nach Sachthemen geordnet ist und inhaltlich zahlreiche Überschneidungen zu zeitgenössischen Enzyklopädien aufweist. Durch die besondere Form des Gedichts entstand ein komprimiertes, leicht memorierbares Wissensarchiv. Zugleich bedeutete die starke Verknappung der Inhalte aber, dass der Leser ein umfangreiches Vorwissen haben musste, um die Verweise auf historische Figuren und deren Verhaltensweisen zu verstehen. Der literarische Wissensort des Fortsetzungsromans steht im Zentrum der Untersuchung von Virginia Y. Y. Leung. Für chinesische Intellektuelle, die sich während der 1950iger Jahre im Exil in Hongkong aufhielten, bot der Fortsetzungsroman in Zeitungsbeilagen mit erheblicher Reichweite eine Möglichkeit zur Fortführung oder Wiederbelebung ihrer literarischen Karrieren. Besonders linksgerichteten Intellektuellen diente das Format als politisches Sprachrohr und als Mittel, über Erlebnisse, Kenntnisse und Ideen aus ihrer Heimat, dem chinesischen Festland, zu reflektieren. Schließlich richtet auch Lena Henningsen den Blick auf den Wissensort des literarischen Textes. Sie erklärt am Beispiel der Kurzgeschichte „Banzhuren", die kurz nach der Kulturrevolution verfasst wurde, dass in dieser Zeit beschränkter Verfügbarkeit von Texten die Leseakte innerhalb der fiktionalen Erzählung eine besondere Bedeutung hatten. Das Lesen und Interpretieren von Texten durch Figuren innerhalb der Kurzgeschichte eröffnete den Lesern der Geschichte neue Bedeutungsebenen und Wissenszusammenhänge.

Natürlich können die hier versammelten Beiträge auch in ihrer Summe das Thema „Wissensorte in China" keinesfalls erschöpfen. Sie verweisen allerdings auf einige Besonderheiten. Chinesische Wissensorte benötigen nicht immer einen festen Platz, sondern sind zuweilen auch mobil und ortsungebunden. Sie dienen der Archivierung und Weitergabe von Wissen, gleichzeitig aber auch seiner Interpretation und Neuorganisation. Zudem sind die wissenschaftlichen, erzieherischen oder ideellen Funktionen der Wissensorte sind oft verknüpft mit rituellen, symbolischen oder kommerziellen Bedeutungen. Zu hoffen steht, dass die zusammengetragenen Erkenntnisse des vorliegenden Bandes als Anstoß und Ideengeber für weitere Forschung in diesem Bereich dienen können.

Die Herausgeber sind zahlreichen Personen zu Dank verpflichtet. Die Ausrichtung der Tagung wäre nicht möglich gewesen ohne die umsichtige und tatkräftige Hilfe von Minna Hon, Huang Sing, Shupin Lang, Björn Schmidt und insbesondere von unserer Mitorganisatorin Virginia Leung. Für die Unterstützung bei der Herausgabe des Bandes danken wir zunächst den zahlreichen Fachkolleginnen und Fachkollegen, die uns im Rahmen des Peer-Review-Verfahrens wertvolle Einschätzungen und Hinweise zu den eingereichten Manuskripten gegeben haben. Monica Klasing Chen, Margo Krewinkel und Virginia Leung waren an der Redaktion der Beiträge beteiligt und haben mit scharfem Blick Fehler und Inkonsistenzen aufgespürt. Die Mitarbeiterinnen und Mitarbeiter des Harrassowitz Verlags sowie der Vorstand der DVCS, insbesondere Roland Altenburger, haben die Gestaltung und Produktion dieses Bandes auf konstruktive und effiziente Weise begleitet. Schließlich gilt unser besonderer Dank den Autorinnen und Autoren der Beiträge für ihr Engagement und ihre Geduld.

Heidelberg, im April 2023   Martin Hofmann und Joachim Kurtz

Wissensorte im kaiserzeitlichen China: Eine impressionistische Bestandsaufnahme

Joachim Kurtz

Is all knowledge "local"? And what do answers to this question imply for our understanding of the validity and acceptance of knowledge claims in different times and regions? It is these two issues that inspired growing interest in sites of knowledge in cultural studies and social sciences during the last decades. Although this trend did not go unnoticed in Chinese Studies, there are yet no systematic investigations of the variety and specificity of the diverse places and spaces in which knowledge was, and continues to be, generated, circulated, and stored in Sinophone realms. The articles collected in this volume contribute toward filling this lacuna. To situate their endeavor, this introductory essay recapitulates some of the theoretical references on which empirical studies of sites of knowledge in imperial China can draw and offers an impressionistic survey of the existing literature on their Chinese iterations.

Ist alles Wissen „lokal", also gebunden an die spezifischen Orte seiner Entstehung, Vermittlung und Bewahrung? Und was folgt aus Antworten auf diese Frage für unser Verständnis dessen, was zu verschiedenen Zeiten und an unterschiedlichen Orten als Wissen anerkannt wurde? Es sind diese beiden Grundprobleme, die „Wissensorte", das Sujet der hier dokumentierten Tagung, in den letzten Jahrzehnten in den Mittelpunkt des Interesses der Kultur- und Sozialwissenschaften gerückt haben. Gewiss hat dieses anhaltende Interesse auch in der chinabezogenen Forschung Spuren hinterlassen; eine systematische Untersuchung, die der Vielfalt und Eigenart der Wissensorte gerecht würde, die in der chinesischsprachigen Welt in Vergangenheit und Gegenwart Bedeutung erlangt haben, steht allerdings aus. Dies ist aus zwei Gründen bedauerlich: zum einen trägt dieses Defizit dazu bei, dass Theorien zu Wissensorten – wie Konzeptualisierungen vieler anderer Gegenstände der Kultur- und Wissensforschung – einseitig auf europäischen und nordamerikanischen Erfahrungen aufbauen, vielfach ohne dass sich deren Verfasser dieser Schlagseite bewusst wären. Zum anderen lässt es Möglichkeiten unausgeschöpft, unser Verständnis epistemischer Formationen und Prozesse in China durch detaillierte Rekonstruktionen der physischen, sozialen und symbolischen Räume zu erweitern[1], in denen Wissen von unterschiedlichen Akteuren,

---

1 Zu diesen drei Repräsentationsformen des Raumes siehe Ash 2000, S. 237–239.

Gruppen und Institutionen mit ihren je eigenen Horizonten und Intentionen produziert, verbreitet, bestritten oder verteidigt wurde und wird.

Die folgenden Überlegungen stellen den weiteren Forschungszusammenhang vor, in den die Thesen und Argumente der in diesem Band versammelten Beiträge einzuordnen sind. Dazu rekapituliere ich in einem ersten Schritt einige der theoretischen Bezugspunkte, auf denen Studien zu Wissensorten, nicht nur in China, aufbauen können. Der zweite Schritt besteht aus einer keinerlei Vollständigkeit beanspruchenden Bestandsaufnahme von Wissensorten im kaiserzeitlichen China, die auf sinologischen Arbeiten aufbaut, in denen solche Orte eine mehr oder weniger prominente Rolle spielen.

Wissensorte und der Spatial Turn

Vertreter kulturwissenschaftlich ausgerichteter Fächer wie der Ethnologie haben seit über einem Jahrhundert betont, alle Formen von Wissen seien als ortsgebunden aufzufassen.[2] Dabei ging es ihnen unter anderem darum, indigene Wissensformationen der oft herablassenden Kritik einer sich als universell gerierenden, eurozentrischen Vernunft zu entziehen und in ihrer Besonderheit, wenn nicht zu erhalten, so doch zu begreifen. Mitunter verbanden sich diese wohlmeinenden Schutzbemühungen mit einem geographischen oder klimatischen Determinismus, der kulturelle Eigenheiten zu Funktionen natürlicher Umwelten erklärte und sie damit, ungewollt und unbemerkt, eines Gutteils ihrer Dynamik und Innovationsfähigkeit beraubte. Spezifische Wissensorte, die auf einer niedereren Maßstabsebene als Makroregionen und Kulturräume angesiedelt sind, stießen in dieser Sichtweise auf wenig Interesse.

Dies änderte sich grundlegend mit dem vielfach allzu triumphierend ausgerufenen *spatial* oder *topographical turn* seit den späten 1960er Jahren. Der Beginn dieser Neuorientierung wird oft mit dem Projekt einer Historisierung der Räumlichkeit verbunden, demzufolge Räume nicht als in sich stabile Bedingungen, sondern als wandelbare Ergebnisse sozialer Interaktionen zu verstehen seien. Als Verkünder dieser Wende wird gemeinhin Michel Foucault angeführt, der in einem Interview aus dem Jahr 1967 ein neues „Zeitalter des Raumes" beschwor:

> Die große Obsession des 19. Jahrhunderts war bekanntlich die Geschichte: Themen wie Entwicklung und Stillstand, Krise und Zyklus, die Akkumulation des Vergangenen, die gewaltige Zahl der Toten, die bedrohliche Abkühlung

---

2 Siehe z. B. Tylor 1871; für eine neuere Formulierung siehe Geertz 1983.

[*sic!*] des Erdballs. [...] Unsere Zeit ließe sich dagegen eher als Zeitalter des Raumes begreifen. Wir leben im Zeitalter der Gleichzeitigkeit und des Aneinanderreihens, des Nahen und des Fernen, des Nebeneinander und des Zerstreuten. Die Welt wird heute nicht so sehr als ein großes Lebewesen verstanden, das sich in der Zeit entwickelt, sondern als ein Netz, dessen Stränge sich kreuzen und Punkte verbinden.³

Inhaltlich beschritt Foucault kaum Neuland. Er lenkte jedoch verstärkte Aufmerksamkeit auf Ansätze zu einer dynamischeren Sicht physischer, sozialer und symbolischer Räume, die sich bis zur Wende des 20. Jahrhunderts zurückverfolgen lassen, deren Implikationen aber erst jetzt detailliert ausbuchstabiert wurden. Soziologische Arbeiten erklärten, wie im Vollzug gelebter Praxis die Wahrnehmung und begriffliche Vorstellung räumlicher Konstellationen immer wieder neu konstituiert wurde.⁴ Und eine Armada humangeographischer Studien entwickelte eine radikale Kritik an abstrakten Raumvorstellungen und insistierte, dass Räume nicht als natürlich gegeben aufzufassen seien, sondern als „gemacht" begriffen werden müssten.⁵ Selbst der physische Raum der cartesianischen Geometrie könne, wie David Livingstone es griffig formulierte, nicht als „neutraler Behälter" angesehen werden, innerhalb dessen sich soziale Beziehungen ereigneten, oder als bloße „Bühne", auf der sich die eigentlichen Handlungen abspielten. Vielmehr ermögliche und verhindere der nie rein physische Raum, was in bestimmten Situationen gesagt, getan und verstanden werden könne.⁶ Als Konsequenz dieser Analysen bildete sich ein Verständnis, das räumliche Konstellationen als unauflöslich eingebunden in soziale Praktiken betrachtete, die erst im Vollzug ihre wahrnehmbare Wirklichkeit gewannen.

Die Impulse, die von der Historisierung des Raumes und seiner Bestimmung als Ort sozialer Interaktion ausgingen, wurden in vielen Fächern der Geistes-, Kultur- und Sozialwissenschaften produktiv aufgenommen.⁷ Die Wissensforschung hat sich dem *spatial turn* mit besonderer Hingabe verschrieben. Dass Wissen nie ortlos sein kann, hatte schon die klassische Wissenssoziologie erkannt. Doch erst in den letzten Jahrzehnten wurden die Folgen dieses Befundes im Dialog mit Ethnologie, Geographie, Philosophie und bald auch diversen Regionalwissenschaften in empirischen Studien

---

3 Im Original Michel Foucault, „Des autres espaces" (1967), deutsche Übersetzung in Dünne und Günzel 2006, S. 317.
4 Siehe insbesondere Lefebvre 1974; Soja 1996.
5 Siehe etwa Finnegan 2008; Gieryn 2000.
6 Livingstone 2003, S. 7.
7 Siehe beispielsweise Cosgrove 1999, S. 1–23; Crang und Thrift 2000, S. 1–30.

dingfest gemacht. Lokalisierung und Positionierung zählen inzwischen zu den nicht wegzudenkenden Anforderungen an wissensgeschichtliche und -soziologische Forschungen.[8] Ursprünglich farblose geographische Termini wie Territorium, Maßstab, Topographie, Landschaft und Grenze gewannen im Zuge ihrer Aneignungen in fachfernen Zusammenhängen eine theoretische und metaphorische Tiefe, die ihre disziplinären Verwendungsweisen bald überlagerten.[9] Sogar konzeptuell notorisch selbstbezogene Fächer wie die Literatur-, Kunst- und Medienwissenschaften adaptierten geographisch inspirierte Analyseverfahren und Ausdrucksweisen und trugen dazu bei, Foucaults Prophezeiung eines neuen Zeitalters, wenn auch nur vorübergehend, als zutreffend erscheinen zu lassen.

Eine Frage, die in unserem Zusammenhang entscheidend ist, fand seit Ende der 1970er Jahre verstärkte Aufmerksamkeit: was bedeutet die Hinwendung zum Raum für das Verständnis des Wissens und seiner diversen Erscheinungsformen? Diskussionen über die soziale, historische oder kulturelle Standortgebundenheit (*situatedness*) gingen dabei oft einher mit Reflektionen über den Begriff des Wissens allgemein.[10] Eine These, die sich als ungemein produktiv erweisen sollte, behauptete, dass es aus soziologischer Sicht sinnvoller sei, Wissen nicht, wie in einer auf Platon gründenden Tradition gängig, als „gerechtfertigte wahre Überzeugung" aufzufassen, sondern als das zu begreifen, was in konkreten Zusammenhängen „für wahr gehalten" werde.[11] Für Historiker und Kulturwissenschaftler wirkte diese lange nicht unumstrittene Unterscheidung, die zum Markenzeichen eines neuen Zweiges der Wissensforschung, der sogenannten historischen Epistemologie, wurde, geradezu befreiend. Sie ermöglichte es ihnen, auch scheinbar überzeitlich gültige Ideen wie „Wahrheit" und „Objektivität" zu historisieren, ohne sich dem Vorwurf auszusetzen, einem unweigerlich selbstwidersprüchlichen Relativismus das Wort zu reden.[12] Anstatt zu untersuchen, was eine Aussage oder Theorie – oder noch allgemeiner: ein epistemisches Objekt – als „wahr" erwies, konnten sie sich darauf beschränken, „die historischen Bedingungen unter denen, und die Mittel mit denen, Dinge zu Objekten des Wissens gemacht werden" zu erhellen.[13] Diese veränderte Zielsetzung entsprach einem transkulturell geläuterten Erkenntnisinteresse, das nicht mehr darauf bestehen musste zu zeigen,

---

8 Füssel 2021, S. 37–39.
9 Finnegan 2008, S. 369–370.
10 Siehe etwa Haraway 1988.
11 Bloor 1991, S. 5.
12 Siehe z. B. Shapin 1991; Daston und Gallison 2007.
13 Rheinberger 2007, S. 11.

dass vormoderne oder nicht-westliche Wissensformen aus moderner, europäischer Perspektive offensichtlichen Irrtümern unterlagen. Stattdessen konzentrierte man sich nun darauf, nachzuzeichnen, wie sich selbst drastische Variationen in kulturell gebundenen Überzeugungen ohne wertende Beurteilung erklären ließen.

Der Untersuchung von Wissensorten kommt bei diesem Vorhaben beträchtliche Bedeutung zu. Wie Adi Ophir und Steven Shapin in einem programmatischen Essay gezeigt haben, reflektieren Wissensorte das Beziehungsgeflecht zwischen Wissen und Macht, prägen die gesellschaftliche Verteilung des Wissens und tragen zur Herausbildung und Verfestigung mitunter konfligierender Überzeugungen hinsichtlich seiner Geltung und Legitimität bei.[14] Zugleich legen Wissensorte fest, welche Handlungsweisen zu bestimmten Zeiten möglich sind und welche Äußerungen in bestimmten Zusammenhängen als sinnvoll erscheinen. Wie schon Livingstone erkannte, spannen sie sozusagen den Rahmen auf, der festlegt, was in bestimmten Momenten gesagt, getan und verstanden werden kann. Wissensorte jeder Form und Größe setzen mit anderen Worten die Bedingungen der Möglichkeit dessen, was als gesichertes oder in spezifischen Milieus und epistemischen Gemeinschaften anerkanntes Wissen gelten kann. Ihre Rekonstruktion verspricht detaillierte und empirisch gesättigte Einblicke in Prozesse der Produktion, Weitergabe, Aushandlung und Unterdrückung von Wissensansprüchen und damit zugleich Aufschluss über die Mechanismen, die Wissen in epistemisch relevanten Situationen Anerkennung verschaffen.[15]

Die Begeisterung für Studien von Wissensorten entzündete sich indes weniger an theoretischen Beschwörungen als an konkreten Fallstudien, die den Mehrwert des Ansatzes illustrierten. Viele Arbeiten, die in diesem Kontext entstanden, gelten inzwischen als Klassiker der Wissenschaftsgeschichte.[16] Dies trifft vor allem auf Studien zu, die sich Orten widmen, die als Geburtsstätten der modernen Naturwissenschaften verehrt und gelegentlich verteufelt werden. Laboratorien und Observatorien etwa wurden als Orte analysiert, an denen neue Praktiken der Beobachtung und Verifikation entwickelt und ritualisiert wurden. Diese Praktiken, so argumentieren viele dieser Arbeiten, verkörperten oder fetischisierten neue epistemische Ideale, ohne die die „wissenschaftliche Revolution" nicht denkbar gewesen wäre.[17] Dabei wurde nicht

---

14 Ophir und Shapin 1991, S. 15.
15 Zum Begriff der epistemischen Situation, siehe Albrecht et al. 2016.
16 Einen handlichen Überblick bietet Füssel 2021, S. 39–76. Für ausführlichere Darstellungen siehe Livingstone 2003; Park und Daston 2006, S. 179–364.
17 Siehe etwa Latour und Woolgar 1979, Shapin 1988.

nur die Bedeutung der Architektur von Experimentalräumen untersucht;[18] ausgewertet wurden auch die Instrumente, die in der Verarbeitung materieller Ressourcen Verwendung fanden,[19] sowie die sozialen Konventionen, die den Zugang zu diesen Orten beschränkten und das Verhalten zugelassener Akteure regelten.[20] Schritt für Schritt nachgezeichnet wurde schließlich auch die Geographie der oft über Europa hinausweisenden intellektuellen, sozialen und ökonomischen Netzwerke, auf die selbst die unbestrittenen Zentren der modernen naturwissenschaftlichen Wissensproduktion angewiesen blieben.[21]

Kaum weniger Aufmerksamkeit wurde Schauräumen zuteil, also Orten, an denen Wissen zusammengetragen und katalogisiert, bald aber auch ausgestellt und einer zunehmend breiteren Öffentlichkeit zugänglich gemacht wurde.[22] Der Betrachtung unterzogen wurde dabei zum einen die Rolle von Kunst- und Wunderkammern sowie den aus ihnen hervorgehenden naturkundlichen und ethnographischen Museen für die taxonomische Neuordnung der Welt.[23] Zum anderen wurde die Bedeutung herausgearbeitet, die botanischen und zoologischen Gärten für die globale Verbreitung eines spezifisch modernen Verständnisses der Beziehungen von Natur und Kultur oder Mensch und Tier zukam.[24] Koloniale Verflechtungen und das ihnen eingeschriebene Machtgefälle, so wurde in diesen Arbeiten deutlich, waren für all diese Institutionen konstitutiv.[25] Der in ihnen erbrachte Nachweis der Allgegenwart von Dingen und Ideen aus der vermeintlichen außereuropäischen Peripherie untermauerte zugleich eine globalhistorisch bedeutsame Erkenntnis: auch die modernen Naturwissenschaften können nicht beanspruchen, exklusive Früchte einer historisch einzigartigen europäischen Rationalität zu sein, sondern müssen als Ergebnisse intensiver, wenn auch selten symmetrischer, transkultureller Koproduktionen begriffen werden.[26]

Obwohl die folgenreichsten Anstöße zum Studium von Wissensorten anfänglich von der Wissenschaftsgeschichte im engen Sinne ausgingen, war das Potenzial des Ansatzes keineswegs auf diese Perspektive beschränkt. Der wichtigste Impuls, auch

---

18 Siehe z. B. Galison und Thompson 1999.
19 Siehe unter anderem Shapin und Schaffer 1985, Rheinberger 2001.
20 Siehe etwa die Aufsätze in Agar und Smith 1998.
21 Secord 2004; siehe auch Smith 2009; Fan 2007; Harris 2006, S. 341–364.
22 Siehe z. B. Schramm, Schwarte und Lazardzig 2003.
23 Siehe etwa Findlen 1994; Asma 2001.
24 Siehe Brockway 2002; Fan 2004; Hoage und Deiss 1996; Miller 2013.
25 Siehe beispielsweise Seth 2009; Schiebinger und Swan 2007.
26 Siehe z. B. Raj 2007, 2017.

die Orte anderer Formen des Wissens in den Blick zu nehmen, ging von Christian Jacobs monumentalem und bis heute unvollendetem Projekt *Lieux de savoir* aus.[27] Jacob entlehnte den Titel seiner auf vier Bände angelegten Anthologie, von der bislang zwei jeweils etwa 1000-seitige Teile erschienen sind, explizit der von Pierre Nora initiierten Enzyklopädie französischer Erinnerungsorte (*lieux de mémoire*).[28] Anders als Nora, dessen Vorhaben nicht zuletzt auf eine Selbstversicherung der nationalen Identität des gegenwärtigen Frankreich abzielte, konzipierte Jacob sein Unternehmen von Anfang an epochenübergreifend und in weltbürgerlich-vergleichender Absicht.[29] Zudem ging es ihm nicht darum, eine vollständige Bilanz relevanter Orte vorzulegen, sondern nur Perspektiven für deren weitere Erforschung aufzuzeigen. Diese Offenheit ist dem Gegenstand des Wissens selbst geschuldet, dessen Erscheinungsformen und Funktionen in den *Lieux de savoir* weit disparater gefasst werden als die der letztlich stets auf Kontinuität und Identität ausgerichteten „Erinnerung" im Werk Noras. Laut Jacob erschöpft sich Wissen nicht in dem normativen Verständnis, das ihm in der modernen Wissenschaft zugeschrieben wird. In der globalgeschichtlichen *longue durée* müsse Wissen vielmehr als ein „Set von mentalen Werkzeugen, von Diskursen, Praktiken, Modellen und geteilten Vorstellungen" definiert werden, die es „Gesellschaften oder kleineren Gruppen ermöglichen, der Welt, in der sie leben, einen Sinn zu geben und ihr Handeln danach auszurichten."[30] Als solches sei Wissen ein „symbolisches Objekt", das gleichzeitig als „Identitätsmerkmal, Erkennungszeichen, Tauschwert, Machtinstrument oder soziales Bindeglied" fungieren könne.[31]

Jacobs Neubestimmung, die im Gleichklang mit vielen jüngeren Arbeiten zur Geschichte, Anthropologie und Soziologie des Wissens formuliert ist, rückt Aspekte des Wissensbegriffs in den Vordergrund, die zu den Kernthemen der Kultur- und Sozialwissenschaften gehören. Dem entspricht auch seine Konzeption der Räumlichkeit, die verlangt, den Raum in seinen physischen, politischen, sprachlichen und kulturellen Dimensionen als „zentralen Akteur" epistemischer Prozesse ernst zu nehmen. Diese Forderung erstreckt sich auf alle Phasen der Wissensbildung und schließt alle Maßstabsebenen ein, betrifft also die anscheinend zufällige Entdeckung von Ideenfetzen in isolierten Studierstuben ebenso wie die staatlich sanktionierte, transkontinentale

---

27 Jacob 2007, 2011.
28 Nora 1984–1992.
29 Jacob 2014, S. 59–62.
30 Jacob 2017, S. 86.
31 Jacob 2007, S. 20.

Zirkulation etablierter Wissensbestände.³² Jacobs globale „Bibliothek" – denn als nichts weniger möchte er seine Anthologie verwendet wissen – belegt, wie fruchtbar es sein kann, dieser Forderung nachzukommen. Wie ich im Folgenden zeigen möchte, erweist sich dies auch in Analysen von Wissensorten in der chinesischen Welt, selbst wenn diese bislang nur selten aus diesem Blickwinkel untersucht worden sind.

Chinesische Wissensorte

An Wissensorten werden Wissenskulturen greifbar. Die chinesische Welt hat eine Unmenge an Plätzen hervorgebracht hat, an denen Wissen generiert, weiterentwickelt, vermittelt und bewahrt wurde und wird. Eine Bestandsaufnahme der ihnen gewidmeten Forschung, zumal im Rahmen dieses einleitenden Essays, kann nicht mehr als Schlaglichter auf einige Orte werfen, die chinesische Wissenskulturen über Jahrhunderte geprägt haben. Dabei beschränke ich mich auf die Kaiserzeit, in der die Eigenheit derartiger Orte mitunter deutlicher wird als in Analysen der gewiss nicht weniger interessanten, chinesischen Versionen moderner Wissensorte. Schon aus Platzgründen konzentriert sich mein Überblick darüber hinaus auf eine beschränkte Auswahl von Wissensorten, welche die Gesellschaft des kaiserzeitlichen China geprägt haben und zu denen deshalb relativ umfassende Studien vorliegen, auf die sich meine kursorische Darstellung stützen kann. Dazu gehören Bildungsinstitutionen wie Schulen und Akademien, aber auch Prüfungshöfe; Bibliotheken und Archive sowie eigens eingerichtete Ämter, die der Gewinnung und Kontrolle von Spezialwissen gewidmet waren; ferner Werkstätten und Manufakturen, in denen technische Fertigkeiten entwickelt und tradiert wurden; Klöster und andere religiöse Bauten, aber auch sakrale Landschaften, in die diese eingebettet sein konnten; und schließlich der Haushalt, in dem private Wissensorte wie das oft besungene Gelehrtenstudio beheimatet waren. In einem kurzen Ausblick werde ich einige weitere Orte benennen, deren Untersuchung fruchtbare Einsichten aus dem hier vorgestellten Blickwinkel verspricht.

Schulen und Akademien

Beginnen wir unsere impressionistische Bestandsaufnahme mit Ausbildungsstätten. Die Jixia-Akademie (*Jixia gongxue* 稷下學宮), deren Überreste aus dem 3. Jahrhundert v. Chr. kürzlich bei der Ausgrabung eines Fürstenhofs auf dem Gebiet der Stadt

---

32 Jacob 2014, S. 55.

Zibo 淄博 in Shandong freigelegt wurden, wird mitunter als erste staatlich initiierte Bildungseinrichtung in China (oder sogar weltweit!) bezeichnet.[33] Fürstenhöfe spielten aber schon viel früher eine zentrale Rolle bei der Förderung verschiedenster Arten von Wissen. In ihren Verwaltungstrakten entfaltete sich die Schriftkultur, in ihrem Umkreis wurden Rituale verfeinert und erblühten okkulte und säkulare Wissensformen – von Astrologie und Divination über Medizin und Mathematik bis zu Militärstrategie, Kosmologie, Naturkunde, Ökonomie, Recht, Ethik und politischer Theorie –, und in den von ihnen finanzierten Werkstätten wurden die Instrumente und technischen Gerätschaften konzipiert und hergestellt, die diese Praktiken erst ermöglichten. Höfe waren daher auch das Ziel der „wandernden Überreder" (*youshuizhe* 遊說者, heute: „Lobbyisten"), die ihre Dienste in der Zeit der Streitenden Reiche (475–221 v. Chr.) meistbietend feilboten und ihr sophistisches Geschick bei rhetorischen Schaukämpfen in fürstlichen Audienzhallen perfektionierten.[34] Mit der Reichseinigung unter den Qin im Jahr 221 v. Chr. wurden viele dieser Funktionen am Kaiserhof konzentriert,[35] der ein nachhaltiges Interesse sowohl an der Ausbildung und Reproduktion fähiger Staatsdiener als auch an der Sammlung, Verwaltung und Kontrolle von herrschaftsrelevantem Allgemein- und Spezialwissen hatte und dessen prägender Einfluss auf chinesische Bildungsorte bis ins 20. Jahrhundert spürbar blieb.

Bildungs- und wissensgeschichtliche Studien haben viele dieser Orte, wenn auch selten aus unserem Blickwinkel, eingehend untersucht. Forschungen zum staatlichen Schulwesen in der Kaiserzeit verfolgen dessen Anfänge oft zurück zur Gründung der Kaiserlichen Hochschule (*Taixue* 太學), die im Zuge der Kanonisierung des Konfuzianismus von Han-Kaiser Wudi 武帝 (r. 141–87 v. Chr.) ins Leben gerufen wurde.[36] Schon Wang Guowei 王國維 (1877–1927) stilisierte diesen Ort, wenn auch allzu einseitig, zum Symbol der ideologischen Gleichschaltung, die die Kreativität des chinesischen Geisteslebens über Jahrtausende behinderte.[37] Unstrittig ist, dass die Bindung akademischer Würden an Expertise in einem oder mehreren Klassikern, wie sie an der Kaiserlichen Hochschule praktiziert wurde, die Gefahr barg, Ausbildung auf Indoktrination zu reduzieren – ein Vorwurf, der auch gegen spätere Inkarnationen

---

33 Loewe, Harper und Shaughnessy 1999, S. 643. Für die noch wesentlich exaltiertere Einschätzung siehe Hartnett 2011. Zum Hintergrund der Akademie siehe Lee 1999, S. 44–46.
34 Siehe Levi 2007.
35 Für einen Überblick über die Struktur des Kaiserhofs der Han-Zeit siehe van Ess 2007.
36 Siehe van Ess 2009, S. 72–74.
37 Wang Guowei 1956.

des in der Han-Dynastie begründeten Systems vorgebracht wurde.[38] Seit der Tang-Zeit wurde das Spektrum höherer Schulen ideologisch und fachlich stetig erweitert. Unter anderem wurden Akademien für Medizin, Mathematik, militärisches Wissen, Recht und Kalligraphie initiiert.[39] In einigen Regierungsperioden wurden sogar staatliche Institute für daoistische und buddhistische Studien geplant oder eingerichtet, wenn auch meist nur kurzzeitig.

Neben den staatlichen etablierten sich früh auch private Bildungseinrichtungen, wie eine zweite Gruppe von Studien gezeigt hat. Schon vor der Qin-Dynastie hatten berühmte Gelehrte Schüler um sich versammelt, die zum Teil lange Wege auf sich nahmen, um Unterweisung zu erbitten. Seit der Han-Zeit wurde diesen informellen Schulen unter der Bezeichnung „Häusern der Verfeinerung" (*jingshe* 精舍) ein konkreter Ort zugewiesen.[40] Die Anzahl dieser und anderer privater „Akademien" (wörtlich „Studienhöfe", *shuyuan* 書院) nahm insbesondere in der Südlichen Song-Zeit und in einer zweiten Welle unter den Ming rapide zu. Oft waren sie an charismatische Einzelpersonen gebunden, die den Herrschenden ihrer Zeit kritisch gegenüberstanden, so dass sie als Horte des Widerstands gegen staatlichen Dogmatismus dienten.[41] Angesiedelt waren Akademien idealerweise an geschichtsträchtigen und dem täglichen Treiben entrückten Orten.[42] Ihr physisches Layout erinnerte an die Gestaltung von Klöstern, nicht zuletzt, weil viele ehemalige Klosteranlagen bezogen.[43]

Prototyp der seit der Song-Zeit gegründeten Akademien war die von Zhu Xi 朱熹 (1130–1200) selbst neubelebte Akademie der Weißen-Hirsch-Grotte (*Bailudong shuyuan* 白鹿洞書院).[44] Das Herzstück jeder Akademie bildete diesem Beispiel folgend eine Nord-Süd-Achse, auf der zwei zentrale Hallen angereiht waren, die dem Unterricht und dem Vollzug von Ritualen dienten (und bisweilen eine dritte, in der Versammlungen abgehalten wurden). Schreine, in denen frühere Gelehrte verehrt wurden, waren links und rechts des Haupttores, häufig in der Nähe eines Teiches oder

---

38 Siehe beispielsweise Lee 1999, S. 46–49, 57–58; Chu Ming-kin 2020.
39 Siehe Lee 1999, S. 71–75, 513–527.
40 Siehe etwa Lee (Li Hongqi) 1992. Auch einige frühe buddhistische Tempel trugen den Namen *jingshe*. Siehe Chen Jinhua 2006, S. 45.
41 Walton 1999, S. 5–8.
42 Walton 1999, S. 105.
43 Grimm 1977, S. 475–480. Zur baulichen Gestalt daoistischer und buddhistischer Klöster allgemein siehe Prip-Møller 1937; Kohn 2003, S. 87–111; Scott 2020, S. 6–16. Spezieller zu Song-zeitlichen (chan-)buddhistischen Klöstern, die in diesem Zusammenhang besonders einschlägig sind, siehe Foulk 1993, S. 167–191.
44 Siehe hierzu Chaffee 1985; Keenan 1994.

kleinen Gartens, untergebracht.⁴⁵ Entlang der Außenmauern fanden sich neben Wirtschafts- und Verwaltungsräumen auch Stuben für Studium und Meditation sowie Durchgänge zu den Schlafkammern.⁴⁶ Obwohl die konkrete Gestalt der Akademien stark variierte, blieb diese ideale Konzeption bis ins 19. Jahrhundert der Bezugspunkt für Neugründungen und Erweiterungen konfuzianischer Bildungsorte.⁴⁷

Seit der Qin-Dynastie sah sich der Staat zudem in der Pflicht, Grundschulen auf lokaler Ebene, die bereits im *Buch der Riten* (*Liji* 禮記) Erwähnung finden, einzurichten.⁴⁸ Über Anlage, Verbreitung und Effizienz dieser Institutionen, die unter den Bezeichnungen „amtliche" (*guanxue* 官學) oder „Gemeindeschulen" (*shexue* 社學) firmierten, ist über lange Strecken der Geschichte allerdings ebenso wenig bekannt wie über Details der vermittelten Lehrinhalte.⁴⁹ Erst in der Ming-Zeit als Schulen „in jeder Präfektur, jeder Subpräfektur und jedem Kreis" erbaut werden sollten,⁵⁰ wird das Bild klarer, obwohl selbst aus dieser Zeit nur bruchstückhafte Informationen über die physische Gestalt dieser Bildungsstätten vorliegen.⁵¹ Bücher, die den Schulen von amtlichen Stellen zur Verfügung gestellt wurden, konnten zum Beispiel, wie Timothy Brook gezeigt hat, in einfachen Holzkisten aufbewahrt, in separaten Räumen verstaut oder in eigenen Bibliotheksgebäuden untergebracht werden.⁵² Viele Schulen empfingen zudem private Bücherspenden, deren Art und Umfang sich stark unterschieden, so dass die Bestände keineswegs einheitlich waren.⁵³ Nicht weniger unübersichtlich ist die Lage im Hinblick auf die „Wohlfahrtsschulen" (*yixue* 義學), die auf private Initiative gegründet wurden, oft mit dem Verweis, dass staatliche Einrichtungen zu großen Wert auf Äußerlichkeiten legten und die Persönlichkeitsbildung vernachlässigten.⁵⁴ Detaillierte Rekonstruktionen einzelner Schulen, die unsere Kenntnis dieser gesellschaftlich fundamentalen Wissensorte weiter bereichern könnten, bleiben ein Desiderat der Forschung.

---

45 Liu Boji 1939, S. 20–25.
46 Meskill 1982, S. 41–65.
47 Siehe etwa Miles 2006, S. 111–119.
48 Chi Xiaofang 1998.
49 Schneewind 2006, S. 9–10.
50 Brook 1996, S. 105.
51 Schneewind 2006, S. 10–14.
52 Brook 1996, S. 110–111.
53 Dennis 2020; Dennis 2021.
54 Siehe Lidén 2022.

Prüfungsstätten

Das System der Beamtenprüfungen (*keju* 科舉), die zentrale Institution des kaiserzeitlichen chinesischen Bildungswesens, ist weit besser erforscht. Wie Schulen und Akademien besaß auch das Prüfungssystem ausgeprägte räumliche Dimensionen mit epistemischer Relevanz. Erstens fokussierte die Organisation der Prüfungsebenen, die, wie Rui Magone gezeigt hat, die Kandidaten schrittweise von der Peripherie ins Zentrum führte, die Aufmerksamkeit gesamten Reichs auf den Kaiserpalast, in dem das Ziel aller Anstrengungen, die Palastprüfung, abgehalten wurde.[55] Zweitens waren die Prüfungshöfe (*kaochang* 考場, *shichang* 試場, *gongyuan* 貢院) einer strikten räumlichen und funktionalen Segregation unterworfen, um Betrug oder Manipulation zu verhindern.[56] Dazu gehörten neben aufwendigen Verfahren der Registrierung und Identitätsprüfung peinliche Einlasskontrollen und die lückenlose Überwachung der Prüflinge vom Latrinengang bis zu ihrer Versorgung mit Wasser und Reisbrei.[57] Von den Anwärtern in ihren Zellen getrennt und hinter Absperrungen verborgen, die als „Vorhänge" (*lian* 簾) bezeichnet wurden, bewegten sich Prüfer, Sekretäre, Schreiber, Drucker und das diese versorgende Gesinde. Nur dem Wachpersonal war es gestattet, die Grenzen zwischen den abgeschotteten Bereichen dieses heterotopischen Wissensortes zu überschreiten, um ungewöhnliche Vorfälle zu melden oder Unterlagen zu überbringen.[58] (Die Metapher des „kulturellen Gefängnisses",[59] die zur Beschreibung des Prüfungssystems verwendet worden ist, erhält am Prüfungshof handfeste Bedeutung.) Ein dritter räumlicher Aspekt des Prüfungswesens liegt schließlich darin, dass die Prüfungshöfe und die auf sie zugeschnittene Infrastruktur ganze Stadtviertel nachhaltig prägten.[60] In jedem Prüfungszyklus waren Tausende von Prüflingen angewiesen auf Garküchen, Buchläden und Geschäfte, in denen sie Papier, Pinsel, Tusche, Öllampen und gefütterte Decken erwerben konnten. Daneben bevölkerten die nervösen und reizbaren Kandidaten gemeinsam mit den sie mitunter begleitenden Familien, Freunden und Dienern auch Freudenhäuser, Bars, Opiumhöhlen, Märkte, Souvenirläden und die Stände von Wahrsagern. Und auch das Aufsichtspersonal – bei teilweise mehr als 10.000 Prüflingen weitere Hunderte, wenn nicht Tausende von Menschen –

---

55 Magone 2002; siehe auch Man-Cheong 2004, S. 29–39.
56 Li Guorong 2007.
57 Elman 2000, S. 175–191; siehe auch Williams 2020.
58 Magone 2002, S. 208–226.
59 Siehe Elman 2000, S. 193–195.
60 Liu Haifeng 2009.

wollte versorgt, unterhalten und kontrolliert werden. Die Umgebung von Prüfungshöfen, dem wohl meistverfluchten Wissensort im China der Kaiserzeit, war mithin drastischen Wandlungen unterworfen: während des Prüfungsspektakels changierte sie zwischen Jahrmarkt und Haftanstalt, um danach für Monate oder Jahre in einer Art Winterschlaf zu erstarren.

Die Aufsicht über das staatliche Bildungs- und Prüfungswesen und damit über die orthodoxe Staatsdoktrin lag historisch in der Obhut zum Teil konkurrierender Institutionen, die zu den einflussreichsten Wissensorten im vormodernen China gehörten. Zu nennen ist hier zunächst für das Direktorat für Erziehung (*Guozijian* 國子監), das ab der Sui-Zeit an die Stelle oder an die Seite der Kaiserlichen Universität trat und für die längste Zeit seiner Existenz gleichzeitig als Aufsichtsbehörde und elitäre Ausbildungsstätte fungierte.[61] Die Durchführung der Prüfungen sowie die Bestimmung des Formats, der Inhalte und selbst des bevorzugten Stils der Prüfungsaufsätze lag zumeist in den Händen des Zeremonienamts (*Yizhi qinglisi* 儀制清吏司) im Ritenministerium, dessen Entscheidungen nicht nur von erfolglosen Prüfungskandidaten oft und gern angefochten wurden.[62] Leitende Prüfer wurden hier und unter den Mitgliedern der Hanlin-Akademie (*Hanlinyuan* 翰林院) ausgewählt,[63] einem erlauchten Kreis hochdekorierter Gelehrter, die zunächst als Berater des Kaisers in Erscheinung traten, ab der Ming-Zeit aber in einem Amt mit quasi-ministeriellem Status behaust waren, zu dessen Aufgaben es gehörte, vom Kaiserhaus präferierte Auslegungen der Klassiker vorzulegen.[64] Ihre Nähe zur Macht sowie ihr tiefgreifender Einfluss auf den politischen Kurs des Reiches und die Karriereaussichten von Generationen auf sozialen Aufstieg hoffender Kandidaten machte alle drei Institutionen immer wieder zur Zielscheibe beißender Kritik. Dass die anhaltenden Auseinandersetzungen, in die sie verwickelt wurden, Fraktionen und ideologische Verwerfungslinien widerspiegelten, die das Reich insgesamt durchzogen, ist wohl bekannt. Weniger umfassend rekonstruiert ist, wie sich die allfälligen Kämpfe auf das innere Gefüge und die alltägliche Arbeit dieser exklusiven Wissensorte auswirkten.

---

61 Siehe Chu Ming-kin 2020, S. 16–47.
62 Siehe Des Forges 2021, S. 55–77.
63 Zu Details siehe Zi 1894, S. 12–14, 107–111.
64 Lui 1981, S. 29–46; ausführlicher Di Yongjun 2007. Für einen zeitgenössischen Bericht aus der Spätphase der Hanlin-Akademie siehe Martin 1874.

Bibliotheken und Archive

Zu staatlichen und privaten Bibliotheken und Archiven liegen bereits für die Han-Zeit verlässliche Informationen vor. Die moderne Unterscheidung von „Archiven" als Orten, in denen unveröffentlichte Dokumente aufbewahrt werden, und „Bibliotheken" als Repositorien veröffentlichter Schriften lässt sich nicht ohne Weiteres auf das vormoderne China anwenden.[65] Die Kaiserliche Bibliothek der Han-Dynastie erscheint, zumindest gemäß ihrer Beschreibung in der „Bibliographischen Abhandlung" der *Geschichte der Han* (*Hanshu Yiwenzhi* 漢書藝文志), als erste Institution der frühen Kaiserzeit, die dem modernen Begriff einer Bibliothek nahekommt. Sie beherbergte keine administrativen Dokumente, sondern hielt ausschließlich in einem weiten Sinne literarische Texte vor.[66] Wie die kaiserlichen und privaten Bibliotheken, die ihr in späteren Jahrhunderten nachfolgten,[67] förderte die Pflege dieser Sammlung die Verfeinerung textkritischer und editorischer Praktiken. Zugleich mussten taxonomische Prinzipien entwickelt werden, um die Auffindbarkeit einzelner Texte angesichts der bald unüberschaubaren Masse an Manuskripten zu gewährleisten.[68] Beides galt auch für private Bibliotheken, deren Ausbreitung nicht zuletzt darauf zurückzuführen ist, dass dem Lesen, welches vielen wichtigen Denkern als Königsweg zur ethischen Vervollkommnung galt, ab der Han-Zeit besonderes moralisches Prestige zuerkannt wurde. Die Anzahl und der Reichtum privater Bibliotheken im vormodernen China sind beeindruckend. Schon in der Song-Zeit gab es etwa 700 private Bibliotheken, die jeweils über mehrere Zehntausend „Rollen" (*juan* 卷) verfügten; für die Qing-Zeit werden sogar über 2.000 Bibliotheken dieser Größe gezählt.[69] Die bekannteste noch erhaltene Privatbücherei, die Bibliothek Tianyige 天一閣 in Ningbo, wurde schon von ihrem Gründer Fan Qin 范欽 (1506–1585) mit über 70.000 Rollen bestückt.[70] Dass die Auswahl der in eine Bibliothek aufgenommenen Werke eine dezidiert politische Dimension hatte, war staatlichen wie privaten Büchersammlern bewusst. So konnte der Ausschluss aus einer kaiserlichen Bibliothek einem Bannstrahl gleichkommen, und dies nicht nur in Säuberungswellen wie der „literarischen

---

65 Chen et al. 2021, S. 409–411.
66 Fölster 2018.
67 Drège 1991, S. 19–37.
68 Siehe etwa Tsien 1952.
69 Fan Fengshu 2013. Siehe hierzu auch McDermott 2006, S. 134.
70 Zur Geschichte dieser Bibliothek siehe Stackmann 1990. Zu Privatbibliotheken allgemein siehe Chen et al. 2021, S. 423–429.

Inquisition" unter dem Qianlong-Kaiser (乾隆, reg. 1735–1796).[71] Die Furcht vor politischer Zensur verblasste indes vor der Angst vor dem Verlust von Büchern und des in ihnen kodierten Wissens durch Diebstahl, Feuer, Feuchtigkeit, Hitze, Insektenbefall oder Zerstörung im Zuge von Rebellionen und Herrschaftswechseln. Ermahnungen, diese Gefahren nie zu vergessen, nahmen breiten Raum in Handbüchern wie Ye Dehuis 葉德輝 (1864–1927) *Zehn Gebote des Büchersammlers* (*Cangshu shiyue* 藏書十約) ein, welche die gelehrten und materiellen Praktiken beschrieben, die für Aufbau und Erhalt dieser als unverzichtbar angesehenen Orte der Muße, des Wissens und des kulturellen Gedächtnisses nötig waren.[72]

Die in der westlichen Han-Zeit erbaute Orchideenterrasse (*Lantai* 蘭臺) gilt als das erste Gebäude, das im Sinn eines Archivs eigens der Aufbewahrung von Erlassen, Memoranden und Gesetzestexten gewidmet war.[73] Archive fungierten seither in allen Dynastien als Endpunkte der Kommunikationsnetzwerke, auf welche die Administration zur Entscheidungsfindung, zur Durchsetzung ihrer Vorhaben und zum Erhalt ihrer Macht angewiesen war. Sicherzustellen, dass diese Netzwerke Informationen verlässlich, schnell und unter Wahrung der Vertraulichkeit transportieren konnten, war ein zentrales Anliegen der kaiserzeitlichen Bürokratie.[74] Neben dem Aufbau und Schutz der materiellen Infrastruktur erforderte dies, Kommunikationsformen einzuführen, die Format und Stil der zirkulierten Dokumente, bis hin zur Anzahl der Schriftzeichen pro Zeile, vereinheitlichten.[75] Die Standardisierung von Befehlen, Bestimmungen und Berichten vereinfachte zugleich ihre systematische Ablage.[76] Vielerorts folgten Archive für die Einordnung von Dokumenten einem in der Song-Zeit entwickelten System, das auf der von jedem Schriftkundigen memorierten Zeichenfolge des *Tausend-Zeichen-Klassikers* (*Qianziwen* 千字文) beruhte. Dies galt auch für die Ming- und Qing-Zeit, als die staatlichen Archive massiv erweitert wurden.[77] Dieser Ausbau folgte der Einsicht, dass keine Bürokratie ihre Aufgaben ohne lückenlose Dokumentation des Informationsflusses zwischen zentralen Behörden und

---

71 Guy 1987; siehe auch Kurz 2001.
72 Ye Dehuis lesenswerter Text ist komplett übersetzt in Fang 1950.
73 Li Xiaoju 2014, S. 6–7.
74 Für die Han-Zeit siehe Giele 2006; für die Song-Zeit De Weerdt 2016; für die Qing-Zeit auch schon Wu 1970.
75 Siehe Elliott 2001.
76 Siehe hierzu beispielsweise Dykstra 2022.
77 Siehe Ni Daoshan 1990.

Außenposten sowie zwischen höheren und niederen Ebenen der Administration langfristig erfüllen kann. Anders als Bibliotheken mussten Archive keine Rücksicht auf die Zugänglichkeit ihrer Bestände nehmen. Ihr Hauptaugenmerk galt der Bewahrung der Dokumente, was auch in der baulichen Gestalt der Archive zum Ausdruck kam. Das bekannteste Beispiel ist das aus feuerfestem Stein (nahezu) fensterlos erbaute Kaiserliche Geschichtsarchiv (*Huangshicheng* 皇史宬), das der Jiajing-Kaiser 嘉靖 (r. 1521–1567) nahe der Verbotenen Stadt in Beijing errichten ließ, um die *Wahrhaftigen Aufzeichnungen* (*shilu* 實錄) seiner Herrschaft, wichtige Erlasse und den Stammbaum seines Geschlechts für die Nachwelt zu erhalten. Archive dienten allerdings nicht nur staatstragenden Zwecken, sondern wurden auch eingerichtet, um künstlerische und literarische Wissensbestände zu sichern.[78] Gerade zu den Funktionen und Inhalten solcher kulturellen Archive wären weitere Studien wünschenswert.

Ämter

Für den Staat bedeutsame Wissensorte fanden sich nicht nur in der Hauptstadt. Um staatlichen Direktiven, Gesetzen und Idealen im ganzen Reich Geltung zu verschaffen, mussten sie bis in die kleinsten Synapsen des administrativen Kommunikationsnetzwerks übertragen werden. Der lokale Außenposten dieses Netzwerks war der Yamen 衙門, der Amtssitz des Magistrats. Dem Magistrat oblag es, an diesem Ort oder von dort aus, Gesetze und Erlasse bekannt zu machen und durchzusetzen, Steuern zu erheben, Bauvorhaben zu überwachen, Rituale und Unterricht zu organisieren, Verbrechen zu untersuchen, Recht zu sprechen, zivile Streitigkeiten zu schlichten und Berichte über Ereignisse zu verfassen, die der Aufmerksamkeit höherer Verwaltungsebenen bedurften.[79] Der Yamen bildete damit die greifbarste Schnittstelle zwischen Obrigkeit und Bevölkerung. Nur wer mit seinen Anliegen an diesem Sitz administrativer, moralischer und rechtlicher Autorität Gehör fand, konnte auf staatliche Unterstützung oder Nachsicht hoffen. Nur in seinem Umkreis fand sich die Expertise, die notwendig war, um diese Anliegen in das Idiom der Administration zu übersetzen. Und nur hier wurden die Rohfassungen der Dokumente verfasst, die nach Erledigung oder Ablehnung eines Vorgangs in bis zu einem halben Dutzend Abschriften die Archive füllten.

---

[78] Chen et al. 2021, S. 431–435.

[79] Für einen Überblick über die Rolle des Yamen als Zentrum der lokalen Verwaltung siehe etwa Yin Xiaohu 1997. Eine anschaulichere Darstellung in Form einer Übersetzung eines Handbuchs für lokale Amtsträger aus dem 17. Jahrhundert findet sich in Huang Liu-hung 1984.

Die physische Gestalt des Yamen passte sich lokalen Gegebenheiten an. Ab der Song-Zeit beinhaltete sie einige charakteristische Elemente, die auch die Funktion des Yamen als Wissensort prägten. In unserem Kontext signifikant ist vor allem die strikte Trennung in *frontstage* und *backstage* Bereiche. Um zum Magistrat vorzudringen, mussten Bittsteller und andere Besucher mehrere Hürden überwinden. Klagen wurden von Sekretären noch außerhalb des Eingangstores auf ihre Stichhaltigkeit überprüft.[80] Arrestzellen waren in einen Vorhof ausgelagert, Dokumente wurden in einem abgeschirmten Raum im Inneren des Komplexes aufbewahrt. Demgegenüber wurden Vernehmungen und Prozesse, aber auch jahreszeitliche Rituale, in einer Audienzhalle inszeniert, in der der Magistrat, von Bütteln und Gehilfen umgeben, das Antlitz des Staates repräsentierte und, neben überwältigender Macht, zugleich dessen moralische und epistemische Autorität öffentlich zur Schau stellte und damit unterstrich.

Andere in unserem Kontext relevante Ämter, die vom Kaiserhaus unterhalten wurden, dienten dem Zweck, Expertise zu spezifischen Themenbereichen zu sammeln und vorzuhalten. Das prominenteste Beispiel ist das Kaiserliche Amt für Astronomie (*Taishiyuan* 太史院, später *Qintianjian* 欽天監) in der späteren Kaiserzeit. In diesem Amt wurde das für die Herrschaftslegitimation unverzichtbare Wissen über die Bewegungen der beobachtbaren Himmelskörper gesammelt, zudem wurden Kalender berechnet und ungewöhnliche Phänomene dokumentiert.[81] Seit der Yuan-Zeit war das Amt aufgeteilt in konkurrierende Abteilungen, deren voneinander abweichende Berechnungen auf Methoden beruhten, die Personengruppen unterschiedlicher Herkunft zugeordnet wurden. Neben den Praktiken der traditionell chinesisch ausgebildeten und muslimischen Astronomen erlangten nach 1600 europäische Verfahren, die zumeist von Jesuitenmissionaren vertreten wurden, die größte Aufmerksamkeit. Die Machtkämpfe der Abteilungen untereinander und mit Fraktionen der Hofbürokratie sind gut dokumentiert.[82] Im spektakulärsten Fall, dem Kalenderstreit von 1664 um den Kölner Jesuiten Johann Adam Schall von Bell (Tang Ruowang 湯若望, 1592–1666), liegen chinesische, mandschurische und europäischsprachige Quellen vor,[83] die eine Rekonstruktion der Freignisse aus Sicht aller beteiligten Gruppen ermöglichen.[84] Dabei wird unter anderem deutlich, dass die Genauigkeit von Vorhersagen

---

80 Siehe etwa Chen Ling 2022.
81 Zu diesem Ort zur Ming-Zeit siehe Ho 1969; Deane 1994; zur Qing-Zeit etwa Porter 1980.
82 Siehe Huang Yi-Long 1991.
83 Siehe Deiwiks 2004; Gimm 2021.
84 Siehe Chu Pingyi 1997.

keineswegs immer der wichtigste Faktor war, um die Vormachtstellung einer Fraktion an diesem ideologisch hochsensiblen Ort zu begründen.

Ein zweites Beispiel für die Dynamiken, die institutionalisierte Wissensorte prägten, ist das 1407 gegründete Übersetzungsamt (*Siyiguan* 四夷館, unter den Qing umbenannt in 四譯館).[85] Dieses Amt, das der Hanlin-Akademie unterstand, war für die Ausbildung von Übersetzern sowie die Beglaubigung fremdsprachiger Dokumente verantwortlich und nahm gemeinsam mit der älteren, dem Ritenministerium zugeordneten „Dolmetscherherberge" (*Huitongguan* 會通館) ausländische Delegationen auf ihren Reisen in die Hauptstadt in Empfang.[86] Die zunächst acht Unterabteilungen des Übersetzungsamts waren den Schriften und Sprachen der bedeutendsten Tributstaaten gewidmet. Kenntnisse wurden oft innerhalb von Familienclans weitergegeben, periodisch aber auch durch Examina überprüft, um Nepotismus vorzubeugen. Die Amtsträger waren gerade aufgrund ihrer schwer zu ersetzenden Expertise erheblichem Misstrauen ausgesetzt. Umso eifersüchtiger hüteten sie ihr Wissen.[87] Neben Glossaren gingen aus diesem Amt nur sehr wenige Texte hervor, in welchen Informationen über die Tributstaaten, einschließlich ihrer Sprachen, Geschichte und Eigenheiten, für andere Abteilungen der Administration zusammengefasst wurden.[88] Wie das Amt für Astronomie spiegeln die Übersetzungsbüros die noch nicht hinreichend erforschten Spannungen zwischen konkurrierenden Fraktionen und ihren jeweiligen Interessen, Wissen zu teilen oder zum eigenen Nutzen geheimzuhalten.

Werkstätten und Manufakturen

Wissen erschöpft sich nicht im propositionalen Gehalt von Aussagen, die in Texten oder anderen semantisch zu entschlüsselnden Darstellungsformen fixiert werden. Es manifestiert sich ebenso in verkörperten Fertigkeiten und unbewussten Gewohnheiten, die nicht diskursiv, sondern durch praktische Unterweisung und gelebtes Vorbild weitergegeben werden. Dass auch die Entwicklung und Weitergabe von solch implizitem Wissen im China der Kaiserzeit von räumlichen Dimensionen geprägt war, wird in den Werkstätten und Ateliers greifbar, in denen Techniken verschiedenster Art aus- und eingeübt wurden. Der Begriff der „Werkstatt" (*zuoshi* 作室, *gongshi* 公室, etc.)

---

85 Siehe schon Hirth 1887 und Pelliot 1948, S. 207–248. Rezente Studien sind Ren Ping 2015 und Nappi 2021.
86 Zum *Huitongguan* siehe Pelliot 1948, S. 249–271.
87 Siehe Crossley 1997.
88 Siehe Zhang Wende 2000.

war dabei, wie Anthony Barbieri-Low schon für die Qin- und Han-Zeit feststellt, eine „mobile" Kategorie: als Werkstatt konnte jeder Ort gelten, an dem die zur Herstellung eines Gegenstandes notwendigen Materialien, Fertigkeiten und Arbeitskräfte zusammenkamen. Als Werkstätten angesprochen werden konnten demnach gleichermaßen in eigenen Gebäuden untergebrachte Ateliers, in notdürftigen Schuppen behauste Werkbänke oder auch großformatige Anlagen unter freiem Himmel wie etwa Eisengießereien, in denen Hunderte von Handlangern unter Anleitung von erfahrenen Technikern ihrem schweißtreibenden Handwerk nachgingen.[89]

In vielen Dynastien fungierte der Kaiserhof als bedeutendster Sponsor solcher Werkstätten und der in ihnen gepflegten technischen Expertise.[90] Die vielgestaltigen Ateliers galten als Zentren fortgeschrittenen technologischen Know-hows. Eigens an den Hof geholte Handwerker stellten dort Dinge her, die zu Ausstattung und Unterhalt der verschiedenen Bereiche des Palastes – von Wohngemächern über Wirtschaftstrakte und Verwaltungsgebäude bis hin zu repräsentativen Sälen, Höfen und Gärten – notwendig waren.[91] Gleiches traf auf die Manufakturen zu, in denen unter staatlicher Aufsicht oder im Umkreis kaiserlicher Werkstätten profitable Güter wie Seide oder Porzellan für den nationalen und internationalen Markt produziert und schrittweise verfeinert wurden.[92] Hier wie dort wurde der Kontrolle proprietären Wissens besondere Aufmerksamkeit geschenkt. Nicht nur am Hof wachten Handwerker strengstens darüber, dass ihre Expertise nur vertrauenswürdigen Schülern und Mitarbeitern anvertraut wurde. Oft blieb die Weitergabe über Generationen auf einzelne Familien oder enge lokale Verbünde beschränkt. In anderen Fällen zirkulierte technisches Wissen innerhalb von Gilden, die in geschützte Netzwerke integriert waren und Handwerkern die Möglichkeit eröffneten, ihre Produkte überregional zu vertreiben sowie Kenntnisse mit Gleichgesinnten auszutauschen.[93] Letztlich mussten freilich alle Versuche, die Verbreitung technischen Wissens langfristig zu kontrollieren, scheitern, da die hergestellten Objekte selbst als Wissensträger fungierten, wenn sie in kundige Hände gerieten. Rezente Studien haben deshalb begonnen, Objekte als Wissensorte eigener Art ernst zu nehmen, und sich bemüht, materielle Verflechtungen zu rekonstruieren

---

89 Barbieri-Low 2007, S. 67–68.
90 Für eine Übersicht über Bandbreite, Größe und Entwicklung der kaiserlichen Werkstätten seit der Song-Dynastie siehe Moll-Murata 2018, S. 63–67.
91 Barbieri-Low 2007. Für die spätere Kaiserzeit siehe Siebert, Chen und Ko 2021.
92 Neben Gerritsen 2020 siehe hierzu auch Schäfer 1998.
93 Zu Gilden in der späten Kaiserzeit siehe Qiu Pengsheng 1990; Peng Nansheng 2003; Moll-Murata 2008.

und deren Bedeutung für den teils über kontinentale Grenzen hinausreichenden Austausch impliziten Wissens herauszuarbeiten.[94]

Die von Anne Gerritsen vorgelegte Studie zu den Porzellanmanufakturen von Jingdezhen 景德鎮, in die Werkstätten aller Größen eingebunden waren, illustriert eindrucksvoll die Bedeutung des Raumes für die Formation technischen Wissens. Zu den räumlichen Faktoren, die den Aufstieg Jingdezhens von einem abgelegenen Marktflecken zum globalen Zentrum der Porzellanherstellung ermöglichten, zählten geophysikalische Vorzüge wie die Nähe zu reichhaltigen Kaolinvorkommen und die Verfügbarkeit natürlicher Ressourcen wie Feuerholz und Farnen sowie der direkte Zugang zu einem ausgreifenden Wasserwegenetz, welches den Transport von Rohstoffen und fertigen Gütern erleichterte und Jingdezhen an nationale und bald auch globale Wirtschaftskreisläufe anschloss. Den Aufschwung des Produktionsortes ermöglichten zudem eine die Arbeitsteilung begünstigende Binnendifferenzierung der Mikroregion, die relative Flexibilität kaiserzeitlicher Beamter im Umgang mit lokalen Handwerksbetrieben sowie die ausgeklügelte Organisation einzelner Arbeitsbereiche, die sich bis zur effektiven Ausgestaltung individueller Arbeitsplätze fortsetzte.[95]

Auch die Geschicke von Druckereien, einer Art von Werkstätten, die technische Expertise mit der Verbreitung von diskursivem Wissen kombiniert, wurden in rezenten Studien mit räumlichen Faktoren in Verbindung gebracht. So wurde gezeigt, dass die prominente Rolle der Provinzen Fujian und Sichuan für die Geschichte des chinesischen Buchdrucks dem Reichtum der dort im Übermaß verfügbaren Rohstoffe zur Papierherstellung geschuldet ist. Wie findige Buchdrucker diesen Standortvorteil ausnutzten, um die Nachteile, die sich aus der Randlage ihrer Provinzen ergaben, aufzuwiegen, ist eine weitere Frage, die in der Forschung auf nachhaltiges Interesse stieß.[96] Ein Erklärungsansatz verweist hier auf die zielgerichtete Diversifizierung des Sortiments, das unter anderem durch Festhalten am billigeren Holztafeldruck lange nach Entdeckung des Drucks mit beweglichen Lettern erleichtert wurde. Dies ermöglichte den Druckereien in der Peripherie, mit unterschiedlich gestalteten und ausgepreisten Ausgaben Käufergruppen anzusprechen, die in ganz verschiedenen gesellschaftlichen Schichten beheimatet waren und in disparaten Wissenskulturen agierten.[97] Auf diesen Einsichten aufbauend nehmen in jüngster Zeit Versuche zu, mit Hilfe digitaler

---

94 Siehe etwa Gerritsen und Riello 2015; Smith 2019.
95 Gerritsen 2020, S. 134–152.
96 Siehe zum Beispiel Chia 2002; Brokaw 2007.
97 Siehe hierzu C. Brokaw und E. Widmer in Brokaw und Reed 2010, S. 39–80.

Methoden die seit der Ming-Zeit immer dichter geknüpften Netzwerke nachzuzeichnen, durch die günstige Ausgaben stark nachgefragter Textsorten wie die bis ins 20. Jahrhundert populären „Alltagsenzyklopädien" (*riyong leishu* 日用類書) zusammengestellt und vertrieben wurden.[98] Ziel derartiger Bemühungen ist es, Rückschlüsse auf die Gestalt der „epistemischen Landschaften" zu gewinnen, welche die Zirkulation von Wissen in der Welt der ausgehenden Kaiserzeit prägten.

Klöster und Tempel

Viele Praktiken, welche die bisher genannten Wissensorte prägten, kennzeichneten auch religiöse Stätten. Die baulichen Parallelen zwischen Akademien und insbesondere buddhistischen Klöstern spiegelten ähnliche Lehr- und Lernformen, wie erhaltene Satzungen und Regularien beider Arten von Wissensorten bestätigen.[99] Viele der Formate, die das Leben in Akademien prägten, gingen aus gelehrten Praktiken und Exerzitien hervor, die in monastischen Kontexten entstanden oder verfeinert worden waren. Wie Akademien waren auch Klöster auf philologische und bibliothekarische Expertise angewiesen, um die gesammelten Manuskripte zu schützen und doktrinäre Inhalte konsistent weiterzugeben. Und auch die alltägliche Verbindung von Studium und Besinnung mit mondänen Tätigkeiten, die dem wirtschaftlichen Unterhalt dienten, wie etwa der Spendensammlung und der Bewirtschaftung umliegender Ländereien, bewährte sich in Klöstern ebenso wie in Akademien.[100]

In religiösen Kontexten erlangten daneben aber auch Orte Bedeutung, die lange keine säkularen Entsprechungen hatten. Ein Beispiel sind die „Übersetzungsplätze" (*yichang* 譯場) oder „Übersetzungshöfe" (*yijing yuan* 譯經院), die ab dem 4. Jahrhundert, oft mit staatlicher Unterstützung, eingerichtet wurden, um die heiligen Schriften des Buddhismus ins Chinesische zu übertragen.[101] Übersetzungen aus dem Sanskrit wurden in diesen Ateliers unterschiedlicher Größe arbeitsteilig organisiert. Anfänglich war dies schlicht der Tatsache geschuldet, dass niemand allein über alle erforderliche Expertise verfügte;[102] später diente die Aufteilung in gesonderte Aufgaben wie Vortrag des Originaltextes, mündliche Erläuterung, Niederschrift, Überprüfung der terminologischen Konsistenz, Abschrift, Vergleich von Übersetzung und

---

98 Siehe etwa Li Ren-Yuan 2014.
99 Siehe beispielsweise Chaffee 1985, S. 50–61; Yifa 2002.
100 Siehe Foulk 2004; Walsh 2010.
101 Eine Übersicht der wichtigsten dieser Stätten findet sich schon in Fuchs 1930, S. 90.
102 Siehe Boucher 1996, S. 88–102.

Original, inhaltliche Straffung und stilistische Glättung zugleich der Kontrolle der doktrinären Botschaft.[103] Übersetzungen buddhistischer Sutren waren nie ausschließlich philologische Unternehmungen. Dem Übersetzungsprozess wurde eine rituelle Dimension zuerkannt, die in minutiöser Festlegung der Vorbereitung und Durchführung der Arbeiten ihren Ausdruck fand. Vorgeschrieben wurde nicht nur die exakte Sitzordnung, auch die Ausstattung und der Schmuck des Raumes, die rituellen Waschungen, die Form der Opfergaben sowie die Kleidung der Beteiligten wurden streng reglementiert.[104] Die Halle, in der die Übersetzungen erstellt wurden, sollte von Mönchen bewacht werden, die vor Beginn der Übung sieben Tage und Nächte lang *Dhāraṇi*-Sprüche zu rezitieren hatten. Nicht nur die Texte, sondern auch die beteiligten Mönche und Novizen sollten auf diese Weise im Vollzug der Übersetzung im Übersetzungshof eine substanzielle Wandlung erfahren.

Übersetzungsplätze verfügten nicht immer über eigene Räumlichkeiten. Oft waren sie in Tempeln wie den sogenannten „Palastkapellen" (*neidaochang* 內道場, wörtlich „dem Palast zugehörige Übungsorte") untergebracht. Solche Kapellen gehen bis auf das 4. Jahrhundert zurück und blieben bis zum Ende des Kaiserreichs Teil der meisten Palastanlagen.[105] Als Begegnungsstätten zwischen Angehörigen des Hofes und der buddhistischen, seit der Tang-Zeit aber auch der daoistischen Geistlichkeit, dienten sie sowohl religiösen als auch politischen Zwecken.[106] Palastkapellen konnten Gemeinschaften von Mönchen und Nonnen versammeln und standen männlichen wie weiblichen Mitgliedern des Hofes offen. Neben Übersetzungsaktivitäten wurden in ihnen religiöse Zeremonien und Rituale abgehalten, Debatten ausgetragen, Klausen zur Meditation bereitgestellt und Reliquien aufbewahrt; mitunter wurden sie auch zu monastischen Verwaltungszentren ausgebaut.[107] Befürworter sahen in ihnen nützliche Schnittstellen zwischen staatlichen und religiösen Autoritäten; Kritiker erklärten sie dagegen zu Brutstätten von Verschwörungen, die das Potential hatten, das Reich vom rechten Weg abzubringen. Auch für die Förderung religiösen Wissens nahmen Fürsten- und Kaiserhöfe mithin eine herausragende Stellung ein.

---

103 Siehe Zacchetti 1996, S. 347–354; Bowring 1992.
104 Siehe etwa Fuchs 1930, S. 100–102.
105 Für Beispiele aus der Qing-Zeit, siehe etwa Berger 2003, S. 104–100.
106 Siehe Chen Jinhua 2004, 2006.
107 Siehe hierzu Chen Jinhua 2004, S. 151–156.

Sakrale Landschaften

Religiöse Wissensorte zeichnen sich durch die enge Verbindung von Spiritualität, Ritual, Raum und Gelehrsamkeit aus. In der Forschung ist diese Verbindung auf unterschiedlichen Maßstabsebenen untersucht worden. Auf der Makroebene wurden Versuche nachgezeichnet, Chinas Platz in einer sakralen Geographie zu bestimmen, die den Mittelpunkt der Welt am Geburtsort des Buddha lokalisierte. Die physische, zeitliche und kulturelle Entfernung von diesem Zentrum weckte bei vielen chinesischen Adepten Zweifel, ob sie aus ihrer peripheren Position Hoffnung haben durften, die buddhistische Wahrheit zu erkennen.[108] Eine Folgerung daraus war, dass sie sich umso eifriger dem Studium widmen mussten, um die Distanz, die oft als Quittung für Verfehlungen in einem früheren Leben verstanden wurde, zu überwinden.

Ebenfalls großräumig ausgelegt sind Studien, welche von Tempeln, Schreinen und Klöstern geprägte sakrale Landschaften analysieren. Als Inbegriff solcher Landschaften gelten Chinas heilige Bergmassive, die von Wallfahrtsstätten oft geradezu übersät sind. Édouard Chavannes, einer der Begründer des Genres chinesischer Bergbiographien in europäischen Sprachen, bespricht in seiner Monographie zum Taishan 泰山 mehr als 250 Orte mit religiöser Bedeutung, die an einem einzigen Berg unterhalten wurden.[109] Auch neuere Arbeiten betonen die „Macht des Ortes", die Berge in Gottheiten verwandelte und ihrer Topographie sowie den dort angesiedelten Stätten politische und religiöse Autorität verlieh.[110] Dies gilt nicht nur für Schreine und Tempel, sondern auch für die mitunter monumentalen Steininschriften, die viele Berge als gewissermaßen göttliche Beschreibstoffe verwendeten.[111] Sakrale Landschaften lassen sich demnach als Repositorien einer Fülle nicht nur religiösen, sondern auch kulturellen, sozialen, historischen, lokalen, handwerklichen und technischen Wissens[112] verstehen und wurden gerade deshalb zu dauerhaften Anziehungspunkten für Pilger, Touristen und Forschende.[113]

Sakrale Landschaften wurden nicht nur an Chinas imposantesten Bergmassiven geschaffen. Auch in anderen weltabgewandten Gegenden wurden umfangreiche Komplexe religiöser Stätten erbaut, die das Bild und Bewusstsein ganzer Regionen

---

108 Siehe Nicol 2017, S. 62–85, 186–211.
109 Chavannes 1910, S. 44–157.
110 Siehe etwa Robson 2009, S. 17–44.
111 Ledderose 2004. Siehe auch https://www.stonesutras.org/ (Zugriff am 10. Oktober 2022).
112 Siehe Naquin 2022.
113 Siehe Naquin und Yü 1992; Luo 2022, S. 209–214.

prägten. Die in Sandsteinfelsen geschlagenen Höhlenklöster in der Umgebung von Dunhuang 敦煌 sind der wohl bekannteste unter ihnen.[114] Allein die Mogao-Grotten (*Mogao ku* 莫高窟), die nur eine dieser Klosteranlagen beherbergten, bestehen aus 492 bis heute erhaltenen Höhlen, die mit buddhistischen Statuen, Skulpturen und Wandmalereien verziert sind und ganz unterschiedlichen Zwecken dienten: als Kapellen, Schreine oder Räume für Meditation und Unterweisung, aber auch als Schreibstuben, Werkstätten oder Archive.[115] Wu Hung hat jüngst gezeigt, wie grundlegend räumliche Aspekte das Erlebnis der Höhlen für Durchreisende und Anwohner prägten: von der Wahrnehmung des Felsmassivs gegen den Wüstenhorizont über die Lage der einzelnen Höhlen zueinander bis zu ihrer Ausgestaltung und die zum Teil spannungsreiche Anordnung der Statuen und Bilder von Gottheiten, Heiligen und Dämonen innerhalb der Grotten oder auf einzelnen Gemälden.[116] Dass diese Arrangements zugleich epistemische Relevanz besaßen, wird auch auf einer höheren Maßstabsebene greifbar: als wichtiger Knotenpunkt in einem Kontinente übergreifenden Netzwerk von Handelswegen fungierte die Oase als Begegnungsort unterschiedlicher Sprachen, Kulturen und Religionen sowie als Einfallstor für bis dato unbekannte Kenntnisse und Techniken. Über die Jahrhunderte entwickelte sich Dunhuang zum Zentrum einer Form von Gelehrsamkeit, in der Übersetzung und transkulturelle Vermittlung eine besonders ausgeprägte Rolle spielten, wie insbesondere im Bereich der Medizin nachgewiesen wurde.[117]

Einsiedeleien und andere Orte der inneren Einkehr sind weitere Stätten der Wissensproduktion, die spirituelle Landschaften auszeichnen. Auch wenn die Gründe, die Einsiedler für ihren Rückzug vom Lärm des gesellschaftlichen Treibens angaben, mehrheitlich weltlicher Natur waren (Verlust eines Amtes in Folge von Verfehlungen oder Intrigen, Verzicht aus Loyalität oder anderen moralischen Erwägungen) und selten als Akte asketischer Selbstverleugnung gerechtfertigt wurden,[118] wurde dem Ringen um Selbsterkenntnis durch Besinnung und Meditation in der Einsamkeit oft eine religiöse Dimension zugeschrieben. Der Rückzug konnte dabei sowohl als Zeichen der Stärke, also als Ausdruck unbeirrbarer moralischer Überzeugungen, als auch der Schwäche, etwa als Davonstehlen aus der Verantwortung, gedeutet werden.[119] Die

---

114 Für einen Überblick über Dunhuang als eine „Oase des Wissens" siehe Trombert 2007.
115 Zu buddhistischen Skriptorien in Dunhuang siehe Drège 2007.
116 Wu Hung 2023; spezifisch zu Gemälden siehe auch Fraser 2003.
117 Siehe etwa Lo und Cullen 2005.
118 Berkowitz 2000, S. 17–63.
119 Vervoorn 1990, S. 54–72.

epistemischen Ideale, die sich in der Einsiedelei verfolgen ließen, entfalteten davon unberührt anhaltende Anziehungskraft. Einsamkeit, Abstand und Ruhe eröffneten eine befreiend klare Sicht auf die Welt und verhieß, den „roten Staub" (*hongchen* 紅塵) von gesellschaftlichen Zwängen und Konventionen zu durchschauen sowie einen unvoreingenommenen Blick auf die eigene Natur und deren existenzielle Bedürfnisse zurückzugewinnen.[120] Im Ergebnis konnte der Rückzug entweder darin gipfeln, den Eremiten zur religiösen Erleuchtung und damit endgültigen Erlösung zu führen oder aber ihm neue Kraft für die Rückkehr in weltliche Zusammenhänge zu verleihen.

Auf einer noch kleineren Maßstabsebene der Wissensorte ließ sich schließlich sogar der menschliche Körper als in kosmische Ordnungsmuster eingebettet und als deren strukturidentisches Abbild verstehen. Verbreitet war diese Auffassung vor allem, wenngleich nicht nur, in daoistischen Lehren und den von ihnen inspirierten Strängen der chinesischen Medizin. Der empirische Leib erschien in dieser Perspektive als eine vergängliche Manifestation der „Leere" (*xu* 虛) bzw. des „ursprünglichen Chaos" (*hundun* 混沌), aus der bzw. aus dem alle Erscheinungsformen des Kosmos hervorgingen und in die sie unweigerlich zurückkehrten.[121] Theoretische Repräsentationen des Körpers deuteten leibliche Prozesse entsprechend als Korrelate kosmologischer Transformationen und postulierten eine unauflösliche Verbindung des Körpers mit der ihn umgebenden Welt. Diese Verbindung teilte der Körper mit Staat und Universum. Wie diese durfte er nicht als stabiles und in sich abgeschlossenes System verstanden werden; vielmehr galt es, ihn in seiner prinzipiellen Offenheit und dynamischen Instabilität anzuerkennen.[122] In einer symbolischen Sichtweise wurde der Körper damit zu einem Operationsfeld der Kräfte und Energien, welche die unaufhörlichen Transformationen des Kosmos beseelten und den Grund allen Seins bildeten.[123] Zu Wissensorten wurden der Körper und seine mannigfaltigen Repräsentationen in dieser Sicht, weil sich ein Bewusstsein für das Wirken dieser Kräfte und Energien am einfachsten durch die Innenschau erlangen ließ. Darunter war eine über verschiedene Körpertechniken zu erreichende Visualisierung der Prozesse zu verstehen, die im Inneren des Körpers erfahrbar waren.[124] Ein sehr ähnliches Verständnis des Körpers lag einer zweiten Tradition von Praktiken zugrunde, die den Leib als Repositorium verborgenen Wissens untersuchten. Die vor allem in der Song- und Ming-

---

120 Greene 2021, S. 21–25.
121 Siehe etwa Lewis 2005, S. 13–76.
122 Siehe hierzu Schipper 1982, Kapitel 6 und 7.
123 Siehe Despeux 1996.
124 Für einen Überblick über diese Techniken, siehe Pregadio 2008, S. 75–84.

Zeit populäre Physiognomie entwickelte Techniken des Wahrsagens, deren Schlüsse aus der empirischen Inspektion körperlicher Merkmale abgeleitet wurden.[125]

Haushalte und Studierstuben

Ungeachtet anderer schmerzlicher Auslassungen wäre es unverantwortlich, unseren eklektischen Überblick abzuschließen, ohne auf private Wissensorte einzugehen, zu denen vor allem der eigene Haushalt zu zählen ist.[126] Gerade dort, wo mehrere Generationen unter einem Dach lebten, wurde die Bewahrung und Weitergabe von Wissen zur täglichen Herausforderung. Eine davon ergab sich aus der in der konfuzianischen Morallehre postulierten strikten Trennung der Geschlechter. Die mit ethischen Imperativen unterfütterte Arbeitsteilung, die nicht nur in wohlhabenden Haushalten umgesetzt werden sollte, erforderte gesonderte Ausbildungswege, die Jungen auf das Leben in der Außenwelt vorbereiten sollte, während es Mädchen für heimische Tätigkeiten domestizierte. In der Praxis gibt es freilich Beispiele, dass diese als absolut gesetzten Grenzen, die Frauen über Jahrhunderte vom öffentlichen Leben ausschlossen, durchlässiger sein konnten, als es die strenge Theorie erlaubte. Die räumliche Organisation der „inneren Gemächer" (*guige xiufang* 閨閣繡房), in denen die Ausbildung weiblicher Mitglieder des Haushalts – ganz gleich, ob in traditionellen Gewerken wie dem Spinnen und Nähen oder, wo erwünscht, im Lesen und Schreiben – stattfand, spiegelte nicht nur gesellschaftliche Konventionen, sondern gab auch Hinweise darauf, wie sich Vorstellungen von Ehe und Familie sowie die Rolle, die Bildung darin spielte, über die Zeiten wandelten.[127]

Ein weiterer im Haushalt angesiedelter Wissensort war die private Studierstube (*shuzhai* 書齋, wörtlich „Bücherklause", oder *wenfang* 文房, „Schreibzimmer"). Traut man den ihr gewidmeten Reminiszenzen, gehörte die Bücherklause zu den von vielen Literaten am liebsten aufgesuchten Wissensorten im kaiserzeitlichen China,[128] wie auch der Beitrag von Emily Graf in diesem Band unterstreicht. Die Studierstube war nicht nur der präferierte Leseraum,[129] sondern auch ein Ort der Besinnung, der Kreativität und der Geselligkeit. Die Bedeutung dieses keineswegs immer aufwändig ausgestatteten Raumes lässt sich schon daran festmachen, wie viel Mühe Gelehrte

---

125 Siehe etwa Wang Xing 2020.
126 Siehe Lewis 2005, S. 77–133.
127 Allgemein hierzu siehe Ko 1995, S. 179–218; konkreter Yu Li 2003, S. 150–215.
128 Minford und Roberts 2008.
129 Siehe Yu Li 2003, S. 115–121. Für einen instruktiven Blick auf Leseräume im modernen Japan siehe Kamei-Dyche 2023.

darauf verwendeten, einen ihre Persönlichkeit oder Lebensumstände widerspiegelnden Namen für diesen Ort zu finden.[130] Die Studierstube bildete einen unverzichtbaren Teil der Gelehrtenidentität, und es ist umso verwunderlicher, dass ihr lange wenig Aufmerksamkeit entgegengebracht wurde. Gewiss ist die Rekonstruktion von Formen und Funktionen privater Gemächer auf oft idealisierte literarische Darstellungen und bildliche Zeugnisse angewiesen. Auch auf deren Grundlage lässt sich jedoch, wie Zhang Yunshuang gezeigt hat, ein umfassendes Bild von der Gestaltvielfalt des Literatenstudios und seiner Ausstattung zeichnen.[131] Neben verschiedenen ergonomischen Möbelstücken wie der Fußrolle,[132] gehörten dazu vor allem die „vier Schätze des Schreibzimmers" (wenfang sibao 文房四寶), also Pinsel, Tusche, Papier und Tuschestein, die seit dem 5. Jahrhundert als Gegenstände galten, an denen sich Geschmack und Kennerschaft ihrer Eigentümer ablesen ließen.[133]

Zwei weitere Aspekte der Studierstube erscheinen aus unserer Sicht von besonderem Interesse, weil sie auf eine vernachlässigte Dimension chinesischer Wissensorte verweisen. Zum einen wurden Bücherklausen keinesfalls immer als stabile Gemächer in größeren Liegenschaften angelegt, sondern konnten an ganz unterschiedlichen Orten eingerichtet werden. In der Song-Zeit verbreitete sich die Mode, auf die persönliche Studierstube auch auf Reisen nicht zu verzichten, so dass, wer es sich leisten konnte, unter anderem auf Flussschiffen mobile Schreibzimmer installieren ließ, die ihren Vorbildern an Land kaum nachstanden.[134] Zum anderen bedurften Literatenstudios nicht zwingend überhaupt einer physischen Gestalt. Immer wieder begegnen uns Beispiele von Beamten und Scholaren, die ihre Studierstuben, etwa nach dem Verlust von Haus und Hof aufgrund von kriegerischen Auseinandersetzungen oder Naturkatastrophen, in ihrer Erinnerung fortleben ließen und nach diesem Bild in anderer Umgebung neu zu erbauen planten. In vielen Fällen existierten Klausen sogar von Anfang an nur in der Imagination ihrer oft mittellosen „Besitzer". Damit stoßen wir auf eine Parallele zu den aus dem Europa der frühen Neuzeit vertrauten imaginierten Bibliotheken, die uns als Wissensorte entgegentreten, in denen Taxonomien vorgestellt wurden, welche die Welt, wenn auch nur im Gedankenexperiment, auf neuartige

---

130 Siehe hierzu Lü Yunzai 2008; Alleton 1993, S. 159–169.
131 Zhang Yunshuang 2017.
132 Siehe Yu Li 2003, S. 118–119, 141.
133 Es ist deshalb durchaus berechtigt, sie als Wissensorte eigenen Rechts anzusprechen. Siehe Schneider 2011; zu Tuschesteinen ferner Ko 2019.
134 Zhang Yunshuang 2020.

Weise einteilten.[135] Im Gegensatz dazu zielte die Imagination eines nicht oder nicht mehr existierenden persönlichen Studios nicht auf ein neues Verständnis der objektiven Welt ab; statt dessen erscheint sie als Ausdruck einer auf Realisierung drängenden Subjektivität, die nur im Reich der Vorstellung ihren Platz finden konnte.

Ausblick

Selbst ein kursorischer Überblick über die markantesten Wissensorte im kaiserzeitlichen China, wie er hier unternommen wurde, veranschaulicht, so jedenfalls meine Hoffnung, welche Fülle von Einsichten diese Perspektive für das Verständnis der Genese und Weitergabe von Wissensbeständen verschiedenster Art ermöglicht. Analysen von Wissensorten unterschiedlicher Größe, Gestalt und Funktion erlauben Rückschlüsse auf die intellektuellen und materiellen Ressourcen, die historischen Akteuren in spezifischen epistemischen Situationen zur Verfügung standen, und stecken den Rahmen ab, innerhalb dessen sie diese mobilisieren konnten. Die Rekonstruktion der räumlichen Arrangements und der sozialen Konstellationen tragen zu einem präziseren Verständnis bei, welche Wissens- und Wahrheitsansprüche Anerkennung finden konnten und welchen diese versagt blieb.

Machtverhältnisse sind allen Wissensorten eingeschrieben. Die relative Position der Akteure in lokal verorteten Hierarchien ist ein wichtiger, wenn auch fast nie allein entscheidender Faktor, um die Autorität zu ermessen, mit der Ansprüche auf Expertise, Einsicht und Glaubwürdigkeit von Einzelnen oder Gruppen vertreten wurden. Selbst in Situationen, die von einem steilen Autoritätsgefälle geprägt waren, blieben die Teilnehmerinnen und Teilnehmer von epistemischen Aushandlungsprozessen aufeinander angewiesen, um das in Frage stehende Wissen im praktischen Vollzug intersubjektiv zu validieren. Weder diese Prozesse noch ihre Ergebnisse sind ohne eingehende Untersuchung der Orte, an denen sie sich vollzogen, mit der notwendigen Genauigkeit und Tiefenschärfe zu erfassen.

Für die sinologische Forschung, selbst wenn sie sich wie dieser Essay auf die Kaiserzeit beschränkt, bleibt einiges zu tun, um das Potenzial des skizzierten Ansatzes einzulösen. Wie die Beiträge zu dem vorliegenden Band belegen, hat sie dadurch vieles zu gewinnen. Für die Zukunft wäre zu wünschen, dass eine noch wesentlich breitere Palette von chinesischen Wissensorten analysiert würde – selbstverständlich

---

135 Siehe hierzu Werle 2007.

bis in die Gegenwart und unter Einschluss der immer bedeutsameren virtuellen Orte, an denen Wissen heute zirkuliert wird.

Die Grundlagen für weitere derartige Studien schon für die Kaiserzeit sind, wie ich abschließend kurz darlegen möchte, nicht weniger solide als für die Orte, die auf den vorigen Seiten in den Blick genommen wurden. Untersucht werden könnten, um mit dem Naheliegendsten zu beginnen, erstens, weitere *Institutionen* wie Gärten, Museen oder Krankenhäuser, die auch in China von eigenen epistemischen Dynamiken geprägt waren.[136] Aus einer nicht zynisch gemeinten Sicht sollten auch Verbannungsorte sowie später Gefängnisse und Umerziehungslager betrachtet werden, die deshalb als Wissensorte adressiert werden können, weil ihre Existenz auch in China damit gerechtfertigt wurde und wird, dass sie als „Besserungsanstalten" eine Erziehungsarbeit leisteten, die für den gesellschaftlichen Frieden unverzichtbar sei.[137]

Zweitens wäre es wichtig, mehr über *öffentliche Orte* des Wissensaustauschs zu erfahren. Die Salons, in denen an frühmittelalterlichen chinesischen Höfen Debatten ausgetragen wurden,[138] sind in diesem Kontext ebenso interessant wie Buchhandlungen und Apotheken, Teehäuser, Theater oder Kinos.[139] Entdeckt und weitergegeben wurde Wissen aber auch auf Feldern, in Dörfern und auf Marktplätzen.[140] Städten kam als Zentren regionaler oder imperialer Wissenskulturen herausgehobene Bedeutung zu; nirgends sonst fand sich eine vergleichbare Dichte an hoch spezialisierten Wissensorten in unmittelbarer Nachbarschaft zueinander.[141] Auf einer noch höheren Maßstabsebene prägten Landschaft und Umwelt den Inhalt der als relevant erachteten Kenntnisse und beeinflussten damit, welche besonderen Bemühungen zur Stärkung

---

136 Zu Gärten siehe Clunas 1996; Shi 1998; Keswick 2003; zu Museen Dai Lijuan 2003; Qin 2004; Claypool 2005; zu frühen chinesischen Krankenhäusern und ihren Vorläufern Leung 1987; Kang 2012; Renshaw 2005; Bullock 1980.

137 Zu diesen ungewöhnlichen Wissensorten siehe etwa Waley-Cohen 1991; Wang Ning 2017; Zhang Ying 2020; Kiely 2014; Dikötter 2002; Alpermann 2021, S. 169–200.

138 Jansen 2000. Für eine andere Form des öffentlichen Wissenswettstreits am Hof, siehe Jami 2012, S. 229–233. Allgemein zur Vorortung von Praktiken der Argumentation im kaiserzeitlichen China siehe ferner Hofmann, Kurtz und Levine 2020.

139 Zu Buchhandlungen siehe McDermott 2006, S. 94–103; zu Apotheken Bian He 2020, S. 126–152; zu Teehäusern Wu Zhihe 1990; Wang Di 2008; zu Kinos Yeh 2018.

140 Zur Bedeutung landwirtschaftlicher Räume für die Wissensproduktion siehe Bray 1997; Schmalzer 2016. Zur Rolle von Marktplätzen in der Wissensökonomie der späten Kaiserzeit siehe etwa Jiang Shoupeng 1996.

141 Zu Städten siehe Lewis 2005, S. 135–188; Thilo 1997–2006; Luo 2019; Steinhardt 1990; Skinner 1977; Altenburger, Wan und Børdahl 2015. Zu Vertragshäfen siehe Fan Fa-ti 2003.

bestimmter Wissensgebiete unternommen wurden.¹⁴² Das beste Beispiel in diesem Zusammenhang dürfte der Wasserbau sein, dessen Weiterentwicklung während der gesamten Kaiserzeit zu den Kernaufgaben des chinesischen Staates zählte.¹⁴³

Ein dritter Bereich, der zu weiterer Forschung einlädt, betrifft *Transiträume*. Wissen wird nicht nur an fixen Orten erworben und ausgetauscht, sondern kann genauso gut unterwegs gesammelt werden. Auch im kaiserzeitlichen China war wohlbekannt, dass Reisen bildet.¹⁴⁴ Die Wege- und Wasserstraßennetze sowie die ihnen angegliederte Infrastruktur wie Poststationen und Gasthäuser machten die Reisen von Händlern und Pilgern, von Prüfungsanwärtern und Beamten, aber auch von Flüchtlingen und Abenteurern möglich und sollten daher ebenfalls als Wissensorte untersucht werden.¹⁴⁵ Gleiches gilt für Gräber, Monumente, Ruinen oder bemerkenswerte Naturphänomene, die Reisenden auf ihren Wegen begegneten und sie zu Nachforschung und Reflektion anregten.

Viertens schließlich könnte *materiellen Wissensträgern* größere Aufmerksamkeit geschenkt werden. Dazu gehören zum einen die Instrumente, die für viele epistemische Praktiken nicht nur unverzichtbar waren, sondern diese auch in vielerlei Hinsicht prägten. Beispiele umfassen die Gerätschaften und Substanzen, die Alchemisten in ihren Experimenten auf der Suche nach Unsterblichkeit verwendeten, aber auch die auf Präzision zielenden Messinstrumente, die astronomische Berechnungen ermöglichten.¹⁴⁶ Physische Objekte wie Uhren konnten sowohl zur Produktion von Wissen verwendet werden wie auch zu dessen Verbreitung und wurden oft zu Statussymbolen umfunktioniert, wie nicht nur Lesern des *Traums der Roten Kammer* vertraut ist.¹⁴⁷ Das in unserem Zusammenhang ohne Zweifel wichtigste materielle Objekt bleibt indessen das Buch. Um die Komplexität und Bedeutung dieses einzigartigen chinesischen Wissensorts auch nur anzudeuten, bedürfte es allerdings einer eigenen Abhandlung, für die hier kein Platz bleibt.¹⁴⁸

---

142 Siehe hierzu beispielsweise Duara 2000; Elvin 2004; Huang Fei 2018; Rogaski 2022.
143 Siehe beispielsweise Amelung 2000; Dodgen 2001; Seeger 2014; Mostern 2021.
144 Der wohl bekannteste chinesische Forschungsreisende ist Gu Yanwu 顧炎武 (1613–1682); für Auszüge aus seinem Werk siehe Gu Yanwu 2017. Zu chinesischen Theorien der Reise und der ihnen gewidmeten Literatur allgemein siehe Riemenschnitter 1998; zur Reise selbst Tian Xiaofei 2011; Hargett 2018.
145 Siehe etwa Ptak 2007; Kim 2020; speziell zu Pilgerfahrten auch Naquin und Yu 1992.
146 Zu ersteren siehe etwa Ho und Needham 1959; zu letzteren Zhang Baichun 2000.
147 Siehe Pagani 2001, S. 91–96.
148 Für einen Überblick zum Stand der chinesischen Buchgeschichte siehe aber Brokaw 2005.

Literaturverzeichnis

Agar, Jon und Crosbie Smith (Hrsg.). 1998. *Making Space for Science. Territorial Themes in the Shaping of Knowledge*. London: Macmillan.

Albrecht, Andrea et al. 2016 „Zum Konzept Historischer Epistemologie", in *Scientia Poetica* 20.1, S. 137–165.

Alleton, Viviane. 1993. *Les Chinois et la passion des noms*. Paris: Aubier.

Alpermann, Björn. 2021. *Xinjiang: China und die Uiguren*. Würzburg: Würzburg University Press.

Altenburger, Roland, Margaret B. Wan und Vibeke Børdahl (Hrsg.). 2015. *Yangzhou: A Place in Literature. The Local in Chinese Cultural History*. Honolulu: University of Hawai'i Press.

Amelung, Iwo. 2000. *Der Gelbe Fluss in Shandong (1851–1911). Überschwemmungskatastrophen und ihre Bewältigung im China der späten Qing-Zeit*. Opera Sinologica 7. Wiesbaden: Harrassowitz.

Ash, Mitchell G. 2000. „Räume des Wissens – Was und wo sind sie? Einleitung in das Thema", in *Berichte zur Wissenschaftsgeschichte* 23.3, S. 235–242.

Asma, Stephen T. 2001. *Stuffed Animals and Pickled Heads. The Culture and Evolution of Natural History Museums*. New York: Oxford University Press.

Barbieri-Low, Anthony J. 2007. *Artisans in Early Imperial China*. Seattle und London: University of Washington Press.

Berger, Patricia. 2003. *Empire of Emptiness. Buddhist Art and Political Authority in Qing China*. Honolulu: University of Hawai'i Press.

Berkowitz, Alan J. 2000. *Patterns of Disengagement. The Practice and Portrayal of Reclusion in Early Medieval China*. Stanford: Stanford University Press.

Bian, He. 2020. *Know Your Remedies. Pharmacy and Culture in Early Modern China*. Princeton: Princeton University Press.

Bloor, David. 1991 [1976]. *Knowledge and Social Imagery*, 2nd ed. Chicago: University of Chicago Press.

Bowring, Richard. 1992. „Brief Note: Buddhist Translations in the Northern Sung", in *Asia Major (Third Series)* 5.2, S. 79–93.

Bray, Francesca. 1997. *Technology and Gender. Fabrics of Power in Late Imperial China*. Berkeley: University of California Press.

Brockway, Lucile H. 2002. *Science and Colonial Expansion. The Role of the British Royal Botanic Gardens*. New Haven: Yale University Press.

Brokaw, Cynthia J. 2005. „On the History of the Book in China", in *Printing and Book Culture in Late Imperial China*, hrsg. v. Cynthia J. Brokaw und Kai-wing Chow. Berkeley: University of California Press, S. 3–54.

———. 2007. *Commerce in Culture. The Sibao Book Trade in the Qing and Republican Periods*. Cambridge, Mass.: Harvard University Asia Center.

Brokaw, Cynthia und Christopher A. Reed (Hrsg.). 2010. *From Woodblocks to the Internet. Chinese Publishing and Print Culture in Transition, circa 1800 to 2008*. Sinica Leidensia 97, Leiden und Boston: Brill.

Brook, Timothy. 1996. „Edifying Knowledge: The Building of School Libraries in Ming China", in *Late Imperial China* 17.1, S. 93–119.

Bullock, Mary B. 1980. *An American Transplant. The Rockefeller Foundation and Peking Union Medical College*. Berkeley: University of California Press.

Chaffee, John W. 1985. „Chu Hsi and the Revival of the White Deer Grotto Academy, 1179–1181 A.D.", in *T'oung Pao* 71.1/3, S. 40–62.

Chavannes, Édouard. 1910. *Le T'ai chan. Essai de monographie d'un culte chinois*. Annales du Musée Guimet: Bibliothèque d'études 21, Paris: E. Leroux.

Chen, Jack W. et al. (Hrsg.). 2021. *Literary Information in China. A History*. New York: Columbia University Press.

Chen Jinhua. 2004. „The Tang Buddhist Palace Chapels", in *Journal of Religious Studies* 32, S. 101–174.

———. 2006. „*Pañcavārṣika* Assemblies in Liang Wudi's Buddhist Palace Chapel", in *Harvard Journal of Asiatic Studies* 66.1, S. 43–103.

Chen Ling 陳凌. 2022. *Songdai zhouxian yashu jianzhu kongjian yu shehui zhixu* 宋代州縣衙署建築空間與社會秩序. Beijing: Zhongguo jianzhu gongye chubanshe.

Chi Xiaofang 池小芳. 1998. *Zhongguo gudai xiaoxue jiaoyu yanjiu* 中國古代小學教育研究. Shanghai: Shanghai jiaoyu chubanshe.

Chia, Lucille. 2002. *Printing for Profit. The Commercial Publishers of Jianyang, Fujian (11th–17th Centuries)*. Cambridge, Mass.: Harvard University Asia Center.

Chu, Ming-kin. 2020. *The Politics of Higher Education. The Imperial University in Northern Song China*. Hong Kong: Hong Kong University Press.

Chu, Pingyi. 1997. „Scientific Dispute in the Imperial Court: The 1664 Calendar Case", in *Chinese Science* 14, S. 7–34.

Claypool, Lisa. 2005. „Zhang Jian and China's First Museum", in *The Journal of Asian Studies* 64.3, S. 567–604.

Clunas, Craig. 1996. *Fruitful Sites. Garden Culture in Ming Dynasty China*. Durham, NC: Duke University Press.

Cosgrove, Denis E. (Hrsg.). 1999. *Mappings*. London: Reaktion Books.

Crang, Mike und Nigel Thrift (Hrsg.). 2000. *Thinking Space*. London und New York: Routledge.

Crossley, Pamela Kyle. 1991. „Structure and Symbol in the Role of the Ming-Qing Foreign Translation Bureaus", in *Central and Inner Asian Studies* 5, S. 38–70.

Dai Lijuan 戴麗娟. 2003. „Cong Xujiahui bowuyuan dao Zhendan bowuyuan. Faguo Yesuhuishi zai jindai Zhongguo de ziranshi yanjiu huodong" 從徐家匯博物院到震旦博物院——法國耶穌會士在近代中國的自然史研究活動, in *Zhongyang yanjiuyuan lishi yuyan yanjiusuo jikan* 中央研究院歷史語言研究所集刊 84.2, S. 329–385.

Daston, Lorraine J. und Peter Galison. 2007. *Objectivity*. New York: Zone Books.

De Weerdt, Hilde. 2016. *Information, Territory, and Networks. The Crisis and Maintenance of Empire in Song China*. Cambridge, Mass.: Harvard University Asia Center.

Deane, Thatcher E. 1994. „Instruments and Observation at the Imperial Astronomical Bureau during the Ming Dynasty", in *Osiris* 9, S. 126–140.

Deiwiks, Shu-jyuan. 2004. „The Secret Manchu Documents on the Trial of Jesuit Missionary Johann Adam Schall (1592–1666) before the Supreme Court of Peking", in *Monumenta Serica* 51, S. 641–648.

Dennis, Joseph. 2020. „The Role of Donations in Building Local School Book Collections in the Ming Dynasty", in *Ming Qing Yanjiu* 24.1, S. 46–66.

———. 2021. „Data Collection Practices for Compiling Confucian School Library Book Lists in Ming and Qing Local Gazetteers", in *Monumenta Serica* 69.2, S. 487–513.

Des Forges, Alexander. 2021. *Testing the Literary. Prose and Aesthetic in Early Modern China.* Cambridge, Mass.: Harvard University Asia Center.

Despeux, Catherine. 1996. „Le corps, champ spatio-temporel, souche d'identité", in *L'Homme* 36.137, S. 87–118.

Di Yongjun 邸永君. 2007. *Qingdai Hanlinyuan zhidu yanjiu* 清代翰林院制度研究. Beijing: Shehui kexue wenxian chubanshe.

Dikötter, Frank. 2002. *Crime, Punishment, and the Prison in Modern China.* London: Hurst.

Dodgen, Randall A. 2001. *Controlling the Dragon. Confucian Engineers and the Yellow River in Late Imperial China.* Honolulu: University of Hawai'i Press.

Drège, Jean-Pierre. 1991. *Les bibliothèques en Chine au temps des manuscrits (jusqu'au Xe siècle).* Paris: École Française de l'Extrême Orient.

———. 2007. „Les scriptoria bouddhiques dans la Chine médiévale (VIe–Xe siècle)", in *Lieux de savoir, Bd. 1. Espaces et communautés,* hrsg. v. Christian Jacob. Paris: Albin Michel, S. 515–536.

Duara, Prasenjit. 2000. „Local Worlds. The Poetics and Politics of Native Place in Modern China", in *South Atlantic Quarterly* 99, S. 13–45.

Dünne, Jörg und Stephan Günzel (Hrsg.). 2006. *Raumtheorie. Grundlagentexte aus Philosophie und Kulturwissenschaften.* Suhrkamp Taschenbuch Wissenschaft 1800,. Frankfurt a. M.: Suhrkamp.

Dykstra, Maura D. 2022. *Uncertainty in the Empire of Routine. The Administrative Revolution in the Eighteenth-Century Qing State.* Harvard East Asian Monographs 452, Cambridge, Mass.: Harvard University Press.

Elliott, Mark C. 2001. „The Manchu-Language Archives of the Qing Dynasty and the Origins of the Palace Memorial System", in *Late Imperial China* 22.1, S. 1–70.

Elman, Benjamin A. 2000. *A Cultural History of Civil Examinations in Late Imperial China*. Berkeley: University of California Press.

Elvin, Mark. 2004. *The Retreat of the Elephants. An Environmental History of China*. New Haven [etc.]: Yale University Press.

Fan, Fa-ti. 2003. „Science in a Chinese Entrepôt: British Naturalists and Their Chinese Associates in Old Canton", in *Osiris* 18.1, S. 60–78.

Fan Fengshu 范鳳書. 2013. *Zhongguo sijia cangshushi* 中歐私家藏書史. Wuhan: Wuhan daxue chubanshe.

Fang, Achilles. 1950. „Bookman's Decalogue", in *Harvard Journal of Asiatic Studies* 13.1/2, S. 132–173.

Findlen, Paula. 1994. *Possessing Nature. Museums, Collecting, and Scientific Culture in Early Modern Italy*. Berkeley: University of California Press.

Finnegan, Diarmid. 2008. „The Spatial Turn: Geographical Approaches in the History of Science", in *Journal of the History of Biology* 41.2, S. 369–388.

Fölster, Max Jakob. 2018. „Libraries and Archives in the Former Han Dynasty (206 BCE–9 CE): Arguing for a Distinction", in *Manuscripts and Archives. Comparative Views on Record-Keeping*, hrsg. von Alessandro Bausi et al. Studies in Manuscript Cultures 11. Berlin: De Gruyter, S. 201–230.

Foulk, T. Griffith. 1993. „Myth, Ritual, and Monastic Practice in Sung Ch'an Buddhism", in *Religion and Society in T'ang and Sung China*, hrsg. von Patricia Buckley Ebrey und Peter N. Gregory. Honolulu: University of Hawai'i Press, S. 147–208.

———. 2004. „*Chanyuan qinggui* and Other ‚Rules of Purity' in Chinese Buddhism", in *The Zen Canon. Understanding the Classic Texts*, hrsg. von Steven Heine und Dale S. Wright. Oxford: Oxford University Press, S. 275–312.

Fraser, Sarah E. 2003. *Performing the Visual. The Practice of Buddhist Wall Painting in China and Central Asia, 618–960*. Stanford: Stanford University Press.

Fuchs, Walter. 1930. „Zur technischen Organisation der Übersetzungen buddhistischer Schriften ins Chinesische", in *Asia Major* 6.1, S. 84–103.

Füssel, Marian. 2021. *Wissen. Konzepte – Praktiken – Prozesse*. Historische Einführungen, 19. Frankfurt a. M.: Campus.

Galison, Peter und Emily Thompson. 1999. *The Architecture of Science*. Cambridge, Mass.: MIT Press.

Geertz, Clifford. 1983. *Local Knowledge. Further Essays in Interpretative Anthropology*. London: Basic Books.

Gerritsen, Anne. 2020. *The City of Blue and White. Chinese Porcelain and the Early Modern World*. Cambridge: Cambridge University Press.

Gerritsen, Anne und Giorgio Riello (Hrsg.). 2015. *The Global Lives of Things. The Material Culture of Connections in the Early Modern World*. London: Routledge.

Giele, Enno. 2006. *Imperial Decision-Making and Communication in Early China. A Study of Cai Yong's* Duduan. Opera sinologica 20, Wiesbaden: Harrassowitz.

Gieryn, Thomas F. 2000. „A Space for Place in Sociology", in *Annual Review of Sociology* 26, S. 463–496.

Gimm, Martin. 2021. *Johann Adam Schall von Bell und die Geheimakten zum Gerichtsprozeß der Jahre 1664–1665 in China*. Sinologica Coloniensia 37, Wiesbaden: Harrassowitz.

Greene, Eric M. 2021. *Chan before Chan. Meditation, Repentance, and Visionary Experience in Chinese Buddhism*. Kuroda Institute Studies in East Asian Buddhism 28, Honolulu: University of Hawai'i Press.

Grimm, Tilemann. 1977. „Academies and Urban Systems in Kwangtung", in *The City in Late Imperial China*, hrsg. von G. William Skinner. Stanford: Stanford University Press, S. 475–480.

Gu Yanwu. 2017. *Record of Daily Knowledge* and *Collected Poems and Essays. Selections*. New York: Columbia University Press.

Haraway, Donna. 1988. „Situated Knowledges: The Science Question in Feminism and the Privilege of Partial Perspective", in *Feminist Studies* 14.3, S. 575–599.

Hargett, James M. 2018. *Jade Mountains Cinnabar Pools. The History of Travel Literature in Imperial China*. Seattle: University of Washington Press.

Harris, Steven J. 2006. „Networks of Travel, Correspondence, and Exchange", in *The Cambridge History of Science. Vol. 3: Early Modern Science*, hrsg. von Katherine Park und Lorraine Daston, Cambridge: Cambridge University Press, S. 341–364.

Hartnett, Richard A. 2011. *The Jixia Academy and the Birth of Higher Learning in China. A Comparison of Fourth-Century B.C. Chinese Education with Ancient Greece*. Lewiston: Edwin Mellen.

Hirth, Friedrich. 1887. „The Chinese Oriental College", in *Journal of the North China Branch of the Royal Asiatic Society* 22, S. 203–227.

Ho Peng-Yoke. 1969. „The Astronomical Bureau in Ming China", in *Journal of Asian History* 3, S. 137–157.

Ho Ping-Yü und Joseph Needham. 1959. „The Laboratory Equipment of the Early Mediæval Chinese Alchemists", in *Ambix*, 7.2, S. 58–112.

Hoage, Robert J. und William A. Deiss (Hrsg.). 1996. *New Worlds, New Animals. From Menagerie to Zoological Park in the Nineteenth Century*. Baltimore: Johns Hopkins University Press.

Hofmann, Martin, Joachim Kurtz und Ari Daniel Levine (Hrsg.). 2020. *Powerful Arguments. Standards of Validity in Late Imperial China*. Sinica Leidensia 146, Leiden und Boston: Brill.

Huang Fei. 2018. *Reshaping the Frontier Landscape. Dongchuan in Eighteenth-century Southwest China*. Monies, Markets, and Finance in East Asia, 1600–1900 10, Leiden und Boston: Brill.

Huang Liu-hong (übers. und hrsg. von Djang Chu). 1984. *A Complete Book Concerning Happiness and Benevolence. A Manual for Local Magistrates in Seventeenth-Century China*. Tucson: University of Arizona Press.

Huang Yi-Long 黃一農. 1991. „Qingchu Qintianjian zhong ge minzu tianwenjia de quanli qifu" 清初欽天監中各民族天文家的權力起伏, in *Xin shixue* 新史學 2.2, S. 75–108.

Jacob, Christian (Hrsg.). 2007–2011. *Lieux de savoir*, 2 Bde. Paris: Albin Michel.

———. 2014. *Qu'est-ce qu'un lieu de savoir?* Encyclopédie numérique, 2. Marseille: OpenEdition Press. Online: http://books.openedition.org/oep/423.

———. 2017. „Lieux de savoir: Places and Spaces in the History of Knowledge", in *KNOW: A Journal on the Formation of Knowledge* 1.1, S. 85–102.

Jami, Catherine. 2012. *The Emperor's New Mathematics. Western Learning and Imperial Authority during the Kangxi Reign (1662–1722)*. Oxford: Oxford University Press.

Jansen, Thomas. 2000. *Höfische Öffentlichkeit im frühmittelalterlichen China. Debatten im Salon des Prinzen Xiao Ziliang*. Freiburg: Rombach.

Jiang Shoupeng 姜守鹏. 1996. *Ming Qing beifang shichang yanjiu* 明清北方市场研究. Changchun: Dongbei shifan daxue chubanshe.

Kamei-Dyche, Andrew T. 2023. *Reading Spaces in Modern Japan. The Evolution of Sites and Practices of Reading*. Cambridge: Cambridge University Press.

Kang, David J. 2012. „Women's Healing Spaces. A Case Study of Female Patients and their Foreign Doctors in the Canton Hospital, 1835–1855", in *Journal of Comparative Asian Development* 11.1, S. 3–34.

Keenan, Barry C. 1994. *Imperial China's Last Classical Academies. Social Change in the Lower Yangzi, 1864–1911*. China Research Monograph 42, Berkeley: Institute of East Asian Studies, University of California, Berkeley.

Keswick, Maggie. 2003. *The Chinese Garden. History, Art, and Architecture*. Cambridge, Mass.: Harvard University Press.

Kiely, Jan. 2014. *The Compelling Ideal. Thought Reform and the Prison in China, 1901–1956*. New Haven und London: Yale University Press.

Kim, Nanny. 2020. *Mountain Rivers, Mountain Roads. Transport in Southwest China, 1700–1850*. Monies, Markets, and Finance in East Asia, 1600–1900, 13, Leiden und Boston: Brill.

Ko, Dorothy. 1995. *Teachers of the Inner Chambers. Women and Culture in Seventeenth-Century China*. Stanford: Stanford University Press.

———. 2019. „Itineraries of Inkstones in Early Modern China", in *Entangled Itineraries. Materials, Practices, and Knowledges across Eurasia*, hrsg. v. Pamela H. Smith. Pittsburgh: University of Pittsburgh Press, S. 202–224.

Kohn, Livia. 2003. *Monastic Life in Medieval Daoism. A Cross-Cultural Perspective*. Honolulu: University of Hawai'i Press.

Kurz, Johannes L. 2001. „The Politics of Collecting Knowledge: Song Taizong's Compilations Project", in *T'oung Pao*, Second Series, 87.4/5, S. 289–316.

Latour, Bruno und Steve Woolgar. 1979. *Laboratory Life. The Construction of Scientific Facts*. Princeton: Princeton University Press.

Ledderose, Lothar. 2004. „Carving Sutras into Stone before the Catastrophe: The Inscription of 1118 at Cloud Dwelling Monastery near Beijing", in *Proceedings of the British Academy* 125, S. 381–454.

Lee, Thomas H. C. 1999. *Education in Traditional China. A History*. Handbuch der Orientalistik 4.13, Leiden: Brill.

——— [Li Hongqi] 李弘祺. 1992. „Jingshe yu shuyuan" 精舍與書院, in *Hanxue yanjiu* 漢學研究 10.2, S. 307–332.

Lefebvre, Henri. 1974. *La production de l'espace*. Paris: Éditions Anthropos.

Leung, Angela Ki Che. 1987. „Organized Medicine in Ming-Qing China. State and Private Medical Institutions in the Lower Yangzi Region", in *Late Imperial China* 8.1, S. 134–166.

Lewis, Mark Edward. 2005. *The Construction of Space in Early China*. Albany: State University of New York Press.

Levi, Jean. 2007. „Les «circulateurs de savoirs» au temps des Royaumes combattants (V^e–IIIe siècle av. J.-C.)", in *Lieux de savoir. Tôme 1: Espaces et communautés*, hrsg. von Christian Jacob. Paris: Albin Michel, S. 805–823.

Li Guorong 李國榮. 2007. *Qingchao shida kechang an yanjiu* 清朝十大科場案研究. Beijing: Renmin chubanshe.

Li Ren-Yuan. 2014. „Making Texts in Villages: Textual Production in Rural China during the Ming-Qing Period", Dissertation, Harvard University.

Li Xiaoju 李曉菊. 2014. *Tang Song dang'an wenxian bianzuan yanjiu* 唐宋檔案文獻編纂研究. Beijing: Beijing shehui wenxian chubanshe.

Lidén, Johanna. 2022. „Charitable Schools as a Social Welfare Project in the Ming Dynasty", in *Ming Qing Yanjiu* 26, S. 1–29.

Liu Boji 劉伯驥. 1939. *Guangdong shuyuan zhidu yange* 廣東書院制度沿革. Shanghai: Shangwu yinshuguan.

Liu Haifeng 劉海峰. 2009. „Gongyuan—qiannian keju de beiying" 貢院—千年科舉的背影, in *Shehui kexue zhanxian* 社會科學戰線 5, S. 203–209.

Livingstone, David N. 2003. *Putting Science in Its Place. Geographies of Scientific Knowledge*. Chicago: University of Chicago Press.

Lo, Vivienne und Christopher Cullen (Hrsg.). 2005. *Medieval Chinese Medicine: The Dunhuang Medical Manuscripts*. New York: RoutledgeCurzon.

Loewe, Michael, Donald Harper und Edward L. Shaughnessy (Hrsg.). 1999. *The Cambridge History of Ancient China. From the Origins of Civilization to 221 BC*. Cambridge: Cambridge University Press.

Luo, Manling. 2019. „The Politics of Place-Making in the *Records of Buddhist Monasteries in Luoyang*", in *T'oung Pao* 105, S. 43–75.

———. 2022. „Theories of Spatiality and the Study of Medieval China", in *Journal of Chinese Literature and Culture* 9.1, S. 195–224.

Lü Yunzai 呂允在. 2008. „Mingren shuzhai de mingming, geju yu buzhi" 明人書齋的命名、格局與佈置, in *Yishu xuebao* 藝術學報 83, S. 261–294.

Lui, Adam Yuen-chung. 1981. *The Hanlin Academy. Training Ground for the Ambitious, 1644–1850*. Hamden: Archon.

Magone, Rui. 2002. „Once Every Three Years: People and Papers at the Metropolitan Examination of 1685", Dissertation, Freie Universität Berlin.

Man-Cheong, Iona D. 2004. *The Class of 1761. Examinations, State, and Elites in Eighteenth-Century China*. Stanford: Stanford University Press.

Martin, W. A. P. 1874. „The Hanlin Yuan", in *The North American Review* 119, SN 244, S. 1–33.

McDermott, Joseph P. 2006. *A Social History of the Chinese Book. Books and Literati Culture in Late Imperial China*. Hong Kong: Hong Kong University Press.

Meskill, John. 1982. *Academies in Ming China. A Historical Essay*. Monographs of the Association for Asian Studies, 39. Tuscon: University of Arizona Press.

Miles, Steven B. 2006. *The Sea of Learning. Mobility and Identity in Nineteenth-Century Guangzhou*. Cambridge, Mass.: Harvard University Press.

Miller, Ian J. 2013. *The Nature of the Beasts. Empire and Exhibition at the Tokyo Imperial Zoo*. Berkeley: University of California Press.

Minford, John und Claire Roberts. 2008. „Zhai, the Scholar's Studio", in *China Heritage Quarterly* 13, http://www.chinaheritagequarterly.org/editorial.php?issue=013 (Zugriff am 2. Juni 2020).

Moll-Murata, Christine. 2008. „Chinese Guilds from the Seventeenth to the Twentieth Centuries: An Overview", in *International Review of Social History* 53, Supplement 16, S. 213–247.

———. 2018. *State and Crafts in the Qing Dynasty (1644–1911)*. Social Histories of Work in Asia. Amsterdam: Amsterdam University Press.

Mostern, Ruth. 2021. *The Yellow River. A Natural and Unnatural History*. New Haven und London: Yale University Press.

Nappi, Carla. 2021. *Translating Early Modern China. Illegible Cities*. Oxford: Oxford University Press.

Naquin, Susan. 2022. *Gods of Mount Tai. Familiarity and the Material Culture of North China, 1000–2000*. Leiden und Boston: Brill.

Naquin, Susan und Chün-fang Yü (Hrsg.). 1992. *Pilgrims and Sacred Sites in China*. Berkeley: University of California Press.

Ni Daoshan 倪道善. 1990. *Ming Qing dang'an gailun* 明清檔案概論. Chengdu: Sichuan daxue chubanshe.

Nicol, Janine M. 2017. „Daoxuan (c. 596–667) and the Creation of a Buddhist Sacred Geography of China. An Examination of the *Shijia fangzhi*", Dissertation, SOAS University of London.

Nora, Pierre (Hrsg.). 1984–1992. *Les Lieux de mémoire*. 7 Bde., Bibliothèque illustrée des histoires, Paris: Gallimard.

Ophir, Adi und Steven Shapin. 1991. „The Place of Knowledge: A Methodological Survey", in *Science in Context* 4.1, S. 3–21.

Pagani, Catherine. 2001. *„Eastern Magnificence and European Ingenuity". Clocks of Late Imperial China*. Ann Arbor: University of Michigan Press.

Park, Katherine und Lorraine Daston (Hrsg.). 2006. *The Cambridge History of Science. Vol. 3: Early Modern Science*. Cambridge: Cambridge University Press.

Pelliot, Paul. 1948. „Le Hōja et le Sayyid Husain de *L'Histoire des Ming*", in *T'oung Pao* 38.2/5, S. 81–292.

Peng Nansheng 彭南生. 2003. *Hanghui zhidu de jindai mingyun* 行會制度的近代命運. Bejing: Renmin chubanshe.

Porter, Jonathan. 1980. „Bureaucracy and Science in Early Modern China: The Imperial Astronomical Bureau in the Ch'ing Period", in *Journal of Oriental Studies* 18, S. 61–76.

Pregadio, Fabrizio (Hrsg.). 2008. *The Encyclopedia of Taoism*. 2 Bde., London und New York: Routledge.

Prip-Møller, Johannes. 1937. *Chinese Buddhist Monasteries. Their Plan and Its Function as a Setting for Buddhist Monastic Life*. Kopenhagen: Gads.

Ptak, Roderich. 2007. *Die maritime Seidenstraße. Küstenräume, Seefahrt und Handel in vorkolonialer Zeit.* München: C. H. Beck.

Qin, Shao. 2004. „Exhibiting the Modern. The Creation of the First Chinese Museum, 1905–1930", in *The China Quarterly* 179, S. 82–100.

Qiu Pengsheng 邱澎生. 1990. *Shiba, shijiu shiji Suzhou cheng de xinxing gongshangye tuanti* 十八、十九世紀蘇州城的新興工商業團體. Taipei: Guoli Taiwan daxue chuban zhongxin.

Raj, Kapil. 2007. *Relocating Modern Science. Circulation and the Construction of Knowledge in South Asia and Europe, 1650–1900*. New York: Palgrave Macmillan.

———. 2017. „Beyond Postcolonialism ... and Postpositivism: Circulation and the Global History of Science", in *Isis* 104.2, S. 337–347.

Ren Ping 任萍. 2015. *Mingdai Siyiguan yanjiu* 明代四夷館研究. Beijing: Beijing shifan daxue chubanshe.

Renshaw, Michelle. 2005. *Accommodating the Chinese. The American Hospital in China, 1880–1920*. New York: Routledge.

Rheinberger, Hans-Jörg. 2001. *Experimentalsysteme und epistemische Dinge. Eine Geschichte der Proteinsynthese im Reagenzglas*. Göttingen: Wallstein.

———. 2007. *Historische Epistemologie zur Einführung*. Hamburg: Junius.

Riemenschnitter, Andrea. 1998. *China zwischen Himmel und Erde. Literarische Kosmographie und nationale Krise im 17. Jahrhundert*. Frankfurt a. M.: Peter Lang.

Robson, James. 2009. *Power of Place. The Religious Landscape of the Southern Sacred Peak (Nanyue 南嶽) in Medieval China*. Cambridge, Mass.: Harvard University Asia Center.

Rogaski, Ruth. 2022. *Knowing Manchuria. Environments, the Senses, and Natural Knowledge on an Asian Borderland*. Chicago und London: University of Chicago Press.

Schäfer, Dagmar. 1998. *Des Kaisers seidene Kleider. Staatliche Seidenmanufakturen in der Ming-Zeit (1368–1644)*. Würzburger Sinologische Schriften. Heidelberg: edition forum.

Schiebinger, Londa und Claudia Swan (Hrsg.). 2007. *Colonial Botany. Science, Commerce, and Politics in the Early Modern World*. Philadelphia: University of Pennsylvania Press.

Schmalzer, Sigrid. 2016. *Red Revolution, Green Revolution. Scientific Farming in Socialist China*. Chicago: University of Chicago Press.

Schneewind, Sarah. 2006. *Community Schools and the State in Ming China*. Stanford: Stanford University Press.

Schneider, Richard. 2011. „La table du lettré dans la Chine impériale", in *Lieux de savoir, Bd. 2. Les mains de l'intellect*, hrsg. v. Christian Jacob. Paris: Albin Michel, S. 130–150.

Schramm, Helmar, Ludger Schwarte und Jan Lazardzig (Hrsg.). 2003. *Kunstkammer. Laboratorium. Bühne. Schauplätze des Wissens im 17. Jahrhundert*. Theatrum Scientiarum, 1. Berlin und New York: De Gruyter.

Scott, Gregory Adam. 2020. *Building the Buddhist Revival. Reconstructing Monasteries in Modern China*. New York: Oxford University Press

Secord, James A. 2004. „Knowledge in Transit", in *Isis* 95.4, S. 654–672.

Seeger, Miriam. 2014. *Zähmung der Flüsse. Staudämme und das Streben nach produktiven Landschaften in China*. Strukturen der Macht: Studien zum politischen Denken Chinas 19, Münster: LIT.

Seth, Suman. 2009. „Putting Knowledge in its Place: Science, Colonialism, and the Postcolonial", in *Postcolonial Studies* 12.4, S. 373–388.

Shapin, Steven. 1988. „The House of Experiment in Seventeenth-Century England", in *Isis* 79.3, S. 373–404.

———. 1991. *A Social History of Truth. Civility and Science in Seventeenth-Century England*. Chicago: University of Chicago Press.

Shapin, Steven und Simon Schaffer. 1985. *Leviathan and the Air-Pump. Hobbes, Boyle, and the Experimental Life*. Princeton: Princeton University Press.

Shi, Mingzheng. 1998. „From Imperial Gardens to Public Parks: The Transformation of Urban Space in Early Twentieth-Century Beijing", in *Modern China* 24.3, S. 219–254.

Siebert, Martina, Kai Jun Chen und Dorothy Ko (Hrsg.). 2021. *Making the Palace Machine Work. Mobilizing People, Objects, and Nature in the Qing Empire*. Asian History 11, Amsterdam: Amsterdam University Press.

Skinner, G. William (Hrsg.). 1977. *The City in Late Imperial China*. Stanford: Stanford University Press.

Smith, Pamela H. 2009. „Science on the Move: Recent Trends in the History of Early Modern Science", in *Renaissance Quarterly* 62, S. 345–375.

——— (Hrsg.). 2019. *Entangled Itineraries. Materials, Practices, and Knowledges across Eurasia*. Pittsburgh: University of Pittsburgh Press.

Soja, Edward W. 1996. *Thirdspace. Journeys to Los Angeles and Other Real-and-Imagined Places*. Oxford: Blackwell.

Steinhardt, Nancy S. 1990. *Chinese Imperial City Planning*. Honolulu: University of Hawai'i Press.

Thilo, Thomas. 1997–2006. *Chang'an. Metropole Ostasiens und Weltstadt des Mittelalters 583–904*. 2 Bde., Wiesbaden: Harrassowitz.

Tian, Xiaofei. 2011. *Visionary Journeys. Travel Writings from Early Medieval and Nineteenth-Century China*. Harvard-Yenching Institute Monograph Series 78, Cambridge, Mass.: Harvard University Asia Center.

Trombert, Éric. 2007. „Dunhuang, une oasis du savoir sur la Route de la soie (IVe–Xe siècle)", in *Lieux de savoir, Bd. 1. Espaces et communautés*, hrsg. v. Christian Jacob. Paris: Albin Michel, S. 942–963.

Tylor, Edward Burnett. 1871. *Primitive Culture. Researches into the Development of Mythology, Philosophy, Religion, Language, Art, and Custom*. 2 Bde., London: John Murray.

van Ess, Hans. 2007. „The Imperial Court in Han China", in *The Court and Court Society in Ancient Monarchies*, hrsg. von A. J. S. Spawforth. Cambridge: Cambridge University Press, S. 233–266.

———. 2009. „Chang'an", in *Metropolen des Geistes*, hrsg. von Christoph Lewin und Martin Hose. Frankfurt a. M. und Leipzig: Insel Verlag, S. 63–77.

Waley-Cohen, Joanna. 1991. *Exile in Mid-Qing China. Banishment to Xinjiang, 1758–1820*. Yale Historical Publications. New Haven: Yale University Press.

Walton, Linda A. 1999. *Academies and Society in Southern Sung China*. Honolulu: University of Hawai'i Press.

Wang, Di. 2008. *The Teahouse. Small Business, Everyday Culture, and Public Politics in Chengdu, 1900–1950*. Stanford: Stanford University Press.

Wang Guowei 王國維. 1956 [1916]. „Han Wei boshi kao" 漢魏博士考, in *Guantang jilin* 觀堂集林. 4 Bde., Taipei: Yiwen yinshuguan, Bd. 4, S. 43–55.

Wang, Ning. 2017. *Banished to the Great Northern Wilderness. Political Exile and Re-Education in Mao's China*. Vancouver und Toronto: UBC Press.

Wang, Xing. 2020. *Physiognomy in Ming China. Fortune and the Body*. Sinica Leidensia 149, Leiden und Boston: Brill.

Werle, Dirk. 2007. Copia librorum. *Problemgeschichte imaginierter Bibliotheken, 1580–1630*. Frühe Neuzeit 119, Tübingen: Niemeyer.

Williams, John. 2020. „Identity Verification as a Standard of Validity in Late Imperial Chinese Civil Examinations", in *Powerful Arguments. Standards of Validity in Late Imperial China*, hrsg. von Martin Hofmann, Joachim Kurtz und Ari D. Levine. Sinica Leidensia 146, Leiden und Boston: Brill, S. 349–392.

Wu Hung. 2023. *Spatial Dunhuang. Experiencing the Mogao Caves*. Seattle und London: University of Washington Press.

Wu, Silas H. L. 1970. *Communication and Imperial Control in China. The Evolution of the Palace Memorial System 1693–1735.* Cambridge, Mass.: Harvard University Press.

Wu Zhihe 吳智和. 1990. *Ming Qing shidai yincha wenhua* 明清時代飲茶生活. Taipei: Boyuan.

Yeh, Emilie Yueh-yu (Hrsg.). 2018. *Early Film Culture in Hong Kong, Taiwan, and Republican China: Kaleidoscopic Histories.* Ann Arbor: University of Michigan Press.

Yifa. 2002. *The Origins of Buddhist Monastic Codes in China. An Annotated Translation and Study of the* Chanyuan qinggui. Honolulu: University of Hawai'i Press.

Yin Xiaohu 殷嘯虎. 1997. *Zhongguo gudai yamen baitai* 中國古代衙門百態. Shanghai: Dongfang chuban zhongxin.

Yu, Li. 2003. „A History of Reading in Late Imperial China, 1000–1900", Dissertation, The Ohio State University.

Zacchetti, Stefano. 1996. „Il *Chu sanzang ji ji* di Sengyou come fonte per lo studio delle traduzioni buddhiste cinesi: lo sviluppo della tecnica di traduzione dal II al V secolo d.C.", in *Annali di Ca' Foscari* 35.3, S. 347–374.

Zhang Baichun 張柏春. 2000. *Ming Qing cetian yiqi zhi Ouhua. Shiqi, shiba shiji chuanru Zhongguo de tianwen jishu ji qi lishi diwei* 明清測天儀器之歐化：十七、十八世紀傳入中國的天文技術及其歷史地位. Shenyang: Liaoning jiaoyu chubanshe.

Zhang Wende 張文德. 2000. „Wang Zongzai ji qi *Siyiguan kao*" 王宗載及其《四夷館考》, in *Zhongguo bianjiang shidi yanjiu* 中國邊疆史地研究 10.3, S. 89–100.

Zhang, Ying. 2020. *Religion and Prison Art in Ming China (1368–1644). Creative Environment, Creative Subjects.* Leiden und Boston: Brill.

Zhang, Yunshuang. 2017. „Porous Privacy. The Literati Studio and Spatiality in Song China", Dissertation, University of California at Los Angeles.

———. 2020. „A Floating Studio: The Boat Space in Song Literary Culture", in *Journal of Song-Yuan Studies* 49, S. 207–237.

Zi, Étienne S. J. 1894. *La pratique des examens littéraires en Chine.* Shanghai: Imprimerie Catholique.

Pu Songlings *Liaozhai* als Wissensort: Ein Raum, ein Rollbild und das Einfangen des Schaffensmoments

Emily Graf

Readers are often fascinated by the place where an author lived and wrote, and the site can in turn yield great persuasive power when conveying knowledge about the author. With the establishment of the PRC, former residences of authors were increasingly turned into museums and made accessible to the public. Among such endeavors was the reconstruction of the former residence of Pu Songling 蒲松齡 (1640–1715), a literatus and writer from the Qing Dynasty. His writer's studio, which had become famous through his collection *Liaozhai zhiyi* 聊齋誌異 (Strange Tales from the Liao Studio), received its material incarnation in a museum. This article analyses the making of the *Pu Songling guju* 蒲松齡故居 (Former Residence of Pu Songling) by taking a closer look at its establishment in 1956. It retraces the trajectories of the objects found on display and inquires about the actors involved in their selection. The article scrutinizes the displayed furniture, wooden plaques, and a hanging scroll depicting the writer. The analysis of these selected objects and an understanding of the museum's history provide insights into the dynamics of knowledge production, both past and present. These dynamics come to light when contraposing the *Liaozhai* 聊齋 (Liao Studio), where unorthodox literary texts were written, and the *Chuorantang* 綽然堂 (Hall of Amplitude), where orthodox texts were taught, as sites of competing knowledge. Both spaces indeed continue to exist in the Pu Songling former residence and a clear-cut separation of the two is shown to be misleading, emphasizing the blurred boundaries between orthodox and unorthodox knowledge. The dynamics are also revealed by investigating the parallels between the history of the writer's studio and the reception history of the *Liaozhai zhiyi*. Pu Songling's collection always inhabited an ambivalent space between fact and fiction, which would later greatly complicate the establishment and continued production of the material studio requiring many interventions. And finally, the dynamics are highlighted by juxtaposing the moment of literary creation with the moment of scientific discovery, which shows the pitfalls of analyzing sites of knowledge without acknowledging that knowledge is socially constructed.

Der Wohnort Pu Songlings

Orte, an denen Schriftsteller leben und schreiben, verfügen über eine besondere Anziehungskraft für Leser und über eine außergewöhnliche Überzeugungskraft bei der Vermittlung von Wissen über den Autor. Dieser Beitrag führt den Leser an einen Ort abseits der chinesischen Großstädte, an einen ländlichen Ort im Bezirk Zichuan 淄

川 nahe der Stadt Zibo 淄博 in der Provinz Shandong. An diesem Ort, einem Dorf namens Pujiazhuang 蒲家庄, lebte einst der Literat und Schriftsteller Pu Songling 蒲松齡 (1640–1715). In welcher Weise sind heute der Autor und der Ort noch miteinander verbunden? Ist der Autor hier noch anwesend? Welches Wissen soll an diesem Ort, der heute ein zu einer Schreibstube gestaltetes Museum umfasst, vermittelt werden? Und in welcher Beziehung stehen Orte des literarischen Schaffens und ihre musealen Repräsentationen zu anderen Wissenssorten?

Pu Songling verbrachte fast sein ganzes Leben in der Provinz Shandong. Die Übergangszeit von der Ming- zur Qing-Dynastie führte auch in seiner Provinz anfangs noch zu Widerstand gegen die neue Mandschu-Regierung. Als Pu Songling mit 75 Jahren starb, hatte er den Aufstieg der Qing bis fast zum Ende der Regierungszeit des Qing-Kaisers Kangxi 康熙 (r. 1661–1722) miterlebt, eine der längsten Regierungszeiten eines chinesischen Kaisers. Unermüdlich versuchte Pu Songling durch das System der Beamtenprüfung (*keju* 科舉) im Staatsapparat der Qing Karriere zu machen. Obwohl seine erste Prüfung auf Präfekturebene zum Lizenziat (*shengyuan* 生員, auch *xiucai* 秀才 genannt) vielversprechend war, konnte er die zweite Prüfung auf Provinzebene zum Provinzabsolventen (*juren* 舉人) nie erfolgreich ablegen und so scheiterte er als ewiger Student wieder und wieder an dieser Hürde, weshalb er nur als einfacher privater Tutor die Söhne anderer Familien auf ihre Prüfungen vorbereiten und damit den Unterhalt für sich und seine Familie verdienen konnte. Im Jahr 1710, fünf Jahre vor seinem Tod, erhielt er schließlich noch den Ehrentitel Tributstudent des Jahres (*suigong* 歲貢) als Anerkennung und Kompensation für seine vielen gescheiterten Prüfungsversuche. Pu Songling war zwar über seinen ausbleibenden Erfolg frustriert, doch ließ ihm seine Lage ausreichend Zeit zum Lesen und Schreiben, und er nutzte diese kreativ.[1] Er schrieb genreübergreifend, doch sein bekanntestes Werk ist eine Sammlung von etwa 500 kurzen Geschichten, die in einer Sammlung mit dem Titel *Liaozhai zhiyi* 聊齋誌異 (Seltsame Geschichten aus dem Schreibzimmer Liao) bekannt wurden. Unter diesen Geschichten sind einige mit bis zu zehn Seiten und einige, die nur wenige Zeilen lang sind. Sie enthalten realistische und fantastische Elemente. In ihnen treffen die Protagonisten, oft junge Gelehrte, mal auf Geister, mal auf Götter, kämpfen gegen Monster oder werden von Fuchsfeen verführt. Einige der Geschichten ereignen sich laut ihres jeweiligen Erzählers in Zichuan, wodurch Pu Songling Bezug auf seine Heimat nimmt und die Geschichten in einen „faktischen

---

1 Barr 1986.

Rahmen" bettet.² In den Geschichten kombiniert er zwei in literarischer Sprache (*wenyanwen* 文言文) verfasste Texttraditionen, nämlich die der *zhiguai* 志怪 (Beschreibungen von Seltsamem), die oft wie ein knapper historischer Bericht von übernatürlichen Wesen und Ereignissen künden, und die der vorwiegend Tang-zeitlichen *chuanqi* 傳奇 (Überlieferungen von Außergewöhnlichem). Dadurch gelang es ihm, so der Schriftsteller und Literaturkritiker Lu Xun 魯迅 (1881–1936), etwas Neues zu kreieren.³ Die Welt der Menschen und die des Übernatürlichen verschmolzen, Glaubwürdiges und Unglaubliches vermischten sich dabei.

Besucht man heute den ehemaligen Wohnort Pu Songlings, befindet sich dort ein Museum (*jinianguan* 紀念館), das auch sein ehemaliges Wohnhaus umfasst, im Folgenden Pu-Songling-Haus genannt. Allein ein erster Blick in den Eingangsbereich des Museums (Abbildung 1) zeigt unterschiedliche Akteure, die sich in diese Räume eingeschrieben haben. Über dem Eingang zum Innenhof steht in goldener Schrift auf einer großen dunklen Holztafel „Ehemaliges Wohnhaus Pu Songlings" (*Pu Songling guju* 蒲松齡故居). Die Tafel wurde 1962 von Guo Moruo 郭沫若 (1892–1978) beschrieben und unterzeichnet.⁴ Galt Guo Moruos erster Enthusiasmus bereits Mitte der 1940er-Jahre der Etablierung eines Museums für Lu Xun,⁵ so signalisierte seine Handschrift hier seine spätere Unterstützung für ein Pu-Songling-Haus, zu einem Zeitpunkt, als er bereits einer der führenden Kulturpolitiker der VR China, Direktor der Chinesischen Akademie der

Abbildung 1. Eingang zum Pu-Songling-Haus. Aufnahme vom 4. Juni 2014

---

2 Hammond 2006, S. 206.
3 Lu Xun schreibt: „Obwohl *Liaozhai zhiyi*, wie andere Sammlungen dieser Zeit, nicht mehr sind als Geschichten über Feen, Füchse, Geister und Dämonen, sind die Beschreibungen so detailreich und die Narrative so methodisch stringent, ganz in der Tradition der Tang-zeitlichen *chuanqi* Erzählungen, dass die *zhiguai* sehr lebhaft erscheinen [...] Triviale Vorfälle sind so präzise beschrieben, dass sie dem Leser neu und interessant erscheinen [...] Die *zhiguai* vom Ende der Ming-Dynastie sind normalerweise so knapp und fantastisch, dass sie unglaublich erscheinen. *Liaozhai zhiyi* jedoch enthält so detaillierte und realistische Beschreibungen, dass sogar Blumenmonster und Fuchsfeen menschlich und nahbar erscheinen; und gerade wenn man vergisst, dass sie nicht-menschlich sind, passiert etwas Seltsames, das uns erinnert, dass wir es nicht mit Menschen zu tun haben." Lu Xun 2005, S. 216.
4 Lu Tong 1988, S. 1.
5 Beijing Lu Xun bowuguan 2006, S. 4.

Wissenschaften, und Leiter der gesamtchinesischen Föderation der Literatur- und Kunstkreise war und seine Unterstützung daher besonders gewichtig war. Blickt man weiter hinein, so sieht man am Ende des Eingangsbereichs eine weiße Büste Pu Songlings aus Marmor. Die Büste zeigt Pu Songling in hohem Alter, mit Spitzbart, geschorenem Vorderkopf und mandschurischem Zopf am Hinterkopf, mit Falten auf der Stirn und um die Augen, die leicht lächelnd, gar verschmitzt, über den Betrachter hinweg in die Ferne blickend. Auf dem schwarzen Marmorpodest steht unter Pu Songlings Namen und Lebenszeit deutlich lesbar der Namen des Mäzens, Ni Shouwen 倪守文 (geb. 1957), Leiter einer lokalen Fabrik in Zibo, der diese Büste 1994 dem Museum gespendet hat.[6] Die Büste wurde vom Bildhauer Li Zhencai 李振才 (geb. 1933) erstellt, der 1958 an der Lu-Xun-Akademie seine Kunstausbildung in Bildhauerei absolvierte und heute Professor der Kunstakademie Shandong ist.[7] Gleich zu Beginn kann man also bereits eine Reihe von Akteuren erspähen, die die Museumslandschaft der VR China in ihren jeweiligen Jahrzehnten prägten: Kulturpolitiker der frühen VR, Kunstschaffende, die in den jungen Kulturinstitutionen der VR ausgebildet wurden, und Unternehmer, die durch die Reform- und Öffnungspolitik zu Gönnern der Kunst und Literatur wurden.

Warum sich ein näheres Hinsehen lohnt

Bewegt man sich durch die Ausstellung, trifft man auf kuratorische Elemente, die in Museen berühmter Persönlichkeiten (*mingren guju* 名人故居) der VR oft anzutreffen sind: die Nachbildungen ehemaliger Wohn- und Arbeitsräume bilden den Kern, Ausstellungsflächen in anliegenden Gebäuden sind der Biographie und dem Werk gewidmet. Weitere Ausstellungsflächen blicken auf die Rezeption des Museums, wobei diese vorrangig Photographien prominenter Besucher, in der Regel politischer Führungspersonen der Kommunistischen Partei, zeigen. Zur Illustration des literarischen Werks Pu Songlings zeigt eine kleine Ausstellung Protagonisten aus dem *Liaozhai zhiyi* in Form von bemalten Terrakottafiguren aus lokaler Produktion, und eine weitere stellt Kalligraphien berühmter Persönlichkeiten aus, die ihre Eindrücke von Pu Songling oder ihres Besuchs im Museum festhalten. Darüber hinaus liegt etwas

---

6 Shandongsheng shengqing ziliaoku 2003. Die Fabrik stellt unter anderem Materialien zur Porzellan- und Emailleproduktion her.
7 Shandongsheng shengqing ziliaoku 2003. Die Lu-Xun-Akademie wurde 1938 in Yan'an etabliert und in den 1940er-Jahren nach Shenyang verlegt.

außerhalb der Anlage Pu Songlings Grabstätte und eine Quelle, die schon zu Lebzeiten Pu Songlings floss und die, da Pu Songling zusätzlich den Namen „zurückgezogener Gelehrter der Trauerweidenquelle" (*Liuquan jushi* 柳泉居士) trug, auch als Sehenswürdigkeit gekennzeichnet ist.[8] Unter dem Gesichtspunkt der Ausstellungspraxis ist der Ort zunächst einmal durch und durch gewöhnlich.

Es gibt mehrere Gründe, weshalb diesem Ort in der Forschung wenig Beachtung geschenkt wird und warum er dort, wo er wahrgenommen wird, auf Kritik stößt. In der Forschung über Museen und das Kulturerbe der VR China wird der Ort als beispielhaft für eine Kommerzialisierung des lokalen Kulturerbes angesehen. Es bestehe nicht nur eine Vereinnahmung durch nationale Narrative, sondern in diesem Falle insbesondere auch eine profitable, und letztlich bedrohliche, Instrumentalisierung des Autors zum Ankurbeln des Binnentourismus durch eine Disneyfizierung in anliegenden Bereichen und Geschäften. Der historische Wert wird dem Ort entweder von vornherein abgesprochen oder wird im direkten Konflikt mit der kommerziellen Nutzung gesehen, welche die Integrität des Orts bedrohe.[9] Oft schwingen in Analysen von Museen als verbindlich vorausgesetzte Wertevorstellungen mit. Die Motive der Akteure werden wertend abgewogen: hochwertig ist der vermeintlich nicht von sachfremdem Interesse geleitete Schutz des historischen Gegenstandes, minderwertig der Schutz eines gegenwartsbezogenen Interesses auf Kosten der historischen Authentizität. Im Folgenden soll nicht die Integrität des Ortes untersucht werden, sondern es soll betrachtet werden, durch welche Prozesse der Ort entstand. Dabei wird deutlich, dass der Ort in seiner gegenwärtigen Beschaffenheit die soziale Konstruiertheit sowohl von Wissen als auch von Literatur verdeutlicht. Darüber hinaus soll das Museum im Zusammenhang mit dem Werk des Autors als Wissensort durchdacht werden, der nicht nur bei seiner Entstehung, sondern durch seine Geschichte hinweg immer neue Interpretationen erfährt und sich ständig wandelndes Wissen produziert. Auch wenn sich diese Untersuchung auf den Fall Pu Songlings konzentriert, weist sie doch auch auf Prozesse und Akteure hin, die in der Aufbereitung des Nachlasses vieler Autorinnen und Autoren in China Wissen schaffen und das Literaturerbe prägen.

---

8   Lu Tong 1988.
9   Flath 2002, S. 56.

Liaozhai *als ausgewiesener, physischer Raum*

Betritt man das Hauptgebäude im ehemaligen Wohnhaus Pu Songlings (Abbildung 2), blickt man auf eine Wand, über welcher eine helle Holztafel mit der schwarzen Aufschrift *Liaozhai* 聊齋 in der Handschrift Lu Dahuangs 路大荒 (1895–1972), eines prominenten Pu-Songling-Forschers, steht. Darunter hängt ein Tuschegemälde, ein Rollbild mit einem Sitzportrait Pu Songlings. Links und rechts vom Portrait hängen auf dunklen Holztafeln zwei Zeilen Guo Moruos – wie auch das Schild am Eingang beschrieben im Jahr 1962 – die wie ein chinesischer Zweizeiler aus der Dichtung oder Neujahrsdekoration (*duilian* 對聯) das Portrait umrahmen:

> Im Schreiben über Geister und Dämonen stand er niemandem nach;
> seine satirische Darstellung von Korruption und Tyrannei dringt bis ins Mark.
> 寫鬼寫妖高人一等；刺貪刺虐入骨三分。[10]

Vor diesem Arrangement stehen Holzmöbel: ein langer schmaler Tisch mit Dekorsteinen, davor zwei Stühle, zwischen ihnen ein quadratischer Tisch mit einer blauen Keramikschale, in der Kleingeld liegt – 1 *yuan* und 5 *fen*-Scheine. Hinter einem dekorativen Raumteiler aus Holz kann man in einen Wohnraum mit Bett, Bücherregal und Bücherkisten blicken.

Dass der Besucher hier einen physischen Raum mit dem Namen Liao betreten kann, mag Literaturwissenschaftler überraschen. In der chinesischen Literatur kommt dem Schreibzimmer (*zhai* 齋) eine besondere Bedeutung zu und es kann viele Deutungsebenen umfassen. Es kann als Pseudonym für den Autor dienen. So wurde Pu Songling auch Herr Liaozhai genannt. Es kann ein physischer Raum sein, aber auch ein imaginierter Rückzugsort vor der Welt, ein Raum ohne konkrete Adresse. Es kann zu einem Ort der Selbstvermarktung des Schriftstellers werden oder als privater Ort des Schaffens dienen.[11] Pu Songling konnte mit dem Namen seines Schreib-

Abbildung 2. Das Schreibzimmer Liao im Pu-Songling-Haus. Aufnahme vom 4. Juni 2014.

---

10 Shandongsheng shengqing ziliaoku 2003.
11 Minford und Roberts 2008.

zimmers viel kommunizieren, und in seinen *Liaozhai zhiyi* verfügt jedes Wort über mehrere Schichten von Assoziationen, Anspielungen auf andere Texte, und geteilten Erinnerungen. John Minford spricht daher über eine „studio world" als geteilte Welt all derer, die diese Sprache verstehen und an diesem imaginären Ort teilhaben, dieser Welt innewohnen.¹² *Liao* ist nach Minford nicht übersetzbar, es bedeute gleichzeitig alles und nichts, könne als Muße, als frei verfügbare Zeit, als eine Laune oder ein Einfall verstanden werden, als etwas Flüchtiges, ein flüchtiges Gespräch, Plaudern, oder auch ein Gefühl von Unzulänglichkeit oder Hilflosigkeit kommunizieren.¹³ Er erklärt:

> The studio that bears this name exists now only as a collection of tales, a receptacle fashioned in the crucible of Pu Songling's imagination, a timeless prism affording a view into the inner world of the traditional Chinese scholar-gentleman.¹⁴

Als Minford diese Worte schrieb, existierte allerdings bereits dieser Museumsraum, der dem *Liaozhai*, diesem imaginären, zeitlosen Raum eine materielle Form geben soll.

Die Abwesenheit des Manuskripts

In Räumen, die bewusst geschaffen oder nachgebildet werden, kann die Abwesenheit eines Ausstellungsobjekts oft ebenso aussagekräftig sein wie seine Zurschaustellung. Im Falle des Schreibzimmers ist auffallend, dass ein Objekt in der Ausstellung nicht enthalten ist: das physische Manuskript des *Liaozhai zhiyi*. Doch kennt man die Funktion, die das Manuskript in der Rezeptionsgeschichte gespielt hat, verleiht es dem Ort trotz seiner Abwesenheit dennoch indirekt Autorität.

Pu Songlings *Liaozhai zhiyi* wurde zu seiner Zeit nicht veröffentlicht, und auch sein Manuskript verkaufte er nicht, auch wenn es mindestens eine Anfrage gab.¹⁵ Die Handschrift blieb nach seinem Tod bei seiner Familie in Zichuan, an eben dem Ort, an dem das Museum etabliert wurde. Während das Manuskript von der Familie aufbewahrt wurde, kursierten handschriftliche Kopien des Texts. Pu Lide 蒲立德 (1683–1751), Pu Songlings Sohn, schrieb im Jahr 1739, dass mehrfach Kopien vom ursprünglichen Manuskript gemacht wurden und er von nah und fern Anfragen erhielt,

---

12 Pu Songling 2006, S. xix–xx.
13 Pu Songling 2006, S. xix–xx.
14 Minford und Roberts 2008.
15 Barr 1984, S. 518.

ob es zur Erstellung weiterer Kopien ausgeliehen werden könne.[16] Pu Lide händigte hierfür unter anderem auch eine stark gekürzte Kopie des Manuskripts aus, die er selbst erstellt hatte. Als Begründung erklärte er, dass das Original voller Fehler sei und mit Tabus des regierenden Kaisers breche. In Pu Songlings ursprünglichem Manuskript sind also Geschichten enthalten, die in späteren handschriftlichen Kopien oder der gedruckten Versionen nicht aufgenommen sind. Daher blieb auch nach dem Erscheinen der ersten Druckversion in 1766 das Interesse am ursprünglichen Manuskript bestehen.[17] Die Präsenz des Manuskripts in den Händen der Nachfahren Pu Sonlings verlieh dem ehemaligen Wohnort Pu Songlings Bedeutung unter Kennern und weckte die Vermutung, dass am ursprünglichen Ort des Verfassens, im ursprünglichen Text, mehr zu finden sei als das, was der Leser in den Händen hielt.

Doch das ursprüngliche Manuskript blieb nicht an Pu Songlings ehemaligem Wohnort. In der Mitte des 19. Jahrhunderts zogen Pu Songlings Nachfahren aus der siebten Generation, darunter Pu Jieren 蒲价人 (fl. 1861), nach Shenyang in die Provinz Liaoning und nahmen das Manuskript mit.[18] Noch zu Beginn der Regierungszeit des Kaisers Guangxu 光緒 (r. 1875–1908) ließ Pu Jieren das Werk neu binden und bewahrte es in zwei Kisten auf. Die zweite Kiste ging unter Umständen, die bis heute ungeklärt sind, verloren. Daher ist eine Kopie, die Zhang Xijie 張希傑 (1689–1761) vom ursprünglichen Manuskript gemacht hatte, bis heute eine der vollständigsten Versionen des *Liaozhai zhiyi*.[19] Die erste der beiden Kisten blieb den Nachfahren der Familie Pu in Liaoning erhalten. In den 1950er-Jahren übergab die Familie die Manuskripte dem Staat. Heute werden sie in der Liaoning-Provinzbibliothek aufbewahrt. Die Überreste des Originals sowie einige bedeutende Kopien blieben lange Zeit der Schlüssel, um die Ambiguität der Geschichten sowie die Vieldeutigkeit und Vielseitigkeit des Werkes, die durch die Eingriffe späterer Kopisten und Herausgeber beschnitten oder beeinträchtigt wurden, zu belegen.[20]

---

16 Barr 1984, S. 518.
17 Barr 1984, S. 519.
18 Barr 1984, S. 519.
19 Barr 1984, S. 519. Die Variorum-Ausgabe von Zhang Youhe 張友鶴 (1901–1971) (Pu Songling 1978), auf die Allan Barr auch Bezug nimmt, basiert auf der Struktur der Kapitel (*juan* 卷) und Bände (*ce* 冊) der Kopie Zhang Xijies. Neuere, überarbeitete Variorum-Ausgaben wurden zudem von Zhu Qikai 朱其铠 (1925–2010) im Jahr 1989 und Ren Duxing 任篤行 (1923–2008) im Jahr 2000 herausgegeben.
20 Die diversen Lesarten der Erzählungen im Laufe der Geschichte sind in der Regel auf unterschiedliche hermeneutische Ansätze in ihrer Rezeption zurückzuführen. Die Textvarianten unterscheiden sich z. T. nur geringfügig. Dennoch förderten die Diskrepanz zwischen den

Die Entstehung des Pu-Songling-Hauses

Die Entstehung des Pu-Songling-Hauses ist faszinierend, da sie zeigt, wie ein Wissensraum rückwirkend durcheinandergewürfelt oder umgebettet wurde, um retrospektiv dem Schreibzimmer Pu Songlings eine materielle Form zu geben. Von Pu Songlings Wohnhaus waren nach dem Sino-Japanischen Krieg nur Trümmer zurückgeblieben.[21] Nach Gründung der VR wurde Lu Dahuang von der Regierung nach Zichuan geschickt, um dort ein „Vorbereitungskomitee zur Errichtung des ehemaligen Wohnhauses Pu Songlings" (*Pu Songling guju choujian weiyuanhui* 蒲松齡故居籌建委員會) auf die Beine zu stellen. Lu Dahuang war selbst gebürtig aus Zichuan und hatte 1936 die *Werke Pu Songlings* 蒲松齡集 herausgegeben und von 1946 bis 1948 in der Shandong Provinzbibliothek gearbeitet.[22] Um Lu Dahuang bei den Vorbereitungen einer Ausstellung und der Gestaltung des Pu-Songling-Hauses zu unterstützen, wurde ihm im Frühjahr 1956 der Maler Zhang Yanqing 張彥青 (1917–2007) zugewiesen, der zu dieser Zeit in der Kunstabteilung des Shandong Provinzmuseums tätig war.[23] Auch lokale Kulturpolitiker auf Stadt- und Bezirksebene arbeiteten mit dem Team zusammen,[24] das neben Lu Dahuang und Zhang Yanqing auch aus Nachfahren der Familie Pu bestand. Im darauffolgenden Jahr, 1957, veröffentlichten Lu Dahuang und Zhang Yanqing einen kurzen Bericht über die Planung für das Haus.[25]

Für die Vorbereitungen des Pu-Songling-Hauses wurden die unterschiedlichsten Räume genutzt. Das Team übernachtete im Büro für Kohleabbau des Dorfs Hongshan und traf sich im privaten Medizingeschäft (*xiao yaopu* 小藥鋪) Pu Wenqis 蒲文琪 (fl. 1956), eines Nachfahren Pu Songlings. Pu Wenqi war besonders enthusiastisch, spendete eine Reihe von Schriften der Familie Pu an das Komitee, wurde zum

---

zugänglichen Veröffentlichungen einerseits und die Existenz eines einzigen Manuskripts in Pu Songlings Handschrift andererseits die Autorität eben dieses Manuskripts und indirekt die des Ortes, an dem es lange aufbewahrt wurde.

21 Da Pu Songlings Enkelsohn aus neunter Generation, Pu Wenkui 蒲文魁 (fl. 1938), sich anti-japanischen Guerillakämpfen angeschlossen hatte, waren die ehemaligen Gebäude der Familie Pu von den Japanern niedergebrannt worden. Pus Familie zog darauf in den Nordosten Chinas. Zhang Yanqing 2008, S. 36.
22 Zhang Yanqing 2008, S. 36
23 Zhang Yanqing 2008, S. 36–37.
24 Darunter waren der Leiter des Kulturbüros der Stadt Boshan (*Boshan shi wenhua ju* 博山市文化局) und der Leiter der Kultur- und Bildungsabteilung des Bezirks Zichuan (*Zichuan xian wenjiao ke* 淄川縣文教科).
25 Lu Dahuang und Zhang Yanqing 1957.

Vizedirektor des Vorbereitungskomitees gewählt und sein Geschäft zum ständigen Büro des Teams umfunktioniert. Nach den Erinnerungen Zhang Yanqings wurden Großveranstaltungen (*qunzhonghui* 群眾會) organisiert, um den Umgang mit den verbliebenen Objekten Pu Songlings zu besprechen.[26]

Pu Songling hatte in bescheidenen Verhältnissen gelebt. Neben einem Portrait Pu Songlings waren keine weiteren Objekte oder Möbel der Familie erhalten geblieben. Doch Pu Songling hatte von 1679 bis 1709 30 Jahre lang als Tutor (*shushi* 塾師) bei der Familie Bi 畢 in Xipucun 西鋪村 gearbeitet, etwa 30 Kilometer westlich seines Wohnorts.[27] Dort wurde Zhang Yanqing fündig. Die Architektur der Gebäude verdeutlichte Zhang Yanqing, wie wohlhabend die Familie gewesen sein muss. Darunter waren der Unterrichtsraum *Chuorantang* 綽然堂 (Saal der Fülle), das Studierzimmer *Zhenyige* 振衣閣 (Studierzimmer der abgelegten und gereinigten Robe), der *Shijiyuan* 石隱園 (von Steinen verborgener Garten) sowie das Familiengrab. Das Vorbereitungskomitee hielt wieder eine Großveranstaltung ab. In Zhangs Rückblick legitimiert die Beteiligung der Bevölkerung die Vorgehensweise des Komitees und vermittelt demokratische Züge, allerdings ohne dass er das Vorgehen genauer beschreibt. Schließlich konnte das Komitee der Familie Bi mehrere Stücke Mobiliar aus der Ming-Dynastie zum „Marktpreis" abwerben. Laut Zhangs Tagebuch konnten darüber hinaus das Holzschild mit der Aufschrift *Chuorantang*, Dekorsteine, ein Tisch und ein quadratischer Hocker erworben werden. Aus dem Studierzimmer kauften sie unter anderem einen langen schmalen Tisch, ein Bett aus Bambus mit geschnitztem Dekor und einen Schreibtisch. Aus dem Medizingeschäft von Herrn Bi Xiansheng 畢先勝 (fl. 1956) kauften sie einen Schubladentisch und zwei Teetische. Einige Möbel für die Ausstellung wie Buchregale, Bücherkisten sowie größere Stühle mit Armstützen und gerundeten Rückenlehnen kauften sie in Boshan 博山 und Zichuan. Aus dem Kulturamt der Provinz wurden zudem einige Glasschränke für die Ausstellung bereitgestellt. Das Komitee stieß aber auch auf Grenzen in Bezug auf das, was sie mit dem Geld der Regierung käuflich erwerben konnten. So hatte die Familie Bi viele Tuschegemälde aus der Ming-Dynastie in ihrer Sammlung, die sie nicht bereit waren zu veräußern mit der Begründung, man könne „seine Vorfahren nicht verkaufen".[28]

---

26 Zhang Yanqing 2008, S. 36–37.
27 Es ist sicher, dass Pu Songling im Jahre 1709 seine Arbeit bei der Familie Bi beendete, doch wann genau er seinen Dienst antrat, ist nicht eindeutig, wobei meist von 1679 ausgegangen wird. Siehe Yuan Shishuo 1988, S. 147–148.
28 Zhang Yanqing 2008, S. 37.

Das Pu-Songling-Haus und die Rezeption des *Liaozhai zhiyi*

Warum ist der von Zhang Yanqing beschriebene Prozess der Etablierung des Museums aus Perspektive von Wissensorten interessant? Und hat dieser überhaupt noch etwas mit dem literarischen Werk *Liaozhai zhiyi* zu tun, oder ist das Museum von diesem völlig losgelöst? Hier hilft ein Blick auf die Rezeptions- und Produktionsgeschichte der Erzählungen. Es ist bis heute umstritten, wo das *Liaozhai zhiyi* zwischen Fiktion und historischen, philosophischen oder kosmographischen Schriften zu positionieren ist.[29] So wird das *Liaozhai zhiyi* von den einen vorzugsweise als Literatur gesehen, von den anderen als Text, der überzeugen will, der Wissen transferieren will.[30] Die Erzählungen wurden durch unterschiedliche Akteure, darunter Editoren, Kopisten und Leser, verschiedenen Kategorisierungen unterzogen, sind daher also nicht eindeutig Fiktion oder Geschichtsschreibung, *zhiguai* oder *chuanqi* im engeren Sinne.[31] Es wurden von außen und in Retrospektive zahlreiche verschiedene Textinterpretationen gegeben, und damit auch sehr unterschiedlich aufgefasst, welches Wissen in diesem Text vermittelt werden sollte.

Nach der ersten Druckausgabe 1766 folgten viele neue Editionen, was darauf hinweist, dass sich das Werk schon während der Qing großer Beliebtheit erfreute. Aufgrund seiner fiktionalen Elemente und trotz seiner Beliebtheit wurde das *Liaozhai zhiyi* während der Qing als *xiaoshuo* 小說 („kleine Erzählung" oder wörtlich „triviales Gerede") im Sinne einer marginalen und inoffiziellen Textgattung verstanden,[32] und seine Ambiguität in Bezug auf ein bestimmtes Genre blieb eine Schwierigkeit für Herausgeber. Zwar entstand bereits ein eigener Kanon von *zhiguai*-Texten, der diesen Texten einen literarischen Wert beimaß, doch die Tatsache, dass sich das *Liaozhai zhiyi* nicht eindeutig einer Textkategorie zuordnen ließ, wurde von manchen Herausgebern als problematisch angesehen. So äußerte sich etwa Ji Yun 紀昀 (1724–1805), der Hauptherausgeber des vom Qing-Kaiser Qianlong 乾隆 (r. 1735–1796) in Auftrag gegebenen *Siku quanshu* 四庫全書 (Vollständige Schriften der vier Abteilungen) kritisch darüber, dass sich das *Liaozhai zhiyi* nicht an etablierte Konventionen bestimmter Textgattungen hielt.[33] Diese Unkonventionalität führte neben moralischen Vorbehalten gegenüber den in den Erzählungen eingesetzten politischen und

---

29 Hui Luo 2009, S. 6–7.
30 Hui Luo 2009, S. 7.
31 Hui Luo 2009, S. 157–158.
32 Hui Luo 2009, S. 152.
33 Für einen Auszug aus Ji Yuns Kritik siehe Hui Luo 2009, S. 168–169.

sexuellen Allegorien dazu, dass das *Liaozhai zhiyi* aus der kaiserlichen Textsammlung ausgeschlossen wurde.[34] Erst als das *Liaozhai zhiyi* über einen langen Zeitraum hinweg ästhetisiert und als Erzählliteratur kategorisiert worden war, kam es zu seiner graduellen Kanonisierung, in die zahlreiche Akteure und Herausgeber der Erzählungen involviert waren.[35] Diese Prozesse waren nicht immer eindeutig oder geradlinig. So wurden manche (gesellschafts-)kritische und Mandschu-kritische Geschichten zum Teil aus der Sammlung entfernt, doch andere in ihr belassen. Es ist diese Inkonsistenz in der Rezeptions- und Produktionsgeschichte während der Qing, die es kaum möglich machte, das Werk oder den Autor einer einzigen, allgemein akzeptierten Deutung zu unterwerfen.[36]

Auch in der Republikzeit (1912–1949) blieb das *Liaozhai zhiyi* schwierig in neue Wissenskategorien einzuordnen. In dieser Phase war es nicht mehr das Problem, dass die Geschichten unbedeutend bzw. unorthodox (*xiao* 小) waren im Sinne von *zhiguai* als inoffizielle Geschichtsschreibung, die im Konflikt mit der Wissensorthodoxie der konfuzianischen Schriften stand. Das Problem war jetzt, dass das *Liaozhai zhiyi* mit all seinen fantastischen Geistergeschichten den „feudalistischen Aberglauben" widerspiegelte, in einer Zeit, in der die Wissensorthodoxie von neuen Vorstellungen von „Demokratie und Wissenschaft" geprägt war und Kategorien des „Feudalen"

---

34 Ji Yun entschied, das *Liaozhai zhiyi* weder in die Gruppe *xiaoshuo* 小說 („kleine Erzählungen") in der Kategorie *zi* 子 (Meister der Philosophie) noch in der Gruppe *zhuanji* 傳記 (Biographien) in der Kategorie *shi* 史 (Geschichtsschreibung) aufzunehmen. Siehe Hui Luo 2009, S. 171–174, 188. Für mehr Informationen über den Kanonisierungsprozess des *Liaozhai zhiyi*, siehe Kapitel 3 „Genre, Canon, Ideology: The Cultural Ascension of Liaozhai" in Hui Luo 2009, S. 151–203.

35 Hui Luo 2009, S. 151.

36 Hui Luo 2009, S. 161–179. Beschreibungen von Gräueltaten bei der Eroberung Shandongs durch die Mandschu in „Die Geisterboten" 鬼隸 (Nr. 445 nach Barr 1984; Pu Sung-ling 1992, Bd. 5, S. 234–235; Pu Songling 1989, Bd. 3, S. 1531) und weitere brutale Kriegsszenen in „Die Ehefrau aus der Familie Zhang" 張氏婦 (Nr. 436 nach Barr 1984; Pu Sungling 1992, Bd. 5, S. 229–232; Pu Songling 1989, Bd. 2, S. 1505–1506), sowie satirische Darstellungen in „Die Tochter des Drachenkönigs" 羅剎海市 (Nr. 132 nach Barr 1984; Pu Sung-ling 1989, Bd. 2, S. 247–264; Pu Songling 1989, Bd. 1, S. 465–476) veranlassten Zhao Qigao 趙起杲 (?–1766), den Herausgeber der ersten Druckausgabe, diese Geschichten zu entfernen, obwohl er andere Geschichten mit ähnlichen kritischen und blutigen Szenen, darunter „Tödliches Lachen" 諸城某甲 (Nr. 140 nach Barr 1984; Pu Sung-ling 1987, Bd. 1, S. 435–436; Pu Songling 1989, Bd. 1, S. 505), „Klagende Seelen" 鬼哭 (Nr. 28 nach Barr 1984; Pu Sung-ling 1992, Bd. 4, S. 67–69; Pu Songling 1989, Bd. 1, S. 79–80) oder „Der Werwolf" 野狗 (Nr. 25 nach Barr 1984; Pu Sung-ling 1992, Bd. 4, S. 509–511; Pu Songling 1989, Bd. 1, S. 73–74) beibehielt.

(*fengjian* 封建) und des „Aberglaubens" (*mixin* 迷信) konstituiert wurden, um das zu definieren, was es zu überwinden galt. Die kritische Haltung vieler aufgeklärter Vierte-Mai-Intellektuellen gegenüber Geistergeschichten prägte die Rezeption des *Liaozhai zhiyi*, wie z. B. Zhou Zuorens 周作人 Kategorisierung der Geschichten als „inhumane Literatur" (*feiren wenxue* 非人文學).[37] Sein Bruder Lu Xun dagegen versuchte ihnen durch Ästhetisierung als „Erzählliteratur" ein Existenzrecht einzuräumen, und definierte damit einhergehend den Begriff *xiaoshuo* um.[38]

Auch in der frühen Volksrepublik war das Werk nicht unumstritten, was den Auftrag Lu Dahuangs und Zhang Yanqings interessant macht. Auch zu dieser Zeit prägte die „anti-feudalistische", „anti-abergläubische" und „wissenschaftliche" Haltung der Kommunisten die Rezeption des Werks, weshalb es so wichtig war, Pu Songlings Rolle als Gesellschaftskritiker in den Vordergrund zu rücken. In diesem Kontext ist auch Guo Moruos Zweizeiler im Ausstellungsraum zu verstehen, der Pu Songlings Kritik von Korruption und Tyrannei lobt, die bis ins Mark dringe. Mao Zedongs Interpretation einiger der Geschichten[39] präsentierte sie als politische Allegorie und gesellschaftskritische Texte, die wiederum als Vorbild für konkretes politisches Verhalten dienen sollte. Lu Xuns Kategorisierung der Geschichten als *zhiguai* sei fehlerhaft gewesen.[40] Politisches Zögern wurde bei Mao der Angst vor Geistern gleichgesetzt, wobei die Geister den westlichen Imperialismus verkörperten. Diese Lesart führte in der Folgezeit zu weiterer Zensur und Appropriierung der Geschichten.[41] Das *Liaozhai zhiyi* stand also seit jeher in Widerspruch zu den verschiedenen Wissensorthodoxien und wurde durch unterschiedliche Interpretationen entweder in den Bereich des Fiktionalen oder des Faktischen manövriert.

Kommt man nun zu den Jahren vor der Museumseröffnung (1954–1956) zurück und betrachtet die Entstehung dieses Wissensorts, wird deutlich, auf welche Weise hier ehemalige, in Konkurrenz stehende Wissensräume neu durchmischt wurden. So wurden Objekte aus dem *Chuorantang* der Familie Bi in Xipucun, in dem Pu Songling als bescheidener Tutor das orthodoxe Wissen der konfuzianischen Klassiker

---

37 Hui Luo 2009, S. 206–17. Für Zhou Zuoren stand das *Liaozhai zhiyi* im Gegensatz zu der von ihm propagierten „humanen Literatur" (*ren de wenxue* 人的文學), in welcher der Mensch im Zentrum stehen sollte. Siehe Zhou Zuoren 1918, S. 579.

38 Hui Luo 2009, S. 206–17.

39 Hui Luo 2009, S. 206–17. Darunter z. B. „Das Gespensterhaus" 青鳳 (Nr. 39 nach Barr 1984; Pu Sung-ling 1987, Bd. 1, S. 108–117; Pu Songling 1989, Bd. 1, S. 117–123).

40 Sun Xiangzhong 1994, S. 35.

41 Hui Luo, S. 219–224.

unterrichtete, entnommen und in das neue Museum gebracht, also an den Ort, an dem Pu Songling zu Lebzeiten als unbedeutender, doch *posthum* vielgelesener Schriftsteller „unorthodoxes" Wissen in der Mischform aus *zhiguai* und *chuanqi* Erzählungen schuf. Auf diese Weise wurde gewissermaßen ein Vakuum gefüllt. Das Blatt hatte sich gewendet: Was zuvor orthodoxes Wissen war, wurde in der offiziellen Wahrnehmung der VR zu feudalistischem Glaubensgut. Pu Songlings Scheitern in diesem Wissenssystem wurde nicht als Niederlage angesehen, sondern als ein Erfolg. Als ästhetisch-kulturelles Schaffen und zugleich als sozio-politische Kritik kategorisiert, wurde er in die neue Wissensorthodoxie der Mao-Zeit eingegliedert. In diesem Prozess wurde der abstrakte, imaginäre Ort des *Liaozhai* mit Hilfe der Objekte und Möbel des Unterrichtraums und Arbeitsortes Pu Songlings bei der anderen Familie, die in der Orthodoxie ihrer Zeit erfolgreich gewesen war, in ein materielles Schreibzimmer *Liaozhai* am Wohnort Pu Songlings verwandelt. Es ist geradezu so, als hätte man die drei Wissensorte (*Chuorantang*, Pu Songlings Schreibzimmer, von dem neben dem Manuskript kaum etwas Materielles geblieben ist, und das in seinen Geschichten verewigte *Liaozhai*) in einen Raum gefüllt und diesen kräftig durchgeschüttelt.

Zurück bleibt ein greifbares Schreibzimmer Liao. Zurück bleibt eine Ironie der Ausstellung, die kommuniziert, Pu Songling habe in der Umgebung eines orthodoxen Wissensortes sein unorthodoxes Wissen produziert. Und zurück bleibt eine Ambiguität, die Parallelen zu der Manuskript- und Textgeschichte des *Liaozhai zhiyi* aufweist: Pu Songlings Schreibzimmer wurde genauso wie sein Werk nur mit starken Eingriffen und Anpassungen in die Wissensorthodoxie der 1950er-Jahre integriert, und behielt doch – in diachronischer Perspektive betrachtet – weiterhin eine Ambiguität inne.

Das materielle Durchmischen der Wissensräume ist auch mit Blick auf weitere materielle und immaterielle Verbindungen der Räume interessant. Denn in der Tat sind die Räume des *Chuorantang* und des imaginären Schreibzimmers Pu Songlings noch in weiterer Hinsicht durchmischt: die Forschung hat mehrfach gezeigt, dass das *Liaozhai zhiyi* keineswegs das Werk des zurückgezogenen Genies Pu Songling ist, der es in der Stille seines häuslichen Kämmerchens verfasste. Zum einen konnte man zeigen, dass Pu Songling das *Liaozhai zhiyi* deutlich später in seinem Leben verfasste, als lange angenommen wurde. Weil das Vorwort des Autors auf das Jahr 1679 datiert ist,[42] wurde in der Pu-Songling-Forschung lange angenommen, das Werk sei in diesem Jahr abgeschlossen worden. Unter anderen rekonstruierte Allan Barr die Chronologie der Werkentstehung und setzte sie ins Verhältnis zur Biographie Pu

---

42 Pu Songling 1989, Bd. 1, S. 1–6.

Songlings.⁴³ Hieraus ging hervor, dass 1679 erst ein relativ kleiner Teil des *Liaozhai zhiyi* vorgelegen haben dürfte⁴⁴ und die Mehrheit der Geschichten erst in den 1680er- und insbesondere den 1690er-Jahren entstand. Dies heißt, dass Pu Songling die Geschichten in der Zeit verfasste, als er als Tutor in Xipucun unterrichtete (1679–1709). Der Pu-Songling-Forscher Yuan Shishou 袁世碩 (geb. 1929) wies darauf hin, dass Pu Songling in dieser Zeit 300 Tage im Jahr, also von Feiertagen und Ausnahmen abgesehen, nicht bei sich zuhause in Pujiazhuang, sondern in Xipucun lebte.⁴⁵ Die meiste Zeit wohnte Pu Songling im *Chuorantang* der Familie Bi, außer im heißen Sommer, den er in einem Pavillon im *Shijiyuan* verbrachte.⁴⁶ Mit der Entstehung des Großteils der Geschichten hatten also weder sein damaliges Haus und Schreibzimmer in Pujiazhuang noch das dort rekonstruierte *Liaozhai* viel zu tun, obwohl die Ausstellung des Pu-Songling-Hauses eben das vermittelt oder zumindest impliziert.

Dazu kommt, dass Pu Songling in vielerlei Hinsicht von dem sozialen und materiellen Umfeld der Familie Bi profitierte. Pu Songling verband eine enge Freundschaft mit seinem Arbeitgeber Bi Jiyou 畢際有 (1623–1693) sowie später mit seinem Sohn Bi Shengju 畢盛鉅 (fl. 1693), dessen acht Söhne Pu Songling unterrichtete.⁴⁷ Bi Jiyou unterstützte Pu Songling nicht nur beim Schreiben des *Liaozhai zhiyi*, indem er intellektuelle Kreise für Pu Songling zugänglich machte,⁴⁸ sondern er selbst diente auch als Quelle einzelner Geschichten.⁴⁹ Auch die häufigen Hausgäste der Familie dienten wohl als mündliche Quellen mehrerer Geschichten.⁵⁰ Die Räume der Bi Residenz waren also Ort der mündlichen Weitergabe von Erzählstoffen daher ein bedeutender Wissensort für Pu Songling. Darüber hinaus konnte Pu von der immensen Bibliothek der Familie Bi profitieren. Da Pu Songling nicht aus einer etablierten Gelehrtenfamilie stammte, verfügte er in Pujiazhuang über keine nennenswerte Privat-

---

43 Allan Barr 1984; 1985.
44 Siehe auch Yuan Shishuo 1988, S. 174.
45 Yuan Shishuo 1988, S. 196.
46 Yuan Shishuo 1988, S. 171.
47 Yuan Shishuo 1988, S. 154, 160.
48 Yuan Shishuo 1988, S. 154.
49 Yuan Shishuo 1988, S. 172. Die Geschichten „Der sprechende Papagei" 鸜鵒 (Nr. 112 nach Barr 1984) und „Ein Minister, der fünf Schafe wert ist" 五羖大夫 (Nr. 124 nach Barr 1984) enthalten z. B. den Hinweis „diese Geschichte wurde von Herrn Bi Zaiji [ein weiterer Name Bi Jiyous] aufgezeichnet" (Pu Sung-ling 1992, Bd. 4, S. 222; Pu Songling 1989, Bd. 1, S. 400; Pu Sung-ling 1992, Bd. 4, S. 241, Pu Songling 1989, Bd. 1, 438).
50 Yuan Shishuo 1988, S. 154–155.

bibliothek. Doch bei der Familie Bi hatte er Zugang zu einer sehr umfangreichen Bibliothek, die der Überlieferung nach über 50 000 Werkbände (*juan* 卷) umfasste.[51] Diese Bibliothek diente als weiterer bedeutender Wissensort für Pu Songling, nicht nur als Tutor, sondern auch als Autor des *Liaozhi zhiyi*. So nutzte er zum Beispiel bei fast 40 seiner Geschichten aus dem *Liaozhai zhiyi* Erzählungen aus der Songzeitlichen Sammlung *Taiping guangji* 太平廣記 (Umfangreiche Aufzeichnungen der Taiping Ära) als Vorlage und Inspiration.[52] In den beiden Werken decken sich an zahlreichen Stellen die Sprache und feste Formulierungen, und die Geschichten des *Liaozhai zhiyi* nehmen auf historische Personen und Ereignisse der *Taiping guangji* Sammlung sowie auf ihre Annotationen Bezug.[53]

In jüngerer Zeit wurde der Bedeutung der Familie Bi für das Werk Pu Songlings auf verschiedene Weise Rechnung getragen. Ren Duxings Ausgabe des *Liaozhai zhiyi* aus dem Jahr 2009 zeigt zu Beginn, neben einer Photographie des Eingangs des Pu-Songling-Hauses, ein Photo der Residenz der Familie Bi in Xipu (Xipu Bi fu 西鋪畢府), die 1983 als geschütztes Kulturgut auf Stadtebene kategorisiert wurde und im Jahr 1992 als Zweigstelle des Pu-Songling-Hauses unter der Bezeichnung Pu Songlings Bibliothek (Pu Songling shuguan 蒲松齡書館) der Öffentlichkeit zugänglich gemacht wurde. Unter der Photographie merkt der Herausgeber an, dass dieses Gebäude als zweiter Wohnort Pu Songlings gelten kann, und dass das *Liaozhai zhiyi* in der Tat hier verfasst wurde.[54] Besucht man heute diesen Ort, sieht man, dass inzwischen das Holzschild mit der Aufschrift *Chuorantang* an seinen ursprünglichen Ort zurückgekehrt ist und über dem Eingang des Unterrichts- und Wohnraums Pu Songlings bei der Familie Bi hängt.

---

51 Liu Songling 2010, S. 108.
52 Zhao Botao 2014, S. 24. Darunter sind die Geschichten „Der Lehrling des Dao Priesters" 崂山道士 (Nr. 15 nach Barr 1984; Pu Sung-ling 1987, Bd. 1, 50–54; Pu Songling 1989, Bd. 1, S. 39–42), „Zwei Leben im Traum / Fortsetzung der gelben Hirse" 續黃粱 (Nr. 149 nach Barr 1984; Pu Sung-ling 1989, Bd. 2, 14–28; Pu Songling 1989, Bd. 1, S. 528–538), „Die himmlische Braut" 蕙芳 (Nr. 233 nach Barr 1984; Pu Sung-ling 1991, Bd. 3, S. 254–259; Pu Songling 1989, Bd. 2, S. 802–804), „Sünde und Vergeltung" 贾奉雉 (Nr. 400 nach Barr 1984; Pu Sung-ling 1991, Bd. 3, 151–162; Pu Songling 1989, Bd. 3, S. 1353–1359).
53 Zhao Botao 2014.
54 Pu Songling 2009, S. ii.

Die Anwesenheit des Autors

An prominenter Stelle im *Liaozhai* Hauptraum hängt heute das Ganzkörperportrait Pu Songlings (Abbildung 3). Das Gemälde war von Generation zu Generation innerhalb der Familie Pu weitergegeben und 1954 von Pu Wenqi dem Vorbereitungskomitee gespendet worden.[55] Dieses Portrait ist zur offiziellen Darstellung des Schriftstellers geworden.[56] Pu Songlings viertgeborener Sohn Pu Yun 蒲筠 (geb. 1675), der mit dem Maler Zhu Xianglin 朱湘鱗 (fl. 1713) aus Jiangnan befreundet war, hatte diesen gebeten, ein Portrait seines Vaters zu erstellen. Es ist ein im *Gongbi*-Stil in Farbe gefertigtes Tuschegemälde aus dem Jahr 1713. Pu Songling selbst ergänzte darauf zwei Kolophone und mehrere seiner Siegel. Portraits dienten oft als visuelle Lobrede und idealisierten die darzustellende Person. Das vorrangige Ziel des Portraits war daher nicht die Erstellung eines Abbilds, es strebte nicht in erster Linie Ähnlichkeit an. Dennoch ist es wahrscheinlich, dass eine gewisse Ähnlichkeit gegeben ist, da seit Mitte der Ming-Dynastie

Abbildung 3. Portrait Pu Songlings, Inventarnr. 05868.

Portraits vermehrt individualisierte und sogar personalisierte Züge annahmen.[57] Das Portrait zeigt ihn mit Falten, doch wie üblich in der Portraitmalerei dieser Zeit ohne starke Emotionen oder Mimik. Pu Songlings Emotionen erfährt man nicht durch die bildliche Repräsentation, sondern durch die von ihm ergänzten Kolophone. Pu Songling ist auf dem Portrait mit Qing-zeitlicher blauer Robe und roter Kappe eines

---

55 Zhang Chongchen 1992, S. 4. Der Aufbewahrungsort während des Krieges bleibt unbekannt. Das Gemälde wurde im Frühjahr 1953 von Tao Dun 陶鈍 (1901–1996), einem Mitglied der Föderation der Literatur- und Kunstkreise der Provinz Shandong, bei der Familie aufgefunden. 1961 wurde das Gemälde vom Pu Yushui 蒲玉水 (fl. 1958) an das Palastmuseum zur Restauration geschickt. Dort wurden zwei Kopien erstellt, von denen eine, mit dem Original, an das Pu-Songling-Haus zurückgeschickt und eine weitere dem Geschichtsmuseum (dem heutigen Nationalmuseum) übergeben wurde.

56 In Werksammlungen wird das Rollbild meist zu Beginn ergänzt, siehe z. B. Pu Songling 1986. Vielen Dank an Wang Lianming und an Prof. Bi Fei 毕斐 der Chinesischen Akademie der Künste, Hangzhou, für die hochaufgelöste Bilddatei und die Informationen der Museumsdatenbank zum Rollbild (Inventarnummer 05868).

57 Kesner 2007, S. 47.

Beamten (*gongshengfu* 貢生服) zu sehen, was ihm seit dem Erhalt des Titels *gongsheng* zustand.[58] In den Kolophonen kommentiert er:

> Deine Gestalt ist hässlich, dein Körper gebrechlich. Dieses Jahr bist du 74 Jahre alt, das sind mehr als 25 000 Tage. Was hast du in dieser Zeit erreicht, und wie ist dein Haar plötzlich ergraut? Stehst du den nachfolgenden Generationen gegenüber, bist du beschämt. Selbst unterzeichnet im 25. Jahr der Regierungszeit des Kaisers Kangxi [1713].
>
> 爾貌則寢,爾軀則修。行年七十有四,此兩萬五千餘日,所成何事,而忽已白頭? 奕世對爾孫子,亦孔之羞。康熙癸巳自題。
>
> Im neunten Monat des 25. Jahres der Regierungszeit des Kaiser Kangxi [1713] hat Yun Zhu Xianglin aus Jiangnan gebeten dieses Abbild von mir zu malen. Darauf trage ich eine prätentiöse Robe. Das war nicht meine Intention. Ich hoffe, dass ich von zukünftigen Generationen nicht ausgelacht werde. Erneut von Songling unterzeichnet.
>
> 癸巳九月,筠囑江南朱湘鱗為余肖此像,作世俗裝,實非本意,恐為百世後所怪笑也。松齡又志。

Pu Songlings selbstkritischer, ironischer Ton hier führte zu unterschiedlichen Interpretationen seiner Kolophone, die von psychoanalytischen Ansätzen bis zur Vermutung einer in ihm schlummernden Han-nationalen Identität reichen.[59] Konflikte zwischen Kolophon und bildlicher Darstellung sind nicht ungewöhnlich.[60] Hier implizieren sie vielleicht ein Unbehagen, das Pu Songling beim Anblick seines Portraits in Beamtenrobe hatte. Er glaubte womöglich, dass er sich des Tragens der Robe als nicht würdig erweise, wodurch er indirekt die Berechtigung des Beamtensystems und des geltenden orthodoxen Wissens unterstreicht.

Das Ausstellen des Portraits und dieser Selbstkritik in dem in der frühen VR erschaffenen *Liaozhai* ist bemerkenswert, da es den inneren Konflikt Pu Songlings, der in seinem Wohnraum stimmig wirkte, in einen Raum versetzt, der einer völlig neuen Wissensorthodoxie verpflichtet ist. Die abgebildete Person soll nicht anhand ihres Beamtenstatus gewürdigt werden, sondern anhand ihrer unorthodoxen Geschichten. Ihr inneres Ringen als Ausdruck ihrer persönlichen Befindlichkeit im System der Wissensorthodoxie seiner Zeit wirkt hier fehl am Platz. Die Wahl der Kleidung scheint

---

58 Zhang Chongchen 1992, S. 7. Er hatte zwei Jahren zuvor im Alter von 72 Jahren den Titel *gongsheng* erhalten.
59 Zhang Chongchen 1992; Zhao Huaizhen 1999.
60 Wu Hung 2002, S. 19.

aus der Perspektive der frühen VR weder prätentiös noch unverdient. Doch Pu Songlings inneres Ringen ist nicht ganz aufgelöst, auch wenn das Museumsnarrativ im angrenzenden Gebäude die Ausstellung mit der simplen Feststellung „Geschichte ist gerecht" (*lishi shi gongzheng de* 歷史是公正的) einleitet. Pu Songlings Rollbild unter der Liaozhai-Tafel, neben den von Gou Moruo beschriebenen Holztafeln, mit Renminbi arrangiert wie in einer Opferschale, soll Pu Songling als „Ahnenvater" eines in das Literarische verfrachteten und ästhetisierten Wissens erscheinen lassen. Um ihn herum, also sein Rollbild umgebend, wurde ein so gar nicht intendierter Wissensraum neu geschaffen. Der Raum formt sich sozusagen um die bildliche Darstellung Pu Songlings und um sein nicht zu leugnendes Ringen mit seiner eigenen Bedeutung herum. Dadurch entsteht ein Gegenraum zu den Räumen, in denen Portraits erfolgreicher Beamter ausgestellt wurden, da bei letzteren Erfolg und Verdienste ohne jegliche Hinweise auf Brüche, Misserfolge oder Zweifel hervorgehoben werden sollten.[61] Dieser Gegenraum entsteht im Wesentlichen durch das Spannungsverhältnis der visuellen Präsenz des Autors, seinem Selbstzweifel und der späteren Einordnung in den Kontext der Volksrepublik. Das Portrait Pu Songlings schafft im *Liaozhai* eine Präsenz, und durch diese Präsenz wird die Komplexität des *Liaozhai* deutlich.

Die Geschichte des Pu-Songling-Hauses – Gegenkräfte

Zhang Yanqings Einblicke in die Museumsgeschichte lassen sich reibungslos in die Erzählnarrative vieler staatlicher Institutionen der VR einreihen. In einer Anekdote erinnert sich Zhang Yanqing z. B., dass beim Kauf der Möbel aus dem Besitz der Familie Bi ihn zwei Frauen der Familie voller Empörung fragten:

> Pu Songling arbeitete in der Funktion eines Bediensteten als Tutor (*jiaoshu yongren* 教書傭人) bei unserer Familie Bi, doch ihr holt jetzt die Dinge aus dem Haus unseres Meisters und nehmt sie mit zu seinem Haus, um sie dort auszustellen. Wie kann das sein?

---

61 Die Portraits erfolgreicher Beamten wurden als Ahnenportraits von ihren Familien in ihren Residenzen oder Ahnengedenkhallen (*citang* 祠堂) sowie für besondere Anlässe ausgestellt. Die Funktion eines Portraits konnte sich über die Zeit auch ändern. Siehe Seckel 1999, S. 14–16. In seltenen Fällen, wie bei der Beauftragung der Portraits durch den Kaiser, wurden Portraits herausragender Staatsdiener in Gebäuden im Palast ausgestellt, in der Qing-Zeit z. B. in der Nanxundian 南勳殿 (Halle des Südlichen Verdienstes) oder später in der Ziguangge 紫光閣 (Halle des Purpurglanzes). Siehe Bügener 2015, S. 61–63. Diese Hallen bilden konzeptionell ein räumliches Gegenstück zum *Liaozhai*.

Zhang ergänzt, dass die Familie Bi lange vor der Landreform der Kommunisten ihren Niedergang erlebt habe. Die Geschichte zeige, so Zhang, wie tiefsitzend das feudalistische Gedankengut war.[62] Ähnlich wie die oben erwähnten Großveranstaltungen dient diese Anekdote dazu, die Etablierung des Museums zu legitimieren. Doch Zhangs Bericht lässt an anderer Stelle auch kritische Selbstreflexion zu. Bei der Eröffnung des Museums 1956 war Zhang schon nicht mehr vor Ort. Erst nach Ausbruch der Kulturrevolution kam er zurück. Lu Dahuang, der 1972 starb, war zu Beginn der Kulturrevolution stark kritisiert worden und lag bereits im Krankenbett.[63] Hier erfuhr Zhang von ihm, dass das Museum nicht mehr existierte, worauf sie sich nur gegenübersaßen und seufzten. Als Zhang schließlich im Jahr 1975 den Ort des Museums besuchte, war nichts wie zuvor. Das Museumsgebäude war zum Büro der Kommune (*gongshe bangongshi* 公社辦公室) umfunktioniert worden, die Sammlung nicht mehr vollständig und der Hof mit Pflanzen überwuchert. Pu Wenqi, der auch früh in der Kulturrevolution kritisiert worden war, war zu diesem Zeitpunkt bereits ebenso wie Lu Dahuang verstorben.[64] Eine kritische Abrechnung mit den gesellschaftlichen Zuständen oder Gegennarrative ist Zhangs Reflexion jedoch nicht, setzt er doch seine Erfahrungen sogleich in den politischen Kontext und verweist auf die „Kampagne gegen Konfuzius" der „Viererbande", also der politischen Gruppe, die in der offiziellen Geschichtsschreibung der VR retrospektiv für die Kulturrevolution verantwortlich gemacht wurde. Statt weiterer Erklärung wählt Zhang einen Ausruf: „Ich habe zwar Ärger verspürt, doch mich nicht getraut, diesen zu äußern, und so konnte ich mich nur im Dunkeln meinem schweren Kummer hingeben!"[65] Der von ihm mitgestaltete Wissensort verwandelt sich in einen dunklen Ort, einen Ort der persönlichen Erinnerung, vielleicht sogar in einen Ort der Reue. Doch gleichzeitig schwingt in seinem Ausruf mit, dass ihm keine Alternative geblieben sei.

Der Ausruf Zhang Yanqings fügt sich ein in ähnliche Aussagen ehemaliger Museumsmitarbeiter, die ihre persönlichen Rückblicke veröffentlichten. Sie beschreiben die Auswirkungen der Kulturrevolution auf einen Prozess, in dem sich das Kulturerbe der VR im Selektions- und Definitionsprozess befand. Die Museumsmitarbeiterin Ye Shusui 叶淑穗 (geb. 1931), die in den 1950er-Jahren im Beijinger Lu Xun Museum

---

62 Zhang Yanqing 2008, S. 37.
63 1962 veröffentlichte Lu Dahuang noch die *Pu Songling ji* 蒲松齡集 (Die Werke Pu Songlings). Siehe Pu Songling 1986. Erst nach Ende der Kulturrevolution wurde er posthum rehabilitiert.
64 Zhang Yanqing 2008, S. 37.
65 Zhang Yanqing 2008, S. 37.

gearbeitet hatte, beschreibt ebenso ihre Hilflosigkeit und Handlungsunfähigkeit. Sie hatte Lu Xuns Bruder Zhou Zuoren, der zur Zeit der Kulturrevolution für seine Zusammenarbeit mit Japanern scharf kritisiert worden war, noch in einem der ehemaligen Wohnhäuser der Zhou-Brüder besucht. Dort fand sie ihn in einem schrecklichen Zustand vor, verprügelt, in eine Hütte im Innenhof des Hauses eingesperrt.

> Als wir die Situation sahen, was hätten wir da noch sagen können? Uns blieb nichts anderes übrig als zu gehen, und nicht lange danach hörten wir, dass er gestorben war.[66]

Zwanzig Jahre nach Ye Shusuis Veröffentlichung wurden auch Zhang Yanqings Erinnerungen im Format der persönlichen Museumsgeschichte der Öffentlichkeit posthum zugänglich gemacht.

Die weitere Geschichte des Pu-Songling-Hauses zeigt, wie der in den 1950er-Jahren neugeschaffene Ort durch die Vereinnahmung und Bedrohung während der Kulturrevolution in den 1960er- und 1970er-Jahren letztlich in seinem Anspruch auf Autorität und Authentizität bestärkt wurde. Auch auf der Basis des Anspruchs, das mehrfach gefährdete „historische" Liaozhai zu erhalten, wurde in den 1980er-Jahren die Wiedereröffnung des Museums ermöglicht. Insbesondere das Zunichtemachen der vorigen Bemühungen, die Kritik an den Mitwirkenden, der Tod Lu Dahuangs und Pu Wenqis sowie die Übergriffe auf langjährig Bewahrtes, etwa die Plünderung des Grabs Pu Songlings, führten dazu, dass der Ort wieder an Autorität gewinnen konnte, auch wenn es ihm an Authentizität mangelte. Gleichzeitig brachte der zeitweilige Kontrollverlust über den Ort weitere Konsequenzen mit sich. 1966 waren bei der Öffnung des Grabs Pu Songlings seine Siegel geraubt worden.[67] Der Grabstein wurde dabei zerstört. Dieser war von besonderer Bedeutung für die Forschung, da auf der Rückseite eine Biographie und Werkliste Pu Songlings eingraviert war. Im Jahr 1979 wurde anhand von Abreibungen der Inschrift ein Replikat des Grabsteins erstellt, welches heute wieder im Museum zu sehen ist.[68] Auch die Siegel wurden nach dem Ende der Kulturrevolution dem Museum zurückgegeben. Der Vergleich der Siegel mit den Siegelabdrucken auf dem Rollbild bestärkte wiederum die Authentizität des Gemäldes. 1982 wurden die Siegel und das Rollbild vom Kulturbüro der Provinz Shandong (Shandong sheng wenwu ju 山東省文物局) als „Nationales Kulturgut ersten Grades" (guojia yiji wenwu 國家一級文物) eingestuft. Die bewegte Geschichte des

---

66 Ye Shusui 1988, S. 50.
67 Liu Bo 2015.
68 Yuan Shishuo 2009, S. 344–347.

Museums wird in seinen Räumen allerdings nicht direkt thematisiert. So finden sich keine Hinweise auf den Kummer oder die Hilflosigkeit Zhang Yanqings. Nur das von Lu Dahuang unterzeichnete Holzschild im Ausstellungsraum behält für die Besucher, die das Schicksal des namenhaften Pu Songling-Forschers kennen, einen bitteren Beigeschmack.

Eine Illustration als Index

Nach Wiedereröffnung des Pu-Songling-Hauses wurden um das *Liaozhai* zusätzliche Ausstellungen ergänzt, darunter eine zur Biographie Pu Songlings, die mit einer Reproduktion des *Liaozhai zhiyi*-Manuskripts und dahinter einem auf Kacheln aufgebrachten Gemälde beginnt (Abbildung 4). Das Gemälde zeigt Pu Songling, am Schreibtisch sitzend, mit einem Pinsel in der rechten Hand, in die Ferne blickend, als würde er im Moment des Schreibens gerade innehalten, als würde sich in dieser Sekunde eine seiner Geschichten vor seinem inneren Auge abspielen und er in der nächsten seinen Pinsel auf das gebundene Papier setzten, um sie festzuhalten. Auffallend ist dabei seine Robe, ein gewöhnliches *changpao* (長袍), eben keine Qing-zeitliche Beamtenrobe. Das Gemälde wurde 1984 von Yan Xiangong 閆先公, einem Mitarbeiter des lokalen Kulturhauses, und Luo Xiaodong 羅曉東, einem Mitarbeiter der lokalen Porzellanfabrik, angefertigt.[69] Um Pu Songling sind Charaktere aus seinem

Abbildung 4. Illustration Pu Songlings auf Keramikkacheln, Ausstellung zur Biographie Pu Songlings, Pu-Songling-Haus. Aufnahme vom 4. Juni 2014.

---

69 Shandongsheng shengqing ziliaoku 2003.

Liaozhai zhiyi dargestellt, darunter Qingfeng 青鳳, Wan Xia 晚霞 und viele andere.[70] Diese Vorstellung des literarischen Schaffensmoments ist nicht unüblich. Das Bild erinnert an eine Darstellung von Charles Dickens (1812–1870) von R.W. Buss aus dem Jahr 1875, die im Charles-Dickens-Museum in London ausgestellt wird (Abbildung 5). Es zeigt den Autor, wie er in seinem Arbeitszimmer sitzt, in seinen Stuhl zurückgelehnt. Im Raum zwischen ihm und seinem Schreibtisch schweben zahllose Denkblasen mit Darstellungen seiner literarischen Charaktere. Das Gemälde basiert auf einer historischen Photographie des Zimmers und bildet den Schreibtisch, die Bücherregale und auch den Schreibtischstuhl detailreich und realitätsgetreu ab.[71] Hierin unterscheidet es sich vom Schreibzimmer Pu Songlings. Es zirkulierten keine bildlichen Repräsentationen von Pu Songlings Schreibzimmer, auf die sich die Darstellung hätte beziehen können. Aber es umgeben auch ihn seine literarischen Charaktere. Und damit erfüllt die Abbildung eine wichtige Funktion. Sie dient als

Abbildung 5. Charles Dickens Dream *(1875) von R.W. Buss. Quelle: Charles Dickens Museum 2013.*

Index, als Wegweiser, der außerhalb des Hauptraums angebracht ist, auf ihn verweist und so den Besucher glauben lässt, es lohne sich ihn zu betreten. Da es inzwischen Konsens ist, dass Pu Songling den Großteil des *Liaozhai zhiyi* eben nicht in den Räumen seines Familienhauses schrieb, sondern mit großer Wahrscheinlichkeit in den Räumlichkeiten der Familie Bi, verstärkt dieses Bild aber ein Missverständnis. Es suggeriert, dieser Raum wäre der Raum, in dem Pu Songling seine Aufzeichnungen

---

70 Qingfeng ist die Fuchsfrau, in die sich der Protagonist Herr Geng aus der Erzählung „Das Gespensterhaus" 青鳳 (Nr. 39 nach Barr 1984; Pu Sung-ling 1987, Bd. 1, S. 108–117; Zhang Qikai und Pu Songling 1989, Bd. 1, S. 117–123) verliebt. Wan Xia aus der Erzählung „Das Schloss des Drachenfürsten / Wan Xia" (Nr. 420 nach Barr 1984; Pu Sung-ling 1987, Bd. 1, S. 545–555; Zhang Qikai und Pu Songling 1989, Bd. 3, S. 1457–1461) ist ein Mädchen im Schloss des Drachenfürsten, zu dessen Hof der Protagonist Aduan geführt wird, nachdem er beim Aufführen seiner Künste auf einem Drachenboot ins Wasser gestürzt und in den Wasserfluten zu Tode gekommen ist.

71 Charles Dickens Museum 2013.

tätigte – und sich hierbei allem voran auf seine Fantasie stützte, nicht auf Inspiration aus der gut ausgestatteten Bibliothek der Familie Bi oder auf ihre Erzählungen.

Ausblick: Ein Raum unter Räumen

Die Herangehensweise das Museum als Wissensort zu betrachten ging aus den Bemühungen von Forscherinnen und Forschern hervor, die Geschichte des Museums als Institution nachzuvollziehen. Aus historischer Perspektive gehören Museen zu den Orten, die unser heutiges Verständnis von moderner Wissenschaft grundlegend geformt haben. Museen und Archive waren die Vorboten wissenschaftlicher Labore und spielten eine wichtige Rolle in der Entwicklung unterschiedlicher Disziplinen und Wissenschaften.[72] Es waren Orte der Anhäufung von Objekten und Proben, die durch Klassifikation in eine Ordnung gebracht wurden. In dieser Klassifikation kam auch immer die Weltanschauung der Sammler und Kuratoren zum Ausdruck. In der Entwicklung des Museums vom privaten Schreib- und Studierzimmer[73] und Ort für private Sammlungen zum öffentlichen Museum gewann die didaktische Funktion des Raumes zunehmend an Bedeutung. Es war nicht nur ein Ort, der die Welt ordnete, sondern ein Ort, an dem man lernte, wie die Welt zu betrachten und zu verstehen ist.[74]

Die Analyse des Pu-Songling-Hauses zeigt nicht nur wie Wissen in Museumsräumen entsteht, sondern fragt zudem, in welcher Beziehung Wissen und Literatur in diesen Räumen zueinanderstehen. Der Ort der schriftstellerischen Tätigkeit, der Ort, an dem, in einem konkreten Moment oder über längere Zeit hinweg, ein literarisches Werk geschaffen wird, kann ein Wissensort im Sinne Bruno Latours sein. Man könnte im musealen Raum eine Anthropologie des Schreibens entwickeln,[75] den Besucher einladen den Schriftsteller zu beobachten, wie er schreibt, und als Wissenschaftler eine Mikrogeschichte des Schreibprozesses und Schreibumfelds verfassen, als würde man durch ein Schlüsselloch den Schreib- und Schaffensprozess erspähen. Wie Bruno Latour und Steve Woolgar in ihrer Mikrogeschichte eines wissenschaftlichen Labors

---

72 Findlen 1994, S. 97–150. Findlen untersucht die Rolle von Museen in der Entstehung der Naturwissenschaft, insbesondere die Naturkunde und -geschichte im Italien des 16. und 17. Jahrhunderts.
73 Der lateinische Begriff *museum* wurde im Italien des 17. Jahrhunderts z. T. als Synonym für das private Schreib- und Studierzimmer genutzt. Siehe Findlen 1994, S. 102.
74 Livingstone 2003, S. 29–40.
75 Latour und Woolgar 1986, S. 89.

der 1970er-Jahre zeigten, einem dem literarischen Schreibzimmer scheinbar konträren Raum, kommt es auch in einem Labor zu einem Prozess der literarischen Inskription. Labore seien daher immer in zwei Sektionen, den Testraum und den Schreibraum, aufgeteilt.[76] Das Labor sei „a system of literary inscription, an outcome of which is the occasional conviction of others that something is a fact".[77] Der Moment der wissenschaftlichen Entdeckung wird dabei rückblickend ähnlich mystifiziert wie der Moment des literarischen Schaffens, denn das Schreibzimmer und das Labor haben das Konzept des retrospektiv produzierten individuellen Genies gemein. Im Labor treffen wir aber nicht auf einen Wissenschaftler, der dank seines genialen Einfalls ein zuvor existentes, aber bisher unbekanntes naturwissenschaftliches Faktum aufdeckt, und im *Liaozhai* treffen wir nicht auf den Schriftsteller Pu Songling, dem dank seiner Genialität ein Einfall kam, den er in Form von Text festhielt. Könnte man Pu beim Schreiben des *Liaozhai zhiyi* im *Chuorantang* erspähen, wäre er womöglich noch in einem Gespräch mit Bi Jiyou und es lägen möglicherweise andere Werke, etwa das *Taiping guangji*, auf seinem Tisch. Wirft man einen Blick in den Raum, der heute als *Liaozhai* ausgewiesen ist, erspäht man stattdessen zahlreiche Akteure, die am Bild des Schriftstellers feilen, findet man einen Ort des Mischwissens, weder Geschichte noch Literatur. Die Trennung zwischen Faktion und Fiktion bleibt fließend, da beide sozial produziertes Wissen sind und nicht *a priori* existieren.[78] Dieser Ort ist ein Resultat der Wissensproduktion der 1950er-Jahre und nicht ein „historischer Ort", der einen nahtlosen Zugang zu Pu Songling, dem Schriftsteller, zulassen könnte, auch wenn der Ort dies in der Eigendarstellung, nicht zuletzt durch Zhang Yanqing, impliziert.

Das Pu-Songling-Haus ist ein Ort, der mehrere Schichten menschlicher Erfahrung umfasst.[79] Der Entstehungsprozess des Pu-Songling-Hauses zeigt das Ringen unterschiedlicher Akteure, das Erbe Pu Songlings in „Literatur" zu verwandeln. Das Vertrauen, dass am ehemaligen Wohnort Pu Songlings etwas Relevantes anzutreffen sei, ist tief im Glauben an ein literarisches Genie verwurzelt. Um die Bedeutung dieses Orts zu verdeutlichen, wurden die Trümmer zu einem Haus, wurde das abstrakte *Liaozhai* zu einem physischen Raum und wurden die materiellen Überreste des orthodoxen Wissens des *Chuorantang* in den neu-geschaffenen Raum transplantiert, der das unorthodoxe Wissens des *Liaozhai* präsentiert. Betrachtet man den Entstehungsprozess

---

76 Latour und Woolgar 1986, S. 87.
77 Latour und Woolgar 1986, S. 105.
78 Latour und Woolgar 1986, S. 45–53.
79 Wu Hung 2002, S. 254.

des ehemaligen Wohnhauses und den damit einhergehenden „Auferstehungsprozess" Pu Songlings, zeigt sich, dass der Ort mehr ist als eine reine Vermarktung, eine politische Vereinnahmung oder eine naive, törichte Verdinglichung eines Raumes. Denn war der Raum erst einmal geschaffen, mit *Liaozhai*-Tafel, mit Pu-Songling-Portrait, mit Möbeln aus dem *Chuorantang* und mit Ausstellungen umgeben, die wie zusätzliche visuelle Wegweiser auf den Hauptraum verweisen, war in dem Raum seine eigene Geschichte lebendig geworden. Er erlebte in den nächsten Jahrzehnten Zeiten der Wertschätzung, Vernachlässigung und Umfunktionierung, und wurde so zu einem Raum in einem weitreichenden Spannungsfeld verschiedener Wissensräume.

Literaturverzeichnis

Barr, Allan. 1984. „The Textual Transmission of Liaozhai zhiyi", in *Harvard Journal of Asiatic Studies* 44.2, S. 515–562.

———. 1985. „A Comparative Study of Early and Late Tales in *Liaozhai zhiyi*", in *Harvard Journal of Asiatic Studies* 45.1, S. 157–202.

———. 1986. „Pu Songling and the Qing Examination System", in *Late Imperial China* 7.1, S. 87–111.

Beijing Lu Xun bowuguan. 2006. *Beijing Lu Xun bowuguan wushi nian* 北京鲁迅博物馆五十年. Beijing: Beijing Lu Xun bowuguan.

Bügener, Annette. 2015. *Die Heldengalerie des Qianlong-Kaiser. Ein Beitrag zur chinesischen Portraitmalerei im 18. Jahrhundert.* Frankfurt a. M.: Peter Lang.

Charles Dickens Museum. 2013. „Dickens Dream by Robert W. Buss", http://www.collections.dickensmuseum.com/object-dh111 (Zugriff am 5. Mai 2020).

Findlen, Paula. 1994. *Possessing Nature. Museums, Collecting, and Scientific Culture in Early Modern Italy.* Berkeley: University of California Press.

Flath, James A. 2002. „Managing Historical Capital in Shandong: Museum, Monument, and Memory in Provincial China", in *The Public Historian* 24.2, S. 41–59.

Hammond, Charles E. 2006. „Factual Framing in ‚Liao Zhai Zhi Yi'", in *Acta Orientalia Academiae Scientiarum Hungaricae* 59.2, S. 205–230.

Kesner, Ladislav. 2007. „Face as Artifact in Early Chinese Art", in *Anthropology and Aesthetics* 51, S. 33–56.

Latour, Bruno und Steve Woolgar. 1986. *Laboratory Life. The Contruction of Scientific Facts.* Princeton: Princeton University Press.

Liu Bo 劉波. 2015. „Pu Songling huaxiang yu ta de si mei yinzhang" 蒲松齡畫像與他的四枚印章, http://zibo.dzwww.com/2015/wb/four/jcgs/201507/t20150716_12715110.htm (Zugriff am 16. Juni 2020).

Liu Songling 劉松嶺. 2010. „Pu Songling yu Bi shi cangshulou" 蒲松齡與畢氏藏書樓, in *Pu Songling yanjiu* 蒲松齡研究 4, S. 108–115.

Livingstone, David N. 2003. *Putting Science in its Place. Geographies of Scientific Knowledge.* Chicago: The University of Chicago Press.

Lu Dahuang 路大荒 und Zhang Yanqing 張彥青. 1956. „Pu Songling guju" 蒲松齡故居, in *Wenwu cankao ciliao* 文物參考資料 5, S. 8.

Lu Tong 魯童. 1988. *Pu Songling guju* 蒲松齡故居. Jinan: Shandong youyi shushe.

Lu Xun 魯迅. 2005. „Zhongguo xiaoshuo shilüe" 中國小說史略, in *Lu Xun quanji* 魯迅全集, Bd. 9 [1924], Beijing: Renmin wenxue chubanshe, S. 215–227.

Luo Hui. 2009. „The Ghost of Liaozhai: Pu Songling's Ghostlore and its History of Reception", Dissertation, University of Toronto.

Minford, John und Claire Roberts. 2008. „Zhai, the Scholar's Studio", in *China Heritage Quarterly* 13, http://www.chinaheritagequarterly.org/editorial.php?issue=013 (Zugriff am 2. Juni 2020).

Pu Songling 蒲松齡. 1978. *Liaozhai zhiyi. Huijiao huizhu huiping ben* 聊齋誌異：會校會注會評本, hrsg. von Zhang Youhe 張友鶴. 2 Bde. [1962], Shanghai: Shanghai guji chubanshe.

———. 1986. *Pu Songling ji* 蒲松齡集, hrsg. von Lu Dahuang 路大荒. 4 Bde., Shanghai. Shanghai guji chubanshe.

———. 1989. *Quanben xinzhu Liaozhai zhiyi* 全本新注聊齋誌異, hrsg. von Zhu Qikai 朱其鎧. 3 Bde., Beijing: Renmin wenxue chubanshe.

——— (übers. von John Minford). 2006. *Strange Tales from a Chinese Studio.* London: Penguin.

———. 2009. *Xinyi Liaozhai zhiyi xuan* 新譯聊齋志異選, hrsg. von Ren Duxing 任笃行 et al. 2 Bde., Taipei: Sanmin shuju.

Pu Sung-ling [Pu Songling] (übers. von Gottfried Rösel). 1987–1992. *Liao-dschai-dschi-yi*, 5 Bde., Zürich: Die Waage.

Seckel, Dietrich. 1999. *Das Portrait in Ostasien III. Portrait-Funktionen.* Heidelberg: Universitätsverlag C. Winter.

Shandongsheng shengqing ziliaoku 山東省省情資料庫. 2003. „Pu Songling ku" 蒲松齡庫, http://lib.sdsqw.cn/bin/mse.exe?seachword=&K=a&A=96&run=12 (Zugriff am 5. Juni 2020).

Sun Xiangzhong 孫向忠. 1994. „Mao Zedong lun ‚Liaozhai zhiyi'" 毛澤東論《聊齋誌異》, in *Binzhou shizhuan xuebao* 濱州師轉學報 10.3, S. 35–36.

Wu Hung. 2012. *A Story of Ruins. Presence and Absence in Chinese Art and Visual Culture.* Princeton: Princeton University Press.

Ye Shusui 葉淑穗. 1988. „Zhou Zuoren er san shi" 周作人二三事, in *Lu Xun yanjiu dongtai* 魯迅研究動態 2, S. 49–50.

Yuan Shishuo 袁世碩. 1988. *Pu Songling shiji zhushu xinkao* 蒲松齡事跡著述新考. Jinan: Qilu shushe.

———. 2009. *Pu Songling zhi* 蒲松齡志. Jinan: Shandong renmin chubanshe.

Zhang Chongchen 張崇琛. 1992. „Qing chu zhishi fenzi xintai de juemiao xiezhao – Pu Songling ‚huaxiang tizhi' fawei" 清初知識份子心態的絕妙寫照 – 蒲松齡《畫像題志》發微, in *Pu Songling yanjiu* 蒲松齡研究 4, S. 3–13.

Zhang Yanqing 張彥青. 2008. „Pu Songling guju lishi wenwu souji de huiyi" 蒲松齡故居歷史文物搜集的回憶, in *Chunqiu* 春秋 3, S. 36–37.

Zhao Botao 趙伯陶. 2014. „*Liaozhai zhiyi* jiejian *Taiping guangji* santi" 《聊齋誌異》借鑑《太平廣記》三題, in *Liaocheng daxue xuebao (shehui kexue ban)* 聊城大學學報（社會科學版）6, S. 24–36.

Zhao Huaizhen 趙懷珍. 1999. „Pu Songling huaxiang ‚ziti' xiaoyi" 蒲松齡畫像「自題」小議, in *Pu Songling yanjiu* 蒲松齡研究 1, S. 117–120.

Zhou Zuoren 周作人. 1918. „Ren de wenxue" 人的文學, in *Xin qingnian* 新青年 5.6, S. 575–584.

Daxuetang für die Institutionalisierung der Ingenieurwissenschaft: Von der Bowen-Akademie zur Beiyang-Universität

Chen Hailian

Beiyang University (*Beiyang daxuetang*), founded by Sheng Xuanhuai in Tianjin in 1895, is China's first engineering university. As yet its history has received almost no attention in Western scholarship. This article examines the early history of Beiyang University and reconnects it with the little-known histories of Bowen Academy (*Bowen shuyuan*, built around 1886–1888) and Gezhi Academy (*Gezhi shuyuan*, planned around 1893–1894) in Tianjin. It demonstrates that Sheng's founding of Beiyang University was not a singular event or an aftereffect of the Sino-Japanese War. Rather, it was part of broader efforts initiated by reform-minded officials in late Qing China to develop technical education. I argue that the founding of *daxuetang* (universities) such as Beiyang University, created sites of knowledge reuniting the moral learning of the Way (*dao* 道) with practical arts (*yi* 藝) as defined by the Confucian tradition. The establishment of Beiyang University pioneered the institutionalization of engineering education in China. Its infrastructure, especially the laboratories, mining museum, and summer schools for field surveys, provided physical spaces facilitating the transmission of practical knowledge.

Einleitung[1]

Kurz vor dem geplanten Gründungstag der Beiyang-Universität (*Beiyang daxuetang* 北洋大學堂) im Jahr 1895 erhielt Sheng Xuanhuai 盛宣懷 (1844–1916), der Gründer dieser Universität, eine Liste mit mehr als 40 Arten von Gegenständen (insgesamt mehr als 700 Stück) aus der Bowen-Akademie (*Bowen shuyuan* 博文書院). Diese Akademie war fast ein Jahrzehnt zuvor geplant, aber nie eröffnet worden.[2] Die auf der Liste verzeichneten Gegenstände, wie z. B. Schreibtische, Sitzbänke, Betten und

---

1 Diese Studie wurde vom Bundesministerium für Bildung und Forschung (BMBF) im Rahmen des Programms „Kleine Fächer – Große Potenziale" mit dem Kennzeichen 01UL1909X gefördert.
2 Shanghai tushuguan 2019, Bd. 2, S. 368–374.

Werkzeuge, sowie das ursprüngliche Gebäude bildeten die Infrastruktur und Ausstattung der Beiyang-Universität, dem Vorläufer der heutigen Tianjin-Universität.³ Die Bowen-Akademie war aber nicht nur durch die Ausstattung, sondern auch institutionell ein wichtiger Grundpfeiler der Beiyang-Universität, was in den Darstellungen zur Geschichte der Universität allerdings nur am Rande oder gar nicht erwähnt wird. Zum Verständnis der Besonderheiten der Beiyang-Universität ist die Betrachtung der Bowen-Akademie jedoch von größter Bedeutung.

Im Jahr 1895 gab es in China bereits einige Colleges, die von Missionaren gegründet wurden. Die Beiyang-Universität war aber die erste moderne Universität in China, die von Chinesen gegründet und von der Regierung unterstützt wurde. Trotz dieser historischen Bedeutung wurde die Gründungsgeschichte der Beiyang-Universität im deutschen und englischen Sprachraum kaum untersucht.⁴ Auch die Bedeutung des Begriffs *daxuetang*, welcher erstmals offiziell bei der Benennung der Beiyang-Universität verwendet wurde, ist in der bisherigen Forschung nicht beachtet worden. Im chinesischen Sprachraum wird die Geschichte der Beiyang-Universität vor allem in Form von Universitätsgeschichten (*xiaoshi* 校史) immer wieder, besonders in den Jubiläumsjahren, nacherzählt.⁵ Diese Darstellungen konzentrieren sich meist auf einzelne Ereignisse und Errungenschaften der Universität und porträtieren die einflussreichen Leiter und Studenten in verschiedenen Perioden, während sie den größeren historischen Kontext ignorieren. Die Gründungsgeschichte der Beiyang-Universität sowie die Verbindung zur Bowen-Akademie verdienen jedoch mehr als nur eine Fußnote in der Geschichte der chinesischen Universitäten und der Bildungsgeschichte in China.

Die Bedeutung der Gründung der Beiyang-Universität soll in diesem Aufsatz in einem weiten Kontext untersucht werden, insbesondere im Hinblick darauf, wie sie einen Raum für technische Ausbildung geschaffen hat und damit das erste Modell für

---

3 Es gibt mehrere Versionen für den Namen dieser Universität in chinesischer und englischer Sprache. In englischen Quellen dieser Zeit wird zum Beispiel von der „Imperial Pei-Yang University" oder der „Peiyang University" oder der „Tientsin University" gesprochen. Siehe Beiyang daxue 1990, S. 39–43; Wang Jie 2015, S. 3–11. Aus Vereinfachungsgründen wird in diesem Artikel nur Beiyang-Universität bzw. *Beiyang daxuetang* verwendet.

4 Siehe z. B. Hayhoe 1996; Lu und Hayhoe 2004, S. 269–306; Mak 2009. Ruth Hayhoe hat die Beiyang-Universität als *Beiyang gongxue* nur sehr kurz erwähnt. Siehe Hayhoe 1996, S. 3, 36. Obwohl die Beiyang-Universität in den ersten Jahren verschiedene Namen hatte, konnte ich den Namen *Beiyang gongxue* nicht in historischen Dokumenten finden.

5 Siehe z. B. Tianjin daxue xiaoshi bianxiezu 1980; Beiyang daxue 1990; Beiyang daxue 1991; Li Yidan et al. 2002; Zhongguo di yi lishi dang'an guan und Tianjin daxue 2005.

die Institutionalisierung der Ingenieurwissenschaften in China wurde. Dies schließt eine Lücke in der bisherigen Forschung auf dem Gebiet des „westlichen Lernens" in China, da die Bedeutung der chinesisch-westlichen interkulturellen Kontakte und des wissenschaftlichen Transfers unter dem chinesischen Begriff „Verbreitung des westlichen Lernens in China" (*xixue dongjian* 西學東漸) zwar in vielerlei Hinsicht – z. B. zu den Themen „Wissenschaft" oder „Wissen" – betrachtet wurde[6], der technischen Bildungspraktik generell aber wenig Aufmerksamkeit geschenkt wurde.[7]

Dieser Beitrag untersucht die frühe Geschichte der Beiyang-Universität mit Blick auf die Erschaffung eines Wissensorts. Es wird argumentiert, dass die Namensänderung von Bowen-Akademie zu Beiyang-Universität (d. h. von *shuyuan* 書院 zu *daxuetang* 大學堂) in Verbindung mit der Konzeption des neuartigen Wissensorts zu verstehen ist. Zudem wird gezeigt, wie die Infrastruktur und der physische Ort aufgebaut waren und für die Zwecke der Ingenieurausbildung in der späten Qing-Zeit verwendet wurden. Ein besonderes Augenmerk liegt dabei auf der Funktion des Labors, des Bergbaumuseums und der Sommerschule für die Ausbildung chinesischer Ingenieure. Dieser Aufsatz stützt sich dabei unter anderem auf bisher weitgehend unbeachtete historische Aufzeichnungen, die von den damaligen ausländischen Ingenieurprofessoren und externen Beobachtern geschrieben und veröffentlicht wurden.

Technische Ausbildung zur Wiederbelebung Chinas

Die Welt des (langen) 19. Jahrhunderts war von bedeutsamen Umwälzungen gekennzeichnet.[8] Technische Experten, oder im engeren Sinne Ingenieure, wurden zunehmend für den Bau von Eisenbahnen, Kanälen und Maschinen benötigt, als die globale Expansion der Großmächte nach dem 18. Jahrhundert durch die Industrialisierung – besonders durch die Hochindustrialisierung nach 1870 – beschleunigt wurde.[9] Bemerkenswert ist, dass die technischen Bildungseinrichtungen in Europa zu Beginn ihrer Entwicklung vom Universitätssystem getrennt waren. Erst in den 1870er- und 1880er-Jahren begannen die höheren technischen Schulen, sich in ein akademisches

---

6 Siehe z. B. Xiong Yuezhi 1994.
7 Siehe z. B. Biggerstaff 1961; Reardon-Anderson 1991.
8 Osterhammel 2010.
9 Siehe z. B. Kaiser und König 2006.

System umzuwandeln, und erhielten den Universitätsstatus. Die technische Hochschulausbildung wurde damit zu einem anerkannten akademischen Gebiet.[10]

Die Bildungsreform in der späten Qing-Dynastie (1860–1911) war auch ein Teil der Divergenz- und Konvergenzprozesse der globalen technischen Bildung im 19. Jahrhundert, obwohl sich diese Prozesse in China noch bis ins frühe 20. Jahrhundert erstreckten. Die treibende Kraft bei der Initiierung einer höheren Bildung mit einem Fokus auf Technik war in der späten Qing-Dynastie die nationale Verteidigung.[11] Angesichts sich verschärfender wirtschaftlicher, politischer und sozialer Krisen[12] sowie der direkten Bedrohung durch interne Rebellionen (insbesondere durch die Taiping-Rebellion von 1850–1864) und durch die Übergriffe europäischer Nationen erkannten reformfreudige Beamte in der späten Qing-Periode die zentrale Rolle, welche die moderne Wissenschaft und Technik beim Streben nach Macht und Reichtum spielten. Während der Selbststärkungsbewegung (1860–1895) wurden die ersten staatlichen Fachschulen in China in den Küstenprovinzen gegründet. Unter diesen Schulen wurden vor allem die Fuzhou Navy Yard Schule (häufig *Chuanzheng xuetang* 船政學堂 genannt) und die Jiangnan Arsenal Schule (*Jiangnan zhizaoju* 江南製造局) in Shanghai bekannt.[13] Die technische Ausbildung war dort allerdings zunächst größtenteils auf militärische Zwecke ausgerichtet.

Von der Bowen-Akademie zur Beiyang-Universität

Tianjins Technische Schulen

Bereits 1874 schlug Li Hongzhang 李鴻章 (1823–1901) vor, neue Institutionen, sogenannte *Yangxue ju* 洋學局 (wörtlich: Übersee-Lernen-Büros), für die Ausbildung von Studenten in praktischen Angelegenheiten zu gründen. Dies sollte ein wesentlicher Teil in seiner Strategie für die Küstenverteidigung (*haifang* 海防) sein.[14] Sein

---

10 Lundgreen 1990; Rüegg 2004.
11 Biggerstaff 1961, S. 74–75.
12 Dabringhaus 2006, S. 55–69.
13 Für die Fuzhou Navy Yard Schule wurde ursprünglich *Qiushitang yiju* 求是堂藝局 als Name vorgeschlagen. Die Jiangnan-Arsenal-Schule hatte mehrere getrennte Abteilungen, wie etwa das *Fanyi guan* 翻譯館 für Übersetzung und das *Caopao xuetang* 操炮學堂 sowie das später umstrukturierte *Gongyi xuetang* 工藝學堂 für die technische Ausbildung. Gao Shiliang und Huang Renxian 2007, S. 297–301, 535–538; Biggerstaff 1961.
14 Gao Shiliang und Huang Renxian 2007, S. 652–658.

Plan wurde allerdings abgelehnt, unter anderem mit der Begründung, dass der Begriff *yangxue* auf die Überlegenheit des Lernens in Übersee gegenüber dem chinesischen Lernen hinweise. Dennoch boten Li seine gleichzeitigen Ämter als Generalgouverneur von Zhili (*Zhili zongdu* 直隸總督, 1870–1895) und Handelsminister der Region Beiyang (*Beiyang tongshang dachen* 北洋通商大臣, 1870–1895) die Möglichkeit, mehrere spezialisierte Schulen zu gründen und weitere Maßnahmen zur Ausbildung technischer Experten zu ergreifen. Neben der Erweiterung des bereits seit 1867 bestehenden Arsenals gründete Li in Tianjin in den Jahren 1880/81 die Telegraphenschule (*Dianbao xuetang* 電報學堂) und die Marineschule (*Shuishi xuetang* 水師學堂), 1885 die Militärschule (*Wubei xuetang* 武備學堂) und 1893 eine Schule für westliche Medizin (*Xiyi xuetang* 西醫學堂).[15] Die dringende Notwendigkeit spezialisierter technischer und militärischer Ausbildung wurde den Gouverneuren Chinas in jener Zeit deutlich vor Augen geführt, insbesondere als die Marine der Qing-Dynastie im Chinesisch-Französischen Krieg (1883–1885) hohe Verluste verzeichnete.

Bereits im Jahr 1885 erwähnte Li Hongzhang in seinem ursprünglichen Plan für die Militärschule die Idee zur Gründung einer weiteren, neuen Art von Schule.[16] Später wurde diese Schule als Bowen-Akademie bezeichnet, wörtlich übersetzt also als „Akademie für umfassende Literaturwissenschaft". Diese Schule sollte die Studierenden in westlichen Sprachen ausbilden, genau wie die bestehende Tongwen-Schule (*Tongwen guan* 同文館) in Beijing.[17] Lis Absicht war es also, eine neue Schule in Tianjin zu eröffnen, um die literarische und die militärische Ausbildung in Tianjin in Einklang zu bringen, da alle zu dieser Zeit bestehenden Schulen in Tianjin allein der Ausbildung von Experten für militärische Zwecke dienten.

Wie in verschiedenen chinesischen Übersichtsdarstellungen dokumentiert, wurde die Bowen-Akademie zunächst von Li Hongzhang und Gustav Detring (1842–1913), einem deutschen Zollkommissar in Tianjin, geplant. Bisher sind jedoch keine weiteren Einzelheiten zum Konzept dieser Schule zusammengetragen worden. Wir können die Geschichte der Schule daher nur aus verstreuten Berichten rekonstruieren. Wie in Sheng Xuanhuais Vorschlag zur Gründung der Beiyang-Universität erwähnt wird, wurde die Bowen-Akademie nie eröffnet. Dies lag zum Teil wohl an Unstimmigkeiten

---

15 Gao Shiliang und Hung Renxian 2007, S. 448–449, 511–513, 559–560, 576–584.
16 Gu Tinglong und Dai Yi 2008, Bd. 11, S. 98–99.
17 O. A. 1888; o. A. 1889.

zwischen Li und Detring darüber, wie diese Institution zu organisieren sei, vor allem aber an Finanzierungsproblemen.[18]

Die Bowen-Akademie in westlichen Berichten

Der Bau der Bowen-Akademie erregte große Aufmerksamkeit bei den Zeitgenossen aus dem Westen, denn in Missionszeitungen wurde mehrfach darüber berichtet. Die Schule wurde unter verschiedenen Namen wie „New Technical School", „New Technical Anglo-Chinese College" oder „Polytechnic School" beziehungsweise „polytechnische Schule" erwähnt.[19] Sie befand sich am Flussufer unterhalb der sich schnell entwickelnden europäischen Siedlung von Tianjin. Beeindruckend für die westlichen Beobachter war, dass beim Bau des Gebäudes viele einheimische Materialien verwendet wurden, um es stabil zu machen, zur Verzierung aber auch schöne Hölzer aus Borneo.[20] Wie der spätere Inventarbericht, den Sheng Xuanhuai erhielt, zeigt, waren die meisten Gegenstände allerdings im westlichen Stil gestaltet.[21]

Laut einer Beschreibung eines britischen Ingenieurs und Händlers für Maschinen und Metall namens Allan C. Wylie (c. 1827–?) aus dem Jahr 1887 sollte das neue „Technical Anglo-Chinese College" unter der Leitung von europäischen Professoren stehen.[22] Es wurde auch berichtet, dass diese Schule zum Herbst 1889 200 oder 300 Jugendliche in ihren Hörsälen und Klassenzimmern empfangen würde, und dass diese dort Fremdsprachen sowie die Wissenschaften und Künste des Westens lernen sollten.[23]

Zur gleichen Zeit wurde in englischen Quellen erwähnt, dass Dr. Charles Daniel Tenney (chinesischer Name: Ding Jiali 丁家立, 1857–1930), der erste Präsident der später gegründeten Beiyang-Universität, von Li Hongzhang zum Leiter dieser Schule berufen wurde.[24] Tenney kam erstmals 1882 als Missionar nach China. Er verließ die American Missionary Association und gründete 1886 in Zhili eine unabhängige westliche Schule, die Anglo-Chinese School.[25] Seine Ausbildung in Mathematik und Literatur am Dartmouth College (mit einem B.A.-Abschluss 1878) befähigte ihn, Englisch

---

18 Shanghai tushuguan 2019, Bd. 1, S. 6.
19 *The Chinese Times* 1888–1891, Bd. 2, S. 133, 206; o. A. 1887; Baur 2005, S. 100.
20 *The Chinese Times* 1888–1891, Bd. 2, S. 195, 573, 706.
21 Shanghai tushuguan 2019, Bd. 2, S. 368–374.
22 *The Chinese Times* 1888–1891, Bd. 2, S. 206.
23 *The Chinese Times* 1888–1891, Bd. 2, S. 133; o. A. 1887.
24 King 1911, S. 15.
25 Xie Nianlin, Wang Xiaoyan und Ye Ding 2015, S. 192–194.

und Mathematik, aber auch Physik, Geschichte und Geographie zu unterrichten.[26] Sein Lehrplan war im Gegensatz zu den Missionsschulen nicht religiös geprägt. Das war möglicherweise der Grund dafür, dass Li Hongzhang seine Arbeit schätzte und ihn einlud, ab 1888 sechs Jahre lang seine eigenen Kinder und Enkelkinder zu unterrichten.[27]

Im Allgemeinen deuten die westlichen Berichte über die Bowen-Akademie darauf hin, dass sich viele Zeitgenossen von dieser Institution einen sehr vielversprechenden neuen oder sogar revolutionären Stil der technischen Ausbildung in China erhofften. Diese Einrichtung sollte zum Vorbild für andere Provinzen in China werden.[28] Diese Sichtweise der westlichen Beobachter deckt sich aber nicht mit dem ursprünglichen Konzept der Bowen-Akademie. Wie die Bezeichnungen für diese Schule auf Chinesisch und Englisch verdeutlichen, sollte die Bowen-Akademie den Schwerpunkt auf das Erlernen von Literatur und Sprachen legen. Sie war also zumindest anfänglich, anders als in den englischen Berichten dargestellt, nicht als Polytechnikum oder technische Schule konzipiert.

Sheng Xuanhuais Weg zur Beiyang-Universität: Warum kein Polytechnikum (*Gezhi shuyuan*)?

Im Jahr 1892 wurde Sheng Xuanhuai zum Zoll-Verwaltungsbeamten in Tianjin ernannt, was den Plänen zur Errichtung der Bowen-Akademie neue Impulse und eine neue Richtung verlieh. Sheng Xuanhuai stammte aus einer lokal bekannten Familie aus Changzhou in der Provinz Jiangsu. 1870 begann er seine politische Karriere mit einer Stelle in einem niedrigen Rang bei Li Hongzhang.[29] Vor 1895 initiierte Sheng Xuanhuai schon verschiedene wichtige, staatlich geförderte Unternehmen zur Modernisierung Chinas, unter anderem in den Bereichen Schwerindustrie, Leichtindustrie, Verkehr sowie Kommunikation und Finanzen.[30]

Sheng setzte sich nachdrücklich für die Ausbildung von technischen Fachkräften ein, die in der Industrie eingesetzt werden sollten, da er erkannte, dass die sogenannten ausländischen Experten zu teuer und meist nicht zuverlässig waren. So entwickelte er beispielsweise um 1880 die Idee, in Tianjin eine Telegraphenschule einzurichten. Um

---

26 *The Chinese Times* 1888–1891, Bd. 5, S. 99; Fryer 1895, S. 88.
27 Xie Nianlin, Wang Xiaoyan und Ye Ding 2015, S. 1–6.
28 *The Chinese Times* 1888–1891, Bd. 2, S. 573.
29 Ou Qijin 2015, S. 20. Siehe auch Feuerwerker 1958.
30 Feuerwerker 1958, S. 249.

das Jahr 1890 bereitete er auch die Gründung einer Bergbauschule in der Provinz Shandong vor. Dieser Plan wurde von Li Hongzhang nicht genehmigt, aber von Zhang Zhidong 張之洞 (1837–1909) in der Provinz Hubei übernommen. Sheng gründete schließlich 1895 die Beiyang-Universität in Tianjin und 1896 auch das Nanyang-College (*Nanyang gongxue* 南洋公學, Vorläufer der heutigen Shanghai und Xi'an Jiaotong-Universitäten) in Shanghai. Außerdem gründete er nach 1895 noch mehrere Eisenbahnschulen.[31]

Viele Darstellungen der Geschichte der Beiyang-Universität erklären nicht, warum Sheng Xuanhuai scheinbar unvermittelt eine moderne technische Universität gründete, sondern neigen dazu, die Gründung dieser Universität als Folge des Chinesisch-Japanischen Krieges zu betrachten. Zweifellos wurde Shengs Tempo bei der Gründung der Beiyang-Universität durch die Niederlage Chinas in diesem Krieg beschleunigt. Es sollte jedoch berücksichtigt werden, dass Sheng bereits früher den Plan hatte, in Tianjin ein Beiyang-Polytechnikum (*gezhi shuyuan* 格致書院) zu gründen, das dem berühmten, bereits 1876 gegründeten Polytechnikum in Shanghai ähneln sollte. So wurden Sheng unter anderem von Zhong Tianwei 鍾天緯 (1840–1900) vom Shanghaier Polytechnikum bereits Anfang 1894 detaillierte Pläne für die neuzugründende Einrichtung vorgelegt.[32]

Das Shanghaier Polytechnikum leistete einen wesentlichen Beitrag zur Verbreitung westlicher wissenschaftlicher und technologischer Kenntnisse, indem es beispielsweise Vorträge organisierte, eine entsprechende Bibliothek bereitstellte und wissenschaftliche Ausstellungen zur Vorstellung westlicher Maschinen sowie wissenschaftlicher Geräte und Produkte veranstaltete. Einen großen Einfluss auf die chinesische Gesellschaft hatten auch die vom Shanghaier Polytechnikum veranstalteten Essaywettbewerbe, welche zeitgenössische Gelehrte dazu anregten, sich mit westlichem Wissen auseinanderzusetzen.[33]

Das Polytechnikum in Shanghai unterschied sich vor 1895 im Hinblick auf das Lehrprogramm und die Systematik des Bildungsprogramms noch stark von Polytechnika im Westen. Es diente nicht der Ausbildung von technischen Experten oder Ingenieuren, sondern der Förderung der Kenntnisse über westliche Wissenschaften und Technologien unter konfuzianischen Gelehrten. Dennoch stieß diese Einrichtung zur Popularisierung des westlichen Wissens auf Widerstand. Ein berühmtes Beispiel

---

31 Ou Qijin 2015, S. 32–50.
32 Shanghai tushuguan 2019, Bd. 6, S. 585–596; Bd. 7, S. 1–20.
33 Biggerstaff 1956; Xiong Yuezhi 1994, S. 350–391; Wright 1996; Elman 2005, S. 332–351.

ist Liu Xihong 劉錫鴻 (?–1891), nach dessen Ansicht es bei *gezhi* 格致 (wörtlich „Erweiterung des Wissens durch Untersuchung der Dinge") um *dao* 道 (Weg) gehen sollte, nicht um *qi* 器 (konkrete Dinge). Er merkte an, dass die Bezeichnung *gezhi shuyuan* durch *yilin tang* 藝林堂 (Halle der Handwerker) ersetzt werden sollte, weil diese Institutionen nicht für die Ausbildung von Gelehrten geeignet sei.[34]

Shengs Plan, eine Akademie mit der Bezeichnung *gezhi shuyuan* zu gründen, war nicht überraschend, da er neben einer finanziellen Grundlage durch seine eigenen Geldspenden auch eine enge Zusammenarbeit mit dem Polytechnikum in Shanghai aufgebaut hatte. Vor allem beteiligte er sich in den 1880er- und 1890er-Jahren aktiv an den Essaywettbewerben des Polytechnikums. Als eingeladener Prüfer vergab er mehrere Prüfungsaufgaben zu Themen aus den Bereichen Eisenbahn, Industrie und Finanzen.[35]

Zheng Guanying 鄭觀應 (1842–1922), ein berühmter Kaufmann und Reformer sowie enger Freund und Geschäftspartner von Sheng, war ebenfalls als Prüfer eingeladen worden. Zheng stellte in den Jahren 1893/94 spezifische Fragen zur Reform des Bildungssystems, die von den Essayisten verlangten, das chinesische und westliche Schulsystem zu vergleichen und zu analysieren, wie Institutionen zur Förderung der technischen Bildung in China geschaffen werden könnten. Die „öffentliche" Meinung, wie sie in den Aufsätzen des Essaywettbewerbs zum Ausdruck gebracht wurde, macht deutlich, dass die Einrichtung neuer technischer Schulen als unabdingbar angesehen wurde.[36]

Diese Diskussionen über die technische Ausbildung fanden bereits am Vorabend des Chinesisch-Japanischen Krieges (1894/95) statt. Der Krieg verschob Shengs Plan, ein Polytechnikum in Tianjin zu gründen, und beeinflusste auch das Modell für die zukünftige Schule. Zheng Guanyings prominentes, reformorientiertes Werk *Shengshi weiyan* 盛世危言 (Warnende Worte in einem blühenden Zeitalter; veröffentlicht 1894) dürfte den größten Einfluss auf die Änderung von Shengs Plan gehabt haben. Sheng erhielt das Buch Anfang 1895 und schätzte es sehr. In diesem Buch wies Zheng direkt darauf hin, dass *gongyi* 工藝 (industrielle Künste) die Wurzel von Reichtum und Macht im Westen seien und dass das Erlernen von *gongyi* auf schulischem Lernen

---

34 Elman 2005, S. 310.

35 Für eine Übersicht über alle Fragen des Essaywettbewerbs siehe Xiong Yuezhi 1994, S. 382–385.

36 Siehe z. B. Shanghai tushuguan 2016, Bd. 4, S. 599–604, 623–630; Chen 2021, S. 34.

basieren müsse. Daher müssten Technische Schulen eingerichtet werden.[37] Außerdem legte Charles Tenney, der sich seit langem für die Gründung einer neuen technischen Schule einsetzte, im Jahre 1895 Sheng Xuanhuai einen neuen Plan für eine solche Institution vor.[38] Etwa zu dieser Zeit beschloss Sheng Xuanhuai, eine Universität zu gründen, wobei er die Gebäude der geplanten Bowen-Akademie nutzen wollte.[39] Am 19. September 1895 legte er Wang Wenshao 王文韶 (1830–1908), dem Nachfolger von Li Hongzhang, einen vollständigen Lehrplan für die Universität, die *toudeng xuetang* 頭等學堂 (Schule ersten Rangs), und ihre Vorbereitungsschule, die *erdeng xuetang* 二等學堂 (Schule zweiten Rangs), vor. Er kalkulierte auch die jährlichen Kosten für den Betrieb der Universität und der Vorbereitungsschule (also z. B. die Kosten für die Einstellung von Lehrern und für die Studentenunterkünfte) sowie die nötigen Anschubmittel für den Ausbau der Schulen und den Kauf von Lehrbüchern, Laborgeräten usw.[40]

Als Beamter mit praktischer Betriebswirtschaftserfahrung war Sheng damit vertraut, einen vollständigen Finanzplan für die Mittelbeschaffung aufzustellen. Bereits 1893 hatte er versucht, das Finanzierungsproblem der Bowen-Akademie zu lösen, indem er beim Zoll von Tianjin Sonderspenden sammelte.[41] Nach 1895 wurde die Beiyang-Universität mit einem festen jährlichen Betrag finanziert. Dazu dienten hauptsächlich Spenden des Kaiserlichen Telegraphenamts (*Dianbao ju* 電報局) und der China Merchants' Steam Navigation Company (*Zhaoshang ju* 招商局), die beide unter der direkten Kontrolle von Sheng standen.[42]

Wang Wenshao übermittelte am 30. September 1895 Shengs Vorschlag zur Gründung der *Xixue xuetang* 西學學堂 (wörtlich: Schule für westliches Lernen) – ursprünglich von Sheng *Tianjin zhongxi xuetang* 天津中西學堂 (wörtlich: Tianjin-Sino-Westliche-Schule) genannt – in einer Throneingabe dem Guangxu-Kaiser. Diese Throneingabe wurde am 2. Oktober, der als Gründungstag dieser Universität gilt, sofort genehmigt.[43] Aus der privaten Korrespondenz von Sheng Xuanhuai geht hervor, dass der Name „*Beiyang daxuetang*", also Beiyang-Universität, bereits 1896 regulär verwendet wurde. So wurden etwa offizielle Position, z. B. *duban Beiyang daxuetang*

---

37 Siehe *Jiyi* 技藝 (technische Künste) in Zheng Guanying 2017, S. 339–353.
38 Shanghai tushuguan 2019, Bd. 1, S. 19–61.
39 Beiyang daxue 1990, S. 41–42.
40 Beiyang daxue 1991, S. 3–15; siehe auch Beiyang daxue 1990, S. 24–38.
41 O. A. 1893a; o. A. 1893b.
42 Beiyang daxue 1991, S. 5; Ou Qijin 2015, S. 105.
43 Beiyang daxue 1991, S. 3–20; Beiyang daxue 1990, S. 14–16.

督辦北洋大學堂 (Leitung der Beiyang-Universität), oder die institutionelle Zugehörigkeit der Lehrer und Studenten durch diesen Namen deutlich gemacht.⁴⁴ Auch wenn gelegentlich noch andere Bezeichnungen wie *Tianjin daxuetang* 天津大學堂 und *Zhili daxuetang* 直隸大學堂 verwendet wurden,⁴⁵ wurde durch *Beiyang daxuetang* eine neue institutionelle Identität ausgedrückt, die auch mit einer neuen konzeptionellen Ausrichtung verbunden war.

Daxuetang *als Wissensort für die Wiedervereinigung von* dao *und* yi

Weder historische Aufzeichnungen noch bestehende Studien erwähnen die Bedeutung von *daxuetang* 大學堂 (wörtlich: Halle des großen Lernens) im Zusammenhang mit der Beiyang-Universität. Timothy B. Weston erwähnt allerdings kurz die Begriffe *daxue* 大學 (großes Lernen) und *daxuetang* in seiner Untersuchung der frühen Geschichte der Kaiserlichen Universität in Beijing (*Jingshi daxuetang* 京師大學堂, gegründet 1898). Er weist darauf hin, dass der Begriff *daxue* im Sinne von Universität nach 1895, insbesondere während der Reformen von 1898, aus Japan eingeführt wurde. Seiner Analyse zufolge erweiterte der Begriff *daxue* die Grenzen des klassischen chinesischen Lernens, indem er das westliche Lernen in die Bildung von Universitätsdisziplinen einbezog, was an Zhang Zhidongs Prinzip *zhongti xiyong* 中體西用 (chinesische Lehren als Substanz, westliche Lehren als Funktion) anknüpfte.⁴⁶

Im Falle der Beiyang-Universität war der Begriff *daxuetang* nicht nur eine symbolische oder oberflächliche Verlagerung von den früheren, auf ein Fachgebiet spezialisierten Schulen hin zu einer polytechnischen Hochschule. Vielmehr legitimierte *daxuetang* die technische Bildung als universelles, wissenschaftliches Lernen. Außerdem war *daxue* (großes Lernen) – so wie der Titel von einem der vier klassischen konfuzianischen Bücher – ein ideologisch weniger umstrittener Begriff als *xixue* 西學 (westliches Lernen) oder *zhongxi* 中西 (sino-westlich) für die Benennung der Einrichtung, auch wenn die gesamte Einrichtung in Tianjin nach amerikanischem Vorbild aufgebaut war.

---

44 Siehe z. B. Shanghai tushuguan 2019, Bd. 1, S. 152, 234, 364.
45 Siehe z. B. Shanghai tushuguan 2019, Bd. 1, S. 285, 311; Zhongguo di yi lishi dang'an guan und Tianjin daxue 2005, S. 2–31.
46 Weston 2002, S. 106–112.

In diesem Zusammenhang muss ein weiteres Kernkonzept der Gelehrten der späten Qing-Zeit, *yixue* 藝學 (wörtlich „Kunst-Lernen" oder „Wissenschaft der Künste"), berücksichtigt werden.[47] Wie Li Hsiao-t'i hervorhebt, wurde der Neologismus *yixue* (hier im Sinne von „technisches Lernen") in den meisten späten Qing-Enzyklopädien besonders stark betont. Er führt die aufkommende Popularität von Nachschlagewerken über *yixue* auf die Reform der Beamtenprüfung von 1898 zurück, die das Thema der westlichen technischen Bildung zu einem wesentlichen Bestandteil der Prüfungsaufgaben machte.[48] Doch wie die Enzyklopädien selbst zeigen, überstiegen die Grenzen und der Umfang von *yi* den Begriff Technik. Entsprechend bezog sich der Begriff *yixue* vor 1898 auf verschiedene Themen. Wie die Aussagen von Wang Tao 王韜 (1828–1897) und Zuo Zongtang 左宗棠 (1812–1885) im Folgenden noch deutlich machen, umfasste *yixue* neben Technik auch Wissenschaft allgemein sowie Politik. Selbst als der Begriff *zhengyi* 政藝 (Politik und Künste) nach 1898 populär wurde, war *yi* immer noch ein viel breiteres Konzept als Technik / Technologie im modernen Sinne.

Die wachsende Bedeutung technischer Bildung stellte die Sicht der konfuzianischen Gelehrten auf Technik in Frage. Was unter den konfuzianischen Gelehrten für Debatten sorgte, war die Frage, wie man technisches Talent innerhalb des schon lange bestehenden Prüfungssystems qualifizieren und belohnen könne, aber nicht, wie man technische Fertigkeiten ausbilden könne.[49] In diesem Zusammenhang taucht der Begriff *yixue* oder gelegentlich *yixueke* 藝學科 (wörtlich „Fach des Kunst-Lernens"), auch abgekürzt als *yike* 藝科, in den intellektuellen Diskursen der 1870er- und 1880er-Jahre auf. So plädierte Xu Shou 徐壽 (1818–1884) bereits 1874 bei der Planung des Polytechnikums in Shanghai dafür, das Fach *yixue* zu fördern, um Talentreserven aufzubauen. Wang Tao, der nach Xus Tod ab 1885 das Polytechnikum leitete, befürwortete die Eröffnung neuer Schulen für praktische Zwecke im ganzen Reich.

---

47 Die Geschichte des Begriffspaars Technik / Kunst vor 1895 ist von mir an anderer Stelle bereits ausführlich behandelt worden. Siehe Chen 2021, S. 10–43. Die konzeptionelle Revolution der „Kunst" (*yi*) im späten Qing-China wird in meiner weiteren Forschung näher untersucht. Im Allgemeinen war *yixue* ein sich wandelnder Begriff und hatte vor 1898 eine viel breitere Bedeutung als „technisches Lernen", obwohl seine Bedeutung in den Kontexten nach 1898 auf „technisch-wissenschaftliches Lernen" eingeengt wurde. Um Missverständnisse zu vermeiden, übersetze ich den Begriff im Folgenden wörtlich.

48 Li 2014, S. 33.

49 Ein bekannter Vorschlag von Feng Guifen 馮桂芬 (1809–1874) war die Verleihung des Grads eines *Juren* 舉人 oder *Jinshi* 進士 an Chinesen, die westliche Techniken beherrschten. Siehe Biggerstaff 1961, S. 12–15.

Trotz seiner eigenen Erfahrung in Europa und Japan befürwortete Wang allerdings keine drastischen Reformen. Bereits im Jahre 1883 schlug er die Einrichtung von zwei Hauptdisziplinen für Schulen vor: *wenxue* 文學 (wörtlich „Literatur-Lernen" oder „klassisches Lernen") und *yixue*. Seiner Ansicht nach umfasste *yixue* Geographie, *gezhi*, Astronomie, Mathematik und Rechtswissenschaft,[50] wobei er mit *gezhi* wohl Naturwissenschaften im Bereich der Physik und Chemie meinte. Wangs Interpretation des Begriffs *yixue* betonte die Wiederentdeckung und den Wiederaufbau von Chinas eigenen technologischen Traditionen und nicht die bloße Übernahme der Wissenschaftsdisziplinen des Westens.

Angesichts des Chinesisch-Französischen Krieges im Jahr 1884 setzte sich Pan Yantong 潘衍桐 (1841–1899), der Studiendirektor des Direktorats für Erziehung (*Guozijian* 國子監), für die Einführung einer neuen Prüfungskategorie mit der Bezeichnung *yixue* ein, um diejenigen auszuwählen und zu fördern, die sich auf die Herstellung von Waren (*zhizao* 製造), Mathematik und Geographie spezialisiert hatten. Sie sollten die gleichen Beschäftigungschancen in der Regierung erhalten wie andere erfolgreiche Prüfungsabsolventen.[51] Pans Vorschlag wurde nach einer Debatte am Kaiserhof jedoch abgelehnt.

Im Zusammenhang dieser Debatte ist Zuo Zongtangs Ansicht über die Beziehung zwischen *dao* (Weg) und *yi* (Künste)[52] bzw. zwischen *jing* 經 (klassisches Lernen) und *shu* 術 (Künste oder Methoden) von Bedeutung, die auf die berühmte *ti-yong* 體用 (Substanz-Funktion-)Dichotomie zurückgeht. Zuo, der Begründer der Fuzhou Navy Yard Schule war, widersprach 1885 in einer Throneingabe dem Vorschlag Pans und begründete dies mit der Bedeutung des Begriffs *yixue*. Seiner Ansicht nach hatten *dao* und *yi* die gleiche Wurzel, so dass sie nicht getrennt werden konnten. Für ihn lieferte *jing*, also klassisches Lernen, *ti*, also die Substanz. *Shu* im Sinne von Künsten und Methoden – einschließlich *gezhi*, die Herstellung von Waren, Geographie und Rechtswissenschaft – lieferte *yong*, also die Funktion. Das technische Lernen als Teil von *shu* sollte nach Zuos Ansicht daher in das klassische Lernen integriert werden, und es sollten staatliche Schulen eröffnet werden, um solches Lernen zu fördern.[53]

---

50 Gao Shiliang und Huang Renxian 2007, S. 627–629. Siehe auch Cohen 1974, S. 170.
51 Gao Shiliang und Huang Renxian 2007, S. 660–664.
52 Die Beziehung zwischen *dao* und *qi* 器 (Werkzeug oder Gefäß) wurde in den konfuzianischen Werken häufig diskutiert. *Qi* und *yi* 藝 wurden oft austauschbar verwendet, um sich auf materielle Kultur und Technologie zu beziehen.
53 O. A. 1885, S. 1; Gao Shiliang und Huang Renxian 2007, S. 665–666. Siehe auch Chen 2021, S. 32–33.

Da die chinesischen Studenten an der Beiyang-Universität Chinesisch lernen mussten, wurde dort aus Zuo Zongtangs Sicht das Ideal von *daxue* verwirklicht, indem das klassische literarische Lernen mit dem technischen Lernen (*yixue*) verbunden wurde.[54] Daher eröffnete die *Beiyang daxuetang* eine neue Ära der Förderung der technischen Bildung. Durch die Institution *daxue(tang)* sollten die vormals getrennten Fähigkeiten von *dao* und *yi* wiedervereint werden, um Individuen zu bilden. Nur wenn die gleichberechtigte Bedeutung von *dao* und *yi* anerkannt wurde, konnte das westliche Lernen (in erster Linie Wissenschaft und Technik, später auch Politik, Jura und Wirtschaft) akzeptiert oder legitimiert werden. Schließlich waren *dao* und *yi* nach konfuzianischer Auffassung universelle Prinzipien, die keine territorialen Grenzen kannten.

Ingenieurwissenschaft an der Beiyang-Universität

Einrichtungen

Ursprünglich wurden von Sheng Xuanhuai beziehungsweise Charles Tenney fünf Fachbereiche mit vollständigen Lehrplänen für die Beiyang-Universität vorgeschlagen:

- Bauingenieurwesen (*gongcheng xue* 工程學)
- Elektrotechnik (*dian xue* 電學)
- Bergbau und Metallurgie (*kuangwu xue* 礦務學)
- Maschinenbau (*jiqi xue* 機器學)
- Jura (*lüli xue* 律例學)[55]

Der Fachbereich Elektrotechnik wurde schließlich nicht realisiert. Dafür wurde 1897 ein Eisenbahninstitut mit der Universität zusammengelegt.[56]

Die Terminologie der Ingenieurabteilungen der Beiyang-Universität und der späteren gesetzlichen Regelungen wichen leicht voneinander ab, da letztere vom japanischen System beeinflusst waren. Die offiziellen Anordnungen *Qinding xuetang zhangcheng* 欽定學堂章程 (Kaiserlich genehmigtes Statut für Schulen) aus dem Jahr 1902 und *Zouding xuetang zhangcheng* 奏定學堂章程 (Durch Palasteingabe

---

54 Gao Shiliang und Huang Renxian 2007, S. 665–666.
55 Für die Lehrpläne siehe Shanghai tushuguan 2019, Bd. 1, S. 132–133.
56 Shanghai tushuguan 2019, Bd. 1, S. 423–433.

festgelegtes Statut für Schulen) aus dem Jahr 1904 sollten ein landesweites Schulsystem mit neuem Stil schaffen, in dem die technische Ausbildung systematisch in das Hochschul- und Berufsbildungssystem integriert sein sollte. Die wichtigste Änderung des neuen Hochschulsystems bestand darin, die vorbereitenden Schulen, wie im japanischen Modell, in mehrere Stufen aufzugliedern. Zusätzlich zur Gründung von Universitäten und Graduiertenschulen wurden wissenschafts- und technologiebezogene Fächer sogar in die Grundschulbildung aufgenommen.[57]

In dem Statut von 1904 wurde eine Universität *(daxuetang)* in acht Colleges oder Fachschulen *(fenke daxuetang* 分科大學堂 oder *fenke daxue* 分科大學) eingeteilt. Eines der acht Colleges war die Ingenieurschule *(gongke daxue* 工科大學), die aus neun Fachbereichen oder Abteilungen bestand, darunter die vier oben genannten Abteilungen für Bauingenieurwesen, Maschinenbau, Elektrotechnik sowie Bergbau und Metallurgie.[58]

Bei der Benennung der Fächer an der Beiyang-Universität wurden anfangs keine chinesischen Begriffe wie *gongxue* 工學 oder *gongke* 工科 für das Ingenieurstudium benutzt, sondern der Begriff *zhuanmen xue* 專門學 (spezialisierte Studien) für die verschiedenen Fachgebiete einschließlich Jura verwendet. Eine bemerkenswerte Änderung war der Wechsel der Benennung des Fachbereichs Bergbau und Metallurgie von *kuangwu xue* 礦務學 zu *caikuang yejin xue* 採礦冶金學. Ersteres war ein traditioneller Begriff für die Bergbauverwaltung (mit Betonung der Führungskompetenz der Beamten), während letzteres für das Fachwissen in der Bergbaupraxis stand. Diese sprachliche Änderung wies also deutlicher auf die besonderen technischen Kenntnisse der Ingenieure hin.

An der Beiyang-Universität wurden ausländische (vor allem amerikanische) Dozenten und Professoren eingestellt, die sowohl technische Fächer als auch Fremdsprachen unterrichteten. Dies war in anderen technischen Schulen seit den 1860er-Jahren üblich gewesen. Daher waren die Lehrbücher meist in Englisch oder in anderen westlichen Sprachen abgefasst.[59] Dies blieb zumindest bis in die 1920er-Jahre so.[60]

Vom 1895 bis 1900 wurden nur 184 Studierende für die Beiyang-Universität zugelassen. Diese geringe Zahl stieg bis 1911 an, wenn auch langsam. Im Jahr 1895 stammten die Studenten der Beiyang-Universität hauptsächlich aus Hongkong oder

---

57 Siehe die Statuten in Qu Xingui und Tang Liangyan 2007, S. 241–541.
58 Qu Xingui und Tang Liangyan 2007, S. 348–349, 378–386.
59 Die bekannte Fuzhou Navy Yard Schule hat zum Beispiel französische und englische Originallehrbücher übernommen. Biggerstaff 1961, S. 214–219.
60 Siehe o. A. 1924.

den Küstenregionen. Im Jahr 1910 kam jedoch etwa die Hälfte der Studenten aus der Provinz Zhili. Im Allgemeinen hatten die Studenten mehr als sechs Jahre lang eine Ausbildung in englischer Sprache erhalten, bevor sie an der Beiyang-Universität studierten.[61] Nachdem die erste Klasse 1899 ihren Abschluss gemacht hatte, musste die Universität während der Boxerbewegung im Jahr 1900 ihren Betrieb unterbrechen, da die Universitätsgebäude von deutschen Truppen besetzt wurden. Ein neuer Universitätscampus wurde 1902 wieder aufgebaut und 1903 offiziell in Betrieb genommen.[62]

Infrastruktur: Laboratorien, pädagogische Instrumente und ein Bergbaumuseum

Bisher gibt es kaum Studien über die Lehr- oder Lernpraktiken in den ersten vier bis fünf Jahren der Beiyang-Universität, obwohl dokumentiert ist, dass Klassenräume, Bibliotheken, Sportplätze und Labore eingerichtet wurden. Die folgenden Beschreibungen basieren weitgehend auf Aufzeichnungen, die von Walter H. Adams (1882–1960), einem damaligen Professor aus den USA, veröffentlicht wurden. Sie liefern wertvolle Innenansichten über die Ingenieurausbildung an der Beiyang-Universität sowie Vergleichsmöglichkeiten zu anderen Bildungseinrichtungen.

Wie Charles Tenney bereits in seinem Vorschlag von 1895 angedeutet hatte, mussten für die ausländischen Professoren attraktive Gehälter gezahlt werden, da sonst niemand bereit war, nach China zu kommen. Nicht zuletzt mussten die Professoren bei der Rückkehr in ihre Heimatländer Risiken für ihre Karrieren befürchten. Daher waren die Gehälter ausländischer Lehrer um 1900 in der Regel zwei- bis dreimal so hoch wie die der chinesischen Lehrer.[63]

Walter H. Adams gehörte zu denjenigen, die in ihrer frühen akademischen Laufbahn, bevor sie nach China kamen, bereits unterrichtet hatten. Er schloss 1903 sein Studium am Massachusetts Institute of Technology (MIT) ab und arbeitete als Assistent im Ingenieurlabor des MIT sowie als Dozent am Polytechnischen Institut von Brooklyn, bevor er 1908 nach China kam.[64] Von 1908 bis 1912 war er Professor für Maschinenbau an der Beiyang-Universität. Er wurde 1908 Mitglied der amerikanischen Society for the Promotion of Engineering Education und nahm an deren

---

61 Adams 1911, S. 209–210.
62 Für eine Statistik der Studierenden in verschiedenen Zeitabschnitten siehe Beiyang daxue 1990, S. 458–459.
63 Zhongguo di yi lishi dang'an guan und Tianjin daxue 2005, S. 18–21.
64 O. A. 1913.

Jahrestagung 1910 mit einem Bericht über die technische Ausbildung in China am Beispiel der Beiyang-Universität teil.[65]

Seinem Bericht zufolge bestand die Beiyang-Universität (gegen 1910) aus 39 Gebäuden, die sich über eine Fläche von 1500 mal 800 Fuß (*c.* 457 mal 244 Meter) verteilten. Nur sechs dieser Gebäude waren zweistöckig, der Rest einstöckig. Die zweistöckigen Gebäude wurden als Residenzen der ausländischen Professoren und des Präsidenten sowie für das Hauptgebäude (mit 25 Zimmern) genutzt. Die Häuser der Professoren wurden mit Öfen und das Hauptgebäude mit Abgasdampf aus der universitätseigenen Beleuchtungsanlage beheizt.[66]

Da Adams Bericht in gewisser Hinsicht als Werbung für die Universität auf dem globalen akademischen Arbeitsmarkt für (amerikanische) Ingenieure diente,[67] betonen diese kurzen Informationen über die Wohnverhältnisse den westlichen Stil der Lebensbedingungen für Ausländer an der Beiyang-Universität. Aus der Sicht der Universität war die Ausstattung der Gebäude eine notwendige Voraussetzung für die Anwerbung ausländischer Lehrkräfte.

Adams Bericht gibt auch einen Überblick über die Ausstattung für den Unterricht, die nach seiner Meinung zur besten (auch im Vergleich zu den Missionsschulen) in China gehörte und sogar besser war als die einiger Universitäten in den USA. Zu den Laboratorien und Einrichtungen der Beiyang-Universität gehörten:

- ein physikalisches Labor
- ein chemisches Labor (mit modernsten, aus den USA und Deutschland importierten Apparaturen)
- ein Labor zur Materialprüfung
- ein hydraulisches Labor
- ein Bergbaumuseum
- ein Schmelzofen sowie Erzaufbereitungsanlagen für metallurgische Prozesse
- zwei große und gut beleuchtete Säle für Zeichnungen
- Vermessungsinstrumente (die besten aus den USA)
- drei Projektoren

Adams berichtete zudem, dass der Ausrüstungsbestand für die Durchführung von Laborübungen ausreichend war, um den Anforderungen der Lehre gerecht zu werden,

---

65 O. A. 1910.
66 Adams 1911, S. 210.
67 O. A. 1912; Read 1912.

104   Chen Hailian

und dass genügend Platz vorhanden war, um mehr als 20 Studenten gleichzeitig an den praktischen Kursen teilnehmen zu lassen.⁶⁸

Wie Adams an anderer Stelle bemerkte, wurden aufgrund des Ausbruchs der Xinhai-Revolution einige Teile der Ausstattung, wie etwa das hydraulische Labor, erst 1912 vollständig fertiggestellt.⁶⁹ Möglicherweise gaben die in den Jahren 1902–1904 erlassenen neuen Bildungsregelungen den Anstoß zur Verbesserung der Ausstattung für den Unterricht an der Beiyang-Universität. Da der Campus der Universität im Jahre 1902 neu gebaut wurde, war die oben beschriebene Infrastruktur um 1910 noch fast neu. Wie eine Reihe von Fotos (siehe Abbildungen 1–5), die in der Festschrift zum 30-jährigen Universitätsjubiläum veröffentlicht wurden,⁷⁰ zeigen, waren fast alle der oben genannten Einrichtungen und Apparaturen in den 1920er-Jahren noch in Gebrauch.

Abbildung 1. Vermessungsgeräte

Abbildung 2. Eine Klasse des Bauingenieurwesens bei der Feldvermessung bei Beidaihe

Abbildung 3. Bergwerk-Modelle

Abbildung 4. Geologische Ausstellung

---

68 Adams 1911, S. 211–212.
69 Adams 1913, S. 278.
70 Abbildungen 1, 2, 3 und 5 aus *Guoli Beiyang daxue sanzhounian jinian ce* (1925); Abbildung 4 aus *Beiyang daxue xiao jikan*, Nr. 2 (1916).

Abbildung 5. Labor zur Materialprüfung

Die traditionellen Gelehrten-Beamten hatten in der Regel keine praktische Erfahrung im Technikbereich, obwohl sie über eine gewisse technische Bildung für Verwaltungszwecke verfügten. Nach 1870 wurden übersetzte Werke über westliche Wissenschaft und Technologie unter chinesischen Gelehrten und Beamten verbreitet. Aber dieses Buchwissen war weit davon entfernt, eine Ausbildung zu einem echten technischen Experten ersetzen zu können.[71] Das Bergbaumuseum an der Beiyang-Universität ermöglichte eine Vor-Ort-Präsentation der Mineralien und Bergwerke. Solche „Feld"-Kenntnisse für Lehr- und Lernzwecke waren seit 1860 in der technischen Bildung in China stets gefragt.

Feldforschungen: Erweiterter Standort für praktisches Lernen

Zusätzlich zu den Möglichkeiten der Laboratorien und Ausstellungen wurden im Rahmen der Bildungsprogramme auch Feldforschungen und Frühjahrs- oder Sommerschulen organisiert. De facto waren nach 1903 allerdings nur noch zwei Ingenieurabteilungen in Betrieb: Bauingenieurwesen und Bergbauingenieurwesen. Trotz verschiedener Einschränkungen leistete die Beiyang-Universität dennoch zumindest ab 1908 in der Organisation der praktischen Ausbildung außerhalb der Universität Pionierarbeit. Beispielsweise mussten alle Studierende der Fakultät für Bergbauingenieurwesen drei bis vier Wochen im Jahr ein Bergwerk inspizieren. Wie die in den 1910er- bis 1930er-Jahren veröffentlichten Aufzeichnungen und Fotos zeigen, untersuchten sie Kohlefelder, Eisenminen oder andere Hüttenwerke, entweder in der Nähe von Tianjin oder in fernen Provinzen wie Hubei.[72]

Der Student Min Xiaowei 閔孝威 veröffentlichte einen ausführlichen Bericht über eine von der Universität organisierte Klassenexkursion.[73] Im Frühjahr 1915 unternahm seine Klasse eine geologische Exkursion in die Provinz Shandong, da die Eisen- und Stahlwerke von Hubei bereits über mehrere Semester hinweg gut erforscht worden waren. George I. Adams (1870–1932, Professor für Bergbau und Geologie)

---

71 Chen 2022.
72 O. A. 1925.
73 Min Xiaowei 1915.

und Edwin A. Sperry (1857–1935, Professor für Metallurgie) leiteten die Exkursion mit zwölf Studenten. Sie fanden mehrere Arten von Gesteinsschichten und Fossilien und legten eine umfangreiche Sammlung von Gesteinsproben für das Universitätsmuseum an. Kontakte mit den Dorfbewohnern zu knüpfen, um sie nach lokalen Namen und Geschichten zu fragen, erschien Min Xiaowei als eine interessante Tätigkeit. Die Studenten machten auch Fotos, aber deren Qualität war an manchen Orten relativ schlecht. Die Exkursion war teilweise beschwerlich für die Teilnehmer. Sie erhielten oft einfaches Essen und erforschten steile und gefährliche Berge. Zudem trafen sie auf Bettler und mussten in den ländlichen Gebieten schlechte Gerüche ertragen.[74]

Aus der Sicht Studierender waren solche Exkursionen ein praktisches Training für zukünftige Geologen und Bergbauexperten, das ihnen erlaubte, ihr theoretisches Wissen unter lokalen Bedingungen anzuwenden. Über Gefahren, Misserfolge, Armut oder Schmutz konnten sie im theoretischen Teil der Ausbildung nur bedingt etwas lernen. Da der Bergbau seit den Reformen der späten Qing-Zeit ein bedeutendes Thema war, besuchten die Studierenden Bergwerke oder Schmelzhütten mit großer Begeisterung. Einige Studierende erkundeten sogar im privaten Rahmen einige Bergbauregionen.[75]

Gleichermaßen gab es für die Studierenden der Fachrichtung Bauingenieurwesen Sommerkurse zur Trassenabsteckung von Eisenbahnlinien und zur Gewässervermessung (siehe Abbildung 2). Ein Bericht des Studenten Jin Wenzhu 金問洙 aus dem Jahr 1915 zeigt zum Beispiel, wie eine Sommerschule in Beidaihe durchgeführt wurde.[76] Beidaihe war eine beliebte Sommerresidenz in Nordchina, nicht weit von Tianjin entfernt, damals jedoch etwa sechs Stunden mit dem Zug. Zwei ausländische Professoren, John L. Dobbins (1883–1938) und Ned D. Baker (1884–1970), sowie S. M. Feng (Feng Ximin 馮熙敏, 1886–1964), ein chinesischer Lehrbeauftragter der Fakultät für Bauingenieurwesen, begleiteten die Reise von Jin und 33 weiteren Studierenden. Ihr Ziel war die Vermessung eines Teils der Eisenbahnstrecke von Beijing nach Shenyang (Mukden). In zwei Gruppen aufgeteilt, nahmen sie zunächst die Voruntersuchung der etwa 10 Kilometer langen Strecke vor, wie z. B. die Aufnahme der Topografie eines Geländestreifens. Anschließend wurden sie in mehrere Kleingruppen aufgeteilt, um eine Felduntersuchung durchzuführen. Zelten und Essen auf dem Feld gehörten selbstverständlich zum Alltag, auch während der schweren Regentage, an

---

74 Min Xiaowei 1915.
75 Gao Zhaokui und Yu Jingjian 1917.
76 Chin 1915.

denen die Feldarbeit nicht erledigt werden konnte.⁷⁷ Im Vergleich zum Bereich Bergbau waren hier Teamarbeit und effektive Koordination ein wichtiger Teil der Ausbildung für die zukünftigen Bauingenieure.

Externe Bewertungen der chinesischen Studierenden

Wie oft von ausländischen technischen Unterrichtenden kritisiert wurde, waren die chinesischen Studenten in den theoretischen Kursen hervorragend, aber in den praktischen Teilen weniger zufriedenstellend, vor allem im Vergleich zu den Studenten im Westen. Thomas Bunt (1858–?), ein Schiffsingenieur am Jiangnan Arsenal, analysierte um 1895 die wichtigsten sozialen und kulturellen Gründe für die Schwierigkeiten bei der Ausbildung chinesischer Ingenieurstudenten.⁷⁸ Seiner Ansicht nach wuchsen die europäischen Jungen, die sich später für ein Ingenieurstudium interessieren, oft inmitten von Maschinen auf und sahen und hörten jeden Tag etwas davon. Die chinesischen Jungen hingegen hatten vor ihrem Eintritt in die Hochschule meist noch nie etwas von einer Dampfmaschine gesehen oder gehört. Sobald sie an der Hochschule studierten, mussten sie mit dem Lernen von Sprachen (sowohl Fremdsprachen als auch Chinesisch) und Mathematik beginnen, was einen Großteil ihrer Energie in Anspruch nahm. Die Ingenieurstudenten konnten die Prüfungen in den technischen Fächern mit großem Erfolg ablegen, aber viele von ihnen hatten keine Gelegenheit, die echten Werkstätten oder Arsenale zu sehen.⁷⁹

Der bereits erwähnte Walter H. Adams war zwar Professor für Maschinenbau, leitete aber die Laboratorien und gab Grundkurse in Mechanik. In einem Artikel, in dem er das Materialprüflabor (siehe Abbildung 5) seinen amerikanischen Kollegen vorstellte, verglich Adams die chinesischen Studenten mit denen in den USA.⁸⁰ Seiner Beobachtung nach war Englisch ein häufiges Problem für die chinesischen Studierenden beim Erlernen von technischen Fächern. Darüber hinaus waren sie mit Maschinen jeglicher Art (einschließlich Fahrräder oder Armbanduhren) im täglichen Leben nicht vertraut. Diese mangelnde Vertrautheit mit den Maschinen verlangsamte die Vorbereitung auf Laborkurse, da der Kursleiter viele Details erklären musste. Ein weiteres großes Hindernis für die chinesischen Studenten war, wie Adams betonte, „das Fehlen von Führungsqualitäten und der Fähigkeit, eine Handlung zu initiieren", obwohl sie

---

77 Chin 1915.
78 Bunt 1895, S. 642.
79 Bunt 1895, S. 642.
80 Adams 1913.

unter der Leitung einer Person, der sie vertrauten, sehr gut arbeiten konnten.[81] An dieser Stelle klingt auch die mangelnde Kenntnis von Maschinen an, denn niemand wagte es, die teuren Maschinen anzufassen, wenn er nicht mit ihnen vertraut war. Dennoch machten auch die chinesischen Ingenieurstudenten, im Vergleich zu den traditionellen Gelehrten, Fortschritte, wie Adams kommentierte:

> Obwohl manuelle Arbeit von den traditionell gebildeten Chinesen verachtet wird, haben die Studenten weder etwas gegen manuelle Arbeit im Labor, noch gegen die Verunreinigung ihrer Hände. Der alte Zopf und die langen Fingernägel waren manchmal sehr hinderlich, aber beides ist seit Oktober 1911 aus der Studentenklasse verschwunden.[82]

Schlusswort

In dieser Studie wurde gezeigt, dass die Gründung der ersten technischen Universität Chinas kein einzelnes Ereignis als Nachwirkung des Chinesisch-Japanischen Krieges war, sondern ein Prozess im Rahmen der langen Transformation Chinas. Die Gründung der Beiyang-Universität war der Beginn der Institutionalisierung und Legitimierung einer höheren technischen Bildung in China. Ihre Gründung geht auf die Bemühungen der Qing-Reformer (mit ihren ausländischen Beratern) vor 1895 zurück und ihr Konzept entwickelte sich von der militärisch orientierten technischen Ausbildung vor 1895 zu einer zivil orientierten praktischen Ingenieursausbildung (wie z. B. Bauwesen, Bergbau und Maschinenbau). Dabei wurde das US-amerikanische Ingenieurausbildungssystem direkt nachgeahmt. Die Debatten der Intellektuellen über *yixue*, das Modell des Polytechnikums in Shanghai und die öffentlichen Meinungsäußerungen zu Bildungsreformen inspirierten Sheng Xuanhuai bei seinen Vorbereitungen für eine solche technische Bildungsstätte.

Mit der Gründung der ersten technischen Universität in China, wo das Lernen von *dao* und *yi* wiedervereint werden sollte, hat in erster Linie einen konzeptionellen Wissensort für die technische Bildung erschaffen. Zhang Zhidongs Prinzip „Chinesische Lehren als Substanz, westliche Lehren als Funktion" wurde nach der Reform von 1898 zur dominierenden theoretischen Orientierung in der Bildung. Dennoch zeigen die oben beschriebenen Ansichten von Zuo Zongtang und auch von Wang Tao zu den Grundlagen des Lernens eine auffällige China-zentrierte Ausrichtung. Sowohl Zuo als

---

81 Adams 1913, S. 281.
82 Adams 1913, S. 281.

auch Wang verteidigten Chinas eigene Bildungstradition, obwohl sie sich bewusst waren, dass China im technischen Bereich durch das Lernen vom Westen reformiert werden musste. Reformideen, die eindeutig auf westlichen Ideen zu beruhen schienen, etwa der Vorschlag zur Errichtung des *Yangxue ju* (also des Übersee-Lernen-Büros) um 1874 oder die Vorschläge zur Einrichtung der neuen Kategorie *yixue* im kaiserlichen Prüfungssystem um 1885 waren gescheitert. Die Benennung der Beiyang-Universität als *daxuetang* kann daher als Kompromiss gesehen werden, der jedoch die Flexibilität der Erneuerung und den Willen zur Verteidigung der konfuzianischen Tradition zeigt, da die anfangs vorgeschlagenen Benennungen *Xixue xuetang* (Schule für westliches Lernen) oder *Zhongxi xuetang* (Sino-Westliche-Schule) so vermieden wurden.

Darüber hinaus schuf die Beiyang-Universität durch ihre Ausstattung und Methoden (Laboratorien, Instrumente, ein Bergbaumuseum und ausgedehnte Feldforschungen) zum ersten Mal in China einen physischen Wissensort für die systematische Ausbildung von Ingenieuren. Dies war ein wesentlicher Meilenstein, um vom Buchwissen zum praktischen Lernen überzugehen, obwohl in China die Kluft zwischen theoretischem und praktischem Lernen lange Zeit weiterbestand (und immer noch besteht).

Literaturverzeichnis

Adams, Walter H. 1911. „Engineering Instruction at the Imperial Pei-Yang University, Tientsin, China", in *Society for the Promotion of Engineering Education*, Bd. 18, hrsg. von Arthur N. Talbot et al. Ithaca: Cornell University, S. 202–213.

———. 1913. „Testing-Materials Laboratory at Pei-Yang University", in *Society for the Promotion of Engineering Education*, Bd. 20.2, hrsg. von William T. Magruder et al. Ithaca: Cornell University, S. 278–282.

Baur, Georg. 2005. *China um 1900. Aufzeichnungen eines Krupp-Direktors*, hrsg. und komm. von Elisabeth Kaske. Köln, Weimar und Wien. Böhlau.

Beiyang daxue Tianjin daxue xiaoshi bianjishi 北洋大學校史編輯室 (Hrsg.). 1990. *Beiyang daxue—Tianjin daxue xiaoshi (diyijuan)* 北洋大學—天津大學校史（第一卷）. Tianjin: Tianjin daxue chubanshe.

———. 1991. *Beiyang daxue–Tianjin daxue xiaoshi ziliao xuanbian (yi)* 北洋大學—天津大學校史資料選編（一）. Tianjin: Tianjin daxue chubanshe.

Biggerstaff, Knight. 1956. „Shanghai Polytechnic Institution and Reading Room. An Attempt to Introduce Western Science and Technology to the Chinese", in *The Pacific Historical Review* 25, S. 127–149.

———. 1961. *The Earliest Modern Government Schools in China*. Ithaca: Cornell University Press.

Bunt, T. 1895. „The Chinese Engineer Students", in *The North-China Herald and Supreme Court & Consular Gazette*, 18. Oktober 1895, S. 642.

Chen, Hailian. 2021. „Technology for Re-engineering the Qing Empire: The Concept of 'Arts' and the Emergence of Modern Technical Education in China, 1840–1895", in *ICON: Journal of the International Committee for the History of Technology* 26.1, S. 10–43.

———. 2022. „Creating Intellectual Space for West-East and East-East Knowledge Transfer: Global Mining Literacy and the Evolution of Textbooks on Mining in Late Qing China, 1860–1911", in *Accessing Technical Education in Modern Japan*, hrsg. von Erich Pauer und Regine Mathias. Amsterdam: Amsterdam University Press, S. 37–69.

Chin, Wen-Chu (Jin Wenzhu) 金問洙. 1915. „Summer-School Work at Pei-Tai-Ho", in *Beiyang daxuexiao jikan* 北洋大學校季刊 1, S. 30–32.

Cohen, Paul A. 1974. *Between Tradition and Modernity. Wang T'ao and Reform in Late Ch'ing China*. Cambridge, Mass.: Harvard University Press.

Dabringhaus, Sabine. 2006. *Geschichte Chinas, 1279–1949*. Munich: Oldenbourg.

Elman, Benjamin A. 2005. *On Their Own Terms. Science in China, 1550–1900*. Cambridge, Mass.: Harvard University Press.

Feuerwerker, Albert. 1958. *China's Early Industrialization. Sheng Hsuan-huai (1844–1916) and Mandarin Enterprise*. Cambridge, Mass.: Harvard University Press.

Fryer, John (Hrsg.). 1895. *The Educational Directory for China*. Shanghai: American Presbyterian Mission Press.

Gao Shiliang 高時良 und Huang Renxian 黃仁賢 (Hrsg.). 2007. *Zhongguo jindai jiaoyushi ziliao huibian: Yangwu yundong shiqi jiaoyu* 中國近代教育史資料彙編: 洋務運動時期教育. Shanghai: Shanghai jiaoyu chubanshe.

Gao Zhaokui 高兆夔 und Yu Jingjian 俞景箋. 1917. „Caikuang yejinxue: Jilin Banjiegou qiankuang diaocha jilüe" 採鑛冶金學：吉林半節溝鉛礦調查記略, in *Beiyang daxuexiao jikan* 北洋大學校季刊 3/4, S. 1–7.

Gu Tinglong 顧廷龍 und Dai Yi 戴逸 (Hrsg.). 2008. *Li Hongzhang quanji* 李鴻章全集. Hefei: Anhui jiaoyu chubanshe.

Hayhoe, Ruth. 1996. *China's Universities 1895–1995. A Century of Cultural Conflict*. New York: Garland.

Kaiser, Walter und Wolfgang König (Hrsg.). 2006. *Geschichte des Ingenieurs. Ein Beruf in sechs Jahrtausenden*. München: Hanser.

King, Harry Edwin. 1911. *The Educational System of China as Recently Reconstructed*. Washington: Government Printing Office.

Li, Hsiao-t'i. 2014. „Late Qing Encyclopaedias: Establishing a New Enterprise", in *Chinese Encyclopaedias of New Global Knowledge (1870–1930). Changing Ways of Thought*, hrsg. von Milena Doleželová-Velingerová und Rudolf G. Wagner. Heidelberg: Springer, S. 29–53.

Li Yidan 李義丹 et al. 2002. *Tianjin daxue (Beiyang daxue) xiaoshi jianbian* 天津大學（北洋大學）校史簡編. Tianjin: Tianjin daxue chubanshe.

Lu, Yongling, und Ruth Hayhoe. 2004. „Chinese Higher Learning: The Transition Process from Classical Knowledge Patterns to Modern Disciplines, 1860–1910", in *Transnational Intellectual Networks. Forms of Academic Knowledge and the Search for Cultural Identities*, hrsg. von Christophe Charle et al. Frankfurt a. M. und New York: Campus, S. 269–306.

Lundgreen, Peter. 1990. „Engineering Education in Europe and the U.S.A., 1750–1930: The Rise to Dominance of School Culture and the Engineering Professions", in *Annals of Science* 47.1, S. 33–75.

Mak, Ricardo K. S. (Hrsg.). 2009. *Transmitting the Ideal of Enlightenment. Chinese Universities since the Late Nineteenth Century*. Lanham: University Press of America.

Min Xiaowei 閔孝威. 1915. „Caikuang yejinxue: Shandong dizhi shixi ji" 採鑛冶金學：山東地質實習記, in *Beiyang daxuexiao jikan* 北洋大學校季刊 1, S. 52–63.

O. A. 1885. „*Zuohou zougao*" 左侯奏稿, in *Shenbao* 申報 4477, 30. September 1885, S. 1–2.

———. 1887. „Tientsin", in *The North-China Herald and Supreme Court & Consular Gazette*, 22. April 1887, S. 435.

———. 1888. „*Jin Gu qiuxun*" 津沽秋汛, in *Shenbao* 5544, 24. September 1888, S. 2.

———. 1889. „*Taixi jiaofa si*" 泰西教法四, in *Shenbao* 5973, 3. Dezember 1889, S. 1.

———. 1893a. „*Xi Jin jiyao*" 析津紀要, in *Shenbao* 7252, 30. Juni 1893, S. 2.

———. 1893b. „*Zhaoshang yunmi*" 招商運米, in *Shenbao* 7316, 2. September 1893, S. 2.

———. 1910. „Proceedings", in *Bulletin of the Society for the Promotion of Engineering Education* 1.2, S. 7.

———. 1912. „Professorships in China", in *Science, New Series* 35.896, S. 328–329.

———. 1913. „Officers of Instruction: Walter Holbrook Adams, S. B.", in *Bulletin of Throop Polytechnic Institute* 22.58, S. 18.

———. 1924. *Guoli Beiyang daxuexiao yi lan* 國立北洋大學校一覽. Tianjin: [Guoli Beiyang daxue].

———. 1925. *Guoli Beiyang daxue sazhounian jiniance* 國立北洋大學卅周年紀念冊. Tianjin: [Guoli Beiyang daxue].

Osterhammel, Jürgen. 2010. *Die Verwandlung der Welt. Eine Geschichte des 19. Jahrhunderts*, 5. Auflage. München: C. H. Beck.

Ou Qijin 歐七斤. 2015. *Sheng Xuanhuai yu Zhongguo jindai jiaoyu* 盛宣懷與中國近代教育. Shanghai: Shanghai jiaotong daxue chubanshe.

Qu Xingui 璩鑫圭 und Tang Liangyan 唐良炎. 2007. *Zhongguo jindai jiaoyushi ziliao huibian: Xuezhi yanbian* 中國近代教育史資料彙編：學制演變. Shanghai: Shanghai jiaoyu chubanshe.

Read, Thomas T. 1912. „The Pei Yang University", in *Science, New Series* 36.917, S. 116–117.

Reardon-Anderson, James. 1991. *The Study of Change. Chemistry in China, 1840–1949*. Cambridge: Cambridge University Press.

Rüegg, Walter (Hrsg.). 2004. *A History of the University in Europe, Volume III: Universities in the Nineteenth and Early Twentieth Centuries (1800–1945)*. Cambridge: Cambridge University Press.

Shanghai tushuguan 上海圖書館 (Hrsg.). 2016. *Gezhi shuyuan keyi* 格致書院課藝. Shanghai: Shanghai kexue jishu wenxian chubanshe.

———. 2019. *Sheng Xuanhuai wenhua jiaoyu dang'an xuanbian* 盛宣懷文化教育檔案選編. Shanghai: Shanghai guji chubanshe.

The Chinese Times. 1888–1891. 5 Bde., Tianjin: The Tientsin Printing Co.

Tianjin daxue xiaoshi bianxiezu 天津大學校史編寫組. 1980. *Tianjin daxue jianzhi* 天津大學簡史. Tianjin: [Tianjin daxue xiaoshi bianxiezu].

Wang Jie 王傑. 2015. *Xuefu tanze: Zhongguo jindai daxue chuchuang zhi shishi kaoyuan* 學府探賾：中國近代大學初創之史實考源. Tianjin: Tianjin daxue chubanshe.

Weston, Timothy B. 2002. „The Founding of the Imperial University and the Emergence of Chinese Modernity", in *Rethinking the 1898 Reform Period. Political and Cultural Change in Late Qing China*, hrsg. von Rebecca E. Karl und Peter Zarrow. Cambridge, Mass.: Harvard University Asian Center, S. 99–123.

Wright, David. 1996. „John Fryer and the Shanghai Polytechnic: Making Space for Science in Nineteenth-Century China", in *The British Journal for the History of Science* 29.1, S. 1–16.

Xie Nianlin 謝念林, Wang Xiaoyan 王曉燕 und Ye Ding 葉鼎 (Übers. und Hrsg.). 2015. *Ding Jiali dang'an* 丁家立檔案. Guilin: Guangxi shifan daxue chubanshe.

Xiong Yuezhi 熊月之. 1994. *Xixue dongjian yu wanqing shehui* 西學東漸與晚清社會. Shanghai: Shanghai renmin chubanshe.

Zheng Guanying 鄭觀應. 2017. *Shengshi weiyan* 盛世危言. [1894] *Qingmo Minchu wenxian congkan* 清末民初文獻叢刊, Beijing: Zhaohua chubanshe.

Zhongguo di yi lishi dang'an guan 中國第一歷史檔案館 und Tianjin daxue 天津大學 (Hrsg.). 2005. *Zhongguo jindai diyisuo daxue – Beiyang daxue (Tianjin daxue) lishi dang'an zhencang tulu* 中國近代第一所大學——北洋大學（天津大學）歷史檔案珍藏圖錄. Tianjin: Tianjin daxue chubanshe.

Neue Wissensorte: Die „Gemeinschaften" (*jianghui*) der Schüler von Wang Yangming (1472–1529)

Immanuel Spaar

This paper reconstructs a salient feature of the school of Wang Yangming: the recurrent assemblies (*jianghui* 講會) of his disciples as sites of learning, exchange, and mutual encouragement. Aspiring students who identified with Wang's teachings originally conducted these assemblies mainly at academies. I will demonstrate, however, that through the codification of rules of conduct for participants, the physical sites of these assemblies became less important; they could be held at a variety of different places. Following some theoretical considerations on the impact of space and time on social interactions, and a review of the historical background, I analyze selected texts created in the context of such assemblies. I consider how actors conceptualized the assemblies, and which goals the assemblies served. My discussion shows that the assemblies were conducive to achieving the ethical goals of the Yangming school and thus formed its institutional backbone.

Einführung

Wang Yangming 王陽明 (1472–1529) und seine Schüler organisierten wiederkehrende „Gemeinschaften" (*jianghui* 講會), die im 16. Jahrhundert an unterschiedlichen Orten Chinas Verbreitung fanden.[1] Die Gemeinschaften dienten der Zusammenkunft, dem gemeinsamen Lernen und dem Austausch. Sie standen von Beginn an unter dem Einfluss von Beamten und Literaten mit ihren theoretischen Gedanken zur Weitergabe von Lehrinhalten. Der geregelte Ablauf von Leben und Lehre in Akademien war sicherlich ein Vorbild für diese Gemeinschaften.[2] Jedoch entwickelten die Gemeinschaften darüber hinaus eigene Ziele, um einem letztendlich veränderten Publikum Rechnung zu tragen. Mein Übersetzungsvorschlag „Gemeinschaft" versucht daher zu betonen, dass es sich um eine Versammlung handelte, die an ganz

---

[1] Für einen kurzen Abriss aus historischer Perspektive, siehe Dardess 2012, S. 90–102. Für die Umsetzung von Gemeinschaften an verschiedenen Orten Südchinas, siehe Lü Miaw-fen 2003, S. 73–265. Für die Verbindung zwischen Gemeinschaften und der Philosophie Wang Yangmings, siehe Wu Zhen 2003, Vorwort, S. 1–41. Für die Entwicklung der Gemeinschaften von 1522 bis 1566, siehe Chen Lai 2010, S. 374–450.

[2] Hierzu vor allem das Kapitel „Academies the Cells of Reform" [sic] in Meskill 1982, S. 66–138.

unterschiedlichen Orten stattfinden konnte, und bei der es nicht zwingend um Lehre ging.³ Dass sich die Gemeinschaften über mehrere Jahrzehnte hielten, ist einerseits durch den Einfluss namhafter Beamter und Literaten erklärbar, allen voran Wang Yangming und seinem großen Netzwerk an Schülern und politischen Unterstützern.⁴ Andererseits waren sie jedoch auch so langlebig, weil der Ablauf einer Gemeinschaft durch Ausarbeitung von Regeln festgehalten wurde. Es fand also eine Präzisierung und Institutionalisierung statt, so dass sich die zunächst orts- und zeitgebundenen Gemeinschaften leicht an andere Orte übertragen ließen.

Nach theoretischen Überlegungen folgt eine kurze Diskussion, warum die Gemeinschaften retrospektiv zunächst mit Akademien in Verbindung gebracht wurden. Danach wird dargestellt, woher Wang Yangming die Idee zu den Gemeinschaften hatte. Schließlich wird anhand einer repräsentativen Gemeinschaft, der so genannten „Nutze-Deine-Zeit-Gemeinschaft" (*Xiyin hui* 惜陰會), die allmähliche Verstetigung von Regeln veranschaulicht.

Theoretische Überlegungen und Forschungsstand

Zum Verständnis von Gemeinschaften ist das Konzept eines Zeitregiments aufschlussreich. Der Soziologe Anthony Giddens (geb. 1938) definiert eine Zusammenkunft als Versammlung von zwei oder mehr Personen, die sich für eine gewisse Zeit in Kopräsenz befinden. Der Kontext dieser Kopräsenz umfasst sowohl den physischen Hintergrund als auch den zeitlichen Ablauf von bestimmten Spracheinheiten oder anderen Formen der Kommunikation, etwa der Gestik. Weiterhin spricht Giddens von formalisierten Kontexten, auf die bestimmte Reliquien oder Anordnungen der

---

3 Die Literatur schlägt für „Gemeinschaften" auch Übersetzungen wie „lecture meetings" oder „learning discussion meetings" vor. Siehe Yü Ying-shih 2016, S. 297; Lidén 2018, S. 16. Diese Übersetzungen legen nahe, dass die Gemeinschaften wie Vorträge oder Lehreinheiten konzipiert waren. Lehre und Diskussion waren wichtiger Bestandteil einer Gemeinschaft. Über Lehre hinaus waren jedoch noch weitere Abläufe, wie weiter unten gezeigt wird, in den Gemeinschaften ritualisiert.

4 Es gab natürlich auch politische Gegner. Zhang Juzheng 張居正 (1525–1582) erließ 1579 als Großsekretär ein Verbot der Gemeinschaften. Siehe Dardess 2012, S. 93. Noch früher, kurz nach Wang Yangmings Tod, erließ Großsekretär Gui E 桂萼 (?–1531) ein Verbot der Lehren Wangs. Siehe Meskill 1982, S. 94–95; Israel 2014, S. 324–326.

Teilnehmer hinweisen.⁵ Zur Veranschaulichung sollen an dieser Stelle zwei grafische Darstellungen von Wang Yangming und seinen Schülern beschrieben werden.⁶

Abbildung 1 (links) und 2 (rechts). Aus Wang Yangming xiansheng tupu yi juan 王陽明先生圖譜一卷, *gezeichnet und verfasst von Zou Dongkuo* 鄒東廓 *(Zou Shouyi* 鄒守益*), Ming Wanli (1572–1620) Druck, reproduziert 1941. Der Band hat keine Seitenzählung, Abbildung 1 ist auf S. 33, Abbildung 2 auf S. 42. Reproduziert mit freundlicher Genehmigung des Institute of History and Philology, Academia Sinica.*

Der Lehrer Wang Yangming steht im Mittelpunkt beider Darstellungen. Er und seine ihn links und rechts flankierenden Schüler sind in Beamtenroben gekleidet. Ihre Hände werden komplett von den langen Ärmeln ihrer Kleider verdeckt. Sie verschränken ihre Hände vor ihrem Körper. Die Bilder versuchen einzufangen, wie der Lehrer Wang zu seinen Schülern spricht. Der Fokus liegt ganz eindeutig auf den Personen, die zusammen eine Gemeinschaft bilden. Von einem räumlichen Kontext ist so gut wie gar nichts zu sehen. Auf dem linken Bild (Abbildung 1) erkennt man, dass Wang und seine Schüler sitzen. Ansonsten ist der Hintergrund völlig leer, als wäre diese Versammlung auf andere Orte übertragbar. Auf dem rechten Bild (Abbildung 2) erkennt man im Hintergrund einen angedeuteten Treppenaufgang. Trotzdem ist der

---

5   Giddens 1984, S. 70–72.
6   Dieselben Darstellungen wurden ebenso abgedruckt in Lü Miaw-fen 2003, S. 96–97.

Ort nicht identifizierbar. Was für den von Giddens beschriebenen formalisierten Kontext spricht, ist die räumliche Anordnung der Schüler um Wang Yangming ebenso wie die exaltierte Position des Lehrers. Wang ist so viel größer als seine Schüler gezeichnet, dass das Bild keine realitätsgetreue Abbildung sein kann, sondern der Verdeutlichung der Hierarchie innerhalb der Versammlung dient.

Giddens spricht weiterhin von disziplinierenden Orten, welche sich durch festgelegte Bewegungsabläufe und klar erkennbare Einteilung von Raum auszeichnen.[7] Als Beispiel zieht er europäische Klöster, Klassenräume und das Militär heran. Auch die Gemeinschaften der Anhänger Wang Yangmings fanden regelmäßig statt und kommunizierten Inhalte durch festgelegte Abläufe an ihre Teilnehmer. Mit den weiter unten zitierten „Gemeinschaftssatzungen" (*huiyue* 會約) lässt sich sogar der Versuch einer Disziplinierung erkennen. Für das Konzept eines disziplinierenden Orts spricht auch, dass in den obigen grafischen Darstellungen die Autorität des Lehrers deutlich zum Ausdruck kommt. Die Schüler versammeln sich kreisförmig um Wang Yangming, der in der Mitte und leicht erhöht thront. Auch wenn die Darstellungen ein idealisiertes Bild von Wang Yangming und seinen Schülern zeichnen, weisen sie auf Zusammenkünfte in einem formalisierten Kontext hin, die in ihrer weiteren Entwicklung zunehmende Ähnlichkeit mit Giddens Konzept des disziplinierenden Ortes haben.

In meiner Analyse werden Texte der Anhänger Wang Yangmings besprochen, in denen eine zuvor an einen bestimmten Ort durchgeführte Praxis verallgemeinert wird. Dieser Prozess begann bereits zu Lebzeiten Wang Yangmings, sollte sich aber erst nach seinem Tod, unter der Leitung seiner Nachfolger, verstetigen. Für eine Reflektion der Bedeutung des Orts für die Gemeinschaften beziehe ich mich auf Überlegungen Christian Jacobs (geb. 1955) zu Wissensorten. Wissen kann von Individuen, oder in meinem Fall Gemeinschaften, getragen und verwirklicht werden.[8] Die Anhänger Wang Yangmings überführten ihr Wissen in allgemeine Regeln, so dass anhand dieser Regeln an neuen Wissensorten Gemeinschaften stattfinden konnten.

Die Forschung zu Wang Yangming und den Gemeinschaften ist umfassend. Chen Lai, Lü Miaw-fen und Wu Zhen haben mehrfach dazu publiziert. Chen Lai wertete wichtige Texte der Schüler Wang Yangmings aus, die sich mit der Organisation von

---

7 Giddens 1984, S. 147–151.
8 Jacob 2017, S. 87.

Gemeinschaften befassen.⁹ Neben ihrem Hauptwerk zur Schule Wang Yangmings¹⁰ hat Lü Miaw-fen auch zwei räumlich fokussierte Studien zu den Präfekturen Ningguo 寧國 und Ji'an 吉安 verfasst.¹¹ Wu Zhen hat in einer großen chronologischen Aufarbeitung Texte der Anhänger Wang Yangmings zusammengetragen.¹² Eine ähnliche chronologische Arbeit erschien von Chen Shilong.¹³ In der deutschsprachigen Forschung hat Iso Kern eine umfassende Arbeit vorgelegt, in der die philosophischen Lehrmeinungen der Anhänger Wang Yangmings im Vordergrund stehen.¹⁴ Mit dem Blick auf die allmähliche Institutionalisierung der Gemeinschaften und die damit verbundene Loslösung von einem bestimmten Ort soll mein Aufsatz diese Studien ergänzen.

Historischer Hintergrund

In der Ming Dynastie (1368–1644) entwickelten sich gedruckte Bücher allmählich zu einer immer besser verfügbaren Ware.¹⁵ Doch die Zirkulation von Wissen durch gedruckte Bücher war nicht der einzige Weg, mit dem sich konfuzianische Lehren wie die von Wang Yangming verbreiteten. Gerade die neuen Ideen von Wang wurden trotz der Drucklegung von Wangs Schriften vor allem mündlich tradiert. Und selbst ein wichtiger gedruckter Text wie das *Chuanxi lu* 傳習錄 (Aufzeichnungen über das Lehren und Lernen) zeigt durch seine Dialogform, dass er als Mitschrift einer mündlichen Tradition gelesen werden sollte.¹⁶ Mündlicher Austausch, der zwischen Lehrer und Schülern stattfindet, stand weiterhin im Fokus der Tradierung von Wissen. Damit war Wissensweitergabe zunächst an Ort und Zeit gebunden.

Die Namen der Gemeinschaften hatten oft einen lokalen Bezug, wodurch sie auf konkrete Wissensorte hinwiesen. Die Quellen nennen die Namen eines Ortes oder Gebäudes, z. B. „Gemeinschaft von Anfu" (*Anfu hui* 安福會, Provinz Jiangxi), „Gemeinschaft an der Zhongtian-Pagode des Longquan-Tempels in Yuyao" (*Longquan*

---

9 Chen Lai 2010.
10 Lü Miaw-fen 2003.
11 Lü Miaw-fen 2001a; 2001b.
12 Wu Zhen 2003.
13 Chen Shilong 2005.
14 Kern 2010, S. 269–279.
15 Brook 1998, S. 69.
16 Zur Textgeschichte und Verbreitung des *Chuanxi lu*, siehe Lu 2020; Chang I-Hsi 2006.

si Zhongtian ge hui 龍泉寺中天閣會, Provinz Zhejiang) oder „Große Gemeinschaft im Lingji Tempel" (*Lingji gong dahui* 靈濟宮大會, Beijing). Oft waren die Namen allerdings auch klingend und emphatisch, ohne einen direkten Ortsbezug, z. B. „Gemeinschaft zur Wiederbelebung des Altertums" (*Fugu hui* 復古會) oder eben Nutze-Deine-Zeit-Gemeinschaft. Gerade die letztgenannte gibt Aufschluss darüber, wie der Wissensort sich veränderte. Für die Nutze-Deine-Zeit-Gemeinschaft wurden Regeln aufgestellt, wodurch sie auf andere Orte übertragbar wurde. Die Gemeinschaft verlor ihren ursprünglichen Ortsbezug, bestand aber weiterhin, denn Nutze-Deine-Zeit-Gemeinschaften fanden an vielen unterschiedlichen Orten der Provinz Jiangxi statt. Chen Lai spricht davon, dass der Name Nutze-Deine-Zeit-Gemeinschaft zu einer „allgemeinen Bezeichnung" (*tongcheng* 統稱) wurde.[17]

Bevor sich die Gemeinschaften an vielen Orten verbreiteten, wurden sie oft mit Akademien in Verbindung gebracht. Tatsächlich fanden einige Gemeinschaften auch in Akademien statt.[18] Die konzeptuelle Nähe ergab sich allein aus dem Ort, denn für die Teilnehmer einer Gemeinschaft, angeführt von Beamten und Literaten, waren die Räumlichkeiten einer Akademie eine naheliegende Umgebung für gemeinsames Studium.

Für eine enge Beziehung zwischen Gemeinschaften und Akademien spricht folgende Textstelle aus der offiziellen Dynastiegeschichte der Ming:

> In den Regierungsperioden Zhengde und Jiajing versammelte Wang Yangming auf seinen Feldzügen Schüler, und Xu Jie erteilte als Kanzler Unterricht. Wohin der Einfluss [von Wang und Xu auf dem Gebiet der Erziehung der Menschen] auch reichte, er beeindruckte den Hof und das Volk. Daher [begannen] die lokalen Beamten und zurückgetretenen Älteren Gemeinschaften zu etablieren und Akademien zu errichten, die nah und fern zu erblicken waren.
>
> 正、嘉之際，王守仁聚徒於軍旅之中，徐階講學於端揆之日，流風所被，傾動朝野。於是搢紳之士，遺佚之老，聯講會，立書院，相望於遠近。[19]

Gemeinschaften und Akademien werden in einem Atemzug genannt. Sie wurden von lokalen Beamten oder zurückgetretenen Älteren ins Leben gerufen und bildeten einen Raum für „Unterricht" (*jiangxue* 講學) und „Versammlungen der Schüler" (*jutu* 聚

---

17 Chen 2010, S. 384.

18 Deshalb werden in der Forschung als Teilaspekt der Gemeinschaften auch so genannte „Akademiegemeinschaften" (*shuyuan jianghui* 書院講會) beleuchtet. Deng Hongbo 2007, S. 32–38.

19 Zhang Tingyu et al., 231:6053.

徒)。Mit Verweis auf Xu Jie 徐階 (1503–1583) werden die Gemeinschaften auch mit in der Hauptstadt Beijing stattfindenden Versammlungen in Verbindung gebracht.[20]

Diese Textstelle bietet eine historische Perspektive auf die Gemeinschaften. Gemeinschaften und Akademien wurden demnach von denselben Personen etabliert und waren direkt miteinander verknüpft. Aber waren die Gemeinschaften wirklich so stark an den Wissensort Akademie gebunden? Die 1565 von Xu Jie veranstaltete Große Gemeinschaft im Lingji Tempel hat offensichtlich in einem Tempel und nicht in einer Akademie stattgefunden. Hier besteht also Klärungsbedarf, um den Wissensort der Gemeinschaften zu definieren. Wie entstanden diese Zusammenkünfte und wie präzise war ihre Durchführung institutionalisiert? Die Beantwortung dieser Fragen sind die Teilschritte meiner Analyse.

Der späte Wang Yangming

Die Schüler Wang Yangmings, welche für die annalistische Biographie ihres Lehrers verantwortlich waren, notieren in einem Eintrag für das Jahr 1521:

> [...] Der Lehrer ist 50 Jahre alt und hält sich in Jiangxi auf. [...] In diesem Jahr beginnt er, seine Lehre der Verwirklichung des ursprünglichen Wissens[21] zu verkünden.
>
> [...] 先生五十歲在江西。[...] 是年先生始揭致良知之教。[22]
>
> Im neunten Monat kehrt er zum Besuch des Grabs seiner Vorfahren nach Yuyao zurück. [...] Täglich speist und reist er mit Verwandten und Freunden. An welchem Ort auch immer er sich befindet, erklärt er das ursprüngliche Wissen.
>
> 九月歸餘姚省祖塋。[...] 日與宗族親友宴游。隨地指示良知。[23]

Wang Yangming war an keinen festen Ort gebunden, an dem er über seine Lehre sprach. Er wirkte in seinem Leben an unterschiedlichen Orten, aber vor allem in den Provinzen Jiangxi und Zhejiang. Dabei verkündete er seine Lehre des „ursprünglichen

---

20 Zu Xu Jies Verbindung zu den Anhängern Wang Yangmings, siehe Dardess 2013, S. 35–39.
21 Ein Hauptbegriff der Philosophie Wang Yangmings, *liangzhi* 良知, wird von Iso Kern als „ursprüngliches Wissen" übersetzt. Dieselbe Textstelle in Übersetzung bei Kern 2010, S. 95. Eine Diskussion um den Inhalt und die Übersetzbarkeit von *liangzhi* befindet sich im selben Werk, S. 123–124.
22 Wang Shouren 1992, S. 1278.
23 Wang Shouren 1992, S. 1282.

Wissens" (*liangzhi* 良知)²⁴ seinen Verwandten, Schülern und Freunden. Der zweite Eintrag liest sich, als könnte Wang Yangming jederzeit und überall als Lehrer auftreten. Der Zusammenhalt seiner Schule war 1521 vor allem durch seine Person geprägt. Dies sollte sich später ändern. Nach Wang Yangmings Tod 1529 diskutierten, interpretierten und erläuterten die ihm nachfolgenden Schüler den Inhalt seiner Lehre.²⁵

Wang setzte sich vor seinem Tod intensiv damit auseinander, wie er seine Lehre als gelebte Praxis, als Verwirklichung des ursprünglichen Wissens, an seine Schüler vermitteln könne. Wang Yangmings konkrete Überlegungen sollen im Folgenden dargestellt werden, weil sie zum besseren Verständnis der darauf aufbauenden Gemeinschaften beitragen.

In einem Brief aus dem Jahr 1525 beschreibt Wang, wie er sich eine regelmäßig stattfindende Gemeinschaft für seine Schüler vorstellte. Wang schreibt:

> [...] Aber ich kann nicht mehrere Wochen [hier] verbleiben, und innerhalb der Zeit, [die wir gemeinsam haben,] treffen wir uns nur drei bis viermal. Nachdem wir voneinander Abschied nehmen, leben wir wieder allein fern der Gruppe, und [die Zeit], in der wir uns nicht sehen, wird schnell zu vielen Jahren. [...] Deshalb hoffe ich aufrichtig, dass eure Gemeinschaften nicht abhängig von meiner Anwesenheit stattfinden, [sondern dass ihr], entweder alle fünf bis sechs Tage oder alle acht bis neun Tage, auch wenn weltliche Angelegenheiten euch hindern, trotzdem die Zeit dafür findet, euch an diesem Ort zu versammeln. Das oberste Gebot [dieser Treffen] liegt darin, einander zu leiten und zu unterstützen, sich zu inspirieren und Rat zu geben, zu ermutigen und Erfahrungen auszutauschen [...].

> [...] 然不能旬日之留，而旬日之間又不過三四會，一別之後，輒復離群索居，不相見者，動經年歲。[...] 故予切望諸君勿以予之去留為聚散，或五六日八九日，雖有俗事相妨，亦須破冗一會於此。務在誘掖獎勸，砥礪切磋，[...]²⁶

---

24 Das Konzept des „ursprünglichen Wissens" gründet auf Überlegungen im *Mengzi* („Gaozi", 6A.4, 6A.5, 6A.6), wonach der Mensch in bestimmten Situationen ein ethisches Gefühl besitzt, welches ihm das Bewusstsein einer situativ richtigen Verhaltensweise gibt. Kern bespricht die Entwicklung von Wangs Konzept noch genauer, besonders wie sich Wang in seinem Verständnis vom ursprünglichen Wissen von *Mengzi* entfernt. Kern 2010, S. 125–154. Eine weitere Darstellung zu Wangs Lehre ist Ivanhoe 2002, S. 96–103.

25 Die unterschiedlichen Lehrmeinungen und Perspektiven der Nachfolger Wangs machen einen Hauptteil von Kerns Monographie aus. Kern 2010, S. 269–763.

26 „Brief an die Zhongtian-Pagode zur Ermutigung der vielen Schüler" (*Shu Zhongtian ge mian zhu sheng* 書中天閣勉諸生), in Wang Shouren 1992, S. 278–279.

Es ist das in dieser Textstelle beschriebene Zeitregiment, das einen Versammlungsort für Wang und seine Schüler ins Zentrum rückt. Die Gemeinschaft soll regelmäßig alle fünf bis sechs oder acht bis neun Tage stattfinden, und sie soll ausdrücklich für moralisches Lernen genutzt werden. Damit wird auch klar, dass solch eine Gemeinschaft nicht in einer Akademie stattfinden musste, sondern sich Tempel und andere religiöse Einrichtungen ebenso anboten. Schließlich stand nicht der Ort im Vordergrund, sondern das Interesse der Teilnehmer, sich gegenseitig zu verbessern.

Der zitierte Brief ist ein erster Entwurf einer Ordnung für die Gemeinschaften, auf dessen Grundzüge sich die späteren Gemeinschaften beriefen. Obwohl der Brief eher eine persönliche Mitteilung von Wang an seine Schüler in Yuyao 餘姚 (Provinz Zhejiang) darstellt, wird er von Philosophiehistorikern als einflussreiche Gemeinschaftssatzung angesehen.[27]

Lü Miaw-fen, eine Spezialistin für Wang Yangming, widmet der Frage, was die Gemeinschaften strenggenommen sind, ein eigenes Kapitel. Die in dem Brief umrissene Aktivität, also das gemeinsame Lernen, „einander zu leiten und zu unterstützen", ist dabei nur ein Aspekt, der unter den breiten Begriff Gemeinschaft fällt. Weitere Aspekte sind der regelmäßige Unterricht in Akademien, sporadische Treffen von Freunden, aber auch die Erziehung der lokalen Bevölkerung und öffentliche Vorträge von lokalen Beamten.[28] Die Anhänger Wang Yangmings waren in alle genannten Aktivitäten verwickelt. Da aber alltägliche Treffen und regelmäßiger Unterricht nicht unbedingt textlich dokumentiert wurden, macht es Sinn, sich Gemeinschaftssatzungen anzuschauen. Anhand der Gemeinschaftssatzungen wird auch deutlich, wie sehr sich die Gemeinschaften vom Unterricht in den Akademien lösten.[29]

Als Beispiel für die weitere Entwicklung wird im Folgenden die Nutze-Deine-Zeit-Gemeinschaft betrachtet. Diese Gemeinschaft veranschaulicht, wie die allmähliche Institutionalisierung unter Leitung der Nachfolger Wang Yangmings ablief. Natürlich zeigen die Nutze-Deine-Zeit-Gemeinschaften nur eine bestimmte Form dieser Disziplinierung. Aber sie werden von Qian Mu und Lü Miaw-fen als *erste*

---

27 Wu Zhen 2003, S. 17; Chen Lai 2010, S. 376–377.
28 Lü Miaw-fen 2003, S. 73.
29 Die Loslösung der Gemeinschaften von den Akademien soll nicht als Widerspruch zu der Definition, die Lü Miaw-fen erarbeitet hat, verstanden werden. Vielmehr bietet sich die Beschäftigung mit Gemeinschaftssatzungen an, um ein historisches Phänomen besser zu begreifen, welches nicht unter die offizielle Geschichtsschreibung fiel und deshalb nur teilweise dokumentiert ist.

Gemeinschaft bezeichnet, können also zumindest bedingt als repräsentativ angesehen werden.[30]

Die Nutze-Deine-Zeit-Gemeinschaften

Für das Jahr 1526, also kurz nachdem Wang Yangming den oben erläuterten ersten Entwurf einer Gemeinschaftssatzung in einem Brief an seine Schüler verschriftlichte, notiert die Biographie Wangs:

> Liu Bangcai versammelt Gleichgesinnte in Anfu zu einer Gemeinschaft mit dem Namen „Nutze Deine Zeit". Er bittet den Lehrer darum, eine Gemeinschaftssatzung zu verfassen. Die vom Lehrer dafür erstellte Satzung schreibt: Die Gleichgesinnten in Ancheng [Anfu] treffen sich jeden zweiten Monat zu einer fünftägigen Gemeinschaft, die sie „Nutze Deine Zeit" nennen. Ihre Entschlossenheit ist aufrichtig. Doch über diese fünf Tage hinaus, ist das nicht [auch] die Zeit für [den Ausspruch] „Nutze Deine Zeit"? Im Leben allein und fern der Gruppe darf es bei der Entschlossenheit kein kleines [Anzeichen von] Vernachlässigung geben. Deshalb sollte die fünftägige Gemeinschaft dazu genutzt werden, einander zu prüfen. Ach! Die Bewegungen des himmlischen Dao, weder verlöschen sie noch pausieren sie. Und die Bewegungen des ursprünglichen Wissens in unserem Herzen kennen ebenso kein Verlöschen und kein Pausieren. Das ursprüngliche Wissen und das himmlische Dao sind gleichgestellt. [Erst] wenn wir von ihnen sprechen, werden sie wie zwei. Wer [aber] versteht, dass die Bewegungen des ursprünglichen Wissens nie verlöschen oder pausieren, der hat „Nutze Deine Zeit" verstanden.

> 劉邦采合安福同志為會，名曰惜陰。請先生書會籍。先生為之說曰：同志之在安成者，間月為會五日，謂之惜陰。其志篤矣。然五日之外，孰非惜陰時乎？離群而索居，志不能無少懈。故五日之會所以相稽切焉耳。嗚呼！天道之運無一息之或停，吾心良知之運亦無一息之或停。良知即天道，謂之亦則猶二之矣。知良知之運無一息之或停者，則知惜陰矣。[31]

Der erste Versammlungsort für die Nutze-Deine-Zeit-Gemeinschaft war Anfu in der Provinz Jiangxi. Liu Xiao 劉曉 (*juren* 舉人 1513), ebenso wie der in der Biographie genannte Liu Bangcai 劉邦采 (1492–1578), stammte aus Anfu und gehörte bereits seit 1514 zu einem engeren Kreis von Schülern, die sich mit Wang Yangming in seiner

---

30 Qian Mu 1985, S. 611; Lü Miaw-fen 2003, S. 124.
31 Wang Shouren 1992, S. 1303.

Zeit in Nanjing trafen.³² Liu Xiao verbreitete daraufhin die Lehren Wang Yangmings in Anfu.

Für die Bitte um die Niederschrift dieser Satzung sind unterschiedliche Beweggründe denkbar. Ein Grund ist sicher die Autorität, die Wang Yangming für seine Schüler darstellte. Trotz der mündlichen Übertragung seiner Lehre hatten verschriftlichte Worte Wangs einen symbolischen Wert, der nicht zu unterschätzen ist.³³

Sprachlich liest sich Wangs Satzung für die Nutze-Deine-Zeit-Gemeinschaft dringlicher als sein Brief an seine Schüler von 1525. Zwar sollten die Mitglieder während der fünftägigen Gemeinschaft einander genau prüfen, aber vor allem über diese kurze Zeit hinaus sollten sie sich fragen, ob sie im Sinne von „Nutze Deine Zeit" lebten. Gerade in der Zeit, in der die Gemeinschaft nicht zusammenkam, durfte das Bewusstsein um das ursprüngliche Wissen nicht versiegen, musste die Zeit genutzt werden.

Der Ausdruck „im Leben allein und fern der Gruppe" (*liqun suoju* 離群索居) kam bereits in Wangs Brief von 1525 vor. In beiden Kontexten wird damit unterstrichen, wie wichtig Wang die regelmäßigen Zusammentreffen waren, um über einen langen Zeitraum die ernsthafte Auseinandersetzung mit seiner Lehre zu garantieren.

Die Gemeinschaftssatzung setzt alle zwei Monate wiederkehrende Treffen fest. Allerdings wurde für die Nutze-Deine-Zeit-Gemeinschaften kein fester Austragungsort erwähnt. Rückblickend notierte Zou Shouyi 鄒守益 (1491–1562), Sohn einer in Anfu angesehenen Familie und einflussreicher Schüler Wang Yangmings:

> In den vergangenen Jahren 1526 und 1527 riefen die Gleichgesinnten [in Anfu] die Nutze-Deine-Zeit-Gemeinschaften aus. [...] Ich sehe, dass wir uns jeden zweiten Monat zu einer Gemeinschaft versammeln, die wir nach fünf Tagen auflösen, aber unser Austausch hat keinen konstanten Ort. [...] Deshalb schlage ich vor, von allen Geld zu sammeln, um ein Studio zu errichten.

> 往歲丙戌、丁亥，同志舉惜陰之會，[...] 顧間月而會，五日而散，往來無常所，[...] 僉議須斂眾財以立書屋。³⁴

Die Nutze Deine Zeit Gemeinschaften fanden, so beschreibt es Zou, seit 1526 regelmäßig statt. An dem Aufruf von Zou nach Spenden lässt sich erkennen, dass die Schüler Wang Yangmings notwendige Ressourcen aufbringen konnten, um lokal neue

---

32 Lü Miaw-fen 2003, S. 124.
33 Der oben zitierte Brief Wangs an seine Schüler wurde an der Pagode in Yuyao, wo die Zusammenkünfte stattfanden, befestigt.
34 Zou Shouyi 2007, S. 817.

Gebäude zu errichten. Zou war nur einer unter vielen aktiven Schülern Wangs, aber aufgrund seiner hohen Stellung konnte er in Anfu lokal Einfluss ausüben.[35]

Es wurde nicht nur eine singuläre Gemeinschaft ins Leben gerufen, sondern Nutze-Deine-Zeit-Gemeinschaft" war eine Sammelbezeichnung für viele kleine Gemeinschaften an unterschiedlichen Orten, unter Beteiligung von unterschiedlichen Menschen. Die ursprünglichen Gemeinschaften in Anfu wurden auf andere Orte in der Nähe übertragen, z. B. den an Anfu grenzenden Ort Yongxin 永新. Dabei war der Versammlungsort selbst flexibel. Während die Nutze-Deine-Zeit-Gemeinschaften in Anfu in Akademien und Familienanwesen durchgeführt wurden, wurde beispielsweise in Yongxin der daoistische Tempel Haotian (*Haotian guan* 昊天觀) als Versammlungsort genutzt.[36] Eine von Zou initiierte Großgemeinschaft, die „Qingyuan-Gemeinschaft" (*Qingyuan hui* 青原會), fand zwei Mal im Jahr im Qingyuan-Gebirge in der Nähe von Ji'an statt. Der Ort Qingyuan war vor allem buddhistisch geprägt,[37] aber das hinderte die Anhänger Wang Yangmings nicht daran, ihre Gemeinschaften dort abzuhalten.

Die Nutze-Deine-Zeit-Gemeinschaften entwickelten sich zu einem flexiblen Format, das in unterschiedlichen räumlichen und zeitlichen Kontexten stattfinden konnte. Chen Lai zählt mindestens drei solcher Kontexte: Erstens fanden Nutze-Deine-Zeit-Gemeinschaften in den einzelnen Dörfern von Anfu alle zwei Monate für fünf Tage statt; zweitens wurde eine Nutze-Deine-Zeit-Gemeinschaft in der „Akademie zur Wiederbelebung des Altertums" (*Fugu shuyuan* 復古書院) in Anfu zweimal pro Jahr abgehalten, die Teilnehmer aus kleinen, lokalen Gemeinschaften anzog; und drittens wurde nach der Zusammenkunft in der Akademie zur Wiederbelebung des Altertums die große Nutze-Deine-Zeit-Gemeinschaft im Qingyuan-Gebirge organisiert, deren Teilnehmer aus der gesamten Präfektur Ji'an und noch weiter entfernten Orten kamen.[38] Hinzufügen muss man an dieser Stelle noch die von Nutze-Deine-Zeit-Gemeinschaften inspirierten Ableger-Gemeinschaften, beispielsweise am oben genannten Ort Yongxin. Die Anstrengungen der Schüler Wang Yangmings führten also zu einer großen Zahl an Gemeinschaften von unterschiedlicher Größe und Regelmäßigkeit, die an ganz verschiedenen Orten zusammenkamen.

---

35 Zu Zou Shouyi siehe Lü Miaw-fen 2003, S. 115. Zum Hintergrund des von Zou notierten Aufrufs, siehe Chen Lai 2010, S. 383. Zou war 1536 am Aufbau von einer von mehreren Akademien beteiligt, in denen die Nutze-Deine-Zeit-Gemeinschaften stattfanden.
36 Chen Lai 2010, S. 384–385.
37 Meskill 1982, S. 90–91.
38 Chen Lai 2010, S. 389–390.

Die Nutze-Deine-Zeit-Deklaration

Es wurde bereits in den theoretischen Überlegungen auf den Aspekt der Disziplinierung verwiesen. Die allmähliche Verstetigung einer bestimmten Agenda während der Gemeinschaften, aber auch die kritische Reflektion über den Nutzen der Gemeinschaften, werden von Zou Shouyi in der „Nutze-Deine-Zeit-Deklaration" (*xiyin shenyue* 惜陰申約) beschrieben. Zou schreibt:

> Die Nutze-Deine-Zeit-Gemeinschaften in unserem Kreis begannen im Jahr 1526. Die Errichtung der [Akademie zur] Wiederbelebung des Altertums begann im Jahr 1536. Unter den Menschen, die sich mit mir versammeln, sind manche seit fünf bis sechs Jahren, manche seit sieben bis acht, manche über zehn, über 20 oder sogar seit über 30 Jahren dabei. 30 Jahre sind ein Zeitalter, und alle zehn Jahre erfolgt eine Veränderung des himmlischen Dao. Vor kurzem kamen Xushan [Qian Dehong] und Longxi [Wang Ji] aus Zhejiang zur [Akademie zur] Wiederbelebung des Altertums und führten eine Großversammlung in Qingyuan durch. Sie überprüften die moralische Kraft und fragten nach den Ergebnissen [der Teilnehmer], und sie prüften, wie es um die Tradition von Lehre und Lernen des verstorbenen Lehrers steht. Aber wenige waren es, die Fortschritte gemacht hatten; die meisten folgten bloß den alten Routinen. Das ist Ignoranz gegenüber echtem Lernen und Verehrung von leeren Reden.
>
> 吾邑惜陰之會，始於丙戌。復古之創，始於丙申。凡我同會，或五六年，或七八年，或逾十年，或逾二十年，甚者三十年矣。三十年則為一世矣，十年則天道一變矣。邇者緒山、龍溪二兄自浙中臨復古，大聚於青原，考德問業，將稽先師傳習之緒，而精進者寡，因循者眾，是忽實修而崇虛談也。[39]

Zou Shouyi rekapituliert hier die Zeit, die er mit den Gemeinschaften verbracht hat. Er spricht davon, dass es sogar Personen gab, mit denen er sich seit über 30 Jahren regelmäßig getroffen hat. Die hohen Zeitangaben können rhetorisch sein, sprechen aber auch dafür, dass die von Wang Yangming konzipierten Gemeinschaften eine Konkretisierung von bereits früher abgehaltenen Versammlungen waren. Gerade die Leichtigkeit, neue Gemeinschaften auf Grundlage der Nutze-Deine-Zeit-Gemeinschaften zu bilden, spricht dafür, dass den Versammlungen und Zusammenkünften der Anhänger Wang Yangmings im Nachhinein ein Name gegeben wurde. Es zählte daher gar nicht der Ort, sondern am Ende nur die gemeinsame Praxis, die sich in eine Tradition der Nutze-Deine-Zeit-Gemeinschaften stellen konnte. Schließlich wurde der Entwurf einer „Nutze-Deine-Zeit-Gemeinschaftssatzung" von Wang Yangming

---

39 Zou Shouyi 2007, S. 734.

persönlich geschrieben, was diesen Entwurf für eine Übertragung auf weitere Orte prädestinierte.

Die von Zou im obigen Textstück erwähnten Qian Dehong 錢德洪 (1496–1574) und Wang Ji 王畿 (1498–1583) gehören zur ersten Generation der Schüler Wang Yangmings und kamen aus Zhejiang. Ihr Besuch in Anfu in der Provinz Jiangxi zeugt davon, wie in der Schule Wang Yangmings Wissensaustausch, getragen durch die vielen Schüler, stattfand. Eine Qingyuan-Gemeinschaft, wie sie im Text angesprochen wird, war auch immer die Gelegenheit, Lehrende aus der Ferne einzuladen.

Zous Text ist nicht nur eine historische Niederschrift von Zeitdaten, Orten und Teilnehmern, sondern er reflektiert kritisch das Ergebnis der Qingyuan-Gemeinschaft. Qian Dehong und Wang Ji, kraft ihrer Position als einflussreiche Schüler der ersten Generation, überprüften den Fortschritt der Schüler. Zou zieht das Fazit, dass bei vielen Schülern kein Fortschritt zu sehen war, was zu bloßer „Verehrung von leeren Reden" führte. Aber wie begegnete Zou dieser Feststellung? Als ein Veteran der Schule erlebte er selbst unzählige Gemeinschaften und bezog daher im Text konkret Stellung zu dieser Problematik. Er erarbeitete konstruktive Vorschläge, wie sich ein Korrektiv einrichten ließe, um leere Reden zu verhindern. Seine Nutze-Deine-Zeit-Deklaration war eine Agenda, wie die Nutze-Deine-Zeit-Gemeinschaften zukünftig ablaufen sollten. Sie lässt sich in fünf Punkten zusammenfassen:

1. Die Teilnehmer der Gemeinschaft mussten ein Buch über ihre eigenen Fortschritte führen, welches einmal im Rahmen der Familie und einmal im Rahmen ihres Dorfes (*xiang* 鄉) jeweils in einer Sitzung geprüft werden sollte.

2. Bei den Dorfgemeinschaften (*xianghui* 鄉會) sollte ein Bild Wang Yangmings aufgestellt und Weihrauch verbrannt werden; die Teilnehmer nahmen dabei in absteigender Reihenfolge Platz (*cilie* 次列, wahrscheinlich nach Alter[40]).

3. Mit Verweis auf die Textstelle „Zilu" 子路 13.19 im *Lunyu* 論語 (*Gespräche*) sollten die Teilnehmer untereinander prüfen, ob sie sich stets höflich gezeigt hatten, ob sie bei dem, was sie getan hatten, aufmerksam und gewissenhaft waren, und ob sie sich loyal gegenüber anderen Menschen verhalten hatten.[41]

4. Stellte die Gemeinschaft gutes Verhalten fest, wurde dieses frei heraus oder klar ersichtlich (*zhi shu* 直書) in einem Buch vermerkt und mit Alkohol rituell gefeiert; dahingegen wurden Fehler indirekt oder diskret (*wan shu* 婉書) vermerkt, aber,

---

[40] Iso Kern hat eine ähnliche Deklaration von Wang Ji betrachtet, in der dieser betonte, dass nicht der Beamtenrang für die Reihenfolge zählte, sondern einzig das Alter. Kern 2010, S. 274, 403.

[41] Deutsche Übertragung der Textstelle aus dem *Lunyu* in Anlehnung an Moritz 1983, S. 103.

ebenso mit Alkohol, rituell bestraft.⁴² „Offensichtliche Fehltritte" (*xianguo* 顯過) und „große Fehltritte" (*daguo* 大過) wurden mit Geldstrafen geahndet, wobei das Geld daraus in ein „Gemeinschaftsbudget" (*huifei* 會費) überführt wurde.

5. Alle Teilnehmer einer derart gestalteten Versammlung hinterließen schriftlich ihren Namen und ihr Geburtsdatum, zusammen mit der Bestätigung „[ich] möchte nach der Satzung verfahren" (*yuan ru yue* 願如約). Wenn ehemalige Teilnehmer nicht mehr nach der Satzung leben wollten, wurden sie nicht dazu gedrängt. Für diejenigen, die beitreten wollten, gab es keinerlei Beschränkungen. Mit dieser Aussage beendete Zou Shouyi den Text.⁴³

Eine solche Aufschlüsselung der Vorgänge, die während einer Gemeinschaft stattfanden, ist erhellend. Die Deklaration erlaubt uns, vor allem die rituellen Aspekte besser zu verstehen, denn während die zuvor zitierten Textpassagen eher allgemein gehalten waren und generisch vom gemeinsamen Lernen sprachen, ist Zou in der Deklaration sehr genau. Er eröffnet durch die Informationen zur Verehrung Wang Yangmings, der Sitzreihenfolge nach Alter, der öffentlichen Würdigung von gutem Verhalten und der Ahndung von Fehlern einen Einblick in den ritualisierten Rahmen der Gemeinschaften. Die Deklaration ist zwar streng bei der Bestrafung von Fehlern, baut aber zugleich auf Freiwilligkeit auf. Zous Deklaration könnte auch als „Satzung" (*yue* 約) verstanden werden, denn sie ähnelt konzeptuell den so genannten „Dorfsatzungen" (*xiangyue* 鄉約). Es handelt sich dabei um durch Beamte errichtete Organisationsstrukturen, die auf lokaler Ebene einen moralischen Zusammenhalt bewirken sollten. Die Forschung darüber gibt Aufschluss über die Aktivitäten von lokal agierenden Beamten,⁴⁴ wie es Zou Shouyi in seiner Funktion als Organisator von Gemeinschaften ebenso war.

In Zou Shouyis Deklaration wird nicht das Bild einer rigoros moralischen Lerngemeinschaft gezeichnet. Eher versucht Zou, das genuine Interesse der Anhänger Wang Yangmings, sich moralisch zu verbessern, in eine zeitliche und rituelle Regelmäßigkeit zu überführen. Es sollen vor allem unterschiedliche Gemeinschaften auf

---

42 Die gleichwertige Behandlung von Fehlern und gutem Verhalten erscheint kontraintuitiv, entspricht aber dem Wortlaut des Texts. Der rituelle Alkoholausschank, der die Niederschrift von Fehlern und gutem Verhalten in dem Gemeinschaftsbuch begleitete, diente wohl nicht der tatsächlichen Belohnung und Bestrafung durch Alkohol, sondern war Teil des Akts der Aufzeichnung. Hierfür spricht, dass im Folgenden größere Fehltritte gesondert bestraft wurden. Zou Shouyi 2007, S. 734.
43 Alle Punkte paraphrasiert aus Zou Shouyi 2007, S. 734.
44 McDermott 2013, S. 169–181.

verschiedenen Ebenen (in der Familie, im Dorf, und darüber hinaus bei den vielen Treffen der Nutze-Deine-Zeit-Gemeinschaften innerhalb eines Jahres) in einen Zusammenhang gesetzt werden. In den Gemeinschaften wird zum einen der verstorbene Lehrer Wang Yangming rituell geehrt. Andererseits stehen aber die Teilnehmer selbst und ihre Leistungen im Vordergrund. Die Teilnehmer sind es, die sich durch ihr Verhalten gegenseitig dazu anspornen, nach einer von den Schülern Wangs ausgelegten Lehre zu leben. Es geht tatsächlich um eine ritualisierte konfuzianische Praxis, die sich zumindest theoretisch an ein breites Publikum wendet. Das von Giddens angeführte Beispiel der allmählichen Disziplinierung eines Raumes greift auch hier. Allerdings geschieht dies ohne Rückgriff auf einen konkreten Wissensort, sondern allein durch die Aufstellung von übertragbaren Regeln und Abläufen, die an unterschiedlichen Orten durchführbar sein sollten.

Schlussdiskussion

Der Aufsatz legte die Entwicklung von Gemeinschaften dar, um zu verstehen, wie sich Wissen und Praxis in der Schule Wang Yangmings zunächst ortsgebunden konkretisierte, um sich im weiteren Verlauf auf andere Orte auszuweiten. Das Beispiel der Nutze-Deine-Zeit-Gemeinschaften zeichnete ein differenzierteres Bild dieser Entwicklung, als es Wang Yangmings Schriften allein vermuten ließen.

Iso Kern hat hervorgehoben, dass es den Teilnehmern einer Gemeinschaft um „gegenseitigen ethischen Ansporn" gepaart mit einer „gegenseitigen ethischen Kritik des Verhaltens" ging.[45] Diese Sichtweise wird durch die hier durchgeführte Analyse bestätigt. In den dargestellten Schriftstücken von Wang Yangming zu der Gemeinschaft seiner Schüler in Yuyao und der Nutze-Deine-Zeit-Gemeinschaft in Anfu benennt Wang die Gefahr, dass das alltägliche Leben seiner Schüler den ethischen Ansprüchen seiner Lehre nicht gerecht wird. Dem wird die regelmäßig stattfindende Gemeinschaft entgegengesetzt, während der sich die Teilnehmer gegenseitig anspornen und unterstützen sollen. Anhand der Nutze-Deine-Zeit-Deklaration lässt sich Kerns Beschreibung der Gemeinschaften allerdings noch ergänzen, insbesondere mit dem Blick auf ihren Ort. Waren die Gemeinschaften überhaupt an bestimmte lokale Orte gebunden? Liest man die hinterlassenen Aufzeichnungen in den Quellen wörtlich, sind sie voller Ortsnamen und illustrer Tempelnamen. Die Nutze-Deine-Zeit-Deklaration rückt jedoch in den Vordergrund, dass eine Gemeinschaft nicht an einen bestimmten Ort

---

45 Kern 2010, S. 272.

gebunden war, sondern durch ihre Rituale den Wissensort prägte. Dies schließt einerseits einen Kreis zu den eingangs erwähnten Bilddarstellungen von Wang Yangming und seinen Schülern, welche die rituellen Aspekte der Treffen betonen, den konkreten räumlichen Kontext aber nur vage andeuten. Andererseits zeigen die ausgearbeiteten Regeln, die Zou Shouyi entwarf, wie die von den Schülern gelebte Praxis eben durch die ritualisierten Versammlungen verbreitet wurde. Es war also nicht der Ort selbst wichtig, sondern die Art und Weise, wie sich die Anhänger in eine Tradition stellten. Diese Tradition war zu Beginn stark von Akademien geprägt. Spätestens mit der Nutze-Deine-Zeit-Deklaration wurde sie jedoch an verschiedenste Orte übertragbar.

Hieraus entspringt eine Verbindung zur Frage von Elitekultur und Volk. Die eingangs beschriebenen Gemeinschaften von Wang Yangming hatten ein elitäres Publikum. Aber die von Zou entworfenen Regeln sollten in Familien und Dörfern beginnen. Dort sollte in die Praxis umgesetzt werden, was Wang Yangming von seinen Schülern forderte. Zou Shouyi, der über Jahrzehnte an Gemeinschaften teilgenommen hatte, bemerkte aufgrund dieser Erfahrung, welche Schwierigkeiten es den Leuten bereitete, den von Wang gesetzten Idealen gerecht zu werden. Als Lösung wollte er die Teilnehmer bereits in den Familien und Dörfern dazu anspornen, ihren eigenen Fortschritt in ihrem alltäglichen Leben zu dokumentieren. Die auf höherer Ebene stattfindenden Gemeinschaften wurden so eine rituelle Versammlung, auf der der Fortschritt im täglichen Leben überprüft und die Zugehörigkeit zur Schule von Wang Yangming zelebriert wurde. Dabei standen jedoch immer die Teilnehmer selbst im Vordergrund, die sich in den Gemeinschaften gegenseitig daran erinnerten, die moralische Vorgaben Wangs zu verwirklichen. Die Lehre Wang Yangmings verbreitete sich demnach nicht nur durch seine illustren Schüler und die Drucklegung seiner bekanntesten Schriften, sondern auch durch die in diesem Aufsatz erarbeiteten Versammlungsabläufe und Rituale der Gemeinschaften.

Literaturverzeichnis

Brook, Timothy. 1998. *The Confusions of Pleasure. Commerce and Culture in Ming China.* Berkeley: University of California Press.

Chang I-Hsi 張藝曦. 2006. „Ming zhong wan ji guben Daxue yu Chuanxi lu de liuchuan ji yingxiang" 明中晚期古本大學與傳習錄的流傳及影響, in *Hanxue yanjiu* 漢學研究 24.1, S. 235–268.

Chen Lai 陳來. 2010. „Mingdai Jiajing shiqi Wangxue zhishiren de huijiang huodong" 明代嘉靖時期王學知識人的會講活動, in *Zhongguo jinshi sixiangshi yanjiu* 中國近世思想史研究, hrsg. von Chen Lai. Beijing: Sanlian shudian, S. 374–450.

Chen Shilong 陳時龍. 2005. *Mingdai zhong wan qi jiangxue yundong (1522–1626)* 明代中晚期講學運動 (1522–1626). Shanghai: Fudan daxue chubanshe.

Dardess, John W. 2012. *Ming China 1368–1644. A Concise History of a Resilient Empire.* Lanham: Rowman & Littlefield.

———. 2013. *A Political Life in Ming China. A Grand Secretary and His Times.* Lanham: Rowman & Littlefield.

Deng Hongbo 鄧洪波. 2007. „Mingdai shuyuan jianghui yanjiu" 明代書院講會研究, Dissertation, Hunan University.

Giddens, Anthony. 1984. *The Constitution of Society. Outline of the Theory of Structuration.* Cambridge: Polity.

Israel, George L. 2014. *Doing Good and Ridding Evil in Ming China. The Political Career of Wang Yangming.* Sinica Leidensia 116. Leiden und Boston: Brill.

Ivanhoe, Philip J. 2002. *Ethics in the Confucian Tradition. The Thought of Mengzi and Wang Yangming*, 2nd ed. [Atlanta: Scholars Press, 1990] Indianapolis: Hackett.

Jacob, Christian. 2017. „Lieux de savoir. Places and Spaces in the History of Knowledge", in *KNOW: A Journal on the Formation of Knowledge* 1.1, S. 85–102.

Kern, Iso. 2010. *Das Wichtigste im Leben. Wang Yangming (1472–1529) und seine Nachfolger über die Verwirklichung des ursprünglichen Wissens* 致良知. Basel: Schwabe.

Lidén, Johanna. 2018. „The Taizhou Movement: Being Mindful in Sixteenth Century China", Dissertation, Stockholm University.

Lü Miaw-fen 呂妙芬. 2001a. „Mingdai Ji'an fu de Yangming jianghui huodong" 明代吉安府的陽明講會活動, in *Jindaishi yanjiusuo jikan* 近代史研究所集刊 35, S. 197–268.

———. 2001b. „Mingdai Ningguo fu de Yangming jianghui huodong" 明代寧國府的陽明講會活動, in *Xin shixue* 新史學 12.1, S. 53–114.

———. 2003. *Yangmingxue shiren shequn: lishi, sixiang yu shijian* 陽明學士人社群：歷史、思想與實踐, in *Zhongyang yanjiuyuan jindaishi yanjiusuo zhuankan* 中央研究院近代史研究所專刊 87. Taipei: Zhongyang yanjiuyuan jindaishi yanjiusuo.

Lu, Tina. 2020. „If Not Philosophy, What Is *Xinxue* 心學?", in *Harvard Journal of Asiatic Studies* 80.1, S. 123–163.

McDermott, John P. 2013. *The Making of a New Rural Order in South China. Village, Land, and Lineage in Huizhou: 900–1600.* Cambridge: Cambridge University Press.

Meskill, John. 1982. *Academies in Ming China. A Historical Essay*. The Association for Asian Studies. Tuscon: The University of Arizona Press.

Moritz, Ralf (Übers. und Hrsg.). 1983. *Konfuzius. Gespräche (Lun-yu)*. Röderberg-Taschenbuch 105. [Leipzig: Philipp Reclam jun., 1982], Frankfurt a. M.: Röderberg.

Qian Mu 錢穆. 1985. *Guoshi dagang* 國史大綱. Taipei: Taiwan shangwu yinshuguan.

Wang Shouren 王守仁. 1992. *Wang Yangming quanji* 王陽明全集, hrsg. von Wu Guang 吳光 et al. 2 Bde. Shanghai: Shanghai guji chubanshe.

Wu Zhen 吳震. 2003. *Mingdai zhishijie jiangxue huodong xinian: 1522–1602* 明代知識界講學活動繫年：1522–1602. Shanghai: Xuelin chubanshe.

Yü, Ying-shih. 2016. *Chinese History and Culture. Volume 1: Sixth Century B.C.E. to Seventeenth Century*. Masters of Chinese Studies. New York: Columbia University Press.

Zhang Tingyu 張廷玉 et al. 1974. *Mingshi* 明史. Reprint, Beijing: Zhonghua shuju.

Zou Shouyi 鄒守益. 2007. *Zou Shouyi ji* 鄒守益集, hrsg. von Dong Ping 董平. *Yangming houxue wenxian congshu* 陽明後學文獻叢書, 2 Bde., Nanjing: Fenghuang chubanshe.

Vom Laien zum Leiher: Ausbildung und Wissenstransfer in spätkaiserlichen Pfandleihhäusern

Martin Hofmann

The site of knowledge considered in this essay is the pawnshop in the late Qing dynasty. Looking into thirteen pawnshop manuals from this period, I aim to show which knowledge and skills pawnbrokers regarded as essential for their business, and in which ways they communicated and transmitted their knowledge to their apprentices. What did apprentices have to learn to become proficient pawnbrokers, and how did they acquire this knowledge? To answer these questions, this essay first outlines the construction and organization of a typical late Qing pawnshop, then examines which requirements young pawnbrokers had to meet and how they were taught, and finally analyzes what knowledge the pawnshop manuals offered for the training of apprentices. The study of the pawnshop manuals reveals that in addition to expertise in the evaluation of pawns, storage, and accounting, young pawnbrokers were expected to meet high moral standards and to become experts in knowing people. The written records of the manuals served as knowledge repositories but were not suited to completely replace oral instruction and first-hand experience and observation.

Einleitung

In der Betrachtung von Wissensorten bilden Institutionen der höheren Bildung wie Schulen, Akademien, Universitäten oder Labore aufgrund ihrer Bedeutung für die Wissenschafts- und Geistesgeschichte einen Schwerpunkt.[1] Dies gilt auch für das kaiserliche China. Eine Vielzahl von Studien hat die Orte des Lernens der chinesischen Gelehrten betrachtet.[2] Im Gegensatz dazu sind genauere Untersuchungen zum Wissenstransfer und der Ausbildung im Bereich der handwerklichen und kaufmännischen Tätigkeiten bislang rar. Dies ist nicht zuletzt durch die schlechtere Quellenlage bedingt, da viele Kenntnisse in diesen Metiers nur mündlich tradiert oder in handschriftlicher Form innerhalb der eigenen Profession weitergegeben wurden und damit weitgehend vom Diskurs der Gelehrten abgesondert blieben. Im Fokus dieses Artikels

---

1 Dies verdeutlicht beispielsweise der dritte Band der Reihe *The Cambridge History of Science*, in dem die genannten Institutionen einen bedeutenden Teil der explizit hervorgehobenen Wissensorte ausmachen. Siehe Park und Daston 2006, S. 179–362.
2 Siehe hierzu den Beitrag von Joachim Kurtz in diesem Band.

steht die Wissensweitergabe in einem bedeutenden, aber auch äußerst komplexen kaufmännischen Gewerbe der späten Kaiserzeit, dem Pfandleihgeschäft. Pfandleihhäuser hoben sich von anderen Bildungs- und Ausbildungsstätten ab. Im Unterschied etwa zu Schulen oder Akademien waren die Pfandleihhäuser keine Orte, die ausschließlich der Wissensvermittlung dienten; vielmehr vollzog sich die Ausbildung dort neben und zum Teil in direkter Verbindung mit den geschäftlichen Abläufen. Zudem war das Wissen, das in den Pfandleihhäusern gelehrt wurde, nicht allgemein zugänglich, sondern wurde nur innerhalb seiner Mauern weitergegeben. Der Blick auf die Pfandleihhäuser soll zum einen zeigen, welche Kenntnisse und Fähigkeiten von den Pfandleihern selbst als wesentlich für ihre Tätigkeit angesehen wurden. Zum anderen soll er verdeutlichen, in welcher Form diese spezifischen Kenntnisse innerhalb des Pfandleihhauses kommuniziert und tradiert wurden.

Über spätkaiserliche Pfandleihhäuser gibt es zahlreiche Berichte in verschiedenen Textgenres, die allerdings meist aus der Perspektive der Außenstehenden geschrieben sind und vor allem Informationen zur sozialen Bedeutung und ökonomischen Funktionsweise des Pfandleihwesens enthalten. In den wissenschaftlichen Überblicksdarstellungen zur Geschichte der Pfandleihhäuser spiegeln sich diese thematischen Schwerpunkte weitgehend.[3] Der Aspekt der Wissensweitergabe an Lehrlinge oder weniger erfahrene Mitarbeiter wird dabei meist nur am Rande behandelt. Eine detaillierte Innenperspektive zu den Arbeitsabläufen in den Pfandleihhäusern und den Fachkenntnissen ihrer Mitarbeiter eröffnen uns einige, teilweise unveröffentlichte, Handbücher aus der späten Qing-Zeit. Insgesamt dreizehn Exemplare solcher Handbücher zum Pfandleihwesen, die ursprünglich in Manuskriptform zirkulierten, ließen sich für diesen Artikel ausfindig machen und bilden die Grundlage für die folgende Analyse der Ausbildung von Pfandleihern.[4]

Die Handbücher zum Pfandleihgewerbe können zum Genre der Händlerhandbücher (*shangshu* 商書) gerechnet werden, bilden aufgrund ihrer unterschiedlichen Themenbereiche und Darstellungsformen aber eine sehr heterogene Textgattung. Sie wurden in der Regel von erfahrenen Pfandleihern verfasst und richteten sich an jüngere Mitarbeiter.[5] Der Inhalt der Handbücher ist allerdings nicht einheitlich, denn moralische Grundsätze und praktisches Geschäftswissen sind in ihnen unterschiedlich gewichtet. Die Mehrzahl der Handbücher beschäftigt sich vorrangig mit der korrekten

---

3 Siehe beispielsweise Qu Yanbin 1993; Liu Qiugen 1995, 2021.
4 Mein besonderer Dank gilt Professor Wang Zhenzhong 王振忠 von der Fudan-Universität, der mir zwei dieser Werke aus seiner privaten Sammlung zur Verfügung gestellt hat.
5 Siehe Lufrano 1997, S. 14; Wang Zhenzhong 2009, S. 63–64.

Identifizierung der Pfandstücke und der Einschätzung ihrer Werte. Diese Werke sind häufig in der Form von Auflistungen von Objekten mit ihren charakteristischen Merkmalen sowie Erläuterungen zu bestimmten Objektgruppen verfasst. Einzelne Handbücher richten ihren Fokus dagegen auf die täglichen Abläufe und internen Regeln im Pfandleihhaus oder auf die Kommunikation zwischen den Pfandleihhäusern und der kaiserlichen Verwaltung.

Die Vielzahl der unterschiedlichen Informationen, welche die Handbücher enthalten, verdeutlicht die Komplexität des Gewerbes. Forschungsbeiträge zum spätkaiserlichen Händlerwesen betonen, dass das Erlernen des Pfandleihgeschäfts höhere Anforderungen an die Lehrlinge stellte als andere kaufmännische Berufe. Sie wurden grundsätzlich nicht nur für eine bestimmte Tätigkeit ausgebildet, sondern sollten mit den verschiedenen Arbeitsbereichen des Pfandleihhauses vertraut sein.[6] Insbesondere benötigten die Pfandleiher Expertise bei der Beurteilung der zahlreichen unterschiedlichen Objekte, die von ihren Kunden beliehen wurden. Um Fälschungen von echten Gegenständen zu unterscheiden und um die Werte der angebotenen Pfandstücke richtig einzuschätzen, mussten die Pfandleiher deren jeweilige Herstellungsorte, Verarbeitungsweisen, Qualitäten, Besonderheiten und Marktpreise kennen.[7] Wurde für ein Objekt zu viel Geld ausgezahlt, drohte ein finanzieller Verlust, wenn das Pfandstück nicht mehr ausgelöst wurde und nach Ablauf der Pfandfrist veräußert werden musste. Wurde jedoch ein zu niedriges Angebot für ein Pfandstück gemacht, brüskierte man den Kunden und verlor ihn möglicherweise an die Konkurrenz.[8] Neben der Fähigkeit zur Beurteilung verschiedenster Objekte mussten sich die Pfandleiher auch mit deren Lagerung auskennen sowie Kenntnisse in Verwaltung und Buchhaltung besitzen. Nicht zuletzt war auch eine gute Menschenkenntnis von Bedeutung, um die unterschiedlichen Kunden des Pfandleihhauses richtig einzuschätzen und so Streitigkeiten oder Betrugsversuchen vorzubeugen. Was musste man also lernen, um ein kompetenter Pfandleiher zu werden? Und wie wurde diese Expertise vermittelt?

Im Folgenden soll zunächst skizziert werden, wie ein typisches Pfandleihhaus in der späteren Kaiserzeit aussah, und welche Arbeitsteilung es dort gab, um die räumlichen Strukturen und die damit verbundenen Wissensbereiche zu verdeutlichen.

---

6 Siehe Wang Zhenzhong 2009, S. 78–81; Liu Quigen 2021, S. 511–515.
7 Siehe Wang Shihua 2018, S. 5; Zhang Haiying 2019, S. 61–63, 247.
8 In großen Städten machten sich zahlreiche Pfandleiher Konkurrenz. Gegen Ende der Qing-Zeit gab es Shanghai etwa 150 und Peking etwa 200 Pfandleihhäuser. Siehe Peng Xinwei 1994, S. 820.

Danach wird anhand der Handbücher gezeigt, welche Anforderungen an die Lehrlinge gestellt und wie sie ausgebildet wurden. Zuletzt wird betrachtet, welchen Beitrag die Handbücher selbst zum Wissenstransfer in den Pfandleihhäusern leisteten.

Bauweise und Organisation der Pfandleihhäuser

Nimmt man die stetig wachsende Zahl der Pfandleihhäuser als Indikator, gewann das Pfandleihgewerbe im Laufe der Qing-Zeit erheblich an ökonomischer und sozialer Bedeutung. Händlerclans aus Shanxi 山西 und Huizhou 徽州 dominierten das Gewerbe in vielen Regionen, zuweilen investierten aber auch der Kaiserhof und hohe Beamte in dieses Gewerbe.[9] Pfandleihhäuser verschiedener Größe und Geschäftsmodelle fanden sich in den Städten, aber auch in vielen ländlichen Gebieten.[10] Für die Pfandleihhäuser gab es je nach Typ unterschiedliche Bezeichnungen, die allerdings nicht immer konsistent verwendet wurden. Grundsätzlich befanden sich Häuser mit den Bezeichnungen *dian* 典 und *dang* 當 meist in den Städten, nahmen ein weiteres Spektrum an Gütern an, und beliehen diese langfristig sowie zu vergleichsweise niedrigen Zinsen; Häuser mit den Bezeichnungen *zhi* 質 und *ya* 押 hingegen waren häufig in ländlichen Gegenden angesiedelt, kleiner und spezialisierter, hatten kürzere Leihfristen sowie höhere Zinsen.[11]

Trotz der Verschiedenheit der Größe und der Geschäftsmodelle der Pfandleihhäuser gab es einige typische Merkmale in ihrer Bauweise und Einrichtung, die vor allem der Sicherheit und der Diskretion dienten. Besonders markant war der mehr als mannshohe Tresen im Hauptraum eines Pfandleihhauses, der wie ein Schutzwall die dahinterliegenden Räumlichkeiten und Vorgänge vor den Kunden verbarg. Wer Gegenstände verpfänden wollte, musste diese hinaufreichen zu den Mitarbeitern des

---

9 Zur wachsenden Zahl der Pfandleihhäuser und der Bedeutung der Händler aus Shanxi und Huizhou siehe von Glahn 2016, S. 344; Liu Jiansheng und Wang Ruifen 2002; Fan Jinmin und Xia Weizhong 2002; McDermott 2013; Akçetin 2017, S. 360. Zur Überschneidung von Beamtentum und Händlergewerbe sowie den Investitionen in Pfandleihhäuser siehe McDermott 2022, S. 200–209; Zhu Gen 1999.
10 Zu zeitgenössischen Diskussionen über den Nutzen und Schaden der Pfandleihhäuser für die Landbevölkerung, siehe Dunstan 2006, S. 100–103.
11 Siehe Qu Yanbin 1993, S. 90–94; Whelan 1979, S. 10–11, 24.

Pfandleihhauses, die erhöht und oft noch durch ein Gitter geschützt hinter dem Tresen saßen (Abbildung 1).[12] Der Tresen bildete innerhalb des Pfandleihhauses also den Kontaktpunkt, an dem die Kunden ihr Anliegen vorbrachten und an dem sie die Pfandstücke übergaben. Gleichzeitig bildete der Tresen auch eine Grenze, welche die Kunden nicht überschreiten konnten und welche sie vom Wissen der über ihren Köpfen thronenden Pfandleiher trennte. So waren die Pfandleihhäuser geteilt in einen Außenbereich, der allgemein zugänglich war, und einen Innenbereich, der allein den Pfandleihern vorbehaltenen war und in dem, verborgen vor den Augen Dritter, bestimmte Praktiken gepflegt und Kenntnisse vermittelt wurden.

Abbildung 1: Der hohe Tresen eines Pfandleihhauses

Um die Kunden und den Geschäftsvorgang der Verpfändung vor den neugierigen Blicken von Passanten abzuschirmen, war ein Sichtschutz zwischen dem Eingang des Pfandleihhauses und dem Hauptraum angebracht. Von der Straße war also nicht zu sehen, wer welche Dinge in Zahlung gab beziehungsweise geben musste. Dem Schutz vor Feuer und Wasser, vor allem aber auch dem Schutz vor Überfällen und Raub dienten hohe Mauern, die den Gebäudekomplex eines Pfandleihhauses umgaben.[13] Häufig waren die Hauptgebäude der Pfandleihhäuser zweistöckig, wobei die oberen Räume als Lagerräume dienten.[14] Zur Aufbewahrung wurden die verschiedenen Gegenstände in Pakete mit relativ einheitlicher Form verpackt, um sie platzsparend und geschützt vor Staub, Insektenbefall oder Feuchtigkeit in den Lagerregalen stapeln zu können. Besonders wertvolle Gegenstände wie Gold-

---

12 Ausschnitt einer Photographie aus dem Museum eines Pfandleihhauses der Qing-Zeit in Gaoyou 高邮 in der Provinz Jiangsu. Huanokinhejo, CC BY-SA 4.0, https://commons.wikimedia.org/w/index.php?curid=62299913

13 Dass Einbrüche dennoch ein Problem blieben, lässt sich aus einem Bericht in einem der Handbücher entnehmen. Siehe *Jun dianshi* ca. 1897, S. 26b–27a [eigene Seitenzählung des nicht nummerierten Manuskripts, Eintrag zu einem Vorfall am 30. August 1897].

14 Je nach Art und Umfang der in Zahlung genommenen Objekte gab es noch zahlreiche zusätzliche Lagerräume. Für den Grundriss eines größeren Pfandleihhauses siehe Pan Minde 1985, S. 211.

und Silberschmuck, Jade, Edelsteine oder Perlen wurden in verschließbaren Kästen gesondert gelagert.[15]

Größere Pfandleihhäuser hatten zahlreiche Mitarbeiter mit unterschiedlichen Aufgaben.[16] In der Regel oblag die Gesamtleitung einem Vorsteher, der von den Eignern des Pfandleihhauses eingesetzt wurde. Dem Vorsteher zur Seite gestellt war ein Sekretär, der sich um die Außenvertretung kümmerte, also etwa um die Korrespondenz mit Behörden. Jenseits dieser Leitungsfunktionen diente ein räumlich-funktionales System der Aufgabenteilung. Bis zu vier Mitarbeiter bildeten den sogenannten „Außenposten" (*waique* 外缺). Sie saßen hinter dem hohen Tresen, wo sie direkten Kontakt zu den Kunden hatten, die Güter beleihen oder auslösen wollten. Saisonal konnte es zu regelrechten Anstürmen kommen. Insbesondere zu Neujahr sammelten sich große Gruppen vor den Tresen, da traditionell zum Jahresende alle Schulden beglichen werden sollten. Etwas nach hinten versetzt und damit den Blicken der Kunden am Tresen entzogen, saßen mehrere Buchhalter auf den „inneren Posten" (*neique* 內缺). Mit Hilfe eines komplexen Systems verschiedener Bücher dokumentierten und kontrollierten sie die Einkünfte und Ausgaben, den Ein- und Ausgang der Güter sowie deren Lagerung. Die Mitarbeiter auf „mittleren Posten" (*zhongque* 中缺) verrichteten einfachere Arbeiten wie das Ausstellen und Kontrollieren der Pfandscheine sowie die sachgerechte Verpackung und Einlagerung der Pfandstücke. Daneben gab es noch Wachleute und mitunter einen eigenen Koch. Eine gesonderte Gruppe im Pfandleihhaus bildeten die Lehrlinge, die als *xuesheng* 學生 bezeichnet wurden.[17] Die Ausbildung dieser Gruppe soll im Folgenden betrachtet werden.

Die Ausbildung der Lehrlinge

In Hinblick auf die konkreten Abläufe im Pfandleihhaus und die Art, in welcher die Lehrlinge an ihre Aufgaben herangeführt wurden, ist der Informationsgehalt der

---

15 Zur Bauweise der Pfandleihhäuser siehe Qu Yanbin 1993, S. 95–104; Whelan 1979, S. 21–24.
16 Ein Handbuch spricht von „Dutzenden" (*shushi* 數十) von Mitarbeitern. Siehe *Dianye xuzhi* 1855–1911, Seq. 37. Eine Statistik aus der Republikzeit gibt als Mittelwert eine Anzahl von 27 Mitarbeitern an, wobei die Höchstzahl der Mitarbeiter in den untersuchten Beispielen bei 51 Personen liegt. Siehe Sun Wenyu 1936, S. 17–18. Diese Zahlen lassen sich wohl annäherungsweise auf die späte Kaiserzeit übertragen.
17 Für Übersichten zu den unterschiedlichen Positionen und ihren jeweiligen Aufgaben im Pfandleihhaus siehe Liu Qiugen 2021, S. 498; Whelan 1979, S. 25–31.

Handbücher sehr unterschiedlich. Besonders eingehende Aussagen hierzu enthält das Handbuch mit dem Titel *Dianye xuzhi* 典業須知 (Unabdingbares Wissen im Pfandleihgewerbe), welches daher bereits in einigen wissenschaftlichen Studien zur Organisation der Pfandleihhäuser sowie zum Kaufmannswesen allgemein berücksichtigt wurde.[18] In verschiedenen anderen Handbüchern lassen sich etwas verstreuter jedoch zahlreiche weitere Details zur Arbeitsweise der Pfandleihhäuser und zur Ausbildung der Lehrlinge ausfindig machen. Dies ermöglich uns einen Einblick, welche Erwartungen und Bestimmungen das Leben im Pfandleihhaus prägten, wie im Arbeitsalltag praktische Erfahrung erworben wurde, und welche Fähigkeiten die Lehrlinge im abendlichen Studium erlernen sollten.

Moralische Anforderungen und allgemeine Verhaltensregeln

Die Aussagen der Handbücher zur korrekten Arbeitseinstellung und zum Betragen im Pfandleihgewerbe sind geprägt von konfuzianischen Wertvorstellungen. Das *Dianye xuzhi* definiert sechs Grundtugenden für Lehrlinge: Fleiß (*qin* 勤), Achtsamkeit (*jin* 謹), Aufrichtigkeit (*lian* 廉), Genügsamkeit (*jian* 儉), Demut (*qian* 謙) und Besonnenheit (*he* 和).[19] Diese Tugenden sollten die generelle Lebens- und Arbeitshaltung der Lehrlinge bestimmen, zugleich wurden sie aber als essenziell für den Umgang mit Kollegen und Kunden angesehen. Als Gegenstück zu den positiven Charaktereigenschaften wird vor fünf Neigungen gewarnt, die als besonders schädlich für das soziale Miteinander im Pfandleihhaus sowie für den Ruf des Hauses angesehen wurden. Hier werden übermäßiges Temperament (*xingqing* 性情), der Hang zum Amüsement (*xiyou* 嬉游), Faulheit (*landuo* 懶惰), übertriebener Ehrgeiz (*haosheng* 好勝) und schlechter Umgang (*lanjiao* 濫交) angeführt.[20] Weite Teile des *Dianye xuzhi* thematisieren konkrete Kontexte, in denen diese Eigenschaften von Bedeutung sind, wobei ergänzend noch weitere moralische Qualitäten wie Großzügigkeit, Toleranz,

---

18 Eine Abschrift des in der Harvard-Yenching Library aufbewahrten Manuskripts des *Dianye xuzhi* wurde bereits 1971 publiziert und so einem weiten Fachpublikum zugänglich. Siehe Yang Lien-sheng 1971. Richard Lufrano hat das *Dianye xuzhi* zusammen mit mehreren anderen Kaufmannshandbüchern untersucht, um das Selbstverständnis der Kaufmannsschicht in der späten Kaiserzeit zu beschreiben. Siehe Lufrano 1997. Kürzere Betrachtungen der Aussagen des *Dianye xuzhi* zur Ausbildung und Position der Lehrlinge finden sich in Wang Zhenzhong 2009; Zhang Haiying 2019, S. 248–251.
19 *Dianye xuzhi* 1855–1911, Seq. 26–30.
20 *Dianye xuzhi* 1855–1911, Seq. 31–32.

Ernsthaftigkeit und Kompromissfähigkeit sowie weitere Untugenden wie Geiz, Gier, Achtlosigkeit und Arroganz erwähnt werden.[21]

Andere Handbücher thematisieren die wünschenswerten moralischen Qualitäten der Mitarbeiter weniger eingehend, heben aber ähnliche Aspekte hervor. Das *Dianwu biyao* 典務必要 (Essenzielles im Pfandleihgeschäft) etwa mahnt ebenso zur Vorsicht bei der Wahl von Freunden, um nicht Betrügern aufzusitzen.[22] Zudem wird Disziplin und Ordnung auch in unbeobachteten Momenten gefordert, damit kein Durcheinander entsteht.[23] Außerdem sollen die Lehrlinge fleißig und pflichtbewusst sein, was beinhaltet, dass sie früh aufstehen und spät zu Bett gehen.[24]

Angesichts der hohen moralischen Ansprüche an Lehrlinge waren geeignete Personen offenbar nicht leicht zu finden. Etwas überspitzt vergleicht das *Dianye xuzhi* die Auswahl der Lehrlinge mit dem staatlichen Prüfungssystem für Beamte:

> Alle drei Jahre gibt es einen *Optimus* bei der kaiserlichen Prüfung, aber es gibt nicht unbedingt alle drei Jahre einen (Lehrling), der als guter Händler taugt. Wenn es einen guten Lehrling gibt, lieben ihn daher alle Leute, als hätten sie einen Schatz gefunden, weil dieser so schwer zu bekommen ist. Man kann ihn wie einen *Optimus* bei der kaiserlichen Prüfung betrachten.
>
> 三年出一狀元，三年未必出一經紀。故有好學生，人皆愛如至寶，因難得故也。即以狀元觀之可也。[25]

Die Betonung der Seltenheit eines mustergültigen Lehrlings lässt erahnen, dass viele Neulinge im Gewerbe nicht in der Lage waren, die in sie gesetzten hohen moralischen Erwartungen gänzlich zu erfüllen. Wenn sich ein Lehrling jedoch moralisch als grundsätzlich untauglich erwies oder gegen Regeln des Pfandleihhauses verstieß, drohte ihm die Entlassung. Das *Dianye xuzhi* argumentiert, dass die Hälfte der Lehrlinge faul und nicht mit dem nötigen Ernst bei der Sache sei. Von solchen Personen solle man sich trennen, da sie mit ihrem Verhalten die guten Lehrlinge negativ beeinflussten.[26]

---

21 Siehe hierzu Lufrano 1997, S. 54. Diese moralischen Ansprüche an die Mitarbeiter finden sich in ähnlicher Form auch in Händlerhandbüchern. Siehe Zhang Haiying 2019, S. 249.
22 Siehe *Dianwu biyao* 2009, S. 277.
23 Siehe *Dianwu biyao* 2009, S. 279.
24 Siehe *Dianwu biyao* 2009, S. 276.
25 *Dianye xuzhi* 1855–1911, Seq. 10.
26 Siehe *Dianye xuzhi* 1855–1911, Seq. 5–6. Das *Dianye xuzhi* vertritt eine besonders harte Linie und spricht an mehreren Stellen von direkter Entlassung bei Verstößen gegen Regeln. Andere Quellen empfehlen erst nach mehreren Verstößen den Ausschluss aus dem Pfandleihhaus. Siehe Liu Qiugen 2021, S. 513–514.

Die Betonung der moralischen Integrität der Mitarbeiter, gepaart mit dem Selbstbild, als Pfandleiher ein Helfer der einfachen Leute zu sein, steht in einem markanten Gegensatz zur Außenperspektive auf Pfandleihhäuser.[27] In Schilderungen von Gelehrten wurden Pfandleiher häufig als unmoralische Geschäftemacher dargestellt, welche ohne jegliche Skrupel die Notlagen der normalen Bevölkerung ausnutzen. In Texten zur Hungersnotbekämpfung in der späten Kaiserzeit wird beispielsweise gefordert, der Staat solle den Pfandleihern das Handwerk legen oder selbst als fairer Pfandleiher auftreten, um so die Not insbesondere der ländlichen Bevölkerung zu lindern.[28] Auch in der spätkaiserzeitlichen Literatur werden die Pfandleiher häufig als verschlagen und betrügerisch beschrieben.[29] Die Betonung moralischer Standards in den Handbüchern legt nahe, dass sich die Pfandleiher selbst nicht als anstandsloses Gewerbe wahrnahmen. Zudem war es aus pragmatischen Gründen ratsam, unmoralisches Verhalten zu vermeiden, um neben reibungslosen Abläufen im Inneren auch den Ruf des Pfandleihhauses zu schützen.

Die Reputation des Hauses spielt neben der Vermeidung von Schäden und Missbrauch auch eine wichtige Rolle in den konkreten Verhaltensregeln, die in verschiedenen Handbüchern zu finden sind. Diese Regeln galten grundsätzlich für alle Mitarbeiter, waren aber Teil des Wissens, das neue Lehrlinge verinnerlichen mussten. Ein großer Teil der Regeln bezieht sich auf das korrekte Betragen in bestimmten Situationen: Man durfte beispielsweise nur an Festtagen mäßig Alkohol trinken, und wenn man getrunken hatte, sollte man achtgeben, was man sagt, und nicht übermütig werden.[30] Geschwätzigkeit und Prahlerei waren grundsätzlich unerwünscht.[31] Im Pfandleihhaus durfte nicht gespielt und kein Opium geraucht werden. Wer das Pfandleihhaus verließ, durfte nicht seinem Vergnügen nachgehen und etwa eine Prostituierte aufsuchen.[32] Andere Regeln befassen sich mit den Leihvorgängen und dem Umgang mit den Pfandstücken. So wird beispielsweise erklärt, dass man sich als Mitarbeiter

---

27 Zum Selbstverständnis als Helfer der Bevölkerung siehe *lun dianshi* ca. 1897, S. 11b–12b [Eintrag zu einem Pfandleihhaus in der Provinz Anhui aus dem Jahr 1882], S. 20a–b [Eintrag zu einem Pfandleihhaus in Ningguo 甯國 in der Provinz Anhui].
28 Siehe Will 1990, S. 247–250.
29 Siehe Qu Yanbin 1993, S. 257–268.
30 Siehe *Dianwu biyao* 2009, S. 277; *Dianye xuzhi* 1855–1911, Seq. 48.
31 Siehe *Dianwu biyao* 2009, S. 277; *Dianye xuzhi* 1855–1911, Seq. 47; Wang Zhenzhong 2009, S. 77.
32 Siehe *Dianye xuzhi* 1855–1911, Seq. 47–48; Liu Qiugen 2021, S. 511; Feng Yuejian 2012, S. 82.

nicht die verpfändete Kleidung ausleihen dürfe, um sie selbst anzuziehen.[33] Weitere Vorschriften betreffen Sicherheitsvorkehrungen innerhalb des Pfandleihhauses, etwa, dass man wegen Brandgefahr mit Feuer achtgeben solle, oder zu welcher Zeit die Wachen die Tore schließen müssten.[34] Selbst für das Essen im Pfandleihhaus finden sich Regeln: Ein Handbuch schreibt vor, die Ausgaben des Kochs genau zu überwachen.[35] Ein anderes Handbuch ermahnt die Mitarbeiter, ausreichend zu essen, egal ob es schmecke.[36]

All diese allgemeinen Maßgaben und konkreten Vorschriften bildeten einen Handlungsrahmen, in dem sich die Lehrlinge zu bewegen hatten. Die spezifischen Kenntnisse des Pfandleihgewerbes erwarben sie größtenteils im Arbeitsalltag.

Das Sammeln praktischer Erfahrung

Die Ausbildung in einem Pfandleihhaus war ein langjähriger Prozess. Aus Werken zum Kaufmannsgewerbe allgemein wissen wir, dass für Lehrlinge das Alter zwischen zehn und achtzehn Jahren als ideal für den Beginn ihrer Ausbildung angesehen wurde.[37] Im Falle der Pfandleihhäuser war das Alter der neuen Lehrlinge offenbar ähnlich.[38] Zuvor sollten die Jugendlichen schon in ihren Familien unterrichtet worden sein, denn es wurde erwartet, dass sie schon eine gewisse Vorbildung und charakterliche Reife mitbrachten.[39] Laut *Dianye xuzhi* lebten sie nach der Aufnahme ins Pfandleihhaus die nächsten sieben bis acht, manchmal sogar über zehn Jahre dort, bis sie schließlich fertig ausgebildet waren und in ihre Heimat zurückkehren konnten, um zu heiraten.[40] Die Prägung, welche die Lehrlinge in der Zeit ihrer Ausbildung erfuhren, beschreibt das *Dianye xuzhi* mit einer etwas ungewöhnlichen Metapher:

> In meiner Heimat gibt es eine Redewendung: ein Lehrling eines Pfandleihhauses ist wie ein Nachttopf aus Zinn. Es gibt nichts, in was man ihn verändern könnte,

---

33 Siehe *Dianye xuzhi* 1855–1911, Seq. 49; Liu Qiugen 2021, S. 511.
34 Siehe *Dianye xuzhi* 1855–1911, Seq. 46–47; *Dangpu ji* 2001, S. 42; Feng Yuejian 2012, S. 81–82.
35 Siehe *Dianye xuzhi* 1855–1911, Seq. 50–51.
36 Siehe *Dangpu ji* 2001, S. 42.
37 Siehe Chiu Pengsheng 2015, S. 226–227; Lufrano 1997, S. 69.
38 Im Vorwort eines Handbuchs erklärt der Autor, dass er im Alter von 14 Jahren seine Arbeit im Pfandleihhaus begann. Siehe *Dangpu ji* 2001, S. 36.
39 Siehe *Dianye xuzhi* 1855–1911, Seq. 23; Lufrano 1997, S. 62, 64.
40 Siehe *Dianye xuzhi* 1855–1911, Seq. 6.

denn er wäre sonst eine unbrauchbare Sache. Grundsätzlich sollen sich die Lehrlinge in den Pfandleihhäusern bei ihren Aufgaben korrekt verhalten, und wenn sie dies ein ganzes Leben von Anfang bis zum Ende in hohem Alter tun, dann ist dies ein wahres Glück. Wenn sie sich nicht an die Regeln des Pfandleihhauses halten, werden sie nie den Tag erleben, an dem sie hervorstechen. Warum? Um in ein anderes Gewerbe zu wechseln, reicht ihre Befähigung nicht aus. Sie können nur den ursprünglich erlernten Verhaltensmustern folgen, die ihnen zur Natur geworden sind.

吾鄉俗語：當舖學生尿壺錫。謂無他改，乃棄物也。凡在典學生，務概守分，得能一生始終到老，就是眞福。若不守典規，竟無出頭之日。何也？另改他業，勢所不能。只因從初習慣成自然。[41]

Im weiteren Text wird ausgeführt, dass sich die Lehrlinge an bestimmte Dinge gewöhnen, und dass sie sich daher beim Wechsel in ein anderes Gewerbe unwohl fühlen und als unfähig erweisen.[42] Diese Darstellung war als Mahnung an die Mitarbeiter im Pfandleihhaus gedacht und mag daher etwas überzogen sein, denn die Arbeitsabläufe in anderen kaufmännischen Gewerben waren grundsätzlich ähnlich.[43] Die Aussage des *Dianye xuzhi* verdeutlicht aber eine grundlegende Erwartung an die jungen Mitarbeiter: Sie sollten sich mit ganzer Kraft dem Pfandleihgewerbe verschreiben und darin zunächst über viele Jahre hinweg Erfahrung sammeln, um es letztlich zum Erfolg zu bringen – einem Erfolg, der ihnen im Falle eines Berufswechsels verwehrt bliebe. Dabei sei, so wird an anderer Stelle betont, Ausdauer und anhaltender Lernwille von großer Bedeutung; manche jungen Lehrlinge seien viel zu früh der Meinung, schon alles zu wissen und zu können, doch müsse man stets noch dazulernen.[44]

Während der Dauer der Ausbildung lebten die Lehrlinge die meiste Zeit des Jahres im Pfandleihhaus. Während der Zeiten, in denen saisonal weniger Betrieb war, durften sie manchmal Urlaub nehmen.[45] Grundsätzlich aber sollten sie das Pfandleihhaus möglichst selten verlassen und insbesondere nicht am Abend ausgehen, um sich zu amüsieren. Nur in Sonderfällen wurde Ausgang gestattet, dann aber zum Teil auch

---

41 *Dianye xuzhi* 1855–1911, Seq. 8.
42 Siehe *Dianye xuzhi* 1855–1911, Seq. 8.
43 Siehe hierzu die Beschreibungen der Aufgaben und Pflichten junger Kaufleute in Chiu Pengsheng S. 223–224; Wang Shihua, S. 10.
44 Siehe *Dianye xuzhi* 1855–1911, Seq. 11.
45 Wir finden unterschiedliche Angaben zur Frequenz und Dauer des Urlaubs. Er wurde oft erst nach einigen Lehrjahren gewährt, dauerte dann aber mehrere Wochen oder Monate am Stück, um den Lehrlingen einen Aufenthalt in ihrer Heimat zu ermöglichen. Siehe hierzu Qu Yanbin 1993, S. 138; Wang Zhenzhong 2009, S. 85–86; Whelan 1979, S. 39.

nur in Begleitung.⁴⁶ So lebten die Lehrlinge über lange Zeiträume relativ isoliert von der Außenwelt, eingeschlossen hinter den hohen Mauern des Pfandleihhauses, wo ihr sozialer Kontakt weitgehend auf andere Lehrlinge und ältere Mitarbeiter beschränkt blieb.

Der Arbeitsalltag der Lehrlinge war von Routinen geprägt. Sie sollten sich schon am frühen Morgen in die Arbeitsräume begeben und die Öffnung des Pfandleihhauses vorbereiten, also etwa die Schreibtische aufräumen, den Boden fegen und Tusche reiben.⁴⁷ Wenn das Pfandleihhaus seine Türen für die Kundschaft öffnete, hielten sich die Lehrlinge im Hintergrund, sollten aber aufmerksam beobachten, was in den verschiedenen Bereichen des Pfandleihhauses vorging.⁴⁸ Darüber hinaus verrichteten die Lehrlinge zunächst einfache Arbeiten im Bereich der „mittleren Posten", also etwa das Verpacken und Verstauen der beliehenen Gegenstände. Auch wenn diese Aufgaben nicht sehr anspruchsvoll waren, wurden die Lehrlinge angewiesen, sie mit Achtsamkeit und Sorgfalt auszuführen. Zum einen mussten sie sorgsam mit den Pfandstücken umgehen. Beim Verpacken durften sie nicht beschädigt werden, und die verpackten Pakete mussten so in das Lager eingeräumt werden, dass sie sicher lagerten und die Regale nicht unter ihrer Last einstürzten. Zum anderen musste auf Ordnung geachtet werden. Die Pakete sollten gut auffindbar verstaut werden. Zudem durften die an ihnen angebrachten Markierungszettel mit der Registrierungsnummer, dem Namen des Kunden sowie dem Pfandwert nicht abfallen. Geschah dies doch einmal, sollten die Markierungszettel sofort wieder angebracht werden. Würde hierauf nicht gewissenhaft geachtet, drohten Verzögerungen und Durcheinander bei der Rückgabe der Gegenstände.⁴⁹

Im Laufe der Zeit stiegen die Lehrlinge in der internen Hierarchie langsam auf und durften dann auch auf den „inneren Posten" und „äußeren Posten" Erfahrung sammeln.⁵⁰ Hier konnten die Lehrlinge ihr Wissen über die beliehenen Objekte und die Verwaltungsabläufe vertiefen. Insbesondere auf den „äußeren Posten" sollten sie zudem ihre Menschenkenntnis erweitern und ein Gespür für bestimmte Situationen im Umgang mit Kunden entwickeln. Das *Dangpu ji* 當鋪集 (Gesammeltes Wissen zum Pfandleihhaus) beschreibt die Bedeutung dieser Fähigkeiten in folgender Weise:

---

46 Siehe *Dianye xuzhi* 1855–1911, Seq. 9.
47 Siehe *Dianye xuzhi* 1855–1911, Seq. 16–17.
48 Siehe *Dianye xuzhi* 1855–1911, Seq. 42–43; *Diangui* 1879, S. 8a; Wang Zhenzhong 2009, S. 77.
49 Siehe *Dianye xuzhi* 1855–1911, Seq. 15–18.
50 Siehe Wang Zhenzhong 2009, S. 79; Qu Yanbin 1993, S. 137–138.

In diesem Geschäft bedarf das Lernen stets einer Reihenfolge und das korrekte Verhalten stets des Pflichtbewusstseins. Die neuen Lehrlinge sollten fortwährend den Anweisungen anderer Mitarbeiter gehorchen. Sie dürfen nicht faul sein und nach Belieben ihrem Temperament folgen. Nach drei bis fünf Jahren erweitern sich diese [Fähigkeiten] um Sensibilität. Wer Sensibilität besitzt, erkennt mit den Augen, ob der Gesichtsausdruck der Kunden friedfertig oder aggressiv ist, die Echtheit oder Falschheit der [zu beleihenden] Objekte, und die Haltung, mit der die Kunden diese übergeben; er hört mit den Ohren heraus, welche Erläuterungen [der Kunden] glaubhaft und welche unglaubhaft sind; den Mund gebraucht er zum Nutzen eines höflichen Austauschs; mit dem Geist bedenkt er die verschiedenen Belange des Geschäfts. Was man auf diese Weise in das Gewerbe einbringt, ist bedeutender als eine Truhe voll Gold und Silber.

且生意行中，學習各有次序，行道各有職分。初學者宜多勤聽人的指教，勿得懶惰，隨便性氣。三五年之後，加之以留神。留神者目觀人氣色和暴，物之正邪，高低人下之；耳上聽言談是合理與不合理，口將應酬之利便，心度已往來之事體。如此藝業隨身盛於金銀滿柜矣。[51]

Diese Textstelle betont zum einen die Bedeutung von Sensibilität und Achtsamkeit, um betrügerische Absichten frühzeitig zu bemerken und sich nicht durch unzutreffende Angaben oder gefälschte Gegenstände und Geldstücke in die Irre leiten zu lassen. Erkannte man Fälschungen, waren die Kollegen umgehend davon in Kenntnis zu setzen, damit auch diese am konkreten Fall ihre Fähigkeit zur Unterscheidung von Echt und Unecht schulen konnten.[52] Zum anderen wird hier – wie in vielen anderen Handbüchern – auf die große Bedeutung von Fingerspitzengefühl im Umgang mit Kunden hingewiesen. Pfandleihhäuser waren Orte des Aushandelns, in denen neben der Fähigkeit zur Einschätzung des Werts eines Gegenstands auch die Autorität, Überzeugungskraft und Vertrauenswürdigkeit der Mitarbeiter wesentlich für das Geschäft waren. Daher mahnen die Handbücher wiederholt zu Besonnenheit, Respekt und Empathie gegenüber den Kunden, da diese nicht verärgert werden sollten.[53] Diese Höflichkeit stand nicht zuletzt im langfristigen Interesse des Pfandleihhauses, denn Kunden sollten an das Pfandleihhaus gebunden und nicht wegen kleinerer Unstimmigkeiten verprellt werden. Es wurde sogar vorgeschlagen, sich in Einzelfällen

---

51 *Dangpu ji* 2001, S. 39; ebenfalls in *Danghang zaji* 2009, S. 223.
52 Siehe *Dianye xuzhi* 1855–1911, Seq. 38.
53 Siehe *Dangpu ji* 2001, S. 39; *Dianye xuzhi* 1855–1911, Seq. 39; Lufrano 1997, S. 91. Zum Ärger, den ein unzufriedener Kunde hervorrufen konnte, siehe etwa *Jun dianshi* ca. 1897, S. 14a–15b [Vorfall aus dem Jahr 1889].

großzügig zu zeigen und gegebenenfalls auf geringfügige Gewinne zu verzichten, um ein gutes Verhältnis zu einzelnen Kunden zu wahren.[54]

Die Kenntnisse und Erfahrungen, welche die Lehrlinge durch die Beobachtung der täglichen Abläufe gewannen, wurden ergänzt von Unterweisungen durch erfahrene Mitarbeiter. Die Handbücher legen nahe, dass diese Unterweisungen häufig spontan stattfanden, denn es wird den erfahrenen Mitarbeitern dazu geraten, sich insbesondere in Zeiten geringer Arbeitsbelastung um die Lehrlinge zu kümmern.[55] Zudem werden die Lehrlinge gewarnt, dass ältere Mitarbeiter ihre Kenntnisse nur an solche Lehrlinge bereitwillig weitergeben, die sich anständig und respektvoll betragen.[56] Entsprechend wird von den Lehrlingen die Bereitschaft gefordert, sich offen für Rat und Belehrung zu zeigen.[57] Wie die Verantwortung für die Ausbildung der Lehrlinge unter den älteren Mitarbeitern aufgeteilt war, wird in den Handbüchern allerdings nicht klar dargelegt. Das *Dianye xuzhi* nennt lediglich den leitenden Angestellten (*silou* 司楼) als Hauptverantwortlichen für die Ausbildung der Lehrlinge. Da die jungen Lehrlinge ein kindliches Verhalten noch nicht völlig abgelegen könnten, so erklärt das Handbuch, müsse der leitende Angestellte sie kontrollieren und auf Fehler hinweisen, damit sie sich dieser bewusst würden. Wenn die Lehrlinge ihr Verhalten dennoch nicht änderten, solle man ihnen abends nach dem Essen alles noch einmal ganz ruhig unter vier Augen erklären, um sie zur Einsicht zu bringen.[58] Der Abend war jedoch nicht allein solchen Belehrungen vorbehalten, er diente vor allem dem Erlernen grundlegender Fertigkeiten des Pfandleihgewerbes.

Das abendliche Studium

Neben der praktischen Ausbildung im Arbeitsalltag sollten die Lehrlinge ihre Kenntnisse und Fähigkeiten durch fleißiges Studium ergänzen und erweitern. Hierfür werden in den Handbüchern zwar auch die Phasen während des Tages, in denen die Lehrlinge unbeschäftigt waren, genannt. In der Regel aber war der Abend nach Schließung des Pfandleihhauses als Zeit für das eigenständige Studium vorgesehen.[59] Die

---

54 Siehe *Dianye xuzhi* 1855–1911, Seq. 20–21; Lufrano 1997, S. 121; Whelan 1979, S. 29.
55 Siehe *Dangpu ji* 2001, S. 39.
56 Siehe *Dianwu biyao* 2009, S. 276.
57 Siehe *Dianye xuzhi* 1855–1911, Seq. 42–43; *Diangui* 1879, S. 8a.
58 Siehe *Dianye xuzhi* 1855–1911, Seq. 37–38; *Diangui* 1879, S. 4a.
59 Siehe *Dianye xuzhi* 1855–1911, Seq. 9; *Dianwu biyao* 2009, S. 279.

Handbücher nennen drei grundlegende Bereiche, in denen sich die Lehrlinge bilden sollten: Lesen, Schreiben und Rechnen.

Die empfohlene Lektüre für Lehrlinge war nicht allein auf Texte beschränkt, die direkt mit dem Pfandleihgewerbe in Verbindung standen. So ermahnt das *Dianye xuzhi* die Lehrlinge zwar, Handbücher zum Pfandleihgeschäft, zu sozialer Etikette und zu Modellbriefen zu lesen, es ermuntert sie aber auch, sich mit orthodoxen konfuzianischen oder buddhistischen Werken zu befassen, um sich über das eigene Gewebe hinaus zu bilden. Selbst Bücher aus dem Bereich der Medizin seien sinnvoll, um die persönlichen Kenntnisse zu erweitern.[60] Andere Handbücher raten ebenfalls dazu, nicht die Mühsal zu scheuen, orthodoxe konfuzianische Texte zu studieren; dabei soll langsam und genau gelesen werden. Abgeraten wird hingegen von Unterhaltungsliteratur und unorthodoxen Textgattungen.[61]

Beim Schreiben galt es, zwei verschiedene Stile zu erlernen. Für den internen Gebrauch hatten die Pfandleihhäuser einen eigenen Schriftstil, der für Außenstehende nicht ohne Weiteres verständlich war und genutzt wurde, um beispielsweise Pfandscheine gegen Fälschung zu schützen. Neben einer kursiven Schrift wurden hierbei bestimmte abgekürzte Schriftzeichen oder spezielle Sonderzeichen gebraucht, die nur für die eigenen Mitarbeiter lesbar sein sollten.[62] Wenn die Lehrlinge den hauseigenen Schrifttyp beherrschten, sollten sie auch ihre Kalligraphie und ihren Schreibstil in der Standardschrift trainieren, um Korrespondenz, etwa mit Behörden, in angemessener Form erledigen zu können. Eine ordentliche Kalligraphie wurde als wichtig angesehen für den Eindruck, den man bei Außenstehenden hinterließ.[63] Wie beim Lesen stand dabei nicht die Quantität im Vordergrund; für die Übung der Schrift wurde vielmehr ein langsames, aber konzentriertes Tempo empfohlen.[64]

---

60 Siehe *Dianye xuzhi* 1855–1911, Seq. 9–10; hierzu auch Lufrano 1997, S. 77.
61 Siehe *Dianwu biyao* 2009, S. 280; *Dangpu ji* 2001, S. 42.
62 Für Erläuterungen zu dieser Schrift und zahlreiche Beispiele siehe Qu Yanbin 1993, S. 120–131; Liu Qiugen 1995, S. 163–171; Pan Minde 1985, S. 195–210.
63 Siehe *Dianye xuzhi* 1855–1911, Seq. 43–44; *Diangui* 1879, S. 8b. Lehrlinge konnten geprüft und bei schlechten Leistungen beim Schreiben auch entlassen werden. Siehe Qu Yanbin 1993, S. 136. Es ist allerdings nicht klar, wie verbreitet solche internen Überprüfungen des Lernfortschritts waren, da die hier untersuchten Handbücher sich zu diesem Thema nicht äußern.
64 Siehe *Dianwu biyao* 2009, S. 280. In diesem Falle wurde der frühe Morgen als ideale Zeit für die Übung angesehen, da man zu dieser Zeit mit ruhigem Geist die Schrift trainieren könne.

150   *Martin Hofmann*

Angesichts der Vielzahl an Wertangaben, Zinsen und Gebühren im Pfandleihgewerbe ist es wenig überraschend, dass die Handbücher den Umgang mit dem Abakus als eine Grundfertigkeit darstellen. Beim abendlichen Studium und in der freien Zeit sollte die Handhabung des Abakus trainiert werden, und bei Fragen sollten die Lehrlinge bei den Älteren um Unterweisung bitten.[65]

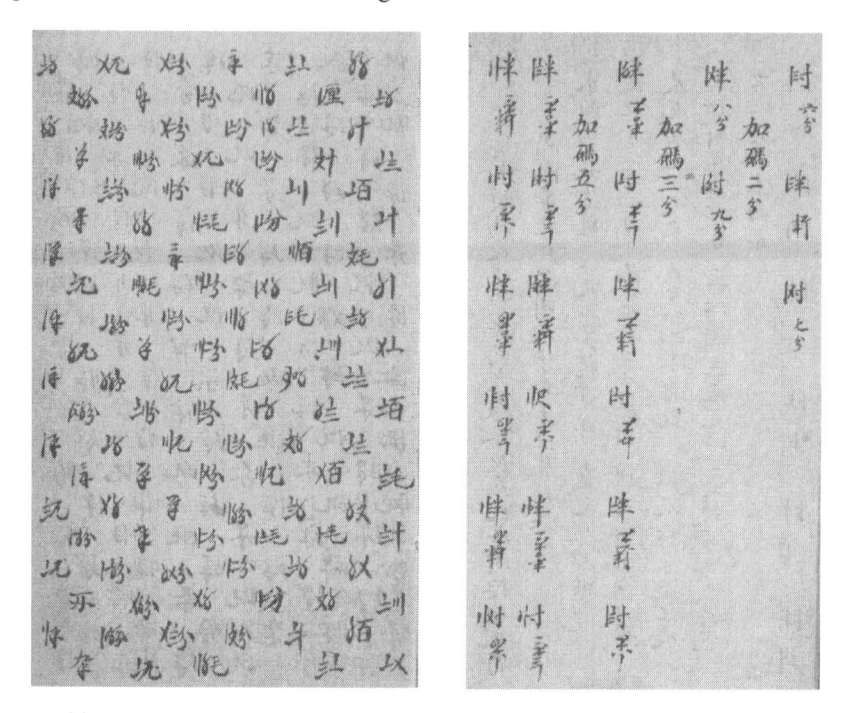

Abbildungen 2 und 3: Unorthodoxe Schreibweisen von Zahlen im Yinyang zhubao pu *(links) und im* Zhibao jingqiu *(rechts)*

Auch bei den Zahlen wurden besondere, unorthodoxe Schreibweisen gebraucht, wie die beiden obigen Beispiele aus dem *Yinyang zhubao pu* 銀洋珠寶譜 (Aufzeichnungen zu Silbergeld und Schmuck) und dem *Zhibao jingqiu* 至寶精求 (Essenzielles zu erlesenen Kostbarkeiten) verdeutlichen (Abbildungen 2 und 3).[66] Ein Teil der unorthodoxen Zahlenangaben sind in der Form der sogenannten „Suzhou Zahlen" (*Suzhou mazi* 蘇州碼子) geschrieben, die in der späteren Kaiserzeit häufig von Händlern bei der Angabe von Preisen oder bei der Buchhaltung gebraucht

---

65 Siehe *Dianye xuzhi* 1855–1911, Seq. 17, 43; *Diangui* 1879, S. 8a–b.
66 *Yinyang zhubao pu* 1860–1945, Seq. 76; *Zhibao jingqiu* 1796–1911, Seq. 79.

wurden.⁶⁷ Es ist daher nicht verwunderlich, dass Mitarbeiter in den Pfandleihhäusern mit diesen Zahlen vertraut sein mussten. Im Falle des *Zhibao jingqiu* folgen diese Zahlen einem kurzen mathematischen Lehrgedicht. Darüber hinaus geben die Handbücher allerdings kaum Informationen, in welcher Art und Weise mathematische Kenntnisse konkret geschult wurden.

Die Funktion der Handbücher

Die Beschreibungen der Handbücher legen nahe, dass die Ausbildung der Lehrlinge im Pfandleihgeschäft, wie in anderen Gewerben auch, weitgehend auf mündlicher Belehrung sowie auf Erfahrung durch Beobachtung und Übung beruhte. Die abendliche Textlektüre hatte demnach nur ergänzende Funktion, denn sie wird vergleichsweise knapp und vage erörtert. Allerdings lässt die Existenz der verschiedenen Handbücher darauf schließen, dass schriftlich festgehaltene Kenntnisse durchaus als hilfreich für die Wissensweitergabe angesehen wurden. Daher soll im Folgenden betrachtet werden, mit welcher Absicht die Handbücher verfasst wurden, welche Informationen sie beinhalteten, und welchen praktischen Zwecken sie vornehmlich dienten.

Das Handbuch als Lehrwerk?

Trotz der erheblichen Unterschiede in Aufbau und Inhalt der Handbücher gehen bisherige Studien, die diese Werke betrachtet haben, davon aus, dass sie eine einheitliche Funktion hatten: Sie dienten grundsätzlich der Ausbildung der Lehrlinge in den großen, städtischen Pfandleihhäusern.⁶⁸ Diese Annahme wird gestützt von Aussagen wie etwa der bereits erwähnten Aufforderung zum Studium von entsprechenden Handbüchern im *Dianye xuzhi* oder der Selbstbeschreibung des *Dianwu biyao* als Informationsquelle für Lehrlinge.⁶⁹ Allerdings bedarf diese allgemeine Charakterisierung der Handbücher als Hilfsmittel für Lehrlinge gewisser Einschränkungen.

---

67 Für eine Übersicht über die Suzhou Zahlen, siehe Needham 1959, S. 7.
68 Siehe Akçetin 2017, S. 357–365; Qu Yanbin 1993, S. 133–134; zumindest in Bezug auf das *Dianye xuzhi* so auch in Wang Zhenzhong 2009, S. 63. Zu einer ähnlichen Einschätzung kommt Lufrano in Bezug auf die Funktion von Händlerhandbüchern allgemein. Siehe Lufrano 1997, S. 20.
69 Siehe *Dianwu biyao* 2009, S. 281–282; *Dianye xuzhi* 1855–1911, Seq. 9–10.

Zunächst waren die Handbücher keine Lehrbücher im engeren Sinne. Aus Vorworten zu den Handbüchern lässt sich entnehmen, dass diese Werke häufig auf Notizen basierten, welche erfahrene Pfandleiher zunächst nur für den eigenen Gebrauch anfertigten, die dann aber zu kurzen Abhandlungen zusammengefasst und an andere Mitarbeiter weitergegeben wurden.[70] Entsprechend sind sie nicht systematisch nach didaktischen Prinzipien aufgebaut, sondern unterschiedlich klar strukturierte Sammlungen von diversen Informationen zu Waren und Abläufen im Pfandleihgeschäft. Nur vereinzelt finden sich Passagen, die eine deutliche Verbindung zum Lernen erkennen lassen, wie etwa das oben genannte mathematische Lehrgedicht. Solche formelhaft oder in Versform verfassten Textstücke sollten das Memorieren bestimmter Kenntnisse oder Regeln erleichtern.[71] Der Großteil der Handbücher enthält aber vorwiegend kurze Abhandlungen zu den allgemeinen Merkmalen einer bestimmten Gruppe von Objekten sowie längere Listen, welche die spezifischen Charakteristika einzelner Gegenstände verzeichnen. Diese Beschreibungen und Auflistungen wurden immer wieder ergänzt, korrigiert und neu zusammengestellt, sodass sich inhaltlich zahlreiche Überschneidungen zwischen einzelnen Handbüchern erkennen lassen.[72] Die Handbücher bilden aber auch nach diesen Überarbeitungen in den meisten Fällen Konvolute, die eher den Charakter von Nachschlagewerken als von Lehrwerken haben.

Außerdem waren die Handbücher in der Regel nicht dazu geeignet, ihren Lesern allumfassende Kenntnisse zu allen beleihbaren Gütern oder auch nur bestimmten Objektgruppen zu vermitteln, selbst wenn sie sich thematisch auf bestimmte Arten von Gütern konzentrierten. Vielmehr setzten die verschiedenen Handbücher in unterschiedlichem Maß Vorkenntnisse bei den Lesern voraus. Dies veranschaulicht beispielsweise das Vorwort zu dem Handbuch *Dinglun zhenzhu jiapin baoshi hangtou* 定論珍珠價品寶石沆頭 (Festlegung des Werts von Perlen und der Qualität von Edelsteinen). Dort wird zunächst die Beurteilung der verschiedenen Perlensorten als komplexe Aufgabe dargestellt, nicht zuletzt, weil echte von falschen und gute von minderwertigen Exemplaren unterschieden werden mussten.[73] Die Funktion des Handbuchs wird dann auf folgende Weise erklärt:

---

70 Siehe etwa *Danghang zaji* 2009, S. 221–222; *Dinglun zhenzhu jiapin baoshi hangtou* 2001, S. 498; *Dangpu ji* 2001, S. 36–37.

71 Für weitere Beispiele siehe etwa *Dianye xuzhi* 1855–1911, Seq. 51–53; *Yinyang zhubao pu* 1860–1945, Seq. 74–76.

72 Siehe hierzu auch Wang Zhenzhong 2009, S. 67–68.

73 Siehe *Dinglun zhenzhu jiapin baoshi hangtou* 2001, S. 498.

Wenn man dieses Handbuch genau studiert, wird man die verschiedenen Sorten erkennen. Für alle gibt es eine Bewertung mit einer Sortierung nach Gewicht sowie den Details, mit denen man vertraut sein muss. Außerdem werden ihre Erscheinungsformen analysiert und ihre Besonderheiten betrachtet, damit man einen Wert in angemessener Höhe festlegen kann. Hält man sich daran beim Geschäft, wird man sich kaum wegen einer Fehleinschätzung zum Gespött machen. Es lässt sich also gewiss als ein Leitfaden für Perlen bezeichnen, oder etwa nicht? Wer fortan dieses Handbuch liest, kann mit anderen über Perlen diskutieren. Man muss aber [bereits] eingehende Kenntnisse über Perlen haben, erst dann sollte man dieses Handbuch lesen.

然細閱是譜，見其分門別類。各有品題，較重量輕，纖毫必悉。且究其出產，度[74]其體勢，以定價值之準。持此應世，可鮮暗投之誚矣。殆所[75]謂珠之指南，非也。今而後讀斯譜可與之言珠。亦必深知珠，而后可讀斯譜也。[76]

Die Aussage, dass das Studium des Handbuchs nur auf der Basis von soliden Kenntnissen über Perlen sinnvoll sei, macht deutlich, dass sich dieses Werk nicht an Anfänger im Pfandleihgewerbe richtete, sondern an fortgeschrittene Lehrlinge oder auch andere erfahrene Mitarbeiter, die sich mit Perlen bereits gut auskannten. Die grundlegenden Kenntnisse mussten die Lehrlinge in diesem Fall also schon mit Hilfe anderer textlicher Quellen, vor allem aber wohl durch mündliche Belehrung und eigene Anschauung erworben haben. Allerdings wandten sich nicht alle Handbücher explizit an Leser, die bereits eingehende Erfahrung mit den beschriebenen Gütern hatten. Insbesondere die Werke, die sich nicht auf eine bestimmte Objektgruppe konzentrieren, sondern ein weites Spektrum an beleihbaren Gütern behandeln, enthalten häufig vergleichsweise knappe oder eher allgemeine Beschreibungen, die primär als Einführung in die Materie gedient haben dürften und sich daher wohl insbesondere an Neulinge im Pfandleihgewerbe richteten. Die verschiedenen Handbücher waren also in unterschiedlichen Phasen der Ausbildung hilfreich, mussten aber stets durch Wissen aus der Geschäftspraxis ergänzt werden.

---

74 Im Text steht hier eigentlich das Schriftzeichen 庭. Der Abgleich mit dem inhaltlich nur leicht abweichenden Vorwort eines anderen Handbuchs macht jedoch deutlich, dass es sich hierbei um einen Schreibfehler handelt. Vgl. *Zhibao jingqiu* 1796–1911, Seq. 5.

75 Im Text steht hier das Schriftzeichen 非, doch erneut ist dies ein Schreibfehler. Vgl. *Zhibao jingqiu* 1796–1911, Seq. 5.

76 *Dinglun zhenzhu jiapin baoshi hangtou* 2001, S. 499.

Wissensrepositorien zur Wertbestimmung

Die Handbücher boten ihren Lesern Erklärungen zu einer Vielzahl von Produkten, zu deren Werten sowie zur Unterscheidung von echten und gefälschten Objekten. Da die Handbücher für den Gebrauch in städtischen Pfandleihhäusern verfasst wurden, spielen in ihnen alltägliche Gegenstände wie Ackergeräte, die in ländlichen Gegenden oft beliehen wurden, keine Rolle. Häufig erörtert werden dagegen Stoffkleidung, Lederwaren und Pelze, außerdem Jade, Gold- und Silberschmuck sowie Edelsteine und Perlen. Vereinzelt finden sich auch Einträge zu kalligraphischen Werken, Bildern und Büchern, zu Filz- und Wollkleidung, zu Kupfer- und Zinnwaren, zu Edelholzprodukten sowie zu ausländischen Münzen.[77] Die große Bandbreite an beleihbaren Gütern, die aus den Einträgen in den Handbüchern erkennbar wird, stellte hohe Anforderung an die Lehrlinge der Pfandleihhäuser, da sie die richtige Lagerung, vor allem aber die korrekte Beurteilung des Werts der verschiedenen Objekte erlernen mussten.[78]

Die verschiedenen Herkunftsorte der beleihbaren Objekte machten die Aufgabe der Wertbestimmung für die Pfandleiher noch anspruchsvoller. Die ökonomische Entwicklung im spätkaiserlichen China sorgte für eine weite überregionale Zirkulation zahlreicher Güter, was sich auch in den Handbüchern zum Pfandleihgeschäft widerspiegelt. Viele der dort genannten Gegenstände stammten aus entlegenen Regionen oder auch aus dem Ausland. So erwähnen die Handbücher etwa tibetische Produkte,[79] Felle aus Russland,[80] Perlen aus Luzon[81] und Edelsteine aus verschiedenen Ländern.[82] Im *Zhibao jingqiu* findet sich sogar eine kurze Übersicht zu ausländischen

---

77 Die von Akçetin erstellte Übersicht zu den Themen des *Dangpu ji* gibt einen guten Eindruck von der Vielfalt der Objekte, die in den Handbüchern erörtert werden. Siehe Akçetin 2017, S. 383. Siehe auch Whelan 1979, S. 34–35.
78 Wie komplex diese Aufgabe war, verdeutlicht die Tatsache, dass auch Gelehrte bei der Identifizierung vermeintlich wertvoller Gegenstände große Schwierigkeiten hatten. Siehe hierzu Clunas 2004.
79 Siehe *Danghang zaji* 2009, S. 242–253, wobei ein Teil der dort aufgelisteten „tibetischen Produkte" (*Xizang tuchan* 西藏土產) gemäß der Beschreibung des Autors nicht aus Tibet oder tibetisch geprägten Gebieten stammte.
80 Siehe *Dang pu* 2001, S. 170–192; *Lun piyi cuxi maofa* 2001, S. 130. Zum Umgang der Pfandleiher mit Fellen aus fernen Regionen siehe auch Akçetin 2017, S. 371–373.
81 Siehe *Chengjia baoshu* 2001, S. 376, 380–381; *Yinyang zhubao pu* 1860–1945, S. 73; *Dianwu biyao* 2009, S. 285; *Dangpu ji* 2001, S. 47; *Danghang zaji* 2009, S. 259–260.
82 Siehe *Yuqi pihuo pu* 1864–1911, Seq. 14–26; *Zhibao jingqiu* 1796–1911, Seq. 44–48, 63–66.

Vom Laien zum Leiher 155

Zahlen (Abbildung 4).⁸³ All dies lässt darauf schließen, dass viele Pfandleihhäuser auch ausgefallene Gegenstände annahmen, mit denen sich die Pfandleiher erst vertraut machen mussten, da sie im Alltagsleben nur selten vorkamen.

Welche Hilfen konnten die Handbücher den Pfandleihern bei der Wertbestimmung der verschiedenen Objekte leisten? Die oben zitierte Passage aus dem Vorwort des *Dinglun zhenzhu jiapin baoshi hangtou* legt nahe, dass allein die Angaben des Handbuchs für eine korrekte Werteinschätzung ausreichten. Hier muss jedoch erneut zwischen den verschiedenen Handbüchern unterschieden werden, da deren Informationsgehalt auch zu einzelnen Gütern sehr uneinheitlich ist. In manchen Listen zu bestimmten Gütergruppen finden sich neben der Bezeichnung und zuweilen dem Herkunftsort des jeweiligen Objekts nur äußerst knappe Aussagen zu Größe oder Aussehen sowie eine Wertangabe. Diese Aufstellungen haben den Charakter leicht erweiterter Preislisten, die wohl primär als Übersichten und Merkhilfen dienten.⁸⁴ Andere Listen enthalten detaillierte Beschreibungen der Beschaffenheit, der Besonderheiten sowie der Unterschiede zu ähnlichen oder gefälschten Objekten.⁸⁵ Insgesamt aber waren auch diese Darstellungen wohl nur in manchen Fällen dafür geeignet, die jeweiligen Gegenstände allein auf Grundlage der textlichen Angaben exakt voneinander zu unterscheiden und richtig einzuschätzen.

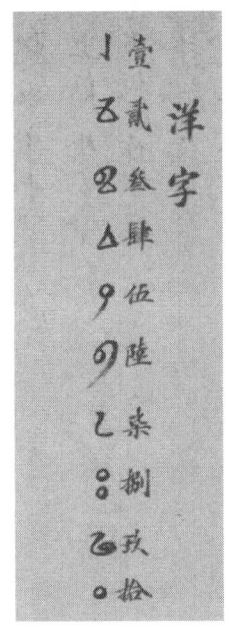

Abbildung 4: Ausländische Zahlen

Dies verdeutlicht eine Erklärung zu mandschurischem Geschmeide im *Dianwu biyao*, die mit folgender Aussage schließt:

> Das Vorangegangene ist [nur] ein Abriss zu mandschurischem Geschmeide. Wollte man den Kopfschmuck und das Geschmeide [genau] erörtern, wären die [zu beachtenden] Varianten äußerst zahlreich, und die Größe der Edelsteine ist selbstverständlich auch nicht immer gleich. Zudem verändert sich [die Bewertung von] Alter und Gewicht ständig. Darüber hinaus gibt es Unterschiede zwischen Familienbesitz und Gastgeschenk sowie unzählige [Formen von] Originalen und Fälschungen. Wie könnte man, selbst wenn man zahlreiche Stücke mit

---

83 *Zhibao jingqiu* 1796–1911, Seq. 78. Es dürfte sich hierbei um eine Nachahmung einer älteren Schreibweise arabischer Ziffern handeln, doch die Quelle der Darstellung ist unklar.
84 Siehe etwa *Dang pu* 2001; zu einem Großteil auch *Zhibao jingqiu* 1796–1911.
85 Siehe etwa *Chengjia baoshu* 2001; *Diangui* 1879; *Yinyang zhubao pu* 1860–1945.

eigenen Augen gesehen hat, die mandschurischen Preziosen vollständig erfassen? Daher wird hier nur ein grober Überblick gegeben.

以上滿洲首飾之大概也。若論頭面首飾，種類至多，珠寶自有大小不一，且新舊輕重，隨時變遷。且有家置客買之分，真偽百出。豈以目見數件能盡滿洲之奇玩哉？是以聊具大略云爾。[86]

Die Lehrlinge konnten den Handbüchern also allgemeine Merkmale und grundlegende Informationen zur Einschätzung des Werts bestimmter Gegenstände entnehmen. In komplexeren Fällen aber mussten zahlreiche spezifische Faktoren berücksichtigt werden, die auch sehr detaillierte Beschreibungen in den Handbüchern kaum vollständig erläutern konnten, sodass die Wertbestimmung letztlich von der Erfahrung und vom Urteilsvermögen des Pfandleihers abhing.[87]

Die Wertangaben, die häufig den Beschreibungen der Objekte zugefügt sind, boten den Pfandleihern eine Richtschnur, um den Wert eines bestimmten Gegenstandes in ein Verhältnis zu anderen Gegenständen ähnlicher Art zu setzen. Allerdings konnten die angegebenen Werte von den Pfandleihern nicht einfach übernommen werden. Dies lag nicht allein daran, dass ihnen die einzelnen Objekte in verschiedenem Zustand oder in leicht unterschiedlicher Ausführung vorgelegt wurden und entsprechend individuell beurteilt werden mussten. Vielmehr waren die Wertangaben, vielleicht abgesehen von einzelnen Einträgen, die einen Gegenstand als wertlos kennzeichnen, nur von begrenzter Gültigkeitsdauer. Verschiedene Anmerkungen in den Handbüchern verweisen auf die Notwendigkeit zur stetigen Anpassung der Einschätzungen von Objekten aufgrund der Wertschwankungen oder berichten von deutlichen Wertveränderungen im Zeitraum seit der ursprünglichen Abfassung der Objektbeschreibungen.[88] Um die gegenwärtigen Werte zu kennen, konnten sich die Pfandleiher also nicht allein auf die Handbücher verlassen, sondern mussten beständig den Markt der entsprechenden Objekte beobachten.[89]

Die Bedeutung der Handbücher für die Wertbestimmung lag nicht primär in den konkreten Preisangaben, sondern vielmehr in den Beschreibungen der verschiedenen

---

86 *Dianwu biyao* 2009, S. 308.
87 Akçetins Einschätzung, dass Werke wie das *Dangpu ji* alle nötigen Informationen lieferten, um Pfandleihern eine Einschätzung des Werts von Bekleidungsartikeln zu ermöglichen, scheint mir zu optimistisch. Siehe Akçetin 2017, S. 371.
88 Siehe *Dang pu* 2001, S. 170; *Dangpu ji* 2001, S. 37; *Dinglun zhenzhu jiapin baoshi hangtou* 2001, S. 521; *Lun piyi cuxi maofa* 2001, S. 168.
89 Siehe *Lun piyi cuxi maofa* 2001, S. 161.

beleihbaren Objekte.⁹⁰ Neben den Einträgen zu einzelnen Objekten dienten hierbei auch die allgemeineren Charakterisierungen bestimmter Objektgruppen als Hilfen für die Beurteilung. Diese Textpassagen erläutern häufig, welche Kriterien man grundsätzlich beachten und wie man zwischen verschiedenen Gegenständen gleicher Art differenzieren sollte. So werden beispielsweise im Falle von Stoffkleidung Zustand, Material, Größe, Verarbeitung, Farbe und Schnitt als grundlegende Kriterien für die Beurteilung angeführt.⁹¹ Darüber hinaus finden sich in vielen Handbüchern auch kurze Anleitungen, wie man echte Objekte von gefälschten unterscheiden kann, und auf welchen Wegen man Fälschungen erkennen kann. So werden etwa Verfahren beschrieben, mit deren Hilfe sich die Echtheit beziehungsweise Reinheit von Metallen, Jade, Edelsteinen oder Schmuckstücken prüfen lässt.⁹² Andere Textstellen verweisen auf verschiedene direkt wahrnehmbare Merkmale wie Farbe, Musterung, Gewicht oder auch Klang, um Fälschungen von Gold und Silber auf die Spur zu kommen.⁹³ Nur in wenigen Handbüchern erwähnt werden Bücher, Bilder und Kalligraphien, was darauf hindeuten könnte, dass diese Güter nicht häufig verpfändet wurden beziehungsweise aus wirtschaftlicher Sicht keine bedeutende Rolle für die Pfandleihhäuser spielten. Offensichtlich war der Wert von Büchern, Bildern und Kalligraphien für die Pfandleiher aber auch besonders schwer einzuschätzen, denn die Handbücher warnen zum einen vor häufigen Fälschungen, zum anderen sind die Angaben zur Bewertung sehr vage. Im Falle von Büchern werden nur die Papierqualität, das Druckbild und die Vollständigkeit des Werks als Beurteilungskriterien genannt, für Malerei findet sich nur eine Auflistung von Künstlern ab der Tang-Zeit einschließlich ihrer jeweiligen thematischen Schwerpunkte.⁹⁴ Hier zeigt sich erneut sehr deutlich die Grenze der Wissensweitergabe durch die Handbücher. Die Leser der Handbücher bekamen einen Eindruck von der Vielfalt der beleihbaren Gegenstände, und es wurden ihnen Kriterien zur Unterscheidung und Wertbestimmung an die Hand gegeben, doch boten diese Wissensrepositorien in aller Regel nur einen Einstieg in einen Themenbereich oder eine Gedächtnisstütze. Wie sich aber etwa der Klang eines echten Silberstücks von

---

90 Siehe *Dangpu ji* 2001, S. 37. Diese Erklärung des Zwecks im Vorwort des *Dangpu ji* lässt sich auf die meisten Handbücher übertragen.
91 Siehe *Dangpu ji* 2001, S. 40–41; *Chengjia baoshu* 2001, S. 467.
92 Besonders zahlreich in *Yinyang zhubao pu* 1860–1945; siehe auch *Dianwu biyao* 2009, 293–309; *Yuqi pihuo pu* 1864–1911, Seq. 32–33.
93 Siehe *Lun piyi cuxi maofa* 2001, S. 165; *Dianye xuzhi* 1855–1911, Seq. 17; *Yinyang zhubao pu* 1860–1945, Seq. 24–25.
94 Siehe *Dianwu biyao* 2009, S. 309; *Danghang zaji* 2009, S. 270–274.

dem einer Fälschung unterschied, konnte nicht durch die Texte, sondern nur durch eingehende Beschäftigung mit den entsprechenden Objekten in Erfahrung gebracht werden.[95]

Fazit

Pfandleihhäuser waren Orte geschäftlicher Praxis, zugleich aber auch Orte der Ausbildung. Die Lehrlinge erwarben viele Kenntnisse durch Anschauung und Nachahmung der alltäglichen Geschäftspraktiken. Dieses Wissen war Grundlage des wirtschaftlichen Erfolgs der Pfandleihhäuser und wurde daher nur an eigene Mitarbeiter weitergegeben, vor Außenstehenden aber verborgen. Der räumliche Aufbau der Pfandleihhäuser diente dieser Geheimhaltung des Wissens, denn nur ein Teil der Gebäude war öffentlich zugänglich. Die essentiellen Kenntnisse des Gewerbes wurden in Bereichen des Pfandleihhauses gesammelt und weitergegeben, die den Blicken der Kunden entzogen waren. Ebenso waren auch die Handbücher nur für den internen Gebrauch gedacht. Das in ihnen festgehaltene Wissen sollte nur unter Pfandleihern zirkulieren.

Der Einblick in das Innenleben von Pfandleihhäusern, den uns die Handbücher ermöglichen, verdeutlicht die hohen Anforderungen an die Lehrlinge in diesem Gewerbe. Sie mussten unterschiedliche Tätigkeiten ausüben und im Laufe der Jahre in der hausinternen Hierarchie langsam aufsteigen, bevor sie am Tresen Waren begutachten durften. Auf diesem Weg wurden sie in vielfältigen Bereichen trainiert und mussten diverse Fähigkeiten erwerben, von der Lagerung verschiedener Waren über Buchhaltung und Schriftverkehr zum Umgang mit Kunden und der Bewertung von Pfandstücken. Es wird aus den Handbüchern nicht klar, ob tatsächlich jeder Lehrling eine umfassende Ausbildung in all diesen Bereichen erhielt. Es scheint aber zumindest das Ideal der Ausbildung gewesen zu sein, dass Lehrlinge letztlich das Pfandleihgeschäft in all seinen Facetten beherrschten.

Die Kriterien und Methoden der Bewertung nehmen in den Handbüchern großen Raum ein, was nicht nur die Wichtigkeit, sondern auch die besondere Komplexität dieser Tätigkeit unterstreicht. Dass größere Pfandleihhäuser eine große Vielfalt an Gütern, darunter auch seltene und ungewöhnliche Objekte, als Pfandstücke akzeptierten, macht deutlich, wie umfangreich und weitgefächert die Expertise der Pfandleiher sein musste.

---

95 Qu Yanbin sieht in der Verquickung theoretischer und praktischer Formen des Lernens eine Besonderheit der Ausbildung in Pfandleihhäusern. Siehe Qu Yanbin 1993, S. 134–135.

Zwar erfolgte die Weitergabe der Kenntnisse an die Lehrlinge im Pfandleihhaus in einer Abfolge von leichteren zu komplexeren Aufgaben, doch waren Dauer und Intensität der einzelnen Ausbildungsschritte nicht klar geregelt. Die vagen Aussagen zur Lehrzeit sowie die Verweise auf spontane Belehrungen bei passender Gelegenheit, lassen darauf schließen, dass die Lehrlingsausbildung den konkreten Gegebenheiten im Pfandleihhaus sowie den individuellen Fähigkeiten der Lehrlinge angepasst wurde. In dieses Bild fügen sich auch die Handbücher selbst, die als Wissensrepositorien zwar die praktische Ausbildung ergänzen und erweitern konnten, die jedoch nicht nach didaktischen Gesichtspunkten aufgebaut waren und entsprechend kein detailliertes Lehrprogramm vorgaben.

In den Handbüchern werden von den jungen Pfandleihern hohe moralische Standards und ein ausgeprägtes soziales Feingefühl gefordert. Höflichkeit gegenüber Kunden, Wachsamkeit bei Betrugsversuchen, Situationsgespür und Menschenkenntnis werden als wichtige Kompetenzen hervorgehoben. Zugleich führten die Lehrlinge während ihrer Ausbildung zum Schutz vor den negativen Einflüssen Dritter ein weitgehend zurückgezogenes, fast klösterlich anmutendes Leben im Pfandleihhaus. Dieses Spannungsverhältnis zwischen Vertrautheit und Distanz gegenüber den Kunden versinnbildlicht der hohe Tresen der Pfandleihhäuser. Er war insbesondere für die Lehrlinge der Kontaktpunkt zur Außenwelt, das Fenster zu den Geschichten, Forderungen und Objekten der Kunden. Gleichzeitig diente er zur Abgrenzung und symbolisierte durch die erhöhte Position der dahinter sitzenden, erfahrenen Pfandleiher deren Autorität und fachliche Kompetenz. Diese Position selbst einnehmen und ausfüllen zu können, war das Ziel der Lehrlinge.

Literaturverzeichnis

Akçetin, Elif. 2017. „Consumption as Knowledge: Pawnbrokers in Qing China Appraise Furs", in *Living the Good Life. Consumption in the Qing and Ottoman Empires of the Eighteenth Century*, hrsg. von Elif Akçetin und Suraiya Faroqhi. Rulers and Elites 13, Leiden: Brill, S. 357–383.

Chengjia baoshu 成家寶書. 2001. *Zhongguo gudai dangpu jianding miji: Qing chaoben* 中國古代當鋪鑒定秘籍：清鈔本, S. 351–495, Beijing: Quanguo tushuguan wenxian suowei fuzhi zhongxin.

Chiu Pengsheng 邱澎生. 2015. „You *Shanggu bianlan* kan shiba shiji Zhongguo de shangye lunli" 由《商賈便覽》看十八世紀中國的商業倫理, in *Hanxue yanjiu* 漢學研究 33.3, S. 205–240.

Clunas, Craig. 2004. *Superfluous Things. Material Culture and Social Status in Early Modern China*. [Cambridge: Polity, 1991], Honolulu: University of Hawai'i Press.

Danghang zaji 當行雜記 (redigiert von Qi Si 齊思). 2009. *Jindaishi ziliao wenku* 近代史資料文庫, Bd. 10, S. 220–275, Shanghai: Shanghai shudian chubanshe.

Dang pu 當譜. 2001. *Zhongguo gudai dangpu jianding miji*, S. 169–350.

Dangpu ji 當鋪集. 2001. [1759], *Zhongguo gudai dangpu jianding miji*, S. 1–128.

Diangui 典規. 1879. Unveröffentlichtes Manuskript aus der Privatsammlung von Wang Zhenzhong 王振忠.

Dianwu biyao 典務必要 (redigiert von Ding Hong 丁紅). 2009. *Jindaishi ziliao wenku* 近代史資料文庫, Bd. 10, S. 276–319.

Dianye xuzhi 典業須知. Zwischen 1855 und 1911. Xin'an Weishan tang 新安惟善堂 Ausgabe. T4564 9189, Harvard-Yenching Library, https://nrs.lib.harvard.edu/urn-3:fhcl:2766463 (Zugriff am 10. Mai 2022).

Dinglun zhenzhu jiapin baoshi hangtou 定論珍珠價品寶石沆頭. 2001. *Zhongguo gudai dangpu jianding miji*, S. 497–545.

Dunstan, Helen. 2006. *State or Merchant? Political Economy and Political Process in 1740s China*. Cambridge, Mass. und London: Harvard University Asia Center.

Fan Jinmin 范金民 und Xia Weizhong 夏維中. 2002. „Ming Qing Huizhou dianshang shulüe" 明清徽州典商述略, in *Huixue* 徽學 2, S. 129–138.

Feng Yuejian 封越健. 2012. „Shiba shiji Hui shang dianpu de jingying guanli yu diandang zhidu: yi Xiuning Mingzhou Wu shi dianpu wei zhongxin" 十八世紀徽商典鋪的經營管理與典當制度——以休寧茗洲吳氏典鋪為中心, in *Zhongyang yanjiuyuan jindaishi yanjiusuo jikan* 中央研究院近代史研究所集刊 78, S. 29–86.

Jun dianshi: binggao huizhi 均典事: 稟稿彙誌. Ca. 1897. Unveröffentlichtes Manuskript aus der Privatsammlung von Wang Zhenzhong.

Liu Jiansheng 劉建生 und Wang Ruifen 王瑞芬. 2002. „Qianxi Ming Qing yilai Shanxi dianshang de tedian" 淺析明清以來山西典商的特點, in *Shanxi daxue xuebao (zhexue shehui kexue ban)* 山西大学学报 (哲学社会科学版) 25.5, S. 12–17.

Liu Qiugen 劉秋根. 1995. *Zhongguo diandang zhidu shi* 中國典當制度史. Shanghai: Shanghai guji chubanshe.

——. 2021. *Zhongguo diandang shi* 中國典當史. Wuhan: Wuhan daxue chubanshe.

Lufrano, Richard John. 1997. *Honorable Merchants. Commerce and Self-Cultivation in Late Imperial China*. Honolulu: University of Hawai'i Press.

Lun piyi cuxi maofa 論皮衣粗細毛法. 2001. [Vorwort 1843], *Zhongguo gudai dangpu jianding miji*, S. 129–168.

McDermott, Joseph P. 2013. „The Rise of Huizhou Merchants: Kinship and Commerce in Ming China", in *The Economy of Lower Yangzi Delta in Late Imperial China. Connecting Money, Markets, and Institutions*, hrsg. von Billy K. L. So. London und New York: Routledge, S. 233–265.

——. 2022. „The ‚Way of the Merchant' in Late Imperial China", in *Merchant Cultures. A Global Approach to Spaces, Representations and Worlds of Trade, 1500–1800*, hrsg. von Cátia Antunes und Francisco Bethencourt. European Expansion and Indigenous Response 37, Leiden und Boston: Brill.

Needham, Joseph. 1959. *Science and Civilisation in China. Vol. 3: Mathematics and the Sciences of the Heavens and the Earth: Sections 19-25*. Cambridge: Cambridge University Press.

Pan Minde 潘敏德. 1985. *Zhongguo jindai diandangye zhi yanjiu (1644–1937)* 中國近代典當業之研究 (1644–1937). Taipei: Guoli Taiwan shifan daxue lishi yanjiusuo.

Park, Katharine und Lorraine Daston (Hrsg.). 2006. *The Cambridge History of Science. Vol. 3: Early Modern Science*. Cambridge: Cambridge University Press.

Peng Xinwei (übers. von Edward H. Kaplan). 1994. *A Monetary History of China (Zhongguo Huobi Shi)*. East Asian Research Aids and Translations 5, 2 Bde., Bellingham: Center for East Asian Studies, Western Washington University.

Qu Yanbin 曲彥斌. 1993. *Zhongguo diandang shi* 中國典當史. Shanghai: Shanghai wenyi chubanshe.

Sun Wenyu 孫文郁 et al. (Hrsg.). 1936. *Yu E Wan Gan si sheng zhi diandangye* 豫鄂皖贛四省之典當業. Nanjing: Jinling daxue nongye jingjixi.

von Glahn, Richard. 2016. *The Economic History of China. From Antiquity to the Nineteenth Century*. Cambridge: Cambridge University Press.

Wang Shihua 王世華. 2018. „Lun Ming Qing Hui shang de zhiye jiaoyu" 論明清徽商的職業教育, in *Anhui shifan daxue xuebao (renwen shehui kexue ban)* 安徽師範大學學報 (人文社會科學版) 46.1, S. 1–12.

Wang Zhenzhong 王振忠. 2009. „Qingdai Jiangnan Huizhou diandangshang de jingying wenhua: Hafo Yanjing tushuguan suo cang diandang miji sizhong yanjiu" 清代江南徽州典當商的經營文化：哈佛燕京圖書館所藏典當密籍四種研究, in *Zhongguo xueshu* 中國學術 25, S. 60–100.

Whelan, T. S. 1979. *The Pawnshop in China*. Michigan Abstracts of Chinese and Japanese Works on Chinese History 6. Ann Arbor: Center for Chinese Studies, The University of Michigan.

Will, Pierre-Étienne (übers. von Elborg Forster). 1990. *Bureaucracy and Famine in Eighteenth-Century China*. Stanford: Stanford University Press.

Yang Lien-sheng 楊聯陞. 1971. „*Dianye xuzhi*" 典業須知, in *Shihuo yuekan* 食貨月刊 1.4, S. 231–243.

Yinyang zhubao pu 銀洋珠寶譜. Zwischen 1860 und 1945. T6637 8313, Harvard-Yenching Library, https://nrs.lib.harvard.edu/urn-3:fhcl:34300179 (Zugriff am 10. Mai 2022).

Yuqi pihuo pu 玉器皮貨譜. Zwischen 1864 und 1911. T6634 1642, Harvard-Yenching Library, https://nrs.lib.harvard.edu/urn-3:fhcl:34299402 (Zugriff am 10. Mai 2022).

Zhang Haiying 張海英. 2019. *Zouxiang dazhong de „ji ran zhi shu". Ming Qing shiqi de shangshu yanjiu* 走向大眾的「計然之術」——明清時期的商書研究. Beijing: Zhonghua shuju.

Zhibao jingqiu 至寶精求. Zwischen 1796 und 1911. T6637 1394, Harvard-Yenching Library, https://nrs.lib.harvard.edu/urn-3:fhcl:34299254 (Zugriff am 10. Mai 2022).

Zhu Gen 朱根. 1999. „Qingdai diandangye de xingsheng chengyin tanxi" 清代典當業的興盛成因探析, in *Huaiyin shifan xueyuan xuebao* 淮陰師範學院學報 21.3, S. 82–85.

Factory State of Mind: Spreading "Three Ardent Loves" via Collective Reading Activities in Tianjin, 1983–1985

Damian Mandżunowski[1]

Reading groups, the organizational structure arising from state-sanctioned collective reading activities, were a common occurrence in most workplaces of the People's Republic of China from the 1950s until the 1990s. Industrial factories in particular were sites where knowledge was created, disseminated, and performed in reading groups in direct communication with the party-state's subjects. This paper discusses the case of reading activities aiming to advance workers' "ardent love for the motherland, for socialism, and for the party" in Tianjin in the early 1980s. By showing where the readings took place, analyzing what was read, and describing the guidance of the activities, the paper reveals how the Chinese industrial space—a site for producing goods—became a site for producing political knowledge.

Introduction

Seven group reading activities (*dushu huodong* 读书活动) took place between June and October 1985 at a taxation bureau of a district in Tianjin. An internal note on their results elucidates the development of one particular cadre as follows:

> Let's take for example a middle-aged section chief from our office [whose] thoughts and methods in the past were rather one-sided: he [used to] see the advanced comrades as flowers and the backward comrades as tofu dregs. [...] As of recently, he pays attention to using a dialectical approach when dealing with comrades: [while] recognizing the deficiencies of the advanced comrades, [he] analyzes the strong points of the less advanced comrades and is passionate about helping them [in their] progress.

---

1   This paper was developed as part of a research project that has received funding from the European Research Council (ERC, Grant agreement No. 757365) at the University of Freiburg. Thanks to Lena Henningsen, Puck Engman, Martin Hofmann, Dayton Lekner, Lara Y. Yang, Emily Graf, Tabea Mühlbach, Zhang Man, Elisabeth Foster, Duncan Paterson, and Eve Y. Lin, as well as the anonymous reviewer and the editors of this volume for their comments on earlier drafts.

如我局一位中年科长，过去思想方法有些片面，看先进同志象一朵花，看落后的同志是豆腐渣 [...] 最近他注意用辩证的观点看待同志，对先进同志看到其不足，对后进同志分析其长处，并热情关心邦 [sic] 他们进步。²

The note further explains the effect of the guided reading of assigned texts at organized group study sessions: through the "linking of theory with reality, and a simultaneous exchange of studies, discussions, practices, and conclusions" (理论联系实际，边学、边议、边实践、边总结交流), the erroneous behavior of the section chief in question was reformed to the general benefit of the whole work unit.³ This example of a rapid transformation of social practices via the act of reading resulted from propaganda activities (*xuanchuan huodong* 宣传活动) intended to promote "ardent love for the motherland, for socialism, and for the party" (*re'ai zuguo* 热爱祖国, *re'ai shehui zhuyi* 热爱社会主义, *re'ai dang* 热爱党), hereafter "Three Loves," which was carried out in the People's Republic of China (PRC) in the initial phase of Reform and Opening Up (*gaige kaifang* 改革开放) of the early 1980s.

This essay presents a case study shedding light on the dissemination of political knowledge by the Chinese Communist Party (CCP) in this period. Reading, I argue, in its organized and guided form, was a key social ritual in this process. To study the social history of reading is to investigate the ways in which people engaged with texts at various points in the past. Arising as a counterpart to the history of books, the field marks a turn from the producer to the consumer of the written word.⁴ The research into the history of reading in Imperial and Republican China,⁵ and the social and political uses of reading under Mao and beyond,⁶ are both relatively advanced. This

---

2 X0087-C-002971-024.

3 The form and goals of the collective reading activities discussed in this paper were closely related to party rectification movements (*zhengfeng yundong* 整风运动), such as from 1942–1945 in Yan'an or, concurrently, from 1983–1987 within the CCP nationwide. See Cheek 2016; Dickson 1990.

4 Three key works on the history of reading: Manguel 1997; Fischer 2003; Lyons 2010.

5 One of the most comprehensive studies on the history of reading in China is Wang Yuguang 2017. Other important examples include Hegel 1998; Yu Li 2003; McLaren 2005; Dennis 2015; Dai Lianbin 2017.

6 For a bibliographic discussion of the current state of the history of reading field in contemporary China, see Xiong Jing 2017. Altehenger 2018 describes how new laws were disseminated via mass-reading campaigns in the early 1950s; Zhou Haiyan 2017, Yang Liping 2018, and Zhan Jiaru 2018, among others, investigate the social impact and propagandistic uses of newspaper reading groups in the 1950s and early 1960s; Whyte 1975 analyzes the importance of small groups (*xiaozu* 小组)—collective political study sessions being one

paper adds to the field by investigating reading groups, which are understood as the organizational structure arising from formalized sessions of reading together. Given the highly politicized nature of the workplace (*danwei* 单位) in the PRC,[7] I focus in on its most widespread form at the time: the industrial factory. Due to its immediate and marked impact on the working class, the society, and politics at large, the factory has been researched based on a variety of perspectives and approaches.[8] By analyzing the reading group at the Chinese factory as a site of knowledge, this paper shows how a site for mass production of goods was also a site for the production and dissemination of political knowledge.

In order to do this, I focus on the collective reading activities of the abovementioned "Three Loves" campaign at a dozen work units and factories in the coastal city of Tianjin. This eastern metropolis was chosen due to its established position as a large industrial hub[9] and the availability of local archival sources. The paper begins by discussing how the "Three Loves" emerged from an increased drive to create and communicate new socialist knowledge in the early reform era. Then, scrutinizing the experiences of both participants and organizers of collective reading activities, I sketch how and where the sessions were planned, what texts were read, and why and

---

of them—for the Maoist political system; Henningsen 2017 looks at the varied and unexpected ways in which reading played a role during the Cultural Revolution; Link 1985 focuses on the patterns of readership in Southern China in the late 1970s and early 1980s; reasons for the surge in popularity of reading-for-leisure throughout the 1980s are presented in Chen 2016; Neder 1999 surveys changes and patterns in reading habits among the people of Beijing in the reform era; and further changes in the manner of reading in the new millennium with the arrival of widespread consumerism are approached in Wang, Davis, and Bian 2006.

7   For more on the role and set-up of the *danwei* system, see Lü and Perry 1997; Tanigawa 2007.

8   For a comprehensive study of the relationship between the factory and the emergence of modernity, see Freeman 2019. For an account of the roots of the modern factory as a social institution and its continuities beyond the 1949 divide, see Frazier 2006. For an analysis of how the young socialist state adopted modes of production and management from the Soviet Union, see Kaple 1994. Andors 1977 provides a collection of texts on the state of the factory in the 1960s and 1970s. The most comprehensive study of industrial workers (and their relationship to the factory) is provided in Walder 1988; the henceforth-adopted term of "neo-traditionalism" in relation to the industrial workplaces also originates here. An equally inspiring and more recent study on the social dimension of the industrial factory, and on the consequences of its dissolution after Mao, is provided in Andreas 2019.

9   For an important discussion of the social-political changes in Tianjin during the Mao era, see Brown 2012.

how the sessions were guided and performed. All this aims to advance our understanding of how reading groups were employed as communicative sites of knowledge advancing novel ideas related to socialist modernization.

Socialist Political Knowledge of the Early 1980s

The period of the Chinese Cultural Revolution (*wenhua dageming* 文化大革命) and its tumultuous aftermath in the late 1970s damaged the perceived legitimacy of PRC state institutions and, albeit to a much smaller extent, the social legitimacy of the CCP as a ruling party. To address the injustices of the previous years, wrongdoers were recognized (or constructed) and, eventually, put on trial. At the same time, a large-scale campaign to reverse verdicts was also underway.[10] December 1978 saw the reintroduction of an earlier idea to refocus the state economy on boosting agriculture, industry, defense, and science and technology, grouped under the slogan of the Four Modernizations (*si ge xiandaihua* 四个现代化). In March 1979, Deng Xiaoping 邓小平 (1904–1997), by then the de facto paramount leader of the PRC, outlined the Four Cardinal Principles (*si xiang jiben yuanze* 四项基本原则) of upholding the socialist path, the people's democratic dictatorship, the leadership of the CCP, and Mao Zedong Thought and Marxism-Leninism as the core concepts without which the CCP could not continue. Then, in June 1981, the 6th Plenum of the 11th Central Committee adopted a resolution presenting a hegemonic historical narrative of the recent past.[11]

The Four Cardinal Principles were key to forging a new set of rules and fundamental political knowledge in this period; they were designed to symbolically communicate that, despite the ongoing economic liberalization, the ideological superstructure created by the party in power would be upheld.[12] One of the first nationwide propaganda activities promoting elements of this new socialist knowledge was referred to by the composite name of "Five Emphases, Four Beauties, and Three Ardent Loves" (*wu jiang si mei san re'ai* 五讲四美三热爱, hereafter "Emphases/Beauties/Loves").[13]

---

10 See Cook 2016; Leese 2020.
11 For a discussion of the context and drafting of the resolution, see Saich 1995. For an overview of the social changes of the early 1980s, see Shapiro and Heng 1986.
12 For historical context on the Four Cardinal Principles, see Vogel 2013, pp. 262–265.
13 Previous scholarship has translated the terms *wu jiang* alternatively as "Five Disciplines," "Five Dos," or "Five Stresses," *si mei* as "Four Graces," and *san re'ai* as "Three Adorations," "Three Worships," or "Three Admirations." In this paper, "Emphases/Beauties/Loves" is used to refer to the full range of propaganda activities related to the slogan from

Initially started in early 1981 and only comprising the first two of the numbered slogans, the propaganda activities focused on the implementation of socialist civility, courtesy, hygiene, social order, and morality (*jiang wenming* 讲文明, *jiang limao* 讲礼貌, *jiang weisheng* 讲卫生, *jiang zhixu* 讲秩序, *jiang daode* 讲道德), whilst the beauty of language, spirit, actions, and environment (*yuyan mei* 语言美, *xinling mei* 心灵美, *xingwei mei* 行为美, *huanjing mei* 环境美) was to be celebrated every day.[14] The related activities primarily targeted the youth at first as the "Emphases/Beauties" campaign was framed with reference to commemorating the May Fourth Movement and rolled out by the Communist Youth League.[15] Starting in 1982, March was to be a "Month of All People's Socialist Civility and Courtesy" (*quanmin wenming limao yue* 全民文明礼貌月).[16] In a televised address to the nation on February 28,[17] Premier Zhao Ziyang 赵紫阳 (1919–2005) stressed that the ideas at the core of the campaign were to be vigorously advanced and performed by all. As dutifully reported in articles and photographs, there were indeed many activities organized.[18] Then, on April 8, Vice Premier Wan Li 万里 (1916–2015) gave a celebratory speech during the grand closing ceremony of the first "Month," further underlining the importance of the activities.[19]

Finally, in early 1983, the ongoing campaign was expanded with its third element, the aforementioned "Three Ardent Loves" for the motherland, socialism, and the party, which were to be evoked in the entire population.[20] Based on a positive evaluation of the initial activities, all major ministries related to education, propaganda, and civil affairs, as well as many other party-affiliated organizations and trade unions, were called upon to take part in the expanded "Emphases/Beauties/Loves" campaign starting in 1983. The authorities requested that all provinces, cities, and autonomous regions establish activity committees (*huodong weiyuanhui* 活动委员会).[21] A central

---

   1982 to 1985, whilst "Three Loves" is used to refer to the group reading sessions of 1983 through to 1985.
14 Gongqingtuan zhongyang xuanchuanbu 1983, pp. 2–10.
15 *Renmin Ribao* 1983b.
16 *Renmin Ribao* 1982a.
17 For a transcript of Zhao's speech, see Gongqingtuan zhongyang xuanchuanbu 1983, pp. 11–12. See also Shapiro and Heng 1986, pp. 48–49.
18 See *Renmin Ribao* 1982b.
19 For a transcript of Wan's speech, see Gongqingtuan zhongyang xuanchuanbu 1983, pp. 13–17.
20 *Renmin Ribao* 1983a.
21 *Renmin Ribao* 1983c.

35-person strong leading group was also established under the Central Committee to supervise all activities, consisting of various cadres working in education and propaganda within the CCP, People's Liberation Army (PLA), and party-affiliated organizations. In his capacity as a top government leader, Wan Li was appointed its head, and Deng Liqun 邓力群 (1915–2015) and Huang Yukun 黄玉昆 (1917–1997), responsible for CCP and PLA propaganda respectively, were appointed deputy leaders.[22]

Officially organized reading sessions were one of the main ways in which the themes of the "Three Loves" were communicated to ordinary people. These reading sessions took the form of collective reading activities (*jiti yuedu huodong* 集体阅读活动), reading groups (*dushuban* 读书班), or political study groups (*zhengzhi xuexi xiaozu* 政治学习小组), among others. What these different formats shared was their design as collective (as opposed to individual), organized (as opposed to underground), and guided (as opposed to uncontrolled) activities. As a direct continuation of social rituals common to the Mao era, the reading activities of the "Three Loves" constitute an early example of how practices of the Maoist past were combined with novel ideas of the Dengist present.[23] However, they were repurposed to communicate a new message. Furthermore, although "Emphases/Beauties/Loves" was foremost an umbrella term used in state media reporting and internal publications to cover a wide range of activities in a pattern of policy blending common to socialist states, the reading-based propaganda rituals make it stand out against other activities and campaigns of the period.[24]

Creating a Site of Knowledge in the Factory

The concept of a "site of knowledge" (*lieu de savoir*) is Christian Jacob's proposition for incorporating the spatial turn to the field of intellectual history.[25] In short, investigating sites of knowledge involves focusing on the material and spatial dimensions

---

22 *Renmin Ribao* 1983d.
23 See also Murthy 1983, p. 8.
24 Another important group reading-related movement taking place concurrently was the campaign to "Eliminate Spiritual Pollution" (*qingchu jingshen wuran* 清除精神污染) in the fall and winter of 1983. While many of the patterns of performative social rituals described in this paper also occurred in similar ways during this campaign, I leave this out of the discussion due to its very specific context and content. See also Wang 1986.
25 See Jacob 2007, 2011, and 2017.

of knowledge production. Jacob defines knowledge as "a set of mental tools, discourses, practices, models, and shared representations allowing a society or smaller groups in this society to provide the world they live in with meaning and to act upon it."[26] He considers knowledge to be a process ruled by social codes; these, in turn, rely on very concrete spatial dynamics.[27] Jacob thus proposes four main categories for sites of knowledge: places where activities related to knowledge take place (e.g. universities or laboratories); the working space itself (e.g. the writing table or laboratory desk); schemas, maps, photographs and other similar "inscriptions" essential for the production of knowledge; and, finally, the very practices through which knowledge is eventually produced.[28]

The industrial factory of the early 1980s—and, for that matter, any other period—was the, albeit unexpected, place where knowledge was created and disseminated (fulfilling Jacob's criteria for the first and second categories). It was in the factory that theoretical knowledge about industrial engineering was constantly put to the test and expanded in the practice of production. This was knowledge about the machines and goods, about the uses and difficulties of established or new technologies, about the owners of means of production, about those whose physical labor these owners depended on, as well as about the social and class relations between all the actors involved. At the same time, elements of meta-knowledge—that is, knowledge about the norms of how to understand the relationship between politics and production or between political and social affairs—were also continuously disseminated.

Given the spatial focus of this study, it is necessary to take a closer look at the characteristics of the Chinese industrial factory under state socialism. In November 1952, on the brink of rapid industrialization under the First Five Year Plan (*wunian jihua* 五年计划, 1953–1957), which, notably, adopted a Soviet approach to economic policies, the Beijing gongye chubanshe 北京工业出版社 (Beijing Industrial Publishing House) put out a translation of a Soviet manual on factory construction.[29] The small booklet includes detailed descriptions, plans, blueprints, and tables of a wide variety of rooms, workshops, offices, halls, and other sites that a modern socialist factory ought to have (see figure 1). While not all factories built in the next three decades were exact replicas of the Soviet model, the overall approach of socialist

---

26 Jacob 2017, p. 86.
27 Jacob 2017, pp. 88, 94–95.
28 Jacob 2017, pp. 96–99.
29 Song et al. 1952.

industrial architecture remained constant. The modern factory was to be a place for large-scale production flows, while also ensuring that workers and their families—who, as a norm, would live and be schooled on the premises of the factory plant—were safe and somewhat comfortable.[30]

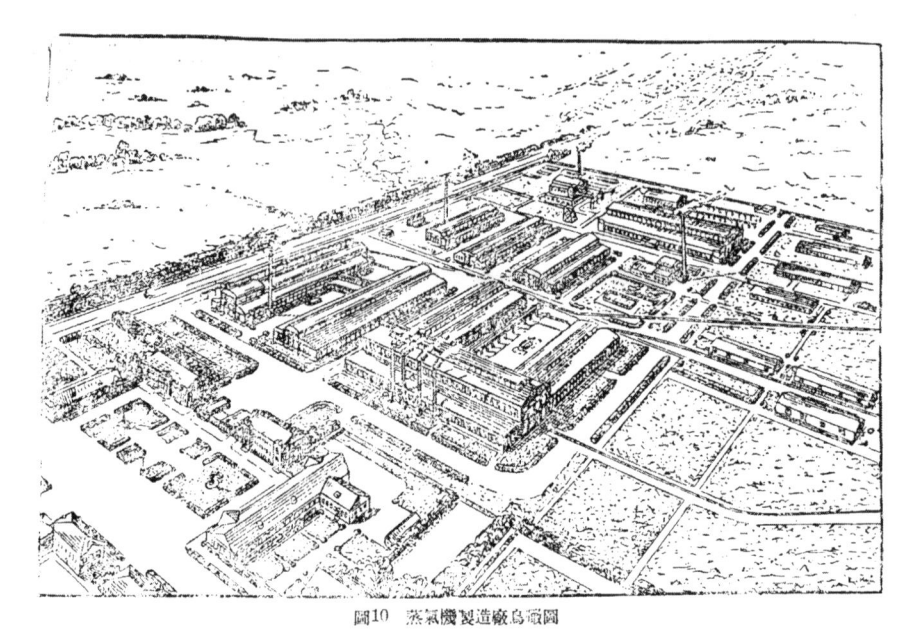

Figure 1. "Bird's-eye view of a steam-engine factory" (Zhengqiji zaochang niaokantu 蒸气机造厂鸟瞰图), *one among a dozen similar sketches featured in the handbook on socialist factory design. Source: Song et al. 1952, p. 41.*

The factory floor was as essential for producing knowledge as it was for acting as a stage for knowledge-creation practices (in accordance with the fourth category proposed by Jacob). The very same rooms in which workers assembled shoes, airplane engines, and bicycles became the sites for disseminating selected, guided, and politicized truths. The levels of noise and air pollution, the sounds and smells of the operating machines, perceptions of how crowded the space was, and the social constitution of the people all shaped the spatial setting of the factory. Due to its location at the very center of the social lives of the workers and their families, the factory was much more than simply a building in which goods were manufactured by human-operated machines; the factory was also a site for direct communication between the party-state and

---

30 This can be compared with key studies on the Chinese factory listed in footnote 8 above.

the Chinese working class—a social group that at its highpoint consisted of over 100 million members.

As outlined above, reading groups were organizations arising from the activity of collective reading. These groups undertook reading activities of two kinds: exclusive, where only one form and interpretation of a given text was allowed, with leaders policing and enforcing the reading; and inclusive, where a more open-ended discussion was encouraged, with leaders acting as guides. Each of these collective reading activities consisted of five main elements: texts, readers, leaders, spaces, and time. In the following sections, I present an overview of the systemic setup, the construction and content of reading materials, and the expected ways of performing during the session. The hypothesis underlying the discussion is that the activity of collective reading symbolically transforms the space where the reading occurs. Therefore, when a factory floor or workshop office is used as a site for collective reading, the aim of producing goods, engraved deeply into the design and layout of the space, is momentarily suppressed as it is made to work for a new aim: the production and communication of political knowledge.

Setup: Sites and Forms of Group Reading Activities

As a first step in the creation of a site of knowledge within the factory, the reading activities had to be organized. The group reading sessions of the "Three Loves" in Tianjin, like most similar official propaganda activities, were organized by specially-created small groups (*dushu huodong xuexi xiaozu* 读书活动学习小组) in each work unit. These, in turn, were managed by leading small groups (*dushu huodong lingdao xiaozu* 读书活动领导小组) comprising leading cadres from the party branch, labor union, and propaganda committees at the given unit.[31] All of these groups consisted of ordinary factory cadres who were assigned responsibility for the reading activities, in contrast to work teams that would come in from the outside during other activities or campaigns. The objectives of each reading activity were divided into main topics (*zhuanti* 专题), and each topic was to be studied for a certain length of time.[32] For example, some reading activities were organized regularly over a period of three

---

31 X0401-C-000275-001.
32 X0382-Y-000084-003.

months,³³ whilst others took place three times with each time lasting one week,³⁴ and others still were organized bi-weekly.³⁵

Before the given collective reading activity began, a discussion meeting (*taolunhui* 讨论会) was organized to set the goals and agenda for the day, week, or month. Then, a couple of discussion questions (*sikao ti* 思考题) and a few assigned readings were chosen. The frequency of the subsequent reading sessions varied: sometimes they were to take place once a week on a day set by the leading group,³⁶ or it was simply stated that they were to last half a day without specifying when or how often they should be held.³⁷ In other cases, a certain day and time was set by default; for example, every Saturday until noon.³⁸ The size of each reading group varied as well, usually depending on the size of the factory or work unit and the number of people who were to take part in the mass reading campaign. At a larger administration bureau, for example, over 12,000 workers (accounting for almost 60 percent of the total number of workers at that unit) participated in reading activities organized in 1,146 small reading groups, averaging just over ten people per group.

The sites in which collective reading activities like those of the "Three Loves" took place differed and largely depended on the spatial configurations of the work unit or factory.³⁹ A factory is an unusual place for group reading sessions as it rarely has comfortable seating arrangements and related conveniences. Only in rare cases was a factory library or designated reading room (*tushushi* 图书室) available for the adult workers to occupy during the activity.⁴⁰ More often, the sites used during the day as schooling facilities for children of the workers became group study rooms for their parents in the evenings. Other dedicated meeting areas ranged from the factory's management offices to the canteen and production halls, and even—when the conditions were particularly unwelcoming, such as in cases of extremely loud and constant machine work—outdoors, on the premises of the factory.

---

33 X0401-C-000275-001; X0357-Y-003234-002.
34 X0173-C-000621-006.
35 X0087-C-002971-024.
36 X0357-Y-003234-002.
37 X0087-C-002971-024.
38 X0382-Y-000084-003.
39 This can be compared with Kaple 1994, chapters 4–7; Walder 1988, chapters 2–3.
40 This can be compared with https://chineseposters.net/posters/e15-268 and https://flic.kr/p/bffENp. For more on how posters worked within the PRC state propaganda system, see Landsberger 2013.

Historic photographs created during and for the sake of mass-reading campaigns are useful sources to further our understanding of the particularity of the spaces in which collective reading sessions took place; they provide visual traces of how and where reading activities were held.[41] Below (figure 2) is an official Xinhua News photograph of a group reading session at Lanzhou Knitting Factory (Lanzhou zhenzhi chang 兰州针织厂). The photo does not show a reading session of the "Three Loves" but is from a closely related context. As noted above, the "Three Loves" arose from a larger framework of propagating the Four Modernizations and the Four Cardinal Principles. Thus, the "Three Loves" was far from the only reading-related campaign at the time. In fact, just a few months before it began, the Party Center dispatched a notice from the Propaganda Department calling for a widescale "study and propagation of the documents of the 12th Central Committee" (学习、宣传党的十二大文件).[42] The photograph shows a collective reading activity organized for this purpose, but we may assume that reading sessions for the "Three Loves" campaign were held in a very similar fashion.

In the photograph of the Lanzhou factory, we see 17 members of the party committee engaging in reading and discussion of the chosen texts. The activity takes place in what looks like a designated meeting room, or, perhaps, the factory party committee offices. The people in the photograph are mostly smiling and engaged in the activity, with some focused on silent reading (such as the second person from the right) and others pointing to the texts while explaining something (such as the man in a flat cap in the middle of the table who, most probably, is the leader of this reading session). This site of reading supports the dissemination of political knowledge: there is enough space and seats for everyone, the walls are decorated with motivating slogans and

---

41 This argument is based on the assumption that these kinds of photographs were taken in the space where the reading activities actually took place. The cadres in charge of taking the photographs may have selected factories with particularly well-equipped reading rooms and arranged the settings to include impressive machinery or to get better lighting. Moreover, the exact moment of the photograph may have captured a re-enactment of an actual reading session rather than an actual reading session. However, nothing indicates that the images were outright faked in the sense of being utterly untrue. For a history of journalistic reportage photography in the PRC, see Jin Yongquan 2009; this can also be compared with the discussion presented in Jie Li 2020, chapter 3.

42 Zhonggong zhongyang and Zhonggong zhongyang xuanchuanbu 1982. The 12th Central Committee was in session from September 1982 to November 1987; its first Plenary Session took place on September 12–13, 1982, and confirmed the leading positions of Hu Yaobang, Zhao Ziyang, Chen Yun and Deng Xiaoping—all key figures for the "Three Loves" and other campaigns touched upon in this article.

certificates, two tables form a comfortable centerpiece, and tea or hot water is also provided. Led by a designated session leader, new political ideas and insights circulate between the participants in the course of the collective reading.

Figure 2. A Xinhua News photograph depicting collective reading; an attached note reads: "The Party Committee of the Lanzhou Knitting Factory organized the production model workers and advanced production workers to discuss the documents of the 12th CC Congress, to implement the spirit of the 12th CC through practice, to further improve the quality of products and overfulfill the annual production quota" (兰州针织厂党委组织生产标兵，先进生产者座谈讨论十二大文件，以实际行动落实十二大精神，进一步提高产品质量，取超额完成全年生产任务). *Source unknown, photo in author's collection.*

Many group reading activities were based on sequential reading out loud as not all workers were familiar with the theory-heavy words and terms in some of the reading materials. We get an idea of the lecture style of the reading activities from a less-staged photograph (figure 3). A few dozen people are captured sitting behind tables in what looks like an assembly hall, or perhaps a factory school gymnasium. Taken during the "Emphases/Beauties" activities in early 1982, the people in the image are all listening to a speech or lecture, as is further indicated by the fact that some are taking notes. Here the setting is very different: this is a large, overwhelming room without any of the conveniences seen in the previous context. Most faces bear tired expressions. Not all collective reading sessions were characterized by energetic participation, in particular when the sessions were held in a lecture style with only one person actually reading. The site of the reading activities, in combination with the way the texts were read, thus had a direct impact on the circulation of knowledge. Another reason for this discrepancy, as the following section explores, relates to the texts being read and discussed.⁴³

Figure 3. Attendees at a group address during "Emphases/Beauties" activities, place unknown, 1982. The slogan in the back reads "Extensively, thoroughly, and persistently launch the activities of 'Five Emphases and Four Beauties,' strive to construct a socialist spiritual culture" (Guangfan shenru chijiu kaizhan Wujiang simei huodong, nuli jianshe shehuizhuyi jingshen wenming 广泛深入持久开展五讲四美活动，努力建设社会主义精神文明). *Source unknown, photo in author's collection.*

Texts: Constructing What to Know

The first step in creating a site of political knowledge in the factory entailed setting up the space and organizing how the collective reading activity was to take place. The second step was the selection of the study material. The texts therefore constituted the knowledge to be spread in that moment. The exact subject matter of the texts to be read and discussed depended on the nature of the work unit (i.e., what goods it was

---

43 For more photographs of collective reading in twentieth century China, see also Mandżunowski 2018.

producing), the participants (e.g., workers, young workers, or party cadres among the workers), and the point in time, as slightly different texts were read during different periods.

For example, a document sent out by a local trade union in September 1983 records a selection of 14 recent speeches, political essays, and opinions from the *Deng Xiaoping wenxuan* 邓小平文选 (Selected Works of Deng Xiaoping) as the texts that need to be thoroughly studied.[44] Another dispatch sent out by the party committee of Tianjin's Municipal Bureau of Hygiene (*Zhonggong Tianjin shi weisheng ju weiyuanhui* 中共天津市卫生局委员会) on February 13, 1984, outlines 15 texts by Deng, all dated between 1977 and 1983, as well as two speeches by Hu Yaobang 胡耀邦 (1915–1989), the General Secretary of the CCP at the time, and the Party Center Decision on Party Rectification (*Zhonggong Zhongyang guanyu zhengdang de jueding* 中共中央关于整党的决定) from October 11, 1983.[45] A later notice on organizing reading sessions in a factory in Tianjin in 1984 lists over 30 texts from the *Sanben zhengzhi lilun shuji* 三本政治理论书籍 (Three Books on Political Theory), that is, from *San Zhong Quanhui yilai zhongyao wenxian xuanbian* 三中全会以来重要文献选编 (Selected Important Documents Since the Third Plenum of the National Congress of the CCP), *Deng Xiaoping wenxuan* and *Chen Yun tongzhi wengao xuanbian* 陈云同志文稿选编 (Selected Documents of Comrade Chen Yun).[46] In addition to reading Deng and Hu, the notice also recommends speeches by other party elders, such as Deng Yingchao 邓颖超 (1904–1992), Nie Rongzhen 聂荣臻 (1899–1992), and Ye Jianying 叶剑英 (1897–1986).

The authors of the knowledge communicated during the reading activities were some of the top leaders of the CCP. Unsurprisingly, the person with the largest number of titles in my sample from Tianjin's factories is Deng Xiaoping. Of the 51 texts in total mentioned in a small number of official notices related to the "Three Loves" and kept at the Tianjin Municipal Archives, 23 are by Deng, seven by Hu Yaobang, six by Chen Yun 陈云 (1905–1995), and three by Zhao Ziyang. Together, the four authors comprise more than three quarters of all the reading material. There are no texts by Mao Zedong 毛泽东 (1893–1976) or Zhou Enlai 周恩来 (1898–1976), and also

---

44 X0401-C-000275-001.

45 X0357-Y-003234-002.

46 X0382-Y-000084-003. Despite not being explicitly framed as part of the "Three Loves" activities, I include this particular collective reading activity in the discussion here as it took place at the same time and the reading material was very closely related to the goals of the "Three Loves."

nothing by the rehabilitated Liu Shaoqi 刘少奇 (1898–1969). However, the most notable absentee is perhaps Hua Guofeng 华国锋 (1921–2008), the short-reigning heir to Mao who was removed from the center of power and replaced by Deng in the late 1970s. This is especially noticeable given that Ye Jianying, the man who Hua teamed up with in 1976 to arrest the Gang of Four, is represented with one text. Another seven titles are collectively attributed to either the Central Committee, the State Council, or other CCP bodies. While these include the aforementioned and related notes on party rectification, others are on consolidation and reforms of state-owned enterprises, and the role of intellectuals.

Although these examples are far from constituting a complete list of all that was read in the collective activities of the early 1980s, they allow us to better grasp what constituted the communicated and reproduced knowledge during the collective reading activities of the "Three Loves" in Tianjin (and, to some extent, nationwide). We can immediately observe from the titles that most of the texts were speeches by political leaders.[47] Due to the accessibility and straightforwardness of the messaging, this genre was also most often read in previous political campaigns. Accessibility was important when assigning texts for group discussions with workers, in particular because the activities were primarily targeting young workers and youth cadres who might not (yet) possess the required base knowledge to engage with more theoretical texts. No fiction, poetry, or nonverbal texts were considered for the group reading activities, and almost all of the texts were contemporaneous, created in the mid-1970s or later. However, the spectrum of reading materials during the propaganda activities related to the "Three Loves" was more complex as other officially-approved texts were disseminated concurrently.

Evidence of this can be found in a list of recommended books for reading rooms in factories, which was compiled and dispatched nationwide by the All-China Federation of Trade Unions (*Zhonghua quanguo zonggonghui* 中华全国总工会) on January 9, 1984.[48] This selection of 77 titles is impressive in its comprehensiveness: it contains classics of Marxism-Leninism and Chinese socialist thought, positions on modern Chinese history, aesthetics, art and philosophy, contemporary Chinese popular literature, and works related to science and technology. The contents of this list of

---

47 The following discussion is based on X0401-C-000275-001, X0357-Y-003234-002, and X0382-Y-000084-003.
48 X0044-C-000781-012.

recommended books shows that a division existed between what people were encouraged to read in organized and guided collective reading activities, and what was accepted that workers would read in their spare time, suiting their own taste within limits. Different levels of institutions also recommended different reading materials. The titles discussed in the example from Tianjin in the paragraph above were compiled and sent out by party organs at the municipal level, whilst the much more extensive list of titles by the All-China Federation of Trade Unions was dispatched by a central organ at the national level. This shows how multiple voices related to collective reading activities symbiotically coexisted during a single political campaign.[49]

Performance: Discipline and Guidance

It was the duty of the leaders of the "Three Loves" reading groups to ensure active participation and correct reading of the texts. A system of incentives for taking part and penalties for dropping out of the activities aided them in this task. For example, during reading activities at one of Tianjin's labor unions, advanced readers (*dushu xianjin geren* 读书先进个人)—particularly well-performing participants in the sessions who were deemed worthy of special recognition by the leading cadre in charge of the given session—were awarded 5 Yuan each, and members of advanced reading small groups (*xianjin dushu xiaozu* 先进读书小组) 2 Yuan each.[50] In other cases (see figures 4 and 5 below), and similar to previous mass-reading activities, the organizing committees handed out commemorative notes or medals to activists (*jiji fenzi* 积极分子).

---

49 Here, the drive to update the selection of common literature for CCP cadres since the late 1970s might be of interest too. One of the longest-lasting consequences of the Cultural Revolution was the significant intake of new party members. However, with the removal of the Gang of Four (*siren bang* 四人帮) and their followers from party rank, many top positions were assumed by rehabilitated party veterans. This situation resulted in a generational gap between scores of young (and relatively new) cadres and the much older local and national leaders. To address the potential for disagreements or even party-internal conflicts, Hu Yaobang argued in early 1979 that special booklets should be printed and distributed, consisting of key political and theoretical concepts laid out in a comprehensive manner. This further shows how the collective reading activities of the "Three Loves" were embedded in larger, reading-based attempts to create the perfect party member of the modernization era. See A22-4-295-1. Thanks to Puck Engman for alerting me to this context and for sharing the relevant sources with me.

50 X0192-Y-000893-004.

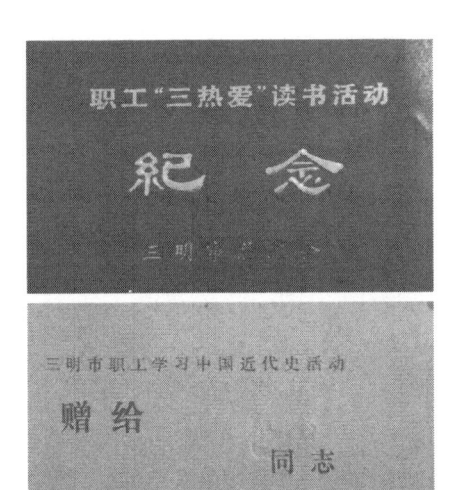

Figure 4 (left). The front and back of a blank note commemorating successful participation in "Workers' 'Three Loves' Collective Reading Activities" (Zhigong san re'ai dushu huodong 职工「三热爱」读书活动) *handed out by the Sanming municipal organizing committee of "Workers' Study Activities in Modern History of China"* (Zhigong xuexi Zhongguo jindaishi huodong 职工学习中国近代史活动) *in March 1983. In author's collection.*

Figure 5 (right). A medal for a "Five Emphases, Four Beauties, Three Ardent Loves Activities Activist" (Wu jiang si mei san re'ai huodong jiji fenzi 五讲四美三热爱活动积极分子) *handed out by the Suzhou municipal "Emphases/Beauties/Loves" organizing committee in 1984. In author's collection.*

Another common way in which group reading activities were guided towards their envisaged results—continuing an established element of mass-reading campaigns under Mao—was providing the cadres in charge with a set of questions or problems for discussion (*sikao ti* 思考题). These questions were a relatively basic didactic tool of varying preciseness used to ensure a minimum of standardization across reading groups. A selection of some of these discussion questions for reading activities used in a factory in Tianjin illustrates their scope:

> Why do we say that doing well at reforming is a prerequisite for achieving Four Modernizations? Why do we need to build socialism with Chinese characteristics? Why do we say that intellectuals are an indispensable force in the

construction of the Four Modernizations? Why do we say that the construction of material culture and the construction of spiritual culture are inter-conditional and mutually purposeful? Why do we say that issues of party style are related to the survival of the ruling party? How do we correctly handle the relationship between communist ideological education and the implementation of current policies?

> 为什么说搞好改革,是实现四个现代化的前提条件? 为什么要建设有中国特色的社会主义? 为什么说知识分子是四化建设中不可缺少的依靠力量? 为什么说物质文明建设和精神文明建设是互为条件、互为目的的? 为什么说党风问题,是关系到执政党生死存亡的问题? 如何正确处理共产主义思想教育和执行现行政策关系?[51]

In another dispatch, this one sent out by the Municipal Bureau of Hygiene, the questions are similar; many of them are directly related to the contents of the assigned texts—in the case of this group reading session, a selection of texts by Deng Xiaoping:

> How do we correctly understand the nature, guiding principles, and the mission of the party? How do we adhere to the Four Cardinal Principles and implement the party line, its guidelines and policies on a self-study basis? How do we restore and carry forward the fine traditions of the party and actively carry out criticism and self-criticism? How do we strengthen the organizational discipline and earnestly implement democratic centralist organizational principles? What are the problems in unifying thinking and how to unify thinking? What is the guiding ideology of the reforms?

> 怎样正确认识党的性质、纲领和任务? 怎样坚持四项基本原则,自学地贯彻执行党的路线、方针和政策? 怎样恢复和发扬党的优良传统,积极开展批评和自我批评? 怎样如强组织纪律性,认真实行民主集中制的组织原则? 在统一思想上存在什么问题,如何统一思想? 改革的指导思想是什么?[52]

What most of these questions have in common is that they are anything but open-ended. Rather, they tend to have imbedded answers: the reforms are correct; the policy guidelines of the party center are correct. Nonetheless, if a leader of a collective reading activity made use of one or several of the discussion questions (as they were expected to), or faced similarly formulated questions from readers during the sessions (as would often be the case), how did he or she know the ideologically correct answer? Collected experiences from previous mass-reading or political campaigns were of

---

51 X0382-Y-000084-003.
52 X0357-Y-003234-002.

help, and, of course, leading cadres were expected to stay informed about ongoing political developments. However, handbooks (*shouce* 手册) and similar booklets published for the sake of laying out the current political knowledge were of even more help.

One such handbook, titled '*Wu jiang si mei' yibai ti* 「五讲四美」一百题 (One Hundred Questions on "Five Emphases and Four Beauties") and created in July 1982, is a useful selection of the 100 most common questions and observations raised in letters and calls to the editors of the *Gongren Ribao* 工人日报 (Worker's Daily) with regard to the new propaganda activities.[53] Given the focus on spreading knowledge about socialist civility and courtesy during the "Emphases/Beauties" campaign, these questions and observations included such widespread inquires as: "How should we regard damaging public books?" 怎样看待损坏公家图书的行为？ "Can I scribble and doodle on the Renminbi notes?" 在人民币上能不能乱写乱画？ "What should you do when people swear at you?" 别人骂你怎么办？[54] Authoritative bite-sized answers were then provided. For the above examples the answers were: damaging books is wrong; the state banknotes need to be treated with respect; if people swear at you, they already look bad. However, we cannot know for sure if group leaders used these statements verbatim during group activities, or if they mainly served as inspiration.

Once the mass-reading period was over, all the leading groups were asked to send detailed feedback about the study circumstances, the results, and any difficulties faced back up the organizational party structure. The leading small group was also asked to keep track of the performance of the reading activities. As we can see in figure 6, tables for collecting simple statistical information were provided for this purpose. In addition to requesting information about the given work unit and date, the table is divided into two parts. Used for a day of group reading activities, it lists all persons active on that particular day: the left side includes the names, positions (*zhiwu* 职务) and departments of the "Members of the Reading Leading Small Group" (*dushu lingdao xiaozu chengyuan* 读书领导小组成员) of the day, as well as information on who

---

[53] Gongren ribao sixiang jiaoyubu 1982. A second booklet, titled *Wu jiang si mei shouce* 五讲四美手册 (Handbook of "Emphases/Beauties") and compiled and edited by the Youth League in January 1983, is another example of a comprehensive and detailed guide to the campaign. The volume covers everything from reprints of official documents and speeches, through detailed descriptions of ideas driving the campaign, to discussions of rules of politeness and gendered advice on performing household duties. See Gongqingtuan zhongyang xuanchuanbu 1983.

[54] Gongren ribao sixiang jiaoyubu 1982, pp. 24, 65, 174.

acted as the group leaders (*zuzhang* 组长) organizing and guiding the meeting. The cells in the same row on the right side of the table, collecting "Individual Reading Statistics" (*geren dushu tongji* 个人读书统计), relate to the reading group of the given leader and assess the total number of participants as well as a breakdown of how many among them were workers, cadres, or technicians (*jishuyuan* 技术员). Equipped with such basic information, the propaganda department of the given factory—as well as the propaganda departments of the region and even the province—were able to extrapolate how many and what kind of readers engaged in the collective reading activities.

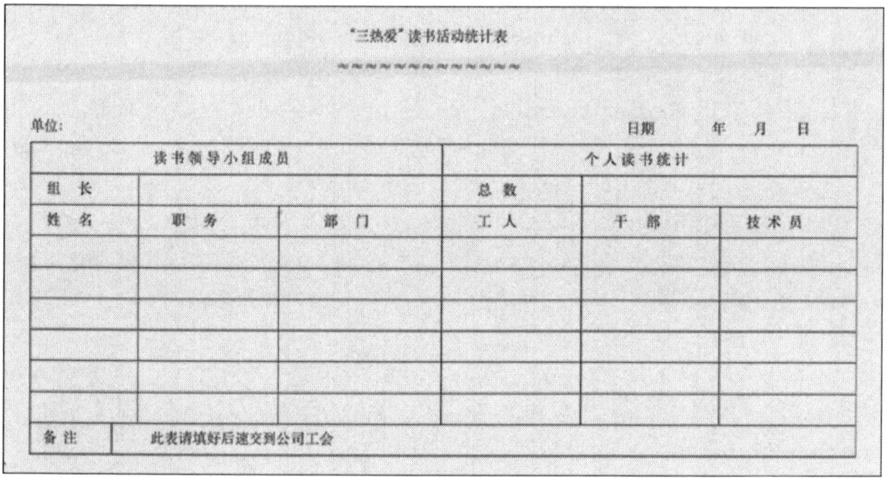

"三热爱"读书活动统计表

单位： 日期 年 月 日

读书领导小组成员			个人读书统计		
组长			总数		
姓名	职务	部门	工人	干部	技术员
备注	此表请填好后速交到公司工会				

Figure 6. "Three Ardent Loves" Reading Activities Statistical Table ("San re'ai" dushu huodong tongjibiao "三热爱"读书活动统计表). *Source: X0401-C-000275-001.*

Based on findings from reports like these, as well as on-the-ground surveying work at more than two dozen factories in Tianjin between June 1983 and May 1984, 510,000 workers took part in reading sessions of the "Three Loves". This accounted for slightly over one fifth of all workers in Tianjin at that time.[55] Among the investigated factories, two failed to establish reading groups at all. The fault in these two cases is put firmly on the leading cadres: they are described as "unsound" (*bu jianquan* 不健全), "weak" (*ruanruo* 软弱), and "slack" (*huansan* 涣散), and some are even said to

55 X0044-C-000785-002. The total population of Tianjin was just below four million. For more on Tianjin in the early 1980s, see Brown 2021.

show "defective thinking" (*sixiang bing* 思想病).⁵⁶ Another five factories faced problems at later stages of the campaign. Reading groups were established and reading activities undertaken, yet the readings soon stopped. Again, most blame is put on the leading cadres and some are described as having a "low level of personal culture" (*benshen wenhua shuiping bu gao* 本身文化水平不高), or "lacking the habit of reading" (*meiyou dushu de xiguan* 没有读书的习惯).⁵⁷ The tension between the focus on production work and the expected incorporation of ideological work within the daily routine of industrial workers is perhaps best expressed by a factory leader quoted as rhetorically asking: "Obviously we must put production first, otherwise we would not be able to pay wages; how can we also have hearts and minds for reading?" 当然要生产第一，不然就发不出工资了，还有什么心思读书呢?⁵⁸

Conclusion

Organization, guidance, and ritualized discipline were essential in transforming the factory into a site of political knowledge. This task was assigned to experienced workers and party cadres chosen as the leaders of the group activities. A leader of a reading group was thus steering the readers on trajectories of meaning outlined by the CCP. However, as shown, many of these group reading activities took place in spaces not designed to facilitate and boost focused engagement with texts (as opposed to schools or universities). Thus, a range of features have been found to reflect the industrial reading group as a site of knowledge: the uneasy transfer of political knowledge within a space designed for production; reading sessions occurring in spaces not well-suited to reading; the importance of the process of reading as a collective task; the attempt to restrict interpretation to predetermined trajectories; and the importance of formalized communication. The above analysis has also shed light on the content of what was communicated in political educational campaigns of the early 1980s: various contemporary speeches by Deng and a small number of other top party leaders, but few by Lenin or Mao. Patriotism, party loyalty, and socialism with Chinese characteristics were the three key themes.

Collective reading activities related to the "Three Loves" had been replaced with other contents to a large extent by late 1985, around the same time that the section

---

56 X0044-C-000785-002.
57 X0044-C-000785-002.
58 X0044-C-000785-002.

chief from the example featured in the introduction to this paper underwent a significant transformation. A former fitter in a Beijing machinery plant described the changed circumstances of the presence of politics in the factory in the early 1990s as follows:

> The work groups hardly ever have meetings for politics or anything else. Sometimes they will have a meeting to greet the New Year or something like that. Other than that, we only have meetings if there is an important document or speech to be covered, or if there is some kind of political crisis, like June 4.[59]

A production line worker in a Beijing electronics factory had similar impressions: "There is no longer any political study for the masses, only for party members themselves."[60] Thus, after a decade of reforms, the only formalized collective meetings that remained common in the industrial space of the PRC were those celebrating major holidays or in times of crisis, with occasional group reading of key documents—and mostly for CCP cadres rather than the working class at large.

In this historical context, the "Three Loves" was one of the last mass-reading campaigns. What does this tell us about industrial sites of knowledge in the PRC of the early reform era? Popularizing correct understanding of what had happened during the Cultural Revolution, as well as during the following tumultuous years, the factories were sites where party-guided discipline was re-introduced among the working class via direct outreach. Although a multivocality of contents and actors was at play, the factory was re-conceptualized with a twofold approach: it served as a site of knowledge in which not only was ideology communicated via collective reading, but so was a certain way of acting in accordance with the new norms of socialist modernization. Representing another continuity with the PRC under Mao, the factory space of the early 1980s was part of a larger attempt in political communication to plant the seeds of socialist-patriotic thought and behavior in the minds of the late-socialist subjects.

References

A22-4-295-1. "Hu Yaobang tongzhi guanyu jiaqiang zhengzhi duwu de yijian" 胡耀邦同志关于加强政治读物的意见. Shanghai Municipal Archives.

---

59 Quoted in Walder 1991, pp. 474–475.
60 Quoted in Walder 1991, p. 475.

Altehenger, Jennifer. 2018. *Legal Lessons. Popularizing Laws in the People's Republic of China, 1949–1989*. Cambridge, Mass.: Harvard University Asia Center.

Andors, Stephen (ed.). 1977. *Workers and Workplaces in Revolutionary China*. White Plains: M. E. Sharpe.

Andreas, Joel. 2019. *Disenfranchised. The Rise and Fall of Industrial Citizenship in China*. New York: Oxford University Press.

Brown, Jeremy. 2012. *City versus Countryside in Mao's China. Negotiating the Divide*. Cambridge: Cambridge University Press.

———. 2021. "Reluctant and Illegal Migrants in Mao's China: Civil Defense Evacuation in the Tianjin Region, 1969–1980," in *Journal of Chinese History* 5.2, pp. 333–349.

Cheek, Timothy. 2016. "Making Maoism: Ideology and Organization in the Yan'an Rectification Movement, 1942–1944," in *Knowledge Acts in Modern China. Ideas, Institutions, and Identities*, ed. by Robert Culp, Eddy U, and Wen-Hsin Yeh. Berkeley: Institute of East Asian Studies, pp. 304–327.

Chen, Shih-Wen Sue. 2016. "'Crazy Thirst for Knowledge': Chinese Reader and the 1980s 'Book Series Fever'," in *Plotting the Reading Experience. Theory/Practice/Politics*, ed. by Knut Oterholm et al. Waterloo: Wilfried Laurier University Press, pp. 349–365.

Cook, Alexander. 2016. *The Cultural Revolution on Trial. Mao and the Gang of Four*. Cambridge: Cambridge University Press.

Dai Lianbin 戴联斌. 2017. *Cong shujishi dao yuedushi. Yuedushi yanjiu lilun yu fangfa* 从书籍史到阅读史：阅读史研究理论与方法. Beijing: Xinxing chubanshe.

Dennis, Joseph. 2015. *Writing, Publishing, and Reading Local Gazetteers in Imperial China, 1100–1700*. Cambridge, Mass.: Harvard University Asia Center.

Dickson, Bruce. 1990. "Conflict and Non-Compliance in Chinese Politics: Party Rectification, 1983–87," in *Pacific Affairs* 63.2, pp. 170–190.

Fischer, Steven. 2003. *A History of Reading*. London: Reaktion Books.

Frazier, Mark. 2006. *The Making of the Chinese Industrial Workplace. State, Revolution, and Labor Management*. Cambridge: Cambridge University Press.

Freeman, Joshua. 2019. *Behemoth. A History of the Factory and the Making of the Modern World*. New York: Norton.

Gongren ribao sixiang jiaoyubu 工人日报思想教育部 (ed.). 1982. *"Wu jiang si mei" yibai ti* "五讲四美"一百题. Beijing: Gongren chubanshe.

Gongqingtuan zhongyang xuanchuanbu 共青团中央宣传部 (ed.). 1983. *Wu jiang si mei shouce* 五讲四美手册. Beijing: Zhongguo qingnian chubanshe.

Hegel, Robert. 1998. *Reading Illustrated Fiction in the Late Imperial China*. Stanford: Stanford University Press.

Henningsen, Lena. 2017. "What Is a Reader? Participation and Intertextuality in Hand-Copied Entertainment Fiction from the Chinese Cultural Revolution," in *Modern Chinese Literature and Culture* 29.2, pp. 109–158.

Jacob, Christian (ed.). 2007. *Lieux de savoir 1: Espaces et communautés*. Paris: Albin Michel.

——— (ed.). 2011. *Lieux de savoir 2: Les mains de l'intellect*. Paris: Albin Michel.

———. 2017. "Lieux de Savoir: Places and Spaces in the History of Knowledge," in *KNOW: A Journal on the Formation of Knowledge* 1.1, pp. 85–102.

Jin Yongquan 晋永权. 2009. *Hongqi zhaoxiang guan: 1956–1959 nian Zhongguo sheying zhengbian* 红旗照相馆：1956—1959 年中国摄影争辩. Beijing: Jincheng chubanshe.

Kaple, Deborah A. 1994. *Dream of a Red Factory. The Legacy of High Stalinism in China*. New York: Oxford University Press.

Leese, Daniel. 2020. *Maos langer Schatten. Chinas Umgang mit der Vergangenheit*. Munich: C.H. Beck.

Li, Jie. 2020. *Utopian Ruins. A Memorial Museum of the Mao Era*. Durham, NC: Duke University Press.

Link, Perry. 1985. "Fiction and the Reading Public in Guangzhou and Other Chinese Cities, 1979–1980," in *After Mao. Chinese Literature and Society, 1978–1981*, ed. by Jeffrey C. Kinkley. Cambridge, Mass: Harvard University Press, pp. 221–274.

Lü, Xiaobo and Elizabeth Perry (eds.). 1997. *Danwei: The Changing Chinese Workplace in Historical and Comparative Perspective*. Armonk: M. E. Sharpe.

Lyons, Martyn. 2010. *A History of Reading and Writing in the Western World.* New York: Palgrave Macmillan.

Mandżunowski, Damian (ed.). 2018. *Reading in China Photographed*, https://chinareading.wordpress.com (accessed on June 10, 2022).

Manguel, Alberto. 1997. *A History of Reading.* London: Flamingo.

McLaren, Anne. 2005. "Constructing New Reading Publics in Late Ming China," in *Printing and Book Culture in Late Imperial China*, ed. by Cynthia J. Brokaw and Kai-wing Chow. Berkeley: University of California Press, pp. 152–183.

Murthy, Sheela. 1983. "Deng's 'Civilized' China of 'Five Disciplines, Four Graces and Three Loves'," in *China Report* 19.6, pp. 3–11.

Neder, Christina. 1999. *Lesen in der Volksrepublik China. Eine empirisch-qualitative Studie zu Leseverhalten und Lektürepräferenzen der Pekinger Stadtbevölkerung vor dem Hintergrund der Transformation des chinesischen Buch- und Verlagswesens 1978–1995.* Hamburg: Institut für Asienkunde.

Renmin Ribao. 1982a. "Mei nian sanyue wei 'quanmin wenming limao yue'" 每年三月为"全民文明礼貌月", February 18, 1982, p. 1, 4.

———. 1982b. "Zhong xiao xuesheng wu jiang si mei huodong jianying" 中小学生五讲四美活动剪影, March 18, 1982, p. 3.

———. 1983a. "Ba 'wu jiang si mei' tong 'san re'ai' tongyi qilai" 把"五讲四美"同"三热爱"统一起来, January 06, 1983, p. 4.

———. 1983b. "Tuan zhongyang tongzhi jinian 'wu si' qingnianjie haozhao ge zu qingnian zheng dang jianshe shehui zhuyi jingshen wuzhi wenming de xianfeng" 团中央通知纪念"五四"青年节号召各族青年争当建设社会主义精神物质文明的先锋, March 31, 1983, p. 1.

———. 1983c. "Zhongyang jueding chengli 'wu jiang si mei san re'ai huodong weiyuanhui'" 中央决定成立"五讲四美三热爱活动委员会", March 27, 1983, p. 1.

———. 1983d. "Zhongyang wu jiang si mei san re'ai huodong weiyuanhui mingdan" 中央五讲四美三热爱活动委员会名单, March 31, 1983, p. 1.

Saich, Tony. 1995. "Writing or Rewriting History? The Construction of the Maoist Resolution on Party History," in *New Perspectives on the Chinese Communist Revolution*, ed. by Tony Saich and Hans van de Ven. Armonk: M. E. Sharpe, pp. 299–338.

Shapiro, Judith, and Heng Liang. 1986. *Cold Winds, Warm Winds. Intellectual Life in China Today*. Middletown: Wesleyan University Press.

Song Kai 宋凯 et al. (eds). 1952. *Gongchang zhongpingmiantu sheji* 工厂总平面图设计. Beijing: Beijing gongye chubanshe.

Tanigawa, Shinichi. 2007. "The Chinese Danwei as a Mobilizing Structure: A Research Design for the Cultural Revolution in the Cities," in *Bulletin of the Faculty of Letters* 37, pp. 115–124.

Tong Binggang 童秉纲 and Liu Zeqia 刘泽恰. 1976. "Zhandi chun lei" 战地春雷, in Landsberger Collection, https://flic.kr/p/bffENp (accessed on June 10, 2022).

Vogel, Ezra. 2013. *Deng Xiaoping and the Transformation of China*. Cambridge, Mass.: Belknap Press of Harvard University Press.

Walder, Andrew. 1988. *Communist Neo-Traditionalism. Work and Authority in Chinese Industry*. Berkeley: University of California Press.

———. 1991. "Workers, Managers and the State: The Reform Era and the Political Crisis of 1989," in *The China Quarterly* 127, pp. 467–492.

Wang, Shaoguang, Deborah Davis, and Yanjie Bian. 2006. "The Uneven Distribution of Cultural Capital: Book Reading in Urban China," in *Modern China* 32.3, pp. 315–348.

Wang, Shu-Shin. 1986. "The Rise and Fall of the Campaign against Spiritual Pollution in the People's Republic of China," in *Asian Affairs: An American Review* 13.1, pp. 47–62.

Wang Yuguang 王余光 (ed.). 2017. *Zhongguo yuedu tongshi* 中国阅读通史. Hefei: Anhui jiaoyu chubanshe.

Whyte, Martin King. 1975. *Small Groups and Political Rituals in China*. Berkeley: University of California Press.

X0044-C-000781-012. "Guanyu zuohao quanguo zhigong dushu huodong tuijian shumu de xuanchuan yuding gongzuo de tongzhi" 关于做好全国职工读书活动推荐书目的宣传预订工作的通知. Tianjin Municipal Archives.

X0044-C-000785-002. "Guanyu wo shi zhigong 'san re'ai' dushu huodong de diaocha baogao" 关于我市职工"三热爱"读书活动的调查报告. Tianjin Municipal Archives.

X0087-C-002971-024. "Zuzhi zhongceng ganbu dushuban, tigao lingdao gongzuo shuiping" 组织中层干部读书班，提高领导工作水平. Tianjin Municipal Archives.

X0173-C-000621-006. "Lingdao ganbu xuexiban xuexi 'Guanyu jingji tizhi gaige de jueding' de anpai yijian" 领导干部学习班学习《关于经济体制改革的决定》的安排意见. Tianjin Municipal Archives.

X0192-Y-000893-004. "Guanyu Guanche shi zhigong 'san re'ai' dushu huodong zhidao weiyuanhui 'Guanyu renzhen zongjie zhigong dushu huodong jingyan gaohao pingxuan xianjin gongzuo tongzhi' de anpai yijian" 关于贯彻市职工"三热爱"读书活动指导委员会《关于认真总结职工读书活动经验搞好评选先进工作通知》的安排意见. Tianjin Municipal Archives.

X0357-Y-003234-002. "Guanyu yi jiu ba si nian ganbu zhigong zhengzhi lilun xuexi de anpai yijian" 关于一九八四年干部职工政治理论学习的安排意见. Tianjin Municipal Archives.

X0382-Y-000084-003. "Guanyu xuexi sanben zhengzhi lilun shuji de anpai yijian" 关于学习三本政治理论书籍的安排意见. Tianjin Municipal Archives.

X0401-C-000275-001. "Guanyu zhigong 'san re'ai' dushu huodong anpai yijian" 关于职工"三热爱"读书活动安排意见. Tianjin Municipal Archives.

Xiong Jing 熊静. 2017. "Zhongguo yuedu shi yanjiu ziliao shulüe" 中国阅读史研究资料述略, in *Tushuguan* 图书馆 5, pp. 58–64.

Yang Liping 杨丽萍. 2018. "Xin Zhongguo chengli chuqi Shanghai de dubaozu jiqi zhengzhi gongxiao" 新中国成立初期上海的读报组及其政治功效, in *Jiangsu shehui kexue* 江苏社会科学 2018.1, pp. 241–250.

Yu Li. 2003. "A History of Reading in Late Imperial China, 1000–1800," dissertation, The Ohio State University.

Zhao Kunhan 赵坤汉. 1974. "Dadui tushushi" 大队图书室, in Landsberger Collection, https://chineseposters.net/posters/e15-268 (accessed on June 10, 2022).

Zhan Jiaru 詹佳如. 2018. "Jiti du bao: Xin Zhongguo chenglo chuqi de Shanghai dubaozu yanjiu" 集体读报：新中国成立初期的上海读报组研究, in *Xinwen yu chuanbo yanjiu* 新闻与传播研究 2018.11, pp. 93–108.

Zhonggong zhongyang 中共中央 and Zhonggong zhongyang xuanchuanbu 中共中央宣传部. 1982. "Zhonggong zhongyang zhuanfa Zhongyang xuanchuan bu

'Guanyu xuexi, xuanchuan dang de shier da wenjian de anpai' de tongzhi" 中共中央转发中央宣传部《关于学习、宣传党的十二大文件的安排》的通知, in *The Maoist Legacy Database*, https://www.maoistlegacy.de/db/items/show/1735 (accessed on July 19, 2021).

Zhou Haiyan 周海燕. 2017. "Yiyi shengchan de 'quanceng gongzhen': jiyu jianguo chuqi dubao xiaozu de yanjiu" 意义生产的"圈层共振"：基于建国初期读报小组的研究, in *Xiandai chuanbo* 现代传播 2017.9, pp. 27–38.

Die Sutren auf dem Rondell: *Lunzang* und öffentliche Klöster in der Nördlichen Song-Zeit (960–1127)

Lu An

Lunzang 輪藏 (revolving-wheel sutras cabinets) were a special form of repositories in Buddhist monasteries. In the Song dynasty, they became popular in urban and rural regions and attracted both the elite and the masses, as turning the *lunzang* was believed to be equal to reading the sutras stored on them. Thus, *lunzang* were an important site of religious knowledge. This article investigates the geographic spread of *lunzang* and of public monasteries (*shifang si* 十方寺 or *shifang yuan* 十方院) in the Northern Song dynasty. It shows that the increased popularity of *lunzang* coincides with the growing number of public monasteries. This suggests that the economic and social organization of public monasteries facilitated the use of *lunzang*.

Einleitung[1]

Texte tragen Wissen,[2] Bücher tragen Texte. Und Bibliotheken, in denen Bücher aufbewahrt werden, gehören sicher zu „Wissensorten". In der Song-Zeit spielten Klosterbibliotheken für die Wissensverbreitung und -überlieferung neben Bibliotheken im Kaiserpalast, Schulen (*shuyuan* 書院) und privaten Studierstuben eine wichtige Rolle, nicht nur wegen ihrer Beiträge zur Entwicklung des Buddhismus, sondern auch, weil manche auch weltliche Bücher besaßen und Laien zugänglich waren. Als Beispiel nenne ich lediglich das „Berghaus Herrn Lis" (Lishi shanfang 李氏山房) im kleinen Kloster Baishi 白石 am Berg Lu 廬, für das Su Shi 蘇軾 (1037–1101) und Chen Mi 陳宓 (gest. 1230) jeweils eine Schrift verfasst haben.[3] Der Wissensort, um den es in diesem Aufsatz geht, ist aber weder die buddhistische Bibliothek für Mönche noch die weltliche Studierstube für Laien, sondern das sogenannte *lunzang* 輪藏, eine

---

1 Diese Arbeit wurde finanziell vom China Scholarship Council unterstützt. Für sprachliche Korrektur bedanke ich mich bei Herr Prof. Dr. Günther Mersmann und für einen gänzlichen Schliff bei Herr Prof. Dr. Reinhard Emmerich.
2 Dies kommt etwa in Zhou Dunyis 周敦頤 (1017–1073) berühmter Aussage „Schrift ist das Vehikel des *Dao*" (文所以載道也) zum Ausdruck. Siehe Zhou Dunyi 2000, S. 39.
3 Das „Berghaus Herrn Lis" war ursprünglich eine Stube im Kloster Baishi, wo Li Chang 李常 (1027–1090) in jungen Jahren studierte und später dessen neuntausend Bücher aufbewahrt wurden. Siehe Su Shi 2006a, S. 397–398; Chen Mi 2006, S. 204–205.

auf einem Drehregal stehende Sutra-Sammlung. Auf diesem riesigen Bücherregal, das in buddhistischen Klöstern stand, wurden buddhistische Sutren aufbewahrt, jedoch waren die meisten seiner Benutzer Laien, die nicht lasen und sogar Analphabeten waren. Das *lunzang* diente also zumeist nicht dem Studium der darauf gelagerten religiösen Texte, sondern es hatte eine rituelle Funktion und ermöglichte einen symbolischen Wissenserwerb.

Obwohl das *lunzang* in Klöstern der Song-Zeit (960–1279) zu den häufigen, wenn auch nicht unverzichtbaren, Einrichtungen gehörte, hat es bislang nur wenig wissenschaftliche Beachtung gefunden. Ein früher Aufsatz von L. Carrington Goodrich, „The Revolving Book-Case in China" (*Harvard Journal of Asiatic Studies*, 1943), darf als veraltet gelten. Am intensivsten hat sich Huang Minzhi 黃敏枝 im Jahr 1996 in einem in der Zeitschrift *Qinghua xuebao* 清華學報 (Tsing Hua Journal of Chinese Studies) publizierten zweiteiligen Aufsatz mit dem englischen Titel „The ‚Revolving-Wheel-Sutras' in the Buddhist Monasteries in Sung China: A Re-Examination" mit dem Phänomen befasst. Huang hat Informationen zu 115 Einrichtungen in der Song-Zeit zusammengetragen, die eine grobe Vorstellung darüber geben, wie man sich ein solches Drehregal und seine Benutzung vorzustellen hat. Für gewöhnlich war ein *lunzang* ein sieben bis acht Meter hohes, achtseitiges Regal aus Holz, das um eine vertikale Achse gebaut war, damit man es leicht drehen konnte; das *lunzang* war von einem *zangdian* 藏殿 (Tripitaka-Halle oder Bibliothek) genannten zweistöckigen Turm umbaut, dessen Zentrum es bildete.[4] Das *lunzang* bot in der Regel genügend Platz für die Große Sutra Sammlung (*Dazangjing* 大藏經), die in der Song-Zeit insgesamt 5048 *juan* 卷 umfasste und in mehr als 500 Kisten aufbewahrt wurde. Außen war das riesige Regal mit geschnitzten Buddhafiguren, Himmelspalästen,

---

4 Siehe Huang Minzhi 1996a; 1996b. Die Standardform des *lunzang* ist spätestens zu Beginn des 12. Jahrhunderts aufgekommen. Siehe Li Jie 1933, Bd. 2, S. 1–6; Chen Lin 1983, S. 162–163 [19:8a–b]; Shi Huihong 2006a, S. 212. Es gab natürlich auch davon abweichende *lunzang*, die kleiner waren (siehe Fußnote 66). Die Frage liegt nahe, ob ein *zangdian* noch weitere Funktionen als die Beherbergung des *lunzang* hatte, insbesondere ob dort Skriptorien untergebracht waren. Dazu vorläufig Folgendes: Bereits in Klöstern vor der Song-Zeit gab es „Bibliotheken" (*zangdian*), die allerdings wahrscheinlich in den inneren, den Mönchen vorbehaltenen Bereichen angesiedelt waren und dem Studium dienten. Spätestens seit der Song-Zeit scheinen sie in die Nähe der Klostereingänge, also den öffentlichen Bereich verlegt worden zu sein, um das Klosterleben nicht durch den Publikumsservice stören zu lassen. Belege dafür, dass die *zangdian* gleichzeitig als Schreibstube gedient haben, finde ich nicht; ohnehin müssen die Sutren der Song-Zeit vorwiegend gedruckt gewesen sein. Siehe Fan Chunren 2006, S. 298–299; Zhou Mi 1988, S. 218; Ciyi 2005, Bd. 7, S. 6610.

Drachen, Geistern und natürlichen Landschaften geschmückt. Das alles sollte Besucher beeindrucken und zum Staunen bringen.

Mag das *lunzang* ursprünglich allein der Aufbewahrung und Verfügbarmachung der buddhistischen Schriften gedient haben, wuchs ihm doch wenigstens in manchen Klöstern eine weitere Funktion zu, die erhebliche ökonomische Bedeutung für die betreibenden Klöster haben konnte: In der bei Mönchen wie bei Laien verbreiteten Überzeugung, schon ein einmaliges Umdrehen eines *lunzang* sei damit gleichbedeutend, die Sutren darin alle durchzulesen, was unglaubliches Glück bringe, ließen Klöster – natürlich gegen Bezahlung – Laien ihre Regale drehen, wenn diese beten oder für ihre verstorbenen Familienmitglieder opfern wollten. So wurde das *lunzang* zu einer wichtigen Geldquelle der Klöster.

Während in der Song-Zeit angenommen wurde, dass das *lunzang* aus der Liang-Zeit (502–557) aus dem Kloster Donglin am Berg Lu stammt,[5] datiert nach heutigem Wissensstand der früheste schriftliche Beleg aus der Mitte der Tang-Zeit (618–907). In der ersten Hälfte des zwölften Jahrhunderts wurden landesweit bereits eine Menge *lunzang* gebaut. Was die geographische Verteilung angeht, so fanden sich die Songzeitlichen *lunzang* überwiegend in Zhe 浙 (mit den Provinzen Liangzhe dong 兩浙東 und Liangzhe xi 兩浙西), Jiangnan 江南 (mit den Provinzen Jiangnan dong 江南東 und Jiangnan xi 江南西), Sichuan 四川 und Fujian 福建, die alle zu Südchina gehören.

Die Verteilung der *lunzang* aber ließ mich aufhorchen, denn sie entspricht im Großen und Ganzen der Verteilung der sogenannten öffentlichen Klöster (*shifang si* 十方寺 oder *shifang yuan* 十方院) dieser Zeit. Sollte es wirklich Zufall sein, dass in der Nördlichen Song-Zeit öffentliche Klöster, die sich im Gegensatz zu den erblichen Klöstern (*jiayi si* 甲乙寺 oder *jiayi yuan* 甲乙院) vor allem durch Abtwahl, Gemeinschaftsleben und gemeinschaftliches Eigentum auszeichneten, sich eben dort konzentrierten, wo auch *lunzang* belegt sind? Oder könnten historische Gründe für die ähnliche Verbreitung der *lunzang* und der öffentlichen Klöster bestehen? Wenn ja, welche Rolle haben die öffentlichen Klöster bei der Verbreitung des *lunzang* gespielt?

---

5 Über die Erfindung des *lunzang* waren die Literaturquellen der Song-Zeit einig, zu denen zum Beispiel folgende Texte gehören: Shi Qisong 2006a, S. 365; Shi Yuanzhao 2006a, S. 342; Wang Tinggui 2006, S. 252; Fu Dake 2006, S. 211; Cai Kai 2006, S. 181.

Die Verteilung der lunzang

Wie eingangs gesagt, waren *lunzang* in der Nördlichen Song-Zeit ausweislich von Huang Minzhis mühseliger Sammlungsarbeit landesweit entstanden, nicht nur in den bedeutenden Klöstern in den Provinzhauptstädten, sondern auch in den unbekannteren auf dem Land. Allerdings scheint die regionale Verteilung ungleich gewesen zu sein, und für manche Gebiete lassen die Quellen nahezu keine Aussagen zu. Überhaupt sind die Quellen von ganz unterschiedlicher Aussagekraft. Alles in allem ergibt sich folgendes Bild für die Regionen Zhe, Jiangnan, Fujian, Guangdong 廣東 und Chengdu 成都.

Zhe:
Die höchste Dichte an *lunzang* ist für die Region Zhe belegt, die in der Song-Zeit (ab 1074) entlang des in die Hangzhou-Bucht mündenden Flusses Zhe (Zhejiang 浙江) administrativ in die beiden Provinzen Liangzhe dong und Liangzhe xi geteilt und davor unter dem Namen Liangzhe bekannt war. Alle drei buddhistischen Klöster in der heute zu Shanghai gehörenden Gemeinde Qinglong 青龍 hatten im vierten Jahr der Regierungsperiode Yuanfeng 元豐 (1081) ein eigenes *lunzang*, was leicht mit dem Wohlstand des Ortes zu erklären ist.[6] Ferner wurden im weiteren Gebiet des Kreises Huating 華亭, dem die Gemeinde Qinglong angehörte, seinerzeit noch drei weitere *lunzang* gebaut, so dass in diesem Kreis allein sechs solcher Einrichtungen belegt sind. Von den drei *lunzang* außerhalb von Qinglong befand sich eines im Dorf Bainiu 白牛,[7] eines siebzig *li* 里 entfernt von der Kreisstadt[8] und ein weiteres an einem nicht klar benannten Ort;[9] für die Kreisstadt selbst ist kein *lunzang* nachweisbar.[10]

Alles in allem hatte nach heutigem Kenntnisstand die Präfektur Xiu 秀, zu welcher der Kreis Huating gehörte, somit die meisten *lunzang* in Liangzhe xi (insgesamt

---

6 Der Handel in der Gemeinde Qinglong stand zu dieser Zeit in hoher Blüte. Siehe Zou Yilin 2007; Wang Hui 2015.
7 Chen Shunyu 2006a, S. 85–86.
8 Chen Shunyu 2006b, S. 89–90.
9 Chen Shunyu 2006c, S. 86–87.
10 Der Befund, dass zwar im Kreis Huating selbst, nicht aber in dessen Verwaltungsstadt *lunzang* nachweisbar sind, ist auffällig, aber wohl nicht singulär, denn es ist nicht belegbar, dass *lunzang* in der Song-Zeit bevorzugt in Städten zu finden waren. So war z. B. ein *lunzang* 1102 an der westlichen Grenze des Kreises Xiangshan 象山 (Liangzhe dong) gelegen, während die Bauvorbereitungen des ersten *lunzang* in seiner Kreisstadt erst 25 Jahre später begannen. Liu Wei 2006, S. 59; Shi Faming 2006, S. 266.

sieben), während in den gleichfalls reichen Präfekturen Hang 杭 und Su 蘇 nur jeweils ein *lunzang* nachweisbar ist. Was aber Liangzhe dong angeht, so sind dort für die Nördliche Song-Zeit 17 *lunzang* belegt, davon neun in der Präfektur Ming 明, vier in Wu 婺, zwei in Yue 越 und jeweils eines in Tai 台 und Qu 衢.[11] Schon zeitgenössisch hat der Mönch Yuanzhao 元照 (1048–1116) diese Situation denn auch als besonders hervorgehoben, als er sagte: „[Lunzang] gedeihen am besten in [Liang]zhe dong" 浙東尤盛.[12]

Jiangnan:
Wie schon angedeutet, waren Literaten der Song-Zeit der Meinung, die Institution des *lunzang* gehe auf den Klausner Fu Xi 傅翕 (497–569) zurück, der während der Regierungsperiode Putong 普通 der Liang-Dynastie (520–526) am Berg Lu gewirkt hatte. Gleichwohl sind *lunzang* für die Nördliche Song-Zeit in der Provinz Jiangnan dong, zu welcher der Berg Lu administrativ gehörte, weniger häufig als im Gebiet Zhe belegt: Für das späte 11. und frühe 12. Jahrhundert haben wir dafür den Zeugen Huang Tingjian 黃庭堅 (1045–1105), der an seinem Lebensabend berichtete, in Jiangnan dong gebe es weniger als 20 *lunzang*,[13] während ja, wie erwähnt, im Gebiet Zhe für die gleiche Zeit 31 solche Bibliotheken schriftlich belegt sind.

Ein weiterer Zeuge für die Verhältnisse in Jiangnan dong und darüber hinaus ist Ye Mengde 葉夢得 (1077–1148). Er notierte, in seiner Jugend Ende des 11. Jahrhunderts nur an wenigen Orten, die er als Reisender passierte, *lunzang* gesehen zu haben. Dagegen sah er in seinen späteren Jahren *lunzang* in sechs oder sieben von zehn Klöstern, sowohl in den Großstädten als auch in den abgelegenen Berggebieten.[14] Bedenkt man, dass der in der Präfektur Su 蘇 geborene spätere Kanzler bereits im Alter von unter zwanzig Jahren die Präfekturen Da 達 und Xin 信 sowie die Hauptstadt Kaifeng 開封 bereist und dort jeweils für mehrere Jahre gelebt hatte,[15] und bezieht man die Routen zwischen diesen Orten mit ein, bezeugt auch Ye Mengde letztlich die besondere Popularität des *lunzang* im Zhe-Gebiet.

---

11 Siehe Huang Minzhi 1996b, S. 288–292.
12 Shi Yuanzhao 2006a, S. 342.
13 Huang Tingjian 2006a, S. 188.
14 Ye Mengde 2006, S. 338. Dieser Text muss nach 1129 verfasst worden sein.
15 Wang Zhaopeng 1994, S. 119–140.

Fujian:

Über die Verbreitung der *lunzang* in Regionen jenseits von Zhe und Jiangnan können leider nur mehr oder weniger vage Vermutungen angestellt werden, die im Folgenden zusammengefasst sind. Fujian bezeichnete man in der Südlichen Song-Zeit als „Land des Buddha" (*foguo* 佛國), und sowohl die Anzahl der buddhistischen Klöster als auch die der Mönche dürfte höher als in anderen Regionen der Zeit gewesen sein.[16] Leider lassen die Quellen keine eindeutige Antwort auf die Frage zu, ob im „Land des Buddha" auch *lunzang* weit verbreitet waren, haben wir doch nur für den in der Mitte Fujians gelegenen Kreis Sha 沙 nähere Informationen: Nach einem Besuch des dortigen Klosters Qiyun 栖雲 verfasste Li Gang 李綱 (1083–1140), der seinerzeitige Finanzamtschef des Kreises, der es später für seine Verdienste in der Verteidigung Kaifengs zu hohen Ehren bringen sollte,[17] ein Gedicht.[18] Dieses Gedicht versah ein Literat namens Deng Su 鄧肅 (1091–1132), der während des Trauerjahres in seiner Heimat im Kreis Sha weilte,[19] im Jahre 1120 (zweites Jahr der Regierungsperiode Xuanhe 宣和) mit einem Nachwort. Beide erwähnen das *lunzang* des Klosters. Das Nachwort lautet:

> Die buddhistischen Klöster im Kreis Sha kann man nach Hunderten zählen, allein, sie hatten keine *lunzang*, um die Besucher staunen zu machen. Das erste [*lunzang*] hat Kechen, der Meister Zhenjie, im Kloster Qiyun gebaut.
>
> 沙縣佛宮殆以百計，獨無輪藏，以聳觀者。栖雲禪院真戒大師可臣首造之，金碧相照，恍若天宮，蓋閩中所未有也。[20]

Diese Worte sind für unseren Zusammenhang in zweifacher Hinsicht wichtig, weil sie erstens zu einem zahlenmäßigen Vergleich mit anderen buddhistisch geprägten Regionen herausfordern, und weil sie zweitens zu Überlegungen über die Gründe der Einrichtung von *lunzang* anregen. Was ersteres angeht, so könnte der Kreis Sha nach dem Zeugnis von Deng Su, wenn man dieses wörtlich nimmt, die höchste Klosterdichte in der Nördlichen Song-Zeit aufgewiesen haben.[21] Ich kann nur wenige Kreise außerhalb von Fujian nachweisen, in denen man annähernd hundert oder mehr

---

16 Siehe Han Yuanji 2006a, S. 179; Lin Xiyi 2006, S. 27; Chikusa Masaaki 1982, S. 148–150; Wang Rongguo 1997, S. 207–216.
17 Zhao Xiaoxuan 1980, S. 20.
18 Li Gang 1998, S. 17564.
19 Die Datierung folgt Wang Zhaopeng, Wang Kexi und Fang Xingyi 2007, S. 243–245.
20 Deng Su 2006a, S. 158.
21 Siehe die Statistiken in Wang Rongguo 1997, S. 215; Cheng Minsheng 1997, S. 41.

buddhistische Klöster hätte zählen können: Im Jahr 1040 gab es mehr als 400 buddhistische Klöster in der Präfektur Shao 韶, die fünf Kreise umfasste.[22] Im Jahr 1042 existierten insgesamt 80 buddhistische und daoistische Klöster im Kreis Liling 醴陵 der Präfektur Tan 潭;[23] im Jahr 1088 befanden sich 532 buddhistische Klöster in der Präfektur Hang 杭, die zehn Kreise umfasste.[24] Mit einer Anzahl von 215 hatte der Kreis Nancheng 南城 der Präfektur Jianchang 建昌 die meisten buddhistischen Klöster.[25] In Bezug auf *lunzang* legt Deng Sus Aussage nahe, dass diese trotz der großen Dichte an Klöstern in dieser Gegend noch nicht weit verbreitet waren.

Guangdong:
Ebenso wie über Fujian haben wir auch über die Region Guangdong Zeugnisse von Literaten. Zunächst das von Su Shi, der berichtet, die Präfektur Hui 惠, der östliche Nachbar von Guang 廣, habe im Jahre 1095 (zweites Jahr der Regierungsperiode Shaosheng 紹聖) in keinem ihrer Klöster ein *lunzang* gehabt.[26] Ein weiteres Zeugnis stammt von dem oben schon erwähnten Li Gang und ist eine Generation jünger. Als Li Gang im Jahre 1130 (viertes Jahr der Regierungsperiode Jianyan 建炎) dank einer Amnestie von seinem Verbannungsort auf der Insel Hainan 海南 in seine Heimat im Norden zurückkehren durfte, passierte er die im Südwesten Fujians gelegene Präfektur Ting 汀 und notierte anlässlich eines Besuches des dortigen Klosters Junqing 均慶:

> Ich sah [dort] ein neu errichtetes *lunzang* mit seinen Sutren. Es hatte eine exquisite Struktur und stand in einer ruhigen und tiefen Halle. So etwas gibt es südlich des Lingqiao-Gebirges noch nicht.
>
> 見新創轉輪寶藏，制度精巧，堂宇靚深，自嶺嶠以南，未之有也。[27]

Das sind nicht ganz leicht zu deutende Bemerkungen. Ich interpretiere sie nicht so, dass es zu Beginn des 12. Jahrhunderts in der Region Guangdong, also „südlich des Lingqiao-Gebirges", überhaupt kein *lunzang* gegeben habe. Vielmehr meine ich, Li

---

22 Yu Jing 2006e, S. 89. Im Jahr 1046 berichtete Yu Jing, in der Präfektur Shao gebe es mehr buddhistische Klöster und Mönche als in den anderen Präfekturen im Gebiet Guangdong. Yu Jing 2006c, S. 72.
23 Ouyang Xiu 2006, S. 106.
24 Zhang Heng 2006, S. 185.
25 Lü Nangong 2006a, S. 294.
26 Su Shi 2006b, S. 430.
27 Li Gang 2006b, S. 218.

Gang wollte zum Ausdruck bringen, dass die *lunzang* in Guangdong nicht so fein und prächtig wie das im Kloster Junqing in der Präfektur Ting waren. Und wenn er „noch nicht" präzisiert hätte, wäre dadurch vielleicht die Meinung oder Hoffnung ausgedrückt worden, das werde in der Zukunft nachgeholt. Tatsächlich war schon 130 Jahre früher (1008, erstes Jahr der Regierungsperiode Dazhongxiangfu 大中祥符) wenigstens in einem Kloster der Region Guangdong, nämlich im Kloster Qianming 乾明 in der Präfektur Guang, ein *lunzang* erbaut worden, das aber zur Zeit Li Gangs schon verfallen gewesen sein mag.[28]

Chengdu:
Die einzige Region, die hinsichtlich der Dichte ihrer *lunzang* in der Nördlichen Song-Zeit mit Zhe verglichen werden kann, ist die Präfektur Chengdu, für die vier *lunzang* schriftlich erwähnt werden. Doch das waren vielleicht nicht alle. Wie eine Statistik zeigt, hatten zwischen den Jahren 1087 und 1090 zwölf der 96 Tochterklöster des Klosters Dashengci 大聖慈 in der Präfektur Chengdu eine Große Sutra Sammlung. Wie viele von ihnen auf einem Drehregal gestanden haben, ist allerdings unklar.[29]

Die Verteilung der öffentlichen Klöster

Bevor wir uns der Frage zuwenden, ob die beschriebene Verteilung der *lunzang* mit der Verteilung der öffentlichen Klöster in Beziehung zu bringen ist, will ich zunächst die unterschiedlichen Typen Song-zeitlicher buddhistischer Klöster skizzieren. In der Song-Zeit unterschied man drei Typen: *Lü*-Klöster 律寺 oder 律院, *Chan*-Klöster 禪寺 / 禪院 und *Jiao*-Klöster 教寺 / 教院. Die bis in das 10. Jahrhundert dominanten *Lü*-Klöster erhielten ihre Bezeichnung, weil ihren Mönchen die Einhaltung der aus Indien eingeführten Gebote, chinesisch *lü*, ein zentrales Anliegen war. Dagegen sind die *Chan*- und *Jiao*-Klöster nach Lehrrichtungen benannt, nämlich dem *Chan*- und dem *Tiantai*-Buddhismus 天台. Die Organisationsform der *Lü*-Klöster bezeichnen heutige Wissenschaftler häufig als *jiayi* 甲乙, die der *Chan*- und *Jiao*-Klöster als *shifang* 十方. Nach dem *Jiayi*-System organisierte, in der westlichen Literatur als „erbliche Klöster" bzw. „hereditary monasteries" bezeichnete Konvente gaben einem Abt wesentlichen Einfluss auf die Bestimmung seines Nachfolgers, pflegten wenig Gemeinschaftsleben und teilten wenig gemeinschaftliches Eigentum. Nach dem

---
28 Siehe Huang Minzhi 1996b, S. 277.
29 Li Zhichun 2006, S. 210–211.

Shifang-System organisierte, in der westlichen Literatur als „öffentliche Klöster" bzw. „public monasteries" bezeichnete Klöster, favorisierten die Abtwahl durch Gremien, denen würdige Mönche ebenso wie weltliche Honoratioren angehörten; sie legten Wert auf ein ausgedehntes Gemeinschaftsleben und gemeinschaftliches Eigentum. Das System wurde vor dem 11. Jahrhundert mit *Chan* benannt, denn es verbreitete sich nur in den *Chan*-Konventen. Seit der Einführung in einigen *Jiao*-Klöstern gegen Ende des 10. Jahrhunderts, die überwiegend im Gebiet Zhe verstreut waren, nannte man es häufiger *Shifang*-System.[30]

Huang Minzhi hat bemerkt, dass sich 80 bis 90 Prozent der *lunzang* in *Chan*-Klöstern befanden und einige weitere in *Jiao*-Klöstern.[31] Die meisten *lunzang* befanden sich in der Song-Zeit also in *Shifang*-Klöstern. Bestand ein Zusammenhang zwischen den *lunzang* und den öffentlichen Klöstern? Ein wichtiger Anhaltspunkt dafür ist die Verbreitungskarte der öffentlichen Klöster, die Ähnlichkeit mit der der *lunzang* zeigt.

Die öffentlichen Klöster entstanden spätestens ab der Tang-Zeit,[32] begannen sich aber erst in der zweiten Hälfte des 11. Jahrhunderts landesweit auszubreiten. Während der Regierungsperiode des Kaisers Renzong 仁宗 (1022–1063) gab es, nach Yu Jings 余靖 (1000–1064) Aufzeichnung, mehrere zehntausend erbliche, aber nur einige tausend öffentliche Klöster.[33] Im achten Jahr der Regierungsperiode Yuanfeng (1085) schätzte Lü Nangong 呂南公 (1047–1086) sogar, dass nur zwei Prozent aller buddhistischen Klöster öffentliche Klöster waren.[34] Es scheint daher sicher, dass zu dieser Zeit die öffentlichen Klöster in der Minderheit waren. Eine grobe Übersicht zeigt folgendes Betrachtung von Zhe, Jiangnan, Hunan 湖南, Chengdu und Fujian:

Zhe:
Für die Region Zhe lassen sich für die erste Hälfte der Nördlichen Song-Zeit öffentliche Klöster in den meisten Präfekturen belegen. Im vierten Jahr der Regierungsperiode Dazhongxiangfu (1011) existierten insgesamt drei solcher Konvente in der Präfektur Ming: Tiantong 天童, Xianju 仙居 und Yanqing 延慶,[35] während es

---

30 Siehe Foulk 1987; Liu Changdong 2005, S. 176–274; Schlütter 2005.
31 Siehe Huang Minzhi 1996b, S. 274.
32 Liu Changdong 2005, S. 216–218.
33 Yu Jing 2006d, S. 166.
34 Lü Nangong 2006b, S. 307.
35 Zongxiao 2010, S. 130–132.

zeitgleich jenseits von Ming zumindest noch in den Präfekturen Chang 常,[36] Hang,[37] Wu[38] und Su[39] öffentliche Klöster gab. Etwa ein Jahrzehnt später, kurz vor der Regierungsperiode Tiansheng 天聖 (1023–1032), entstand das erste öffentliche Kloster in der Präfektur Xiu,[40] während in derselben Regierungsperiode auch im Kreis Yanguan 鹽官 (Präfektur Hang) ein öffentliches Kloster gegründet wurde. Wenig später, im Jahre 1053 (fünftes Jahr der Regierungsperiode Huangyou 皇祐), kam auch der Kreis Jiangyin 江陰 (Präfektur Chang) zu seinem ersten öffentlichen Kloster.[41] Im folgenden Zeitraum scheinen öffentliche Klöster in rascher Folge errichtet worden zu sein; im vierten Jahr der Regierungsperiode Shaosheng 紹聖 (1097) gab es schon sechs öffentliche Klöster in der Verwaltungsstadt (*zhouzhi* 州治) der Präfektur Chang.[42] Damit nicht genug, wechselten während der Nördlichen Song-Dynastie in der Präfektur Su sieben Klöster vom ehemaligen *Jiayi*-System in das *Shifang*-System, und schließlich nahmen einige Klöster der Präfektur Tai, in denen die Mönche im Streit waren, während der Amtszeit des Präfekten Sun Shi 孫實 (fl. 1113–1116),[43] erzwungenermaßen das *Shifang*-System an.[44] Alles in allem muss in der Region Zhe das System des öffentlichen Klosters verbreitet gewesen sein, wenn auch das konkurrierende System dominierend war.

Jiangnan und Hunan:
In Jiangnan sowie der Nachbarregion Hunan dürfte das System des öffentlichen Klosters gegen Ende des 10. Jahrhunderts noch besser als in Zhe entwickelt gewesen sein, vielleicht sogar besser als irgendwo sonst in China. Denn ähnlich wie das *lunzang*, das der Annahme nach vom Berg Lu stammt, wurden die öffentlichen Klöster in den Regionen Jiangnan und Hunan zum Vorbild genommen, als das Kloster Yanqing in der Präfektur Ming im Jahr 1011 als öffentliches Kloster genehmigt wurde.[45] Allerdings könnte die Zahl der öffentlichen Klöster in Jiangnan und Hunan kleiner als in

---

36 Hu Su 2006, S. 195–196.
37 Shi Huihong 2006c, S. 253–257.
38 Lu You 2006, S. 124–125.
39 Zhang Jun 2006, S. 130–131.
40 Shi Qisong 2006b, S. 384–385.
41 Sun Yi 2006, S. 171–172.
42 Zou Hao 2006a, S. 344.
43 Li Zhiliang 2001, S. 412; Lu Ruping 2017, S. 82–83.
44 Li Jingyuan 2006, S. 3.
45 Zongxiao 2010, S. 130–132.

Zhe gewesen sein und die Popularisierung dieses Systems später stattgefunden haben. Im Einzelnen: Für das Jahr 1011, als in Zhe das *Shifang*-System schon relativ verbreitet war, sind nur für vier Präfekturen der sehr viel größeren Regionen Jiangnan und Hunan öffentliche Klöster nachweisbar: in Nankang 南康,[46] wo der Berg Lu liegt, in Fu 撫,[47] in Jiangning 江寧[48] und in Tan.[49] Der Wechsel vom *Jiayi*- in das *Shifang*-System lässt sich in Jiangnan und Hunan während der Nördlichen Song-Zeit nur halb so häufig wie in Zhe nachweisen. Das mag allerdings der schlechteren Quellenlage geschuldet sein. Wenn aber die Quellen die ersten öffentlichen Klöster für die in Jiangnan- und Hunan-Kreise Lingling 零陵 (1081),[50] Wuhu 蕪湖 (1085),[51] Nanfeng 南豐 (1087)[52] und Fenning 分寧 (1094)[53] erst für die 1080er und 1090er Jahren belegen, mehrere Jahrzehnte später als in den oben erwähnten Orten der Region Zhe, dann ist die Annahme naheliegend, das *Shifang*-System habe sich in Jiangnan und Hunan wesentlich langsamer als in Zhe verbreitet.

Chengdu:
Auch in der Region Sichuan haben sich buddhistische öffentliche Klöster in der Nördlichen Song-Zeit weit verbreitet. In acht Präfekturen wurde mindestens ein Systemwechsel vollzogen. Es ist auffällig, dass allein in der Präfektur Chengdu neun Fälle von Systemwechsel in schriftlichen Quellen belegt sind. Der früheste datiert aus der Regierungsperiode Tianxi 天禧 (1017–1021),[54] die meisten aus der zweiten Hälfte des 11. Jahrhunderts.

Fujian:
In Bezug auf Fujian konzentrieren sich die Song-zeitlichen Quellen zu buddhistischen Klöstern auf die Präfektur Fu 福. Das während der Regierungsperiode Chunxi 淳熙 (1174–1189) verfasste *Sanshan zhi* 三山志 (Lokalmonographie der drei Berge) weiß von neun Systemwechselfällen in der Nördlichen Song-Zeit in fünf zur Präfektur

---

46 Huang Tingjian 2006c, S. 186–187.
47 Zeng Feng 2006a, S. 3–4.
48 You Jiuyan 2006, S. 374–375.
49 Yu Jing 2006b, S. 80–81.
50 Zou Hao 2006b, S. 346–347.
51 Huang Tingjian 2006d, S. 190–192.
52 Zhu Bao 2006, S. 92–93.
53 Huang Tingjian 2006a, S. 188–189.
54 Peng Cheng 2006, S. 247–248.

Fu 福 gehörenden Kreisen.[55] Vier weitere, allesamt bedeutende Klöster in der Präfektur Fu (Gushan 鼓山,[56] Xichan 西禪[57] und Xuefeng 雪峰[58] sowie Zhiti 支提[59]) dürften überdies seit Beginn der Song-Zeit schon öffentliche Klöster gewesen sein, denn ihre Ming- und Qing-zeitlichen Klostermonographien erwähnen keinen Systemwechsel und lassen daher diese Deutung zu. Außerhalb der Präfektur Fu fanden ein Systemwechsel im Kreis Sha 沙[60] und zwei in der Präfektur Ting 汀[61] statt. Zwei weitere vermutlich öffentliche Klöster befanden sich in den Küstenpräfekturen Quan 泉[62] und Xinghua 興化.[63]

Die anderen Regionen:
Jenseits der beschriebenen Regionen sind noch mehr als 20 Systemwechsel in Klöstern bekannt, über die jedoch aufgrund der Quellensituation nur wenig zu sagen ist. Bemerkenswert ist, dass das Kloster Yanxiang 延祥 am Berg Luofu 羅浮 in der Präfektur Hui, wo es im Jahr 1095 kein *lunzang* gab, vermutlich schon vor der Song-Zeit ein öffentliches Kloster gewesen war.[64] Viel wichtiger sind jedoch die Informationen über das in der Hauptstadt gelegene Kloster Daxiangguo 大相國, das bedeutendste Kloster des Staates in der Nördlichen Song-Zeit überhaupt. Dort ist das *Shifang*-System erst im Jahre 1080 (das dritte Jahr der Regierungsperiode Yuanfeng) übernommen worden, indem seine 60 ehemals selbstständigen Tochterklöster auf acht konzentriert wurden, von denen zwei neu gegründete Konvente, Huilin 慧林 und Zhihai 智海, öffentliche Klöster wurden.[65] Ich nehme das als Beleg dafür, dass die staatliche Förderung des *Shifang*-Systems relativ spät einsetzte, mit anderen Worten dieses Klostersystem anfänglich von monastischen Kreisen und innerklösterlichen Reformern befördert wurde.

---

55 Liang Kejia 1983, S. 480–571 [33:1a–38:23b].
56 Huang Ren 1996, S. 118 [2:1b], 153–154 [4:1a–1b].
57 Fawei 1996, S. 39–40 [2:1a–1b].
58 Xu Bo 1996, S. 125–126 [5:1a–1b].
59 Xie Zhaozhe, Chen Xizheng und Shi Zhaowei 1996, S. 125 [3:39a].
60 Deng Su 2006b, S. 179–180.
61 Ma Rong et al. 2004, S. 1285, 1288.
62 Shi Yuanxian 1996, S. 74–75 [kaishi: 32a–b].
63 Shi Tanxian 1996, S. 60 [3].
64 Yu Jing 2006a, S. 97–98.
65 Huang Tingjian 2006b, S. 184.

Mögliche Zusammenhänge zwischen den lunzang und den öffentlichen Klöstern

Die Ähnlichkeit zwischen der örtlichen und zeitlichen Verbreitung der *lunzang* und der öffentlichen Klöster in der Nördlichen Song-Zeit kann so beschrieben werden: Beide entstanden zuerst in den südlichen Regionen am Mittellauf des Yangtse (*lunzang* in Jiangnan, öffentliche Klöster in Jiangnan und Hunan), aber sie verteilten sich zum Ende des 11. Jahrhunderts mehr in der Region Zhe. Daneben dürfte die Zahl sowohl der öffentlichen Klöster als auch der *lunzang* in der Präfektur Chengdu beträchtlich gewesen sein.

Die Baukosten eines *lunzang* (einschließlich der Anschaffung der Sutren) betrugen je nach Größe in der Nördlichen Song-Zeit mehrere zehntausend bis zu mehrere Millionen Geldstücke (*qian* 錢), ein so hoher Betrag, dass sich mit ihm sogar ein kleines Kloster hätte bauen lassen. Aus diesem Grund entstanden die meisten *lunzang* selbstverständlich in wohlhabenden Klöstern.[66]

Doch warum sind wohlhabende Klöster in der Regel öffentliche Klöster gewesen? Zum einen war es, wie Morten Schlütter gezeigt hat, bedeutenden Klöstern oder solchen in landschaftlich reizvoller oder geschichtsträchtiger Umgebung, also insgesamt solchen mit gehobenen Einkommensmöglichkeiten, gesetzlich möglich, sich nach dem System des öffentlichen Klosters zu organisieren.[67] Zum anderen gelangten öffentliche Klöster leichter als erbliche Klöster an finanzielle Unterstützungen durch Laien und den Staat, besonders unmittelbar nach dem Systemwechsel. Wie Liu Changdong gezeigt hat, gingen Systemwechsel in der Song-Zeit vor allem auf drei Gründe zurück: erstens unversöhnliche Meinungsverschiedenheiten zwischen den Mönchen im Kloster; zweitens Gebots- oder Gesetzverbrechen von Mönchen im

---

66 Ausnahmen finden sich in drei Fällen: 1. Frühstens zum Ende der Nördlichen Song-Zeit hat der Monch Wenyong 义用 im Kreis Changshu 常熟 ein Kloster gegründet und ein ziemlich kleines (*shuji meme* 殊極么麼) *lunzang* gebaut. Man zahlte nur ein Zehntel wie in anderen Klöstern für dreimaliges Umdrehen. Zhuang Chuo 1983, S. 67–68; 2. Zu Beginn der Südlichen Song-Zeit wurde nach der Klosterzerstörung während des Verteidigungskriegs gegen die Jurchen in der Präfektur Xiu ein kleines *lunzang* unter primitiven Bedingungen errichtet. Cai Kai 2006, S. 181. 3. Es mag in der Regierungsperiode Chunxi gewesen sein, dass ein kleines *lunzang* allein durch finanzielle Unterstützung von den weltlichen Familienglieder und Freunden des Vorstehermönchs in einem unbekannten Kloster auf dem Berg Gan 感 gebaut wurde. Shi Xiaoying 2006, S. 343.

67 Schlütter 2009, S. 42.

Kloster; und drittens den Verfall der Klosteranlagen.[68] In jedem dieser drei die Reputation schädigenden, die Spendenbereitschaft und Solidarität senkenden Fälle konnten die lokalen Behörden oder der Landadel intervenieren und das Kloster in das *Shifang*-System zwingen. Wenn dann ein angesehener und fähiger Mönch gewonnen und zum Abt ernannt werden konnte, bekamen die Klöster sofort erhebliche Spenden von der Regierung und den lokalen Eliten. Damit konnten die Hallen erneuert, das Kloster vergrößert und, nicht zuletzt, ein *lunzang* gebaut werden. Das ist in den Quellentexten der 19 genannten öffentlichen Klöster mit *lunzang* (siehe Tabelle 2 im Anhang) häufig nachzulesen. Ein weiterer Grund für die gezeigte enge Verbindung zwischen *lunzang* und öffentlichem Kloster ist dessen Eigentumssystem. Weil in einem öffentlichen Kloster alle Sachen zum Kloster gehörten und dessen Verwaltungsgruppe darüber die Verfügungsmacht hatte, muss die Durchführung eines so teuren Projekts wie die Errichtung eines *lunzang* dort viel leichter zu realisieren gewesen sein als in einem erblichen Kloster mit seinen aus mehreren im Eigentum der Mönche stehenden Häusern. Historisch betrachtet war die Teilung des Eigentums in den öffentlichen Klöstern ein Versuch, mögliche Rivalitäten und Streitereien zwischen Mönchen unterschiedlicher sozialer und finanzieller Herkunft zu reduzieren und die Mönche sich auf das buddhistische Lernen konzentrieren zu lassen.[69] Das ist auch folgenden, gern und häufig zitierten Worten von Zhili 知禮 (960–1028) zu entnehmen, der einer der Leitenden des *Jiao*-Klosters Yanqing war und als der Wiederbeleber der Lehrrichtung Tiantai bezeichnet wurde.[70] In zurechtweisendem Ton rechtfertigte er den Wechsel in das *Shifang*-System mit seinem Gemeinschaftseigentum:

> Heute befehle ich euch [den Schülern], euch selbst nicht zu besudeln und nicht stinkig zu werden! Nach meinem Tod, wenn ihr das Haus des anderen seht, hegt nicht den Gedanken, es selbst besitzen zu wollen, wo [ihr] doch bisher von früh bis spät zusammengelebt habt! Ich als der Besitzer [des Klosters] habe [das Kloster] zum *Shifang*[-System] übertragen; [mein Besitztum] gehört nicht zu euch, geschweige denn das des anderen!

> 今吾命汝，一無起穢以自臭焉。自吾以後，汝無復視厥居而廒已想，況朝夕處乎！吾為物主，既已仰給十方；尚非吾分，矧他人哉！[71]

---

68 Liu Changdong 2005, S. 232–241.
69 Siehe Liu Changdong 2005, S. 189–229.
70 Getz 1994, S. 1.
71 Zongxiao 2010, S. 128.

In der Organisation des öffentlichen Klosters muss die Verwaltungsgruppe erhebliche ökonomische Macht besessen haben, und wohl auch die Möglichkeit zur persönlichen Bereicherung durch Unterschlagung des Klostervermögens. Im Vergleich zu anderen Formen des Inventars und Besitzes eines Klosters konnte ein riesiges *lunzang* aber weniger leicht veruntreut werden. Insgesamt scheint ein *lunzang* also dem Grundgedanken des öffentlichen Klosters, also der Teilung des Besitzes, besser als dem erblichen Kloster entsprochen zu haben.

Zudem konnte ein *lunzang* beträchtliche Erträge bringen, auf die die öffentlichen Klöster angewiesen waren, weil sie außer der Versorgung der Mönche des Klosters noch als Forschungszentren dienten sowie Unterkunft und Versorgung der reisenden Mönche gewährleisten mussten.[72] Um diese Aufgaben kümmerten sich erbliche Klöster nicht. Entsprechend konnten leitende Mönche des erblichen Klosters Henglong 橫龍 in der Präfektur Tan in der Mitte der Nördlichen Song-Zeit äußern: „Es ist für [unser] Kloster kein Glück, mehr Felder zu besitzen, es ist nur Belastung" (多田非寺之福，祇為累耳).[73] Und Huang Tingjian wusste zu berichten, das öffentliche Kloster Yunyan 雲巖 in seinem Heimatkreis Fenning sei Ende der Regierungsperiode Yuanyou 元祐 (1092–1094) zum Bau eines *lunzang* genötigt gewesen, weil es außerstande war, ankommenden Mönchen Verpflegung und Unterkunft anzubieten.[74]

Doch neben wirtschaftlichen müssen bei einer Würdigung der Institution *lunzang* vor allem auch soziale Aspekte bedacht werden. Viele Berichte von Zeitgenossen lassen die sichere Annahme zu, *lunzang* hätten eine große Anziehung auf Laien, besonders ungebildete, ausgeübt. Das könnte daran liegen, dass ein *lunzang* als eine riesige, prächtige und „hochtechnologische" Einrichtung für die Menschen sehr attraktiv war. Jedoch muss anderes hinzugekommen sein: Es ist sehr wahrscheinlich, dass in der Song-Zeit, als das System der Beamtenprüfung (*keju* 科舉) sich zur Vollkommenheit entwickelte, als Schulen entstanden und die Drucktechnik weite Anwendung erfuhr, Lesen modisch und attraktiv wurde, auch bildungsferne Menschen an diesen Entwicklungen teilhaben wollten. Indem sie das Rondell drehten, lasen sie die auf ihm stehenden heiligen Schriften wenigstens symbolisch. Aufgrund dieser Funktion ist die Vermutung naheliegend, manches *lunzang* könne gewissermaßen propagandistisch eingesetzt worden sein: Wenn ein Kloster den Wechsel vom erblichen in das öffentliche System vollzog, könnten seine Leiter auf den Gedanken gekommen sein, ein *lunzang*

---

72 Siehe Kanai Noriyuki 2003.
73 Liao Shen 2006, S. 335.
74 Siehe Huang Tingjian 2006a, S. 188. Noch ein Beispiel findet sich im Kloster Qize-Zhiping 祈澤治平 in der Südlichen Song-Zeit. Shi Baohua 2006, S. 126–127.

zu errichten, um damit Popularität und Akzeptanz bei den Laien nah und fern zu erreichen, da an diesem speziellen Ort eine ritualisierte Teilhabe am Wissensschatz der Sutren möglich war.

Schlusswort

Da die meisten Fälle noch unzureichend erforscht sind, ist das folgende Ergebnis leider noch sehr vorläufig und mehr Vermutung als bewiesene Deutung: Beide, *lunzang* und öffentliches Kloster, haben sich in der Nördlichen Song-Zeit deutlich ausgebreitet und weisen ähnliche Verbreitungsmuster im Gebiet Zhe, Jiangnan, Hunan und Chengdu auf. *Lunzang* befanden sich üblicherweise in *Chan*-Klöstern, die zu den öffentlichen Klöstern gehörten, und könnten dazu beigetragen haben, deren finanziellen Bedarf zu decken. Aus diesen Gründen könnten die öffentlichen Klöster bei der Verbreitung des *lunzang* in der Nördlichen Song-Zeit eine positive Rolle gespielt haben.

Zum Schluss aber sei noch auf etwas verwiesen, was nicht im Zentrum der obigen Ausführungen stand: Im Verlaufe der Südlichen Song-Zeit verschafften sich verschiedentlich gelehrte Kritiker der *lunzang*-Kultur Gehör: Sie gaben zu bedenken, dass es Mönche den Laien gleichtäten und die heiligen Schriften lieber auf dem Regal drehten, als sie zu lesen. Die *lunzang*-Kultur hätte demnach der Faulheit der Mönche und ihrem Streben nach materialem Genuss Nahrung gegeben.[75] In der Moderne wird diese Kritik aber nicht von allen geteilt, es gibt sogar Stimmen die behaupten, das Drehen des Sutrenregals durch Analphabeten habe die Lesekultur in unteren Sozialklassen befördert und die Popularität der *lunzang* habe zum Erhalt buddhistischer Sutren beigetragen.[76]

Bei aller Kritik, die man gegen das stumpfe Drehen von Büchern vorbringen kann, bin ich der Meinung, *lunzang* könnten manchen Ungebildeten die Augen für die Existenz eines ganzen Kosmos geöffnet haben, der ihnen anders verschlossen geblieben wäre. Natürlich konnte sich wirkliche Kenntnis buddhistischer Schriften dadurch allein nicht verbreiten, doch meine ich, dass bei der Verbreitung jeglicher Sachen oder Ideen Verdünnung unvermeidlich, ja wohl der einzige Weg zur Verbreitung, ist.

---

75 Zum Beispiel wie: Fu Dake 2006, S. 211–212; Han Yuanji 2006b, 218; Yang Wanli 2006, S. 284–285; Zeng Feng 2006b, S. 18; Shi Jujian 2006, S. 352.

76 So zum Beispiel ist Jiang Wu dieser Meinung. Siehe Jiang Wu 2015, S. 53–58.

Die Sutren auf dem Rondell

Anhang

Tabelle 1: Neu gefundene *lunzang* in der Nördlichen Song-Zeit

Präfektur	Kloster	Baudaten
Fen zhou 汾州	Kongwang xiyuan 空王西院	unbekannt[77]
Henan fu 河南府	Zisheng yuan 資聖院	unbekannt[78]
Yue zhou 越州	Longquan si 龍泉寺	1050[79]
Yue zhou 越州	unbekannt	1080[80]
unbekannt	Jixiang 吉祥	unbekannt[81]
unbekannt	Nanchan 南禪	unbekannt[82]
Ting zhou 汀州	Dongshan Changuo yuan 東山禪果院	1098–1100[83]
Jianchang jun 建昌軍	Baofu yuan 保福院	1087–1116[84]
unbekannt	Baofeng Qiyun Chanyuan 寶峰棲雲禪院	vor 1120[85]

Tabelle 2: Öffentliche Klöster mit *lunzang* in der Nördlichen Song-Zeit

Präfektur	Kloster	Datum des Systemwechsels	*lunzang* Baudaten
Guang zhou 廣州	Qianming Chanyuan 乾明禪院	unbekannt	unbekannt[86]
Wu zhou 婺州	Puan Chanyuan 普安禪院	unbekannt	1029[87]

---

77 Wen Yanbo 2006, S. 60.
78 Wen Yanbo 2006, S. 60.
79 Shi Yuanzhao 2006b, S. 347–348.
80 Shi Yuanzhao 2006c, S. 378–379.
81 Li Zhiyi 2006c, S. 77.
82 Li Zhiyi 2006b, S. 295–296.
83 Ma Rong et al. 2004, S. 1297.
84 Zhu Bao 2006, S. 92–93.
85 Li Gang 2006a, S. 69–70.
86 Gu Guang 1996, S. 237–240 [10:3a–4b].
87 Shi Qingmu 2006, S. 221–222.

Präfektur	Kloster	Datum des Systemwechsels	*lunzang* Baudaten
Wuwei jun 無為軍	Chongshou Chanyuan 崇壽禪院	unbekannt	unbekannt[88]
Zhen zhou 真州	Changlu si 長蘆寺	unbekannt	unbekannt[89]
Xiu zhou 秀州	Longping si 隆平寺	unbekannt	1072–1081
Ming zhou 明州	Miaosheng Chanyuan 妙勝禪院	1072	c. 1072–1080[90]
Hu zhou 湖州	Miaoxiang Chanyuan 妙香禪院	1129	unbekannt[91]
Taiping zhou 太平州	Jixiang Chanyuan 吉祥禪院	1085	c. 1085–1105[92]
Wu zhou 婺州	Shuanglin yuan 雙林院	unbekannt	unbekannt[93]
Jiang zhou 江州	Donglin si 東林寺	1079/80	1091[94]
Yong zhou 永州	Fahua si 法華寺	1091	1094–1094[95]
Hong zhou 洪州	Yunyan Chanyuan 雲巖禪院	vor 1105	vor 1105[96]
Chang zhou 常州	Chengtian si 承天寺	vor 1094	1097[97]

---

88 Shi Qisong 2006a, S. 364–365.
89 Wang Anshi 2006, S. 58–59.
90 Zheng Dian 2006, S. 34–35.
91 Liu Yizhi 2006, S. 224–226.
92 Huang Tingjian 2006d, S. 190–192. 1085 ist das Datum des Systemwechsels des Klosters und 1105 ist das Todesdatum des Autors.
93 Zhipan 2012, S. 1096; Mao Bang 2006, S. 284.
94 Huang Tingjian 2006b, S. 184–185.
95 Zou Hao 2006b, S. 346–347.
96 Huang Tingjian 2006a, S. 188–189; 2006e, S. 197; Li Zhiyi 2006a, S. 185–186.
97 Zou Hao 2006a, S. 344–345.

Präfektur	Kloster	Datum des Systemwechsels	*lunzang* Baudaten
Tan zhou 潭州	Kaifu si 開福寺	unbekannt	1009–1115[98]
Jianchang jun 建昌軍	Baofu yuan 保福院	1087	c. 1087–1116[99]
Xin zhou 信州	Tianning Chansi 天寧禪寺	1103	c. 1103–1109[100]
Zhen zhou 真州	Tianning si 天寧寺	unbekannt	vor 1126[101]
Ming zhou 明州	Qinglian yuan 清蓮院	1171–1180	unbekannt[102]
Ming zhou 明州	Yuwang si 育王寺	1008	unbekannt[103]

Literaturverzeichnis

Cai Kai 蔡開. 2006. „Chongfu si jingzang ji" 崇福寺經藏記. *Quan Song wen* 全宋文, Bd. 287, S. 180–182, Shanghai: Shanghai cishu chubanshe.

Chen Lin 陳林. 1983. „Longping si jingzang ji" 隆平寺經藏記, in *Zhiyuan Jiahe zhi* 至元嘉禾志, hrsg. von Shan Qingxiu 單慶修 und Xu Shuo 徐碩. *Wenyuange siku quanshu* 文淵閣四庫全書, Bd. 491, S. 162–163, Taipei: Taiwan shangwu yinshuguan.

Chen Mi 陳宓. 2006. „Lushan chongjian Lishi shanfang ji" 廬山重建李氏山房記. *Quan Song wen*, Bd. 305, S. 204–205.

Chen Shunyu 陳舜俞. 2006a. „Haihui yuan jingzang ji" 海惠院經藏記. *Quan Song wen*, Bd. 71, S. 85–86.

---

98 Shi Huihong 2006a, S. 212–214.
99 Zhu Bao 2006, S. 92–93.
100 Shi Huihong 2006b, S. 230–231.
101 Sun Di 2006, S. 450–452.
102 Luo Jun 1983, S. 254 [15:21a].
103 Guo Zizhang 1996, S. 240 [4:2b]; Zhipan 2012, S. 1121.

———. 2006b. „Xiu zhou Huating xian Bujin yuan xinjian zhuanlun jingzang ji" 秀州華亭縣布金院新建轉輪經藏記. *Quan Song wen*, Bd. 71, S. 89–90.

———. 2006c. „Xiu zhou Zisheng Chanyuan zhuanlun jingzang ji" 秀州資聖禪院轉輪經藏記. *Quan Song wen*, Bd. 71, S. 86–87.

Cheng Minsheng 程民生. 1997. „Lun Songdai Fojiao de diyu chayi" 論宋代佛教的地域差異, in *Shijie zongjiao yanjiu* 世界宗教研究 1997.1, S. 38–47.

Chikusa Masaaki 竺沙雅章. 1982. *Chugoku bukkyo shakaishi kenkyu* 中國佛教社會史研究. Kyoto: Dhosha shuppan.

Ciyi 慈怡. 2005. *Foguang dacidian* 佛光大辭典. Beijing: Beijing tushuguan chubanshe.

Deng Su 鄧肅. 2006a. „Ba Luo Youwen Li Zuoshi ti Qiyun Zhenjie dashi yingzhi" 跋羅右文李左史題栖雲真誡大師營治. *Quan Song wen*, Bd. 183, S. 158.

———. 2006b. „Xinghua chongjian yuan ji" 興化重建院記. *Quan Song wen*, Bd. 183, S. 179–180.

Fan Chunren 范純仁. 2006. „An zhou Baizhaoshan si jingzang ji" 安州白兆山寺經藏記. *Quan Song wen*, Bd. 71, S. 298–299.

Fawei 法緯. 1996. *Xichan Changqing si zhi* 西禪長慶寺志. *Zhongguo Fosi zhi congkan* 中國佛寺志叢刊, Bd. 100, Yangzhou: Guanglin shushe.

Foulk, Theodore Griffith. 1987. „The ‚Ch'an School' and Its Place in the Buddhist Monastic Tradition", Dissertation, University of Michigan.

Fu Dake 傅達可. 2006. „Lunzang ji" 輪藏記. *Quan Song wen*, Bd. 185, S. 211–212.

Getz, Daniel Aaron. 1994. „Siming Zhili and Tiantai Pure Land in the Song Dynasty", Dissertation, Yale University.

Goodrich, L. Carrington. 1942/43. „The Revolving Book-Case in China", in *Harvard Journal of Asiatic Studies* 7, S. 130–161.

Gu Guang 顧光. 1996. *Guangxiao si zhi* 光孝寺志. *Zhongguo Fosi zhi congkan*, Bd. 113.

Guo Zizhang 郭子章. 1996. *Ayuwang si zhi* 阿育王寺志. *Zhongguo Fosi zhi congkan*, Bd. 89–90.

Han Yuanji 韓元吉. 2006a. „Jianan Baiyunshan Chongfan Chansi luohantang ji" 建安白雲山崇梵禪寺羅漢堂記. *Quan Song wen*, Bd. 216, S. 179–180.

———. 2006b. „Jingde si wu lunzang ji" 景德寺五輪藏記. *Quan Song wen*, Bd. 216, S. 218–219.

Hu Su 胡宿. 2006. „Chang zhou Xinghua si ji" 常州興化寺記. *Quan Song wen*, Bd. 22, S. 195–196.

Huang Minzhi 黃敏枝. 1996a. „Zailun Songdai siyuan de zhuanlunzang (shang)" 再論宋代寺院的轉輪藏（上）, in *Qinghua xuebao* 清華學報 26.2, S. 139–188.

———. 1996b. „Zailun Songdai siyuan de zhuanlunzang (xia)" 再論宋代寺院的轉輪藏（下）, in *Qinghua xuebao* 清華學報 26.3, S. 265–296.

Huang Ren 黃任. 1996. *Gushan zhi* 鼓山志. *Zhongguo Fosi zhi congkan*, Bd. 97–98.

Huang Tingjian 黃庭堅. 2006a. „Hong zhou Fenning xian Yunyan chanyuan jingzang ji" 洪州分寧縣雲巖禪院經藏記. *Quan Song wen*, Bd. 107, S. 188–189.

———. 2006b. „Jiang zhou Donglin si zangjing ji" 江州東林寺藏經記. *Quan Song wen*, Bd. 107, S. 184–185.

———. 2006c. „Nankang jun Kaixian Chanyuan xiuzao ji" 南康軍開先禪院修造記. *Quan Song wen*, Bd. 107, S. 186–187.

———. 2006d. „Taiping zhou Wuhu xian Jixiang Chanyuan ji" 太平州蕪湖縣吉祥禪院記. *Quan Song wen*, Bd. 107, S. 190–192.

———. 2006e. „Yunyan Lüyuan dazuo Shifang qing xinzhanglao zhuchi shu" 雲巖律院打作十方請新長老住持疏. *Quan Song wen*, Bd. 108, S. 197.

Kanai Noriyuki 金井德幸. 2003. „Sōdai zensatsu no keisei katei: Jippō jūji no hōseika" 宋代禅刹の形成過程．十方住持の法制化, in *Komazawa daigaku zenkenkyūjo nenpō* 駒沢大学禅研究所年報 15, S. 221–238.

Li Gang 李綱. 1998 „Luo Choulao tongyou Qiyun yuan zhanli xinzang" 羅疇老同遊栖雲院瞻禮新藏. *Quan Song shi* 全宋詩, Bd. 27, Beijing: Beijing daxue chubanshe, S. 17564.

———. 2006a. „Qiyun yuan xinxiu Yinxintang mingxu" 棲雲院新修印心堂名序. *Quan Song wen*, Bd. 172, S. 69–70.

———. 2006b. „Ting zhou Nananyan Junqing Chanyuan zhuanlunzang ji" 汀州南安巖均慶禪院轉輪藏記. *Quan Song wen*, Bd. 172, S. 217–218.

Li Jie 李誡. 1933. *Yingzao fashi* 營造法式. Shanghai: Shangwu yinshuguan.

Li Jingyuan 李景淵. 2006. „Shousheng Chanyuan xiuzao ji" 壽聖禪院修造記. *Quan Song wen*, Bd. 173, S. 2–3.

Li Zhichun 李之純. 2006. „Dashengci si hua ji" 大聖慈寺畫記. *Quan Song wen*, Bd. 110, S. 210–211.

Li Zhiliang 李之亮 (Hrsg.). 2001. *Song Liangzhe lu junshou nianbiao* 宋兩浙路郡守年表. Chengdu: Bashu shushe.

Li Zhiyi 李之儀. 2006a. „Chongxiu Yunyan-Shouning Chanyuan ji" 重修雲巖壽寧禪院記. *Quan Song wen*, Bd. 112, S. 185–186.

———. 2006b. „Nanchan tuizang shu" 南禪推藏疏. *Quan Song wen*, Bd. 112, S. 295–296.

———. 2006c. „Yu Jixiang Conglao shoujian" 與吉祥聰老手簡. *Quan Song wen*, Bd. 112, S. 77.

Liang Kejia 梁克家. 1983. *Chunxi Sanshanzhi* 淳熙三山志. *Wenyuange siku quanshu*, Bd. 484, S. 109–604.

Liao Shen 廖侁. 2006. „Henglong si ji" 橫龍寺記. *Quan Song wen*, Bd. 84, S. 334–335.

Lin Xiyi 林希逸. 2006. „Chongjian Yonglong yuan ji" 重建永隆院記. *Quan Song wen*, Bd. 336, S. 27–28.

Liu Changdong 劉長東. 2005. *Songdai Fojiao zhengce lungao* 宋代佛教政策論稿. Chengdu: Bashu shushe.

Liu Wei 劉渭. 2006. „Penglaishan Shousheng si ji" 蓬萊山壽聖寺記. *Quan Song wen*, Bd. 133, S. 59–60.

Liu Yizhi 劉一止. 2006. „Hu zhou Deqing xian Chengshan Miaoxiang Chanyuan ji" 湖州德清縣城山妙香禪院記. *Quan Song wen*, Bd. 152, S. 224–226.

Lu Ruping 盧如平. 2017. *Lidai Tai zhou zhifu zhuanlue* 歷代台州知府傳略. Hangzhou: Zhejiang daxue chubanshe.

Lu You 陸遊. 2006. „Zhizhe si xingzao ji" 智者寺興造記. *Quan Song wen*, Bd. 223, S. 124–125.

Lü Nangong 呂南公. 2006a. „Daren yuan chongjian fodian ji" 大仁院重建佛殿記. *Quan Song wen*, Bd. 109, S. 293–294.

———. 2006b. „Zhenru Chanyuan Shifang zhuchi xinji" 真如禪院十方住持新記. *Quan Song wen*, Bd. 109, S. 307–308.

Luo Jun 羅濬. 1983. *Baoqing Siming zhi* 寶慶四明志. *Wenyuange siku quanshu*, Bd. 487, S. 1–492.

Ma Rong 馬蓉 et al. (Hrsg.). 2004. *Yongle dadian fangzhi jiyi* 永樂大典方志輯佚. Beijing: Zhonghua shuju.

Mao Bang 毛滂. 2006. „Song Nanchan zhanglao Haoran fu Shuanglin xu" 送南禪長老浩然赴雙林序. *Quan Song wen*, Bd. 132, S. 284.

Ouyang Xiu 歐陽修 2006. „Yushu ge ji" 御書閣記, *Quan Song wen*, Bd. 35, S. 105–106.

Peng Cheng 彭乘. 2006. „Chongxiu Dazhong Yongan Chanyuan ji" 重修大中永安禪院記. *Quan Song wen*, Bd. 16, S. 247–248.

Schlütter, Morten. 2005. „Vinaya Monasteries, Public Abbacies, and State Control of Buddhism under the Song (960–1279)", in *Going Forth. Versions of Buddhist Vinaya*, hrsg. von Willian M. Bodiford. Honolulu: University of Hawai'i Press, S. 136–160.

———. 2009. *How Zen became Zen. The Dispute over Enlightenment and the Formation of Chan Buddhism in Song-Dynasty China*. New Delhi: Munshiram Manoharlal.

Shi Baohua 釋寶華. 2006. „Qize Zhiping si jian lunzang ji" 祈澤治平寺建輪藏記. *Quan Song wen*, Bd. 323, S. 126–127.

Shi Faming 釋法明. 2006. „Baofan Jiaosi jingzang ji" 寶梵教寺經藏記. *Quan Song wen*, Bd. 145, S. 265–267.

Shi Huihong 釋惠洪. 2006a. „Tan zhou Kaifu zhuanlungzang lingyan ji" 潭州開福轉輪藏靈驗記. *Quan Song wen*, Bd. 140, S. 212–214.

———. 2006b. „Xin zhou Tianning si ji" 信州天寧寺記. *Quan Song wen*, Bd. 140, S. 230–231.

———. 2006c. „Yongming Zhijue Chanshi xingye ji" 永明智覺禪師行業記. *Quan Song wen*, Bd. 140, S. 253–257.

Shi Jujian 釋居簡. 2006. „Biyun zangdian ji" 碧雲藏殿記. *Quan Song wen*, Bd. 298, S. 352.

Shi Qingmu 釋清穆. 2006. „Pu'an Chuanyan ji" 普安禪院記. *Quan Song wen*, Bd. 16, S. 221–222.

Shi Qisong 釋契嵩. 2006a. „Wuwei jun Chongshou Chanyuan zhuanlundazang ji" 無為軍崇壽禪院轉輪大藏記. *Quan Song wen*, Bd. 36, S. 364–365.

———. 2006b. „Xiu zhou Zisheng Chanyuan gu Xian Chanshi yingtang ji" 秀州資聖禪院故暹禪師影堂記. *Quan Song wen*, Bd. 36, S. 384–385.

Shi Tanxian 釋曇現. 1996. *Lingshi si zhi* 靈石寺志. *Zhongguo Fosi zhi congkan*, Bd. 104.

Shi Xiaoying 釋曉瑩. 2006. „Yu Jingshan Dun'an Wuyan Shouzuo Chanshi shu" 與徑山遯庵無言首座禪師書. *Quan Song wen*, Bd. 206, S. 342–351.

Shi Yuanxian 釋元賢. 1996. *Wenling Kaiyuan si zhi* 溫陵開元寺志. *Zhongguo Fosi zhi congkan*, Bd. 106.

Shi Yuanzhao 釋元照. 2006a. „Tai zhou Shungan yuan lunzang ji" 台州順感院輪藏記. *Quan Song wen*, Bd. 112, S. 341–343.

———. 2006b. „Yue zhou Longquan Mituo ge ji" 越州龍泉彌陀閣記. *Quan Song wen*, Bd. 112, S. 347–348.

———. 2006c. „Yue zhou Yupu Jinghui dashi taming" 越州漁浦淨慧大師塔銘. *Quan Song wen*, Bd. 112, S. 378–379.

Su Shi 蘇軾. 2006a. „Lishi shanfang cangshu ji" 李氏山房藏書記. *Quan Song wen*, Bd. 90, S. 397–398.

———. 2006b. „Qian zhou Chongqing Chanyuan xin jingzang ji" 虔州崇慶禪院新經藏記. *Quan Song wen*, Bd. 90, S. 429–431.

Sun Di 孫覿. 2006. „Jingshan Miaokong Fohai dashi taming" 徑山妙空佛海大師塔銘. *Quan Song wen*, Bd. 160, S. 450–452.

Sun Yi 孫沂. 2006. „Jiangyin xian Shousheng Chanyuan zhuangtian ji" 江陰縣壽聖禪院莊田記. *Quan Song wen*, Bd. 135, S. 171–172.

Wang Anshi. 2006. „Zhen zhou Changlu si jingzang ji" 真州長蘆寺經藏記. *Quan Song wen*, Bd. 65, S. 58–59.

Wang Hui 王輝. 2015. *Qinglong zhen: Shanghai zuizao de maoyigang* 青龍鎮：上海最早的貿易港. Shanghai: Shanghai renmin chubanshe.

Wang Rongguo 王榮國. 1997. *Fujian Fojiao shi* 福建佛教史. Xiamen: Xiamen daxue chubanshe.

Wang Tinggui 王庭珪. 2006. „Longxushan zhuanlunzang ji" 龍鬚山轉輪藏記. *Quan Song wen*, Bd. 158, S. 252–253.

Wang Zhaopeng 王兆鵬. 1994. *Liang Song ciren nianpu* 兩宋詞人年譜. Beijing: Wenjin chubanshe.

Wang Zhaopeng 王兆鵬, Wang Kexi 王可喜 und Fang Xingyi 方星移. 2007. *Liang Song ciren congkao* 兩宋詞人叢考. Nanjing: Fenghuang chubanshe.

Wen Yanbo 文彥博. 2006. „Yongfu si jingzang ji" 永福寺經藏記. *Quan Song wen*, Bd. 31, S. 60.

Wu, Jiang. 2015. „From the ‚Cult of the Book' to the ‚Cult of the Canon': A Neglected Tradition in Chinese Buddhism", in *Spreading Buddha's Word in East Asia*, hrsg. von Jiang Wu und Lucille Chia. New York: Columbia University Press, S. 46–78.

Xie Zhaozhe 謝肇淛, Chen Xizheng 陳希拯 und Shi Zhaowei 釋照微. 1996. *Zhiti si zhi* 支提寺志. *Zhongguo Fosi zhi congkan*, Bd. 105.

Xu Bo 徐𤊹. 1996. *Xuefeng zhi* 雪峰志. *Zhongguo Fosi zhi congkan*, Bd. 103.

Yang Wanli 楊萬里. 2006. „Shiquan si jingzang ji" 石泉寺經藏記. *Quan Song wen*, Bd. 239, S. 284–285.

Ye Mengde 葉夢得. 2006. „Jiankang fu Baoning si lunzang ji" 建康府保寧寺輪藏記. *Quan Song wen*, Bd. 147, S. 337–338.

You Jiuyan 游九言. 2006. „Nengren si Fodian ji" 能仁寺佛殿記. *Quan Song wen*, Bd. 278, S. 374–375.

Yu Jing 余靖. 2006a. „Hui zhou Luofushan Yanxiang si ji" 惠州羅浮山延祥寺記. *Quan Song wen*, Bd. 27, S. 97–98.

———. 2006b. „Nanyue Yunfengshan Jingde si ji" 南嶽雲峰山景德寺記. *Quan Song wen*, Bd. 27, S. 80–81.

———. 2006c. „Shao zhou Kaiyuan si xinjian yushi ji" 韶州開元寺新建浴室記. *Quan Song wen*, Bd. 27, S. 72.

———. 2006d. „Shao zhou Nanhua si ciji dashi shouta ming" 韶州南華寺慈濟大師壽塔銘. *Quan Song wen*, Bd. 27, S. 166–167.

———. 2006e. „Shao zhou Shanhua yuan ji" 韶州善化院記. *Quan Song wen*, Bd. 27, S. 89–90.

Zeng Feng 曾丰. 2006a. „Fuqing si shimo ji" 福慶寺始末記. *Quan Song wen*, Bd. 278, S. 3–4.

———. 2006b. „Nancaoshan Jishan Chanyuan lunzang ji" 南曹山集善禪院輪藏記. *Quan Song wen*, Bd. 278, S. 17–18.

Zeng Zaozhuang 曾棗莊 und Liu Lin 劉琳 (Hrsg.). 2006. *Quan Song wen* 全宋文. Shanghai: Shanghai cishu chubanshe.

Zhang Heng 章衡. 2006. „Chici Hang zhou Huiyin Jiaoyuan ji" 敕賜杭州慧因教院記. *Quan Song wen*, Bd. 70, S. 185–186.

Zhang Jun 張浚. 2006. „Yunyan Chansi zang ji" 雲巖禪寺藏記. *Quan Song wen*, Bd. 188, S. 130–131.

Zhao Xiaoxuan 趙效宣. 1980. *Song Li Tianji xiansheng Gang nianpu* 宋李天紀先生綱年譜. Taipei: Taiwan shangwu yinshuguan.

Zheng Dian 鄭佃. 2006. „Miaosheng Chansi ji" 妙勝禪寺記. *Quan Song wen*, Bd. 97, S. 34–35.

Zhipan 志磐. 2012. *Fozu tongji* 佛祖統紀. Shanghai: Shanghai guji chubanshe.

Zhou Dunyi 周敦頤. 2000. *Zhouzi Tongshu* 周子通書. Shanghai: Shanghai guji chubanshe.

Zhou Mi 周密. 1988. *Guixin zazhi* 癸辛雜識. Beijing: Zhonghua shuju.

Zhu Bao 朱褒. 2006. „Baofu yuan ji" 保福院記. *Quan Song wen*, Bd. 142, S. 92–93.

Zhuang Chuo 莊綽. 1983. *Jileibian* 雞肋編. Beijing: Zhonghua shuju.

Zongxiao 宗曉 (Hrsg.). 2010. *Siming zunzhe jiaoxinglu* 四明尊者教行錄. Shanghai: Shanghai guji chubanshe.

Zou Hao 鄒浩. 2006a. „Chengtian si dazang ji" 承天寺大藏記. *Quan Song wen*, Bd. 2842, S. 344–345.

———. 2006b. „Yong zhou Fahua si jingzang ji" 永州法華寺經藏記. *Quan Song wen*, Bd. 131, S. 346–347.

Zou Yilin 鄒逸麟. 2007. „Qinglong zhen xingshuai kaobian" 青龍鎮興衰考辨, in *Lishi dili* 歷史地理 22, S. 331–334.

Bücherboote als mobile Wissensorte in der späten Kaiserzeit

Xie Shuyue

Sites of knowledge are not necessarily tied to a specific geographical location. They can be mobile. The book boats (*shuchuan* 書船) of the late imperial era are examples of such mobile sites. They frequently changed place and contributed to the dissemination of knowledge through their movements. In this article, I explore the types and functions of book boats, and the interaction between scholars and book merchants. I argue that book boats facilitated not only the circulation of books, but also the exchange of knowledge about books. Due to their mobility, book boats were only temporarily available for customers, forcing them to make swift purchase decisions before the boat moved on. Yet, scholars with specialized research interests and book collectors benefitted from the book boat trade. The merchants on the boats were familiar with regional and sometimes even transregional book markets, and therefore could supply their customers with rare books and information about books that were otherwise hardly accessible to them.

Einleitung[1]

Ich verbringe die langen Tage mit den roten und schwarzen Stiften in der Hand, [um Bücher zu kollationieren]. / Ich habe immer Sorge, dass es in meinen Bücherkisten an außergewöhnlichen Texten fehlt.
Der aufmerksame junge Diener hat die gute Nachricht überbracht, / dass das Boot, auf dem Bücher verkauft werden, gerade vor dem Tor angekommen sei.

消磨長日仗丹鉛，常苦巾箱少逸篇。
解事童奴傳好語，門前新到賣書船。[2]

Diese Passage aus einem Gedicht des berühmten Gelehrten Zhao Yi 趙翼 (1727–1814) zeichnet das Bild eines Buchliebhabers, der einen Sommertag leicht gelangweilt mit der Redaktion von Texten verbringt. Die Nachricht, dass ein Boot eingetroffen ist, von dem er neue Bücher kaufen kann, bedeutet eine willkommene Abwechslung für ihn. Die lobende Erwähnung der Aufmerksamkeit des Dieners legt nahe, dass

---

1 Mein Dank gilt der Gerda Henkel Stiftung für die großzügige Unterstützung meiner Forschung.
2 Zhao Yi 1937, S. 330.

das Boot nur unregelmäßig verkehrte, und so die Gefahr bestand, es zu verpassen. Die Funktion des Boots wird aber nicht näher erläutert. Zhao Yi nahm offensichtlich an, dass den Lesern seines Gedichts solche Boote bekannt waren.

Tatsächlich waren Boote, die Bücher auf dem Wasserweg zu ihren Kunden brachten, in der späten Kaiserzeit vor allem im Gebiet Jiangnan 江南 weit verbreitet.[3] Sie wurden als Bücherboote (*shuchuan* 書船) bezeichnet und fuhren häufig auf Flüssen und Kanälen von Ort zu Ort, manchmal aber auch über lange Strecken. Das erlaubte es ihren Kunden, zuhause auf ein Boot zu warten, statt sich selbst auf den Weg zu machen, um einen Buchladen zu besuchen. Das Aufkommen dieser Form des Handels mit Hilfe von Booten kann in Zusammenhang mit zwei größeren Entwicklungen gesehen werden. Zum einen lässt sich ab der Ming-Zeit eine starke Zunahme der überregionalen Aktivitäten der Händler erkennen, die ein immer engmaschigeres Verkehrsnetzwerk für den Transport von Waren im ganzen Reich nutzten.[4] Insbesondere die Region Jiangnan mit ihrem weitreichenden und eng verbundenen Fluss- und Kanalsystem profitierte von dem zunehmenden Warenverkehr per Boot, und dort waren auch die Bücherboote besonders häufig anzutreffen. Zum anderen erweiterte die zunehmende Verbreitung des Buchdrucks seit dem 16. Jahrhundert das Angebot an Büchern.[5] Bücher wurden zu einer Handelsware, die sich in großen Mengen verkaufen ließ.

Trotz der Verbreitung der Bücherboote haben sich bislang nur wenige Wissenschaftler mit dieser Form des Buchhandels befasst. Dies mag zum Teil daran liegen, dass die Informationen zu diesen Booten über verschiedene Textgenres verstreut und oft sehr knapp sind. Die meisten Autoren sahen Buchhändler als Geschäftsleute an, und so wurden sie und ihre Boote oft nur beiläufig als eine Randerscheinung im Gelehrtenleben erwähnt – so wie auch im obigen Auszug aus dem Gedicht von Zhao Yi. Der Literaturwissenschaftler Xu Yanping 徐雁平 (geb. 1968) hat die Routen der Bücherboote im Gebiet des Taihu-Sees sowie die Vernetzung dieses Handels bis nach Japan und Korea eingehend untersucht.[6] Andere, weniger umfangreiche chinesische Studien haben die Bedeutung der Bücherboote bei der Verbreitung und Bewahrung von Büchern hervorgehoben.[7] Die besonderen Bedingungen des Handels aufgrund

---

3 Chow 2004, S. 79.
4 Brook 1981, S. 168.
5 Chia 2003, S. 304.
6 Xu Yanping 2013a; Xu Yanping 2013b.
7 Siehe Guo Mengliang 2009; Zheng Ying 2009; Ning Yaoli 2012; Zhang Jiange 2015. Fan Wang hat kürzlich einen Aufsatz auf Englisch zu Bücherbooten publiziert, der aber kaum

der Mobilität und der Transportkapazität der Bücherboote sowie die Interaktion zwischen Händlern und Gelehrten, ihre jeweiligen Kenntnisse und ihr Austausch über diese haben bislang allerdings nur geringe Aufmerksamkeit erfahren. Mein Aufsatz betrachtet daher die Bücherboote nicht allein hinsichtlich ihrer Bedeutung bei der Zirkulation von Büchern, sondern auch im Hinblick auf den Wissensaustausch zwischen den oft gebildeten Händlern und ihren Käufern aus der Gelehrtenschicht.

Bücherboote waren mobil und damit nicht ortsgebunden. Sie unterscheiden sich in diesem Punkt also von typischen Wissensorten wie Laboren, Bibliotheken, Museen oder dergleichen. Dennoch sollen die Bücherboote im Folgenden als ein Wissensort betrachtet werden, da sie ein entscheidendes Kriterium dafür erfüllen: Sie trugen trotz der ständigen Ortswechsel in spezifischen und lokal bestimmbaren Situationen zur Entstehung und Verbreitung von Wissen bei.[8] Gerade der Umstand, dass die Boote immer nur kurz an einem bestimmten Ort Station machten, dann aber weiterfuhren und das Wissen in den Büchern sowie das Wissen über Bücher weiterbeförderten, macht die Analyse dieses Wissensorts besonders aufschlussreich und reizvoll. Das Wissen wurde an zahlreichen Orten gesammelt, es war aber für die einzelnen Gelehrten nur kurzzeitig verfügbar. Es konnte nur teilweise, durch den Erwerb von Büchern oder durch den Austausch von Informationen über Bücher an einem Ort fixiert werden. Dies, so möchte ich zeigen, führte zu einer spezifischen Dynamik des Austauschs von Wissen, die sich von stationären Buchläden unterschied.

Im Folgenden soll zunächst dargestellt werden, welche Arten von Bücherbooten es gab, und was ihre besonderen Funktionen waren. Auch wenn manche Boote auf festen Routen unterwegs waren, sollen die genauen Wege der Boote hier nicht nachgezeichnet werden. Wichtiger für das Verständnis der Bücherboote als Wissensorte sind die in einem zweiten Schritt analysierten Schilderungen der Gelehrten, in welchen sie die Interaktionen mit den Händlern und die Bedeutung dieser besonderen Form des Buchhandels für das Gelehrtenleben beschreiben. Als Grundlage für meine Analyse dienen unterschiedliche Berichte, in denen Bücherboote erwähnt werden. Diese Quellen zeichnen zwar ein einseitiges Bild, denn sie zeigen nur die Perspektive der Gelehrten. Dennoch erlauben die verschiedenen kurzen Erwähnungen der Bücherboote in Gedichten, Buchkatalogen, Tagebüchern sowie Vor- und Nachworten in

---

über die Studien von Xu Yanping und Zheng Ying 鄭穎 hinausgeht. Siehe Fan Wang 2018.
8 Jacob 2017, S. 88–89.

Büchern Einblicke in die Praxis des Buchhandels per Boot sowie in die Zirkulation von Kenntnissen über Bücher, die dieser Handel förderte.

Arten und Funktionsweisen von Bücherbooten

Über das Aussehen und die Einrichtung der Bücherboote wissen wir nur wenig, da in den ohnehin kurzen Darstellungen von Gelehrten diesen Aspekten nur geringe Aufmerksamkeit geschenkt wurde. Daher ist auch der Ursprung der Bücherboote unklar. Joseph McDermott erwähnt bereits für die Song- und Yuan-Zeit Boote, die ihre Kundschaft an verschiedenen Orten mit Büchern versorgten.[9] Der Begriff „Bücherboot" wurde allerdings für verschiedene Arten von Booten benutzt, und so lassen sich die Bücherboote nicht eindeutig von anderen Bootstypen abgrenzen.[10] Das Bootsmuseum von Huzhou (*Huzhou chuanmo bowuguan* 湖州船模博物馆) zeigt Modelle von Bücherbooten aus der Ming- und Qing-Zeit, bei denen zum Teil unter Deck auf beiden Bootsseiten Bücherregale aufgestellt sind. Zudem stehen bei manchen dieser Boote ein Tisch und Stühle auf dem Deck, wahrscheinlich um den Kunden die Möglichkeit zu geben, dort zu sitzen und sich Bücher in Ruhe anzuschauen. Diese Modelle stimmen grundsätzlich überein mit Li Rihuas 李日華 (1565–1635) Beschreibung eines „Boots für Kalligraphie und Malerei" (*shuhuachuan* 書畫船), einer Variante der Bücherboote, auf dem neben Büchern auch Kunstwerke zum Verkauf angeboten wurden. Li konnte sich auf diesem Boot frei bewegen, so dass es für ihn die Funktion eines schwimmenden Ladens hatte, den er von Zeit zu Zeit besuchte, und auf dem er nach Objekten für seine Privatsammlung stöbern konnte.[11]

Auch wenn Li Rihuas Schilderung aus der späten Ming-Zeit stammt, ist es wahrscheinlich, dass auch in der Qing-Zeit einige Bücherboote wie ein Laden aufgebaut und für die Kunden begehbar waren. Allerdings gibt es auch Beschreibungen, welche die Bücherboote als dicht bepackte Transportschiffe darstellen, auf denen sich nur die

---

9 McDermott 2006, S. 95–96.
10 So wurden beispielsweise in der Regionalbeschreibung [*Tongzhi*] *Nanxun zhenzhi* (同治) 南潯鎮志 (Regionalbeschreibung der Stadt Nanxun) die Bücherboote nicht als eigenständige Bootsklasse aufgeführt, sondern als Handelsschiffe (*hangchuan* 航船) bezeichnet und in die gleiche Kategorie aufgenommen wie Boote, die andere Waren oder Menschen transportieren. Siehe Wang Yuezhen 1995–1999, S. 409 [24:16a–b].
11 Li Rihua 2011, S. 265. Li erwähnt in seinem Tagebuch ferner, dass er mehrfach solche Boote besuchte. Siehe zum Beispiel S. 318, 509.

Händler bewegen konnten. Der Dichter Sun Yuanxiang 孫原湘 (1760–1829) etwa beschrieb ein Bücherboot folgendermaßen:

> Die weißen Boote im Shao-Fluss sind kurz und breit. / Die Buchhändler aus Huzhou verbringen ihr ganzes Leben zwischen Büchern.
> Die Boote sind von vorne bis hinten vollgepackt mit Büchern. / Dazwischen passt nur ein Körper von der Größe eines Silberfischchens.
>
> 苕溪白舫短而闊，胡賈一生書裡活。
> 船頭腹尾皆裝書，僅容一身如蠹魚。[12]

Gelehrte konnten auf solchen Bücherbooten wohl nicht selbst nach Büchern stöbern, doch diese Boote waren dennoch eine wichtige Quelle für den Erwerb von Texten aller Art. Viele Bücherboote hatten einen eigenen Buchkatalog, der als Verkaufsliste diente, so dass die Käufer nicht selbst das Boot betreten mussten. Der Botschafter Yi Tŏng-mu 李德懋 (1741–1793) aus Korea lobte beispielsweise den Buchkatalog des Bücherboots der Buchhändlerfamilie Tao 陶. Er schrieb ihn sogar ab, weil dieser Katalog vollständiger war als der vom Kaiser in Auftrag gegebene *Zhejiang caijin yishu zongmu* 浙江采進遺書總目 (Katalog der Sammlung überlieferter Bücher der Provinz Zhejiang).[13] Mithilfe solcher Buchkataloge konnten Gelehrte nach Büchern suchen, die ihren Interessen und Vorlieben entsprachen. Ein Beispiel hierfür liefert der berühmte Gelehrte Zhu Yizun 朱彝尊 (1629–1709). Er suchte lange nach dem Buch *Songzhi* 宋志 (Bericht zur Song-Zeit), und da er es nirgends finden konnte, hielt er es für verloren. Dann aber entdeckte er einen Verweis auf eine Manuskriptkopie des Werks im Buchkatalog eines Buchhändlers aus Huzhou.[14] Allerdings hatte der Händler dieses Manuskript schon zwei Monate zuvor an einen Kunden in Songjiang 松江 verkauft.[15] Von einer ähnlichen Begebenheit berichtet der Gelehrte Qian Taiji 錢泰吉 (1791–1863), der Spezialist für das Kollationieren von Texten war. Er entdeckte im Buchkatalog eines Buchhändlers, der auf dem Shao-Fluss 苕溪 unterwegs war,

---

12 Sun Yuanxiang 1995–1999, S. 119 [21:6b].

13 Siehe Yi Tŏng-mu 2001, S. 1293–1294. Im Originaltext nennt Yi diesen Katalog einfach *Zhejiang shumu* 浙江書目. Dieses Werk wurde auf Befehl des Kaisers für das *Siku quanshu* Projekt erstellt und nach Beijing geschickt. Für eine kurze Beschreibung des Katalogs siehe Wang Zhenzhong 2012, S. 348, Anm. 2.

14 Im Originaltext steht der Ausdruck „Buchhändler aus Xiwu" (*Xiwu shugu* 西吳書賈), womit Buchhändler aus Huzhou gemeint sind, da Huzhou im Westteil von Wu liegt. Sie verkauften Bücher zumeist mit Hilfe von Booten. Daher bezieht sich der Ausdruck *Xiwu shugu* in der Regel auf bootgestützte Buchhändler.

15 Zhu Yizun 1998, S. 759.

das Buch *Zhuzi bianlüe* 助字辨略 (Kurze Diskussion von Partikeln) von Liu Qi 劉 淇 (fl. 1711). In diesem Fall konnte Qian Taiji das Buch von diesem Händler erwerben und schrieb später selbst Anmerkungen dazu.¹⁶ Diese Beispiele zeigen, dass die Gelehrten offenbar häufig nicht direkt die Bücherbestände durchsuchten, sondern erst die Kataloge der Händler studierten, um anhand der Titel bestimmte Werke ausfindig zu machen. Und selbst wenn manche der aufgelisteten Bücher bereits verkauft waren, erfuhren die Gelehrten aus diesen Katalogen zumindest, welche seltenen Werke noch existierten und in Umlauf waren.

Auch die Länge der Routen, auf denen die Bücherboote verkehrten, kann als Kriterium dienen, um deren verschiedene Funktionen zu unterscheiden. In der Qing-Zeit fuhren viele Bücherboote über lange Distanzen, etwa auf dem Kaiserkanal zwischen der Region Jiangnan und Beijing. Yi Tŏng-mu berichtete etwa, dass Bücherboote aus dem Süden nach Zhangjiawan 張家灣 im Norden kamen, und dass dann innerhalb eines Tages eine große Menge Bücher zum Buchladen „Fünf-Weiden-Salon" (*Wuliuju* 五柳居) in Beijing transportiert wurde.¹⁷ Der Transport nach Beijing war eine wichtige, aber keinesfalls die einzige Route für solche Bücherboote. Sie transportierten Bücher zwischen den verschiedenen Regionen des Kaiserreichs und beförderten so die Verbreitung und Zirkulation von Büchern und damit den Wissensaustausch über große Distanzen.¹⁸

Auf regionaler Ebene hatten die Bücherboote eine etwas andere Funktion, da sie nicht Buchhändler und Buchläden, sondern direkt ihre Kundschaft belieferten. Vor allem in der Region Jiangnan fuhren sie häufig auf festen Routen. Sie nutzten dabei bestimmte Flusssysteme und zirkulierten so Bücher zwischen den Städten und Dörfern, die über dieses Wassernetz leicht zu erreichen waren. Auf ihren Touren legten sie häufig an, um den lokalen Kunden ihre Bücher anzubieten. So werden beispielsweise in Texten, die sich mit dem Gebiet um den Taihu 太湖 befassen, mehrfach Bücherboote aus kleineren Orten erwähnt.¹⁹ An ihren Herkunftsorten allein wäre der Kundenstamm möglicherweise zu klein gewesen, um den Buchhandel profitabel zu betreiben. Durch den Handel auf den Booten aber gelangten sie in zahlreiche Orte in den Provinzen Zhejiang und Jiangsu und konnten so eine größere Kundschaft erreichen. Auch die Boote, die regional von Ort zu Ort fuhren, konnten aufgrund ihrer

---

16 Qian Taiji 1995–1999, S. 14 [1:12b].
17 Siehe Yi Tŏng-mu 2001, S. 1293.
18 Siehe hierzu Chow 2004, S. 78–79; Brokaw 2013, S. 187.
19 Ruan Yuan 1995–1999. S. 673 [7:25a]; Wang Yuezhen 1995–1999, S. 184 [5:5b].

Ladekapazität bei sich bietenden Gelegenheiten schnell größere Buchmengen aufkaufen und abtransportieren. So weiß man, dass manche Buchhändler wahllos größere Bestände alter Bücher ankauften.[20] Sie setzten darauf, dass sich in der Menge der erworbenen Bücher genug Werke befanden, die sie weiterverkaufen und dadurch einen Gewinn erzielen könnten.

Verschiedene Textstellen legen nahe, dass die regional verkehrenden Bücherboote häufig nachts fuhren, vermutlich um entlang einer festen Route am nächsten Tag bei neuen Kunden an einem anderen Ort zu sein.[21] Anhand dieser festen Fahrrouten konnte auch die ungefähre Ankunftszeit eines Bootes vorhergesagt werden.[22] Anders als im eingangs zitierten Gedicht von Zhao Yi, in welchem die Ankunft des Bücherboots als eine angenehme Überraschung dargestellt wird, konnten sich die Kunden in manchen Gegenden auf das regelmäßige Eintreffen des Bücherboots verlassen. Falls sie das Boot verpassten, mussten sie entweder auf den nächsten Termin warten, oder sie konnten, wie der Buchsammler Wu Shouyang 吳壽暘 (1771–1835) berichtet, mit einem eigenen Boot der Route eines Buchhändlers folgen, um ihn einzuholen und die gewünschten Bücher zu erwerben.[23]

Das Beispiel Wu Shouyangs zeigt, dass die Gelehrten durch die Mobilität der Bücherboote bei ihrer Kaufentscheidung unter einem gewissen Zeitdruck standen. Anders als ortsfeste Buchläden hielten Bücherboote sich nur kurzzeitig an einem Ort auf und fuhren dann weiter. Daher mussten sich die Gelehrten rasch entscheiden, ob sie ein bestimmtes Buch kaufen wollten oder nicht. Zhu Yizun berichtet etwa, dass er ein von ihm lange gesuchtes, seltenes Buch in Manuskriptform bei einem Händler auf einem Bücherboot entdeckte, woraufhin er „sofort einen sehr hohen Preis bezahlte, um es zu bekommen" (遽用重貲購得之).[24] Von einem ähnlichen Fall berichtet der Buchsammler Guan Tingfen 管庭芬 (1797–1880). Er fand durch Zufall das Manuskript eines bekannten Gelehrten aus seiner Heimat auf einem Bücherboot, welches er „unverzüglich zu einem stattlichen Preis kaufte und nach Hause brachte" (急以善

---

20 Siehe Miao Quansun 1996, S. 213–214.
21 Mehrere Quellen aus der Qing-Zeit berichten von früh am Morgen eintreffenden Bücherbooten. Siehe etwa Chen Hu 2000, S. 221; Huang Pilie 1999, S. 740.
22 Wir können die Haltestationen und die Entfernungen, die mit Booten zu verschiedenen Zwecken zurückgelegt wurden, heute noch anhand von Werken wie dem *Tianxia shuilu lucheng* 天下水陸路程 (Die Wasser- und Landrouten unter dem Himmel), einem beliebten Handbuch für Kaufleute, nachvollziehen. Siehe Huang Bian 1992.
23 Siehe Wu Shouyang 1995–1999, S. 443 [5:13].
24 Zhu Yizun 1965, S. 367.

價購歸).²⁵ Diese Anekdoten legen nahe, dass die Händler auf den Bücherbooten häufig rare Ausgaben zum Kauf anboten. Die Gelehrten mussten daher nicht nur das Angebot rasch überblicken, um die entsprechenden Bücher ausfindig zu machen, sondern sie mussten auch die jeweiligen Werke einschätzen können, um die tatsächlich wertvollen Bücher auszuwählen und sie zu einem angemessenen Preis zu erwerben. Der Hinweis auf den hohen Preis, zu dem Bücher erworben wurden, mochte einerseits ein rhetorisches Stilmittel sein, um den besonderen Wert des gekauften Buchs hervorzuheben. Er deutet andererseits aber auch darauf hin, dass die Händler sich in einer guten Verhandlungsposition gegenüber ihren Kunden befanden. Akzeptierte der Kunde den geforderten Preis nicht, konnte das Boot ablegen und weiterfahren, womit für den Kunden eine möglicherweise einmalige Gelegenheit vertan war.

Der Wissensaustausch zwischen den Gelehrten und den Händlern auf den Bücherbooten

Die Bücherboote versorgten unterschiedlich gebildete Lesergruppen mit verschiedenen Sorten von Büchern.²⁶ Die Aufzeichnungen, in denen wir Informationen über die Bücherboote finden, stammen allerdings größtenteils von gebildeten Gelehrten und Buchsammlern. So ist unsere Kenntnis des Wissensaustauschs, den die Bücherboote ermöglichten, auf die Perspektive dieser Gruppe beschränkt. Die Aussagen der Gelehrten über die Händler auf den Bücherbooten zeichnen sehr unterschiedliche Bilder des Verhältnisses dieser beiden Personengruppen, das von Skepsis und Argwohn über Respekt bis hin zu Vertrauen und freundschaftlichem Umgang reicht. Häufig werden die Buchhändler als reine Geschäftsleute dargestellt, die, wie oben bereits gezeigt, Bücher in größeren Mengen ankauften, ohne sie genau nach den Kriterien zu beurteilen, die für die Gelehrten bedeutend waren.²⁷ Dennoch konnten sie den Marktpreis der Bücher und die Verkaufsmöglichkeiten grob abschätzen. Sehr alte Manuskripte und gedruckte Ausgaben aus der Song- und Yuan-Zeit ließen sich beispielsweise stets

---

25 Chen Shan 1995–1999b, S. 674 [1:36b].
26 Siehe etwa McDermott 2006, S. 95–96.
27 Eine Ausnahme dürften Buchhändler in der Hauptstadt Peking gewesen sein, die ursprünglich als Prüfungskandidaten in die Stadt gekommen waren und sich dort dann, nachdem ihnen die Beamtenlaufbahn verwehrt blieb, dem Geschäft mit Büchern zuwandten. Siehe Brook 1988, S. 193.

gut verkaufen. Außerdem waren Bücher, die zuvor im Besitz eines berühmten Gelehrten gewesen waren, für viele Buchsammler der Qing-Zeit von besonderem Wert.[28] Auch Werke aus Buchsammlungen mit langer Tradition waren sehr gefragt. Dagegen war der Besitz von Büchern von hoher Qualität nicht mehr so bedeutend wie noch in der Ming-Zeit.[29] Zudem ließen sich aufgrund akademischer Strömungen bestimmte Bücher besonders gut verkaufen. In der Zeit der Kaiser Qianlong 乾隆 (r. 1735–1796) und Jiaqing 嘉慶 (r. 1796–1820) herrschte eine rege Nachfrage nach Büchern wie dem *Shuowen jiezi* 說文解字 (Erklärung einfacher und Analyse zusammengesetzter Schriftzeichen), weil sie für die Textkritik und die philologische Forschung von großer Bedeutung waren.[30]

Dass die Händler nicht immer Bücher nach dem Geschmack der gelehrten Buchsammler mitführten, lässt sich an Aussagen erkennen, in denen letztere ihr Missfallen über die angebotene Ware oder Zweifel an der Echtheit mancher angebotenen Werke ausdrückten. Li Rihua etwa klagte in einem Tagebucheintrag, dass die Boote aus Suzhou unlängst nur Fälschungen und schlechte Ware gebracht hätten.[31] Noch konkreter sind die Vorwürfe des Buchsammlers Jiang Guangxu 蔣光煦 (1813–1860) aus Zhejiang, der die Buchhändler aus Huzhou, die häufig auf Bücherbooten fuhren, als geschickte Fälscher brandmarkte:

> [Die Buchhändler aus Huzhou] schneiden die Anfangs- und Endseiten heraus, ändern die Vorworte und das Inhaltsverzeichnis, löschen einzelne Striche, um den Tabus zu entsprechen, entfernen Zeichen, um die Autorennamen und Buchtitel zu ändern, und verfärben den Ton des Papiers, um es alt wirken zu lassen. Wenn in einzelnen Abschnitten Text fehlt, vermischen sie ihn mit welchem aus anderen Ausgaben. Wenn eine Ausgabe nicht mehr existiert, kopieren sie eine andere Ausgabe, um sie zu ersetzen. Sie machen dies immer wieder und auf unterschiedliche Weisen; ich kann gar nicht alle einzeln anführen.
>
> 割首尾，易序目，剔畫以就諱，刓字以易名，染色以偽舊，卷有缺劃，他版以雜之，本既亡，錄別種以代之，反覆變換，殆不可枚舉。[32]

Die Fähigkeit zu derartigen Fälschungen setzte voraus, dass die Händler eine gewisse Erfahrung hatten und wussten, welche Bücher die Käufer bevorzugten und wie

---

28 Für konkrete Beispiele siehe Zheng Weizhang 1996, S. 793; Chen Shan 1995–1999a, S. 308 [Nachwort: 1a].
29 McDermott 2013, S. 212–213.
30 Xu Yanping 2013b, S. 112–113.
31 Li Rihua 2011, S. 466.
32 Nachwort von Jiang Guangxu in Wu Shouyang 1995–1999, S. 461.

begehrte Ausgaben ungefähr aussehen sollten. Dieses Wissen konnten sie nutzen, um die Kunden, die nur oberflächliche Kenntnisse über derartige Bücher hatten, mit den Fälschungen zu betrügen. Nicht zuletzt deshalb hoben verschiedene Gelehrte in ihren Texten hervor, dass Kennerschaft eine wesentliche Voraussetzung für den Aufbau einer guten Buchsammlung sei.[33]

Für die Erstellung guter Sammlungen waren die Bücherboote aber auch von großem Vorteil, denn durch ihre Mobilität sammelten sie Informationen zu verschiedenen Werken und konnten ihre Kunden gezielt nach deren Bedarf mit Büchern versorgen. Die Händler mussten dafür nicht stets genau verstehen, warum ein Buch für einen bestimmten Kunden besonderen Wert hatte. Für sie war wichtiger zu wissen, welche Bücher sie an die jeweiligen Kunden verkaufen konnten. Zhao Yi, mit dessen Gedicht dieser Beitrag begonnen hat, schildert in einem weiteren Gedicht etwas ironisch seine Geschäftsbeziehung zu dem Buchhändler Shi Hanying 施漢英:

> Als ich in mich in der Heimat zur Ruhe setzte, hatte ich Geld übrig. / Ich wollte die langen Tage damit verbringen, leise und laut zu lesen.
> Woher hast du diese Nachricht vernommen? / Du kommst mit deinem Boot, voll beladen mit alten Büchern.
> Ich habe gerade Geld und möchte Bücher erwerben, / Du hast gerade Bücher und möchtest Geld verdienen.
> Sobald wir uns sehen, fürchte ich, dass es zwischen uns beiden zum Streit kommt, / und du nutzt meinen dringenden Bedarf aus und erhöhst deine Preise.

> 我昔初歸有餘俸，欲消永日借吟誦。
> 汝從何處聞信來，滿載古書壓船重。
> 我時有錢欲得書，汝時有書欲得錢。
> 一見那愁兩乖角，乘我所急高價懸。[34]

Obwohl Zhao die Begegnung mit einer gewissen Unzufriedenheit beschreibt, war ihm der reisende Buchhändler, der seine Vorliebe für alte Bücher ebenso wie seine Zahlungsfähigkeit kannte, doch höchst willkommen. Mit seiner Hilfe konnte Zhao seine

---

33 Jiang Guangxu betonte im selben Nachwort, dass die Gelehrten ihre gesammelten Bücher genau prüfen müssen. Wu Shouyang 1995–1999, S. 461. Ähnliche Aussagen finden sich auch in Werken von erfahrenen Buchsammlern, wie im *Cangshu xunlüe* 藏書訓略 (Kurze Anleitung zur Buchsammlung) von Qi Chengye 祁承㸁 (1563–1628) und dem *Cangshu shiyue* 藏書十約 (Zehn Regeln zur Buchsammlung) von Ye Dehui 葉德輝 (1864–1927). Siehe Qi Chengye 1957, S. 18; Ye Dehui 1957, S. 44. Für eine englische Übersetzung von Ye Dehuis Text siehe Fang 1950.

34 Zhao Yi 1937, S. 100.

Buchsammlung erweitern, und so nahm er es mit einem Augenzwinkern hin, dass Shi die Situation für sich ausnutzte und überhöhte Preis von ihm verlangte.

Wenn die Buchhändler die Vorlieben eines Gelehrten ungefähr einschätzen konnten, hatten sie die Möglichkeit, auf ihrer Fahrt zu verschiedenen Orten nach entsprechenden Werken Ausschau zu halten und sie bei sich bietender Gelegenheit anzukaufen, um sie beim nächsten Besuch dem Gelehrten anbieten zu können. Lu Xinyuans 陸心源 (1838–1894) Schilderung des Erwerbs medizinischer Bücher ist ein Beispiel für diese Vorgehensweise der Händler:

> Mein Freund hat mir erzählt, dass es noch alte, gedruckte Ausgaben der Bücher über den Typhus des Gelehrten Xu [Shuwei] in [der Buchsammlung] „Kleiner Bücherstapel" gibt.[35] Ich war sehr neidisch. Im letzten Drittel des zweiten Frühlingsmonats kamen zwei Bücherboothändler, deren Namen ich nicht kannte. Sie hatten gedruckte Ausgaben aus der Yuan-Zeit der beiden Bücher *Hundert Symptome des Typhus in Liedform* und *Diskussion von Details des Typhus* [von Xu Shuwei] dabei. Darüber hinaus brachten sie noch zwei andere medizinische Bücher mit, die sie mir verkaufen wollten. Da sie wussten, dass ich zuvor schon solche Bücher zu hohen Preisen gekauft hatte, kamen sie damit zu mir. Als die Preisverhandlungen nach einer Weile zu keinem Ergebnis geführt hatten, erwarb ich nur eines der beiden anderen medizinischen Bücher. Die Bücher von Xu [Shuwei] habe ich ihnen aber wieder mitgegeben. Einen Monat lang ging mir immer wieder durch den Kopf, dass ich sie nicht gekauft hatte. Glücklicherweise konnten die Bücherboothändler die Bücher auch an keine andere Person verkaufen, daher kamen sie damit wieder zu mir zurück. Streben die Bücher zu mir, oder strebe ich nach den Büchern? Ich habe sie für 17 Silberdollar erworben, und das andere medizinische Buch noch dazu. Ich nahm sie nun doch wegen ihrer Seltenheit.
>
> 吾友某爲余言，許學士尙有傷寒書舊刻本在小讀書堆，心甚艷之。春二月下旬，有書船友不識姓名者二人持元刻傷寒百證歌、傷寒發微論二書，又有別種醫書二本求售于余，彼因稔知余之出大價得前書，故以此來。一時議價未妥，僅得別種之一本，許書卻還之。一月以來，時復思之不置。適書友亦非余不能售，故重復攜來，豈書之戀余耶，抑余之戀書也。出番餅十七元得此，以別種副之，仍取其希有耳。[36]

Dieses Beispiel zeigt, dass die Zirkulation von Informationen für die Gelehrten ebenso hilfreich war wie für die Buchhändler. Für die Buchhändler war es wichtig, Kunden

---

35 Xu Shuwei 許叔微 (1080–1154) war ein berühmter Gelehrter der Song-Zeit, der sich eingehend mit Medizin beschäftigte. Die Buchsammlung „Kleiner Bücherstapel" gehörte dem Qing-Gelehrten Gu Zhikui 顧之逵 (1753–1797).

36 Lu Xinyuan 1995–1999, S. 999 [45:20a–b].

zu finden, an die sie seltene Werke verkaufen konnten. In diesem Fall hatten die Händler offensichtlich von einem anderen Gelehrten, möglicherweise von Lu Xinyuans Freund, erfahren, dass Lu sich grundsätzlich für medizinische Bücher, insbesondere aber für die Werke Xu Shuweis, interessierte. Es ist nicht klar, ob die Händler diese Bücher ohnehin besaßen, oder ob sie die Werke erst ausfindig machten und gezielt ankauften. Sie kannten Lu zwar nicht persönlich, doch suchten sie ihn direkt auf, offenbar in der Hoffnung, für die Bücher einen hohen Preis erzielen zu können. Bei ihrem ersten Besuch war Lu allerdings noch nicht bereit, den geforderten Preis zu bezahlen. Anders als Zhu Yizun und Guan Tingfen in den zuvor erwähnten Beispielen erwarb Lu die Bücher also nicht unverzüglich zu einem hohen Preis, um sicherzustellen, dass sie keinen anderen Besitzer fanden. Dass die Händler die Bücher dann nicht an andere Kunden verkaufen konnten und sie letztlich doch noch einmal Lu anboten, zeigt das Risiko ihres Geschäfts. Für bestimmte Werke war der Markt sehr klein, weshalb es für die Händler wichtig zu wissen war, wer als Käufer in Frage kam. Informationen über Vorlieben und Sammelleidenschaften waren für sie also wortwörtlich Gold wert. Für die Gelehrten wiederum waren die mobilen Händler eine große Hilfe. So wusste Lu bis zu dem Besuch der beiden Händler nicht, dass man die Werke von Xu Shuwei überhaupt erwerben konnte. Die Händler boten sie nicht nur zum Verkauf an, sondern lieferten ihm die Werke per Boot sogar an seinen Wohnort. So gelangten letztlich Bücher in seine Sammlung, von denen er zuvor nur gehört hatte.

Der regelmäßige Kontakt und der rege Austausch führten in einigen Fällen auch zu einem vertraulichen und freundschaftlichen Verhältnis zwischen Buchhändlern und Gelehrten. So hatte Li Rihua offenbar zu einem Buchhändler aus Huzhou eine besonders gute persönliche Beziehung, denn er erwähnt, dass dieser ihm ein seltenes Buch schenkte.[37] An einer anderen Stelle erwähnt Li Rihua den herzlichen Umgang mit dem Bücherboothändler Wu Mujiang 吳慕江. Sobald Wu mit seinem Boot ankam, suchte Li ihn auf und lud ihn zum Weintrinken ein.[38]

Die Mobilität der Buchhändler und ihre Möglichkeit, Buchbestände an verschiedenen Orten aufzukaufen, veranlasste den Qing-Gelehrten Hong Liangji 洪亮吉 (1746–1809), die berühmten Buchhändler Qian Jingkai 錢景開, Tao Wuliu 陶五柳 und den bereits erwähnten Shi Hanying in seine Hierarchie der Buchsammler (*cangshujia* 藏書家) aufzunehmen. Allerdings ordnete er sie in die unterste seiner fünf

---

37 Bei dem Geschenk handelte es sich um *Xu Yuncun xiansheng nianpu* 許雲村先生年譜 (Tabellarischer Lebenslauf des Herrn Xu Yuncun). Siehe Li Rihua 2011, S. 217.
38 Li Rihua 2011, S. 78.

Kategorien ein und bezeichnete sie etwas abfällig als „Buchplünderer" (lüefanjia 掠販家):

> Noch weiter unten [in der Hierarchie der Buchsammler] steht [die folgende Kategorie]: Ihnen müssen verarmte etablierte Familien das, was sie noch an Sammlungen haben, zu niedrigen Preisen verkaufen, woraufhin sie dafür [beim Weiterverkauf] von Buchliebhabern aus reichen Familien hohe Preise fordern. Sie können Echt und Unecht unterscheiden, Alt und Neu genau erkennen. Mit Ausgaben aus Fujian oder solchen aus Sichuan kann man sie nie übers Ohr hauen; Drucke aus der Song- oder der Yuan-Zeit können sie auf einen Blick erkennen. Diese Leute nenne ich ‚Buchplünderer'.
>
> 又次則於舊家中落者，賤售其所藏，富室嗜書者，要求其善價，眼別真贋，心知古今，閩本蜀本，一不得欺，宋槧元槧，見而即識，是謂掠販家。[39]

Auch wenn Hong Liangji deutlich macht, dass es dieser Gruppe von „Buchsammlern" nicht um die Erstellung einer beständigen Sammlung ging, sondern nur um den Profit aus dem Verkauf, so anerkennt er doch deren gute bibliophile Kenntnisse. Sie fielen nicht auf Fälschungen herein, konnten wertvolle Ausgaben von den oft billig produzierten Büchern aus Fujian und Sichuan unterscheiden, und sie wussten, welche Bücher tatsächlich alt waren. Wir finden eine ähnliche Einschätzung im *Cangshu jiyao* 藏書紀要 (Handbuch für Buchsammler), in dem grundsätzliche Maßstäbe zur Bewertung von Büchern beschrieben werden. Hier wird festgestellt, dass die Kriterien der Buchhändler nicht von denen der Gelehrten abwichen, da sie Bücher auch anhand der Papierqualität, der Schrift, des Inhalts, des Alters und des gesamten Erscheinungsbildes beurteilten.[40] Diese Übereinstimmung bei den Kriterien der Bewertung von Büchern war eine wichtige Voraussetzung für das Vertrauen der Gelehrten in die Informationen, die sie von den Buchhändlern erhielten. Die reisenden Händler hatten oftmals an bestimmten Orten Bücher gesehen und gaben ihre Kenntnisse darüber an die Gelehrten weiter. Der Wert des so weitergegebenen Wissens hing davon ab, wie

---

39 Hong Liangji 1998, S. 46. Eine vollständige Übersetzung von Hong Liangjis Einteilung der Buchsammler findet sich in Olivová 2011, S. 76–77.
40 Sun Congtian 1957, S. 36. Dai Lianbin hat allerdings darauf hingewiesen, dass die hier von Sun Congtian aufgeführten Kriterien sehr allgemein formuliert sind. Für die konkrete Bewertung einzelner Bücher waren sie daher nur von begrenztem Nutzen. Siehe Dai Lianbin 2014, S. 21.

sehr die Gelehrten diesem Urteil trauen konnten.[41] Wie die oben erwähnten kritischen Aussagen zum Verhalten der Händler andeuten, war ein derart grundlegendes Vertrauen in die Kenntnisse der Buchhändler wohl auf eine kleine Gruppe von Personen begrenzt. Der berühmte Buchsammler Huang Pilie 黃丕烈 (1763–1825) unterschied etwa zwischen den normalen Buchhändlern (shugu 書賈) und den außergewöhnlich erfahrenen und gebildeten Händlern, die er als „Buchfreunde" (shuyou 書友) bezeichnete.[42] Gerade die drei von Hong Liangji genannten Händler waren berühmte Persönlichkeiten, die nicht als typische Bücherboothändler gelten können, da sie außergewöhnlichen Sachverstand hatten und der Handel mit Hilfe von Booten nur einen Teil ihres Geschäfts ausmachte.

Vor allem die Familie Tao, die Buchläden in Suzhou ebenso wie in Beijing besaß, hatte über mehrere Generationen einen herausragenden Ruf erworben. Die Grabinschrift des berühmten Qing-Gelehrten Sun Xingyan 孫星衍 (1753–1818) für Tao Zhengxiang 陶正祥 (1723–1797) ist ein Beispiel für die besondere Wertschätzung, die diese Buchhändler erfuhren. Allein die Tatsache, dass Sun Xingyan selbst eine Inschrift verfasste, drückt den großen Respekt gegenüber dem Händler aus.[43] In dem Text der Inschrift selbst hob Sun hervor, dass „die hohen Beamten und berühmten Gelehrten der Hauptstadt den werten Herrn [Tao Zhengxiang] besuchten, wenn sie seltene Bücher kaufen wollten. [Der Vorplatz] seines Hauses war mit Wagenspuren übersät" (都中巨公宿學購異書皆詣君，車轍滿戶外).[44] Der Buchsammler Huang Pilie unterhielt eine enge Beziehung zu Tao Yunhui 陶蘊輝, dem Sohn und Nachfolger Tao Zhengxiangs. Im Nachwort zu *Han Shanren shiji* 韓山人詩集 (Gedichtsammlung von Han Shanren) erklärte er, dass er dieses Buch von Tao Yunhui erhalten hatte. Huang meinte, dass selbst Gelehrte aus seiner Heimatstadt den Dichter Han Shanren kaum kannten. Tao Yunhui dagegen wusste nicht nur, wer dieser Dichter war, sondern er konnte auch den Wert des Buchs und seine Bedeutung für Huang Pilie bemessen. Daher meinte Huang, man könne Tao Yunhui „aufgrund seines Wissens

---

41 Livingstone meint, dass für Personen, die nicht selbst an einem bestimmten Ort sein können, das Vertrauen in die Beobachtung anderer eine wichtige Grundlage für die Zirkulation von Wissen sei. Dieses Vertrauen basiere auf gemeinsamen Standards und Bewertungsmaßstäben. Siehe Livingstone 2003, S. 147–153.
42 Siehe Huang Pilie 1999, S. 401. Zu Huang Pilies Unterscheidung der Buchhändler siehe auch Campbell 2019, S. 45.
43 Xu Yanping 2013b, S. 141.
44 Sun Xingyan 1995–1999, S. 495.

nicht als einen [bloßen] Buchhändler ansehen" (是其學識不可以書估視之矣).⁴⁵ Tao Yunhui kannte die Vorlieben Huangs und half diesem mit zahlreichen Kaufempfehlungen, seine Sammlung aufzubauen.⁴⁶ So berichtet Huang etwa, dass er ein Buch auf ausdrücklichen Rat von Tao kaufte. Huang gefiel diese Ausgabe besonders gut, weil sie „alt und elegant" (古色黝然) aussah und „das Papier weiß und die Zeichen groß" (紙白而字大) waren. Außerdem war in dieser Ausgabe im Gegensatz zu anderen ein Gedicht und ein Nachwort des Gelehrten Peng Nian 彭年 (1505–1566) enthalten.⁴⁷ Der Händler informierte Huang Pilie auch oft über Bücher an anderen Orten, die er für ihn besorgen könne. Dies erweiterte Huangs Möglichkeiten, seltene Bücher zu erwerben. Als Tao Yunhui beispielsweise in Beijing die handschriftliche Ausgabe des Werks *Lidai jinian* 歷代紀年 (Chronologie sämtlicher Dynastien) entdeckte, gab er diese Information sogleich an Huang Pilie weiter.⁴⁸

Das enge Verhältnis zwischen Huang und Tao macht deutlich, dass der Informationsaustausch mit einem erfahrenen und gebildeten Buchhändler für Buchsammler von großem Nutzen sein konnte. Tao konnte den Wert der Bücher für diesen Gelehrten nicht nur genau einschätzen, weil er formale ebenso wie inhaltliche Kriterien gut kannte; sondern er konnte sie aufgrund der Verbindungen des Handelsnetzes seiner Familie auch dafür nutzen, weit über Huangs Heimatort Suzhou hinaus überregional nach Büchern für Huangs Sammlung zu suchen. Die Bücherboote waren also nicht nur Transportmittel, mit denen Bücher regional und überregional befördert und verbreitet wurden. Sie ermöglichten vielmehr auch die rasche Weitergabe von Informationen über erhältliche Titel und Ausgaben, die gerade für Sammler von seltenen und ausgefallenen Büchern wie Huang Pilie von großer Bedeutung war.

Schlussfolgerung

Bücherboote als Wissensorte dienten zunächst vor allem der Verbreitung von Wissen durch die kommerzielle Zirkulation von Büchern. Die Boote konnten große Mengen an Büchern über weite Strecken transportieren. Sie dienten den Kunden als mobile Läden, deren Betreiber Bücher von verschiedenen Orten ihres regionalen Netzwerks mitführten, zuweilen aber auch besondere Werke aus weit entfernten Gegenden des

---

45 Huang Pilie 1999, S. 598.
46 Huang Pilie 1999, S. 618.
47 Huang Pilie 1999, S. 597.
48 Huang Pilie 1999, S. 89.

Kaiserreichs anboten. Die Händler konnten auf diese Weise in vielen Fällen die konkreten Wünsche ihrer Kundschaft umgehend bedienen. Die Gelehrten profitierten von dieser Versorgung mit Büchern, die es ihnen ermöglichte, persönliche Interessen zu verfolgen und ihre Kenntnisse in speziellen Bereichen zu vertiefen. Die uns erhaltenen Berichte zeigen, dass regional operierende Bücherboote fast ausschließlich auf die Region Jiangnan beschränkt waren, weil dort das Wasserwegnetz den Handel mit Hilfe von Booten begünstigte. Dennoch gibt es Hinweise auf überregionale Tätigkeiten einzelner Händler, die ihre Kunden ihren jeweiligen Interessen und Sammelleidenschaften entsprechend auch mit Büchern aus entfernten Regionen versorgten.

Neben der materiellen Versorgung mit Büchern sorgten die Bücherboote auch für einen immateriellen Informationsfluss über Bücher. Aufgrund ihrer Mobilität waren die Buchhändler wichtige Wissensvermittler. Anders als bei ortsfesten Buchhändlern basierte das Wissen über Bücher nicht allein auf der langen Erfahrung. Die Bücherboothändler sammelten an verschiedenen Orten und durch den ständigen Umgang mit unterschiedlichen Kunden Kenntnisse über den Buchmarkt und die Interessen potentieller Käufer. Der Umfang des Wissensaustauschs zwischen fachkundigen Buchhändlern und Gelehrten lässt sich heute nicht mehr genau bestimmen; er lässt sich aber, wie hier gezeigt, anhand einzelner Aussagen in den Schriften der Gelehrten ansatzweise rekonstruieren. Diese verstreuten Hinweise lassen darauf schließen, dass gerade Buchsammler sehr viele Informationen von den Händlern auf den Bücherbooten erhielten, die sie dann in ihren Schriften festhielten, ohne direkt auf die Buchhändler als Quellen zu verweisen. Es ist sehr wahrscheinlich, dass viel bibliophiles Wissen, das in Paratexten von Büchern oder in Buchkatalogen überliefert ist, letztlich auf Händler auf Bücherbooten zurückgeht, auch wenn diese ungenannt bleiben.

Literaturverzeichnis

Brokaw, Cynthia J. 2013. „,Spreading Civilization': The Distribution of Commercial Imprints in Late Imperial China", in *Jinshi Zhongguo de ruxue yu shuji: jiating, zongjiao, wuzhi de wangluo* 近世中國的儒學與書籍：家庭，宗教，物質的網路 (Confucianism and Books in Late Imperial China: Familial, Religious, and Material Networks), hrsg. von Lü Miaw-fen 呂妙芬. Taipei: Academia Sinica, S. 165–197.

Brook, Timothy. 1981. „The Merchant Network in 16th Century China: A Discussion and Translation of Zhang Han's ‚On Merchants'", in *Journal of the Economic and Social History of the Orient* 24.2, S. 165–214.

———. 1988. „Censorship in Eighteenth-Century China: A View from the Book Trade," in *Canadian Journal of History* 23.2, S. 177–196.

Campbell, Duncan. 2019. „Huang Pilie and the Rituals of Book Collecting during an Age of Prosperity", in *East Asian Publishing and Society* 9.1, S. 29–84.

Chen Hu 陳瑚. 2000. *Que'an wengao* 確庵文稿. *Siku jinhui shu congkan* 四庫禁毀書叢刊, Bd. 184, S. 197–472, Beijing: Beijing chubanshe.

Chen Shan 陳鱣. 1995–1999a. *Jianzhuang wenchao hezhuang shichao* 簡莊文鈔河莊詩鈔. *Xuxiu siku quanshu* 續修四庫全書全書, Bd. 1487, S. 231–309, Shanghai: Shanghai guji chubanshe.

———. 1995–1999b. *Jingji bawen* 經籍跋文. *Xuxiu siku quanshu*, Bd. 923, S. 655–674.

Chia, Lucille. 2003. „Mashaben: Commercial Publishing in Jianyang from the Song to the Ming", in *The Song-Yuan-Ming Transition in Chinese History*, hrsg. von Paul Jakov Smith und Richard von Glahn. Cambridge, Mass.: Harvard University Asia Center, S. 284–328.

Chow, Kai-Wing. 2004. *Publishing, Culture, and Power in Early Modern China*. Stanford: Stanford University Press.

Dai, Lianbin. 2014. „China's Bibliographic Tradition and the History of the Book", in *Book History* 17, S. 1–50.

Fang, Achilles. 1950. „Bookman's Decalogue", in *Harvard Journal of Asiatic Studies* 13.1/2, S. 132–173.

Guo Mengliang 郭孟良. 2009. „Shuchuan lüeshuo: Ming-Qing Jiangnan tushu maoyi de ge'an fenxi" 書船略說——明清江南圖書貿易的個案分析, in *Zhongguo chuban* 中國出版 (Z1), S. 97–100.

Hong Liangji 洪亮吉. 1998. *Beijiang shihua* 北江詩話. Beijing: Renmin wenxue chubanshe.

Huang Bian 黃汴. 1992. *Tianxia shuilu lucheng* 天下水陸路程. Taiyuan: Shanxi renmin chubanshe.

Huang Pilie 黃丕烈. 1999. *Raopu cangshu tishi* 蕘圃藏書題識. Shanghai: Yuandong chubanshe.

Jacob, Christian. 2017. „Lieux de savoir: Places and Spaces in the History of Knowledge", in *KNOW: A Journal on the Formation of Knowledge* 1.1, S. 85–102.

Li Rihua 李日華. 2011. *Weishui xuan riji* 味水軒日記. Shanghai: Yuandong chubanshe.

Livingstone, David N. 2003. *Putting Science in its Place. Geographies of Scientific Knowledge.* Chicago: The University of Chicago Press.

Lu Xinyuan 陸心源. 1995–1999. *Bisong lou cangshu zhi* 皕宋樓藏書志. *Xuxiu siku quanshu*, Bd. 928–929.

McDermott, Joseph P. 2006. *A Social History of the Chinese Book. Books and Literati Culture in Late Imperial China.* Hong Kong: Hong Kong University Press.

———. 2013. „Rare Book Collections in Qing Dynasty Suzhou: Owners, Dealers, and Uses", in *Jinshi Zhongguo de ruxue yu shuji*, S. 199–249.

Miao Quansun 繆荃孫. 1996. *Yunzi zaikan suibi* 雲自在龕隨筆. Taiyuan: Shanxi guji chubanshe.

Ning Yaoli 寧耀莉. 2012. „Ming-Qing shiqi shuchuan kaolüe" 明清時期書船考略, in *Lantai shijie* 蘭台世界 36, S. 96–97.

Olivová, Lucie. 2011. „Some Observations about Book Collecting in the 18th Century China", in *Anthropologia Integra* 2.2, S. 76–84.

Qi Chengye 祁承爜. 1957. *Dansheng tang cangshu yue* 澹生堂藏書約. Shanghai: Shanghai gudian wenxue chubanshe.

Qian Taiji 錢泰吉. 1995–1999. *Pushu zaji* 曝書雜記. *Xuxiu siku quanshu*, Bd. 926, S. 1–37.

Ruan Yuan 阮元. 1995–1999. *Liang Zhe youxuan lu buyi* 兩浙輶軒錄補遺. *Xuxiu siku quanshu*, Bd. 1684, S. 509–739.

Sun Congtian 孫從添. 1957. *Cangshu jiyao* 藏書紀要. Shanghai: Gudian wenxue chubanshe.

Sun Xingyan 孫星衍. 1995–1999. *Sun Yuanru xiansheng quanji. Wusongyuan wengao* 孫淵如先生全集：五松園文稿. *Xuxiu siku quanshu*, Bd. 1477, S. 383–662.

Sun Yuanxiang 孫原湘. 1995–1999. *Tianzhen ge ji* 天真閣集. *Xuxiu siku quanshu*, Bd. 1487, S. 519–639, und Bd. 1488, S. 1–492.

Wang, Fan. 2018. „The Distant Sound of Book Boats: The Itinerant Book Trade in Jiangnan from the Sixteenth to the Nineteenth Centuries", in *Late Imperial China* 39.2, S. 17–58.

Wang Yuezhen 汪曰楨. 1995–1999. [*Tongzhi*] *Nanxun zhenzhi* (同治)南潯鎮志. *Xuxiu siku quanshu*, Bd. 717, S. 132–618.

Wang Zhenzhong 王振忠. 2012. „Chaoxian yanxing shizhe suo jian shiba shiji zhi sheng Qing shehui: Yi Yi Tŏng-mu de *Ibyŏn'gi* wei li (xia)" 朝鮮燕行使者所見十八世紀之盛清社會——以李德懋的《入燕記》為例（下）, in *Hanguo yanjiu luncong* 韓國研究論叢 1, S. 340–357.

Wu Shouyang 吳壽暘. 1995–1999. *Baijing lou cangshu tiba ji* 拜經樓藏書題跋記. *Xuxiu siku quanshu*, Bd. 930, S. 375–468.

Xu Yanping 徐雁平. 2013a. „Qingdai huan Taihu diqu de shugu, shuchuan yu shuji de liudong" 清代環太湖地區的書估，書船與書籍的流動, in *Xueshu yanjiu* 學術研究 10, S. 137–145, 158.

———. 2013b. „Shugu yu Qing diguo de shuji liuzhuan" 書估與清帝國的書籍流轉, in *Gudian wenxian yanjiu* 古典文獻研究 16, S. 99–158.

Ye Dehui 葉德輝. 1957. *Cangshu shi yue* 藏書十約. Shanghai: Shanghai gudian wenxue chubanshe.

Yi Tŏng-mu 李德懋. 2001. *Ibyŏn'gi* 入燕記. *Yŏnhaengnok chŏnjip* 燕行錄全集, hrsg. von Im Ki-jung 林中基, Bd. 57, S. 1187–1345. Seoul: Tongguk Taehakkyo Ch'ulp'anbu.

Zhang Jiange 張艦戈. 2015. „Ming-Qing shiqi Jiangnan shuchuan qianxi" 明清時期江南書船淺析, in *Tushu qingbao gongzuo* 圖書情報工作 59.2, S. 199–202.

Zhao Yi 趙翼. 1937. *Oubei shichao* 甌北詩鈔. Shanghai: Shijie shuju.

Zheng Weizhang 鄭偉章. 1996. *Wenxianjia tongkao* 文獻家通考. Beijing: Zhonghua shuju.

Zheng Ying 鄭穎. 2009. „Yizhao yanbo fan tushi: Tan Huzhou shuchuan" 一棹煙波販圖史——談湖州書船, in *Tushuguan zazhi* 圖書館雜誌 28.3, S. 78–80.

Zhu Yizun 朱彝尊. 1965. *Pushu ting ji* 曝書亭集. *Sibu congkan chubian* 四部叢刊初編, Bd. 90. Taipei: Taiwan shangwu yinshuguan.

———. 1989. *Jingyi kao* 經義考. *Sibu beiyao* 四部備要, Bd. 12. [1936] Beijing: Zhonghua shuju.

Cultural Biography of the "Avant-Garde": Intellectual Bookstores and the Legacy of High Culture[1]

Eve Y. Lin

The Nanjing-based bookstore Librairie Avant-Garde is an intellectual bookstore with cultural influence in contemporary China. Situated in a consumer society today, but also established as a place representing the high culture legacy of 1980s China, this bookstore becomes a site where commercialization and the counter-drive of cultural autonomy intertwine. The ideal of cultural autonomy, embedded in the 1980s high culture legacy, is evoked by the bookstore in its employment of the mutating concept of the "avant-garde" over the years. This essay takes the bookstore as a case study to consider China's high culture legacy since the 1980s. From the perspective of a cultural biography of places, the essay argues that, rather than causing a neat rupture in China's cultural field, the ever-broader extent of commercialization in post-Mao China's social life since the 1990s does not replace its high culture legacy as much as it casts the latter into a prolonged process of adjustment with consumer culture. As a result, distinctions between the highbrow and the popular, modernism and postmodernism, spiritual autonomy and consumerist self-indulgence have become highly ambiguous in post-1990 China.

Introduction

Lining up to buy books is a lively memory that is quite peculiar and emotive to many Chinese people, especially to those who were intellectually active during China's early "Reform and Opening-up" (1979–1989) era.[2] Representing the site of knowledge in the background of such a shared memory, the bookstore can work as a symbol of the upbeat cultural atmosphere of 1980s China. However, as commercialization and marketization have gradually swept through most spheres of life in China since the 1990s, bookstores seem to have lost their awe-inspiring status, becoming highly

---

1 This paper has been developed as part of the ERC-funded project "The Politics of Reading in the People's Republic of China" (READCHINA, Grant agreement No. 757365/SH5: 2018–2023). I would like to thank the READCHINA team and the DVCS participants for their comments and suggestions.
2 The scene of lining up to buy books in the 1980s often appears in frequently cited old pictures, documentaries, and memoirs, and is even depicted in fiction in China's cultural field. See for example the news article on Shanghai people's cultural memories, *Pengpai xinwen* 2019.

commercialized. For many people who saunter into a fancy bookstore in China's grandiose shopping centers today, they are likely to form the impression that bookstores in China have bowed to consumerism; they now contain very little knowledge, despite a proliferation of symbols of knowledge.[3]

Such a sense of Chinese bookstores' diminishing cultural seriousness seems to be backed by a widely accepted understanding of China's cultural-political changes from the 1980s onward. This impression is informed by studies of various aspects of post-Mao China, whereby the turn of the 1990s draws a dividing line in post-Mao Chinese society.[4] According to this view, after the social turmoil of 1989, China was again under tightened ideological control. As economic development became a major issue that the CCP regime clung to as a way to justify its rule, and as marketization swept through most spheres of life at a shocking speed, China's social consciousness changed from the intellectual-led discourse of "looking forward" (*xiang qian kan* 向前看) to a mentality of "looking forward to money" (*xiang qian kan* 向钱看).[5] The repercussions of this change in the cultural field are that the high culture of the 1980s,[6] together with its spiritual pursuit and its ideal of artistic / critical autonomy, was defeated by a newly emergent pop culture, driven by money-making, and characterized by a maelstrom of consumerist cults, entertainment, and new media. In the changed cultural setting, the significance of bookstores in terms of their role in knowledge and cultural production seems to be easily overshadowed by consumerist culture.

---

3 I would like to thank the keynote speaker, Michael Radich, and other audience members from the DVCS who shared their impressions of China's bookstores with me, and brought up ideas about the "symbolic (exchange of) knowledge."

4 Maghiel Van Crevel's study of China's contemporary poetry, Xudong Zhang's studies of China's social transition from modernism to postsocialism (see his books *Chinese Modernism in the Era of Reforms* and *Postsocialism and Cultural Politics*), and Chris Berry's study of post-Mao China's cinema (see his book *Postsocialist Cinema in Post-Mao China: The Cultural Revolution after the Cultural Revolution*) are some of the many examples that have followed the 1980s/1990s rupture.

5 Zhang Xudong and Xu Yong 2020. Van Crevel also stated a very similar opinion, that Chinese society has gradually abandoned an idealist "life of the mind" and since the 1990s entered the "time of the money." Van Crevel 2008, pp. 13–14.

6 Post-Mao China's high culture is broadly perceived as a manifestation of the Chinese intellectual elites' (now failed) collective endeavor to establish their discursive autonomy. See Zhang 1997, p. 6. The popular (if sometimes implicit) conclusion drawn from such a perception is that as the Chinese intellectuals rapidly lost their authoritative discursive positions after 1989, the status and influence of high culture was soon replaced.

In this essay, however, I will argue that neither the above impression of contemporary China's bookstores, nor the cultural sketch of post-Mao China with this gaping rupture stands up to scrutiny. The development of China's bookstores does not comply with a homogeneous description that draws on the socio-political rupture as a dividing line. Rather, the cultural image of China's bookstores has undergone continuous (if rapid) transformation, whilst also reflecting rich variety in terms of type and approach to running the business. As a place filled with cultural messages, a bookstore's trajectory of development can reflect that of the cultural concept or social idea it promotes. Lucy Delap's study on the feminist bookshops in the 1974–2000 British society,[7] for example, convincingly shows that those bookshops not only contributed to the cultural transmission of feminist ideas, but also challenged the claims made about the "fluid and ephemeral nature of Women's Liberation."[8] In a similar vein, the continuous and diversifying development of China's bookstores over the past 40 years in fact reflects heterogeneity and continuity in China's cultural field rather than rupture. There is a mutually explanatory relationship between the bookstore and the cultural atmosphere surrounding it: the former provides a sensory space where the latter can manifest itself in a tangible way, whilst the latter is the major source of cultural capital the former draws on.

This essay will expound the symbiotic state of post-Mao China's high culture legacy (in full fledge during the 1980s) and the consumerist culture (considered to have rapidly gained the upper hand since the 1990s) by focusing on the development of China's bookstores in the same period. In order to trace the development of post-Mao China's bookstores and their changing cultural messages, this essay will combine a micro-historical view with a historical one. Whilst taking note of the broad historical picture of China's bookstores throughout, the essay will focus on one bookstore with an in-depth case study: the Nanjing-based bookstore Librairie Avant-Garde (*Xianfeng shudian* 先锋书店). As a typical Chinese intellectual bookstore with a cultural reputation and historical value, this bookstore provides an advantageous vantage point for reconsidering China's cultural transition from the 1980s to the 1990s and after. Most notably, it is situated in a society that is accelerating towards marketization, and it is also a direct "posthumous child" of the 1980s idealist spirit.[9]

---

7 Delap 2015.
8 Delap 2015, p. 172.
9 The second section of this essay, which focuses on the post-Mao Chinese intellectual bookstore's trajectory of development, will explain in what specific sense this bookstore is a

In need of a concrete case to comprehend post-Mao China's high culture legacy and its interrelation with the consumerist culture, this essay will focus on one particular school of high culture: the avant-garde, given that Librairie Avant-Garde deliberately aligns itself with this movement through its name. By tracing how the cultural knowledge of the "avant-garde," as a representative of China's high culture legacy, has mutated over the years in the bookstore, this essay argues that the process of commercialization in post-Mao China did not eradicate the high modernist cultural legacy. Instead it cast the latter into a state of prolonged re-shuffling with consumerist culture, until the distinctions between the highbrow and the popular, modernism and postmodernism, spiritual autonomy (as pursued by high culture) and consumerist self-indulgence have become blurred and ambiguous. Post-Mao China's cultural field is hence much more complex than a neat historical rupture would suggest.

In attempting to decode the cultural knowledge the bookstore helps to produce and convey to the public through its space and its self-narration, this essay also questions the widely shared distinction between the "actual knowledge" and the "symbolic (representation of) knowledge." Backed by the traditional imagination of the process of knowledge acquisition, what is regarded as actual knowledge is attained from either meticulous scientific probes, or diligent learning activities that involve a lot of deep reading into difficult books. Whilst actual knowledge is characterized by an impersonal objectiveness, and a sense of depth, richness, and stability, the symbolic representation of knowledge, by contrast, only flaunts the various cultural symbols of the "actual knowledge" and leaves out its rich content to be seriously read and comprehended. The latter is hence deemed as superficial, empty, formalistic, and fake. Such a distinction has already been questioned in the postmodernist view.[10] Yet in the case of post-Mao China, it is especially telling that the symbolic representation of a new cultural trend helps to establish (and re-establish) people's perceptions of that trend, and to decide on its localized contents in the Chinese cultural field.

In its attempt to connect the historical dimension to the richness of spatial analysis, this essay strikes a chord with Christian Jacob's suggestion of the "lieux de savoir," in that both endeavor to blend anthropology and micro-history, and adapt them to the spatial turn.[11] Following the same line as Jacob, this essay pays attention to "the way

---

"posthumous child" of the 1980s idealist spirit promoted by the high culture of the Chinese intellectuals.

10 Notable theories include Roland Barthes' semiotic cultural studies and Michel Foucault's challenges to the naturalistic view of scientific and social knowledge.

11 Jacob 2017, p. 89.

knowledge is rooted in places and cultures that define its nature, purpose, and efficiency," and it adopts the view that "knowledge has to be embodied in material devices or in individuals that will allow it to circulate and to cross the borders of countries, of cultures, of language, of writing systems."[12] To better suit the essay's analytical purposes, the notion of a "cultural biography of places" is applied as the overarching conceptual guide for its methodological choices.

Kopytoff introduced the "cultural biography of things" when he suggested a new perspective for observing the cultural and cognitive elements at work in an object for commerce.[13] A similar term is suitable for studying commercial places that also contain rich cultural elements. The cultural biography of a bookstore provides the opportunity to tackle questions that are traditionally reserved for anthropological studies: where does the place come from and who made it? What are the biographical possibilities inherent in the bookstore's status, and how are these possibilities realized? How has the place changed, and what happens to it when it ages over time?

The following analysis is structured in three parts. Each part investigates a major aspect of the cultural biography of the bookstore Librairie Avant-Garde, applying different methodologies. The first part discusses the spatial aspect of the bookstore, sketching the immediate sensorial impression and the initial perceptions of the cultural knowledge of "avant-garde" the bookstore's spatial elements produce for its visitors. The second part discusses the biography of the bookstore. Tracing the history of the bookstore's establishment of its identity, this part adopts historical and microhistorical viewpoints, together with narrative analysis. The third part focuses on the culture of the bookstore, especially the vicissitudes of the nature of the "avant-garde" as a literary / artistic school *qua* cultural stance *qua* lifestyle. The realm of intellectual history is also considered in the bookstore's cultural messages here. Ultimately, space and history, the synchronic and the diachronic, the incessant vicissitude of the bookstore (over time) and its crystallization (in a certain period of time) into a coherent spatial entity containing relatively stable contents of knowledge will be presented in synthesis.

---

12 Jacob 2017, pp. 91–92.
13 Kopytoff 1986, p. 65.

Sensory and Semiotic Space: Engraving Cultural Knowledge

Bookstores provide a space in which reading activities are staged in an often well-designed cultural setting.[14] The encounter with new books and other materials in the bookstore, therefore, coincides with learning to understand the cultural messages these materials convey when the visitor experiences the bookstore's cultural atmosphere sensually. Librairie Avant-Garde is unusually beautiful, even uncanny, in its cultural atmosphere and spatial environment. Located neither inside the shiny shopping mall nor on the open street of Nanjing City, the flagship store of Librairie Avant-Garde hides in what was once an underground garage, which now still preserves the slope and the driveway lines in its architectural design (figure 1).[15] Before that, the location was originally a bomb shelter. To enter the bookstore, the visitor steps into a peculiar self-contained space that is separated from the outside environment. Xu Chong 徐冲, a senior bookstore manager who worked for the New China Bookstore (*Xinhua shudian* 新华书店) for a long time, described his sensory impression of the site of Librairie Avant-Garde in his book on contemporary Chinese bookstores:

Figure 1. The slope to the bookstore entrance

> An underground garage, there is a slope that sinks to the bottom line of one's visual horizon, lowering down the arrogance of the self. Then there is a sharp turn, the long space extending forward, as if endless. The roof is low, and the suppressed atmosphere suitably creates an intensifying aura of awe. Such a site does not just ward off the worldly noise; the vanity and frivolity in one's mind also subside.

---

14 The bookstore discussed in this essay refers only to the brick-and-mortar bookstore with a physical presence. Online book retailers are not included in the discussion.

15 All the pictures in this essay were taken by the author, following the approved research procedures of the ERC.

地下车库，一道斜坡沉入视线下方，将自我的标高自然降格；然后一个大转折，漫长的空间向前延伸，似乎难寻尽头；层高偏低，压抑的气氛却逼真地营造出敬畏陡增的气场。这样的场所，且不说隔断了尘世的嘈杂，连内心的浮躁与虚幻也得收敛许多。[16]

As is illustrated in Xu's account, the bookstore's underground space creates an intense, awe-inspiring, and slightly forbidding atmosphere. This atmosphere can be perceived almost immediately, which is compatible with the nonconformist spirit of the avant-garde among those who have even just a vague impression and related imagining of what an avant-gardian artistic "aura" should be (especially) in the post-Mao Chinese cultural field.

Broadly accepted as a hallmark of high modernism, the avant-garde can be regarded as a defiant cultural stance that is represented by innovative artistic experiments, unorthodox (schools of) thoughts that launch sharp criticisms on modernity, and undaunted social movements advocating for radical revolutions in the modern world. In its birthplace in Europe, the avant-garde has a widely acknowledged history of development, including origin, artistic and philosophical canon, representative figures and schools. In its deep connection with high modernism, on the other hand, the avant-garde shares what was concluded by Fredric Jameson to be a feeling of alienation and existential anxiety in the modern world, a sense of disconnection between the human self's deep subjective world and the crumbling authority of the outward systems.[17]

When it was re-introduced and gained much popularity in China in the 1980s, the concept of the avant-garde, together with other Western modernist arts and thoughts, played an important role in the insurgence of post-Mao "high culture,"[18] most notably in the various forms of artistic new wave and literary experiments. On a deeper level, modernism and the defiant culture of the avant-garde worked well with the Chinese intellectuals' endeavor to establish discursive autonomy in their criticism of Chinese modernization at the time; it also provided rich and new cultural resources for Chinese intellectuals to draw cultural authority from. The avant-garde in post-Mao China's high culture, therefore, shares many common features with the movement in the West, except that in post-Mao China, the cultural stance of the avant-garde leans more

---

16 Xu Chong 2011, p. 351.

17 Jameson 1997, p. 295.

18 I define post-Mao Chinese high culture as a cultural discourse built by Chinese intellectuals since the 1980s, with the collective intention among the intellectuals themselves of obtaining an advantageous / prestigious position in post-Mao Chinese society.

towards elitism and the highbrow aesthetic taste than the radically implacable and subversive cultural spirit.

It is exactly these features of the avant-garde in the post-Mao Chinese cultural field that the bookstore captures with great sensitivity. First, most immediately and sensually, the bookstore materializes the popular (if still vague) imagining of the concept of the avant-garde in its spatial environment by tactfully presenting its highbrow aesthetic taste in every aspect of its setting: black-and-white furnishings, well-selected jazz or light rock music in the background, and, most markedly, the black crosses installed at either end of the long inner space (figure 2). The two crosses join the slope, each on one end, so that when the visitor ascends to the high point of the bookstore's driveway slope the bright cross will be within sight, and when visitor returns from the inner space, the supine cross will be visible as visitor descends. The overall solemn and other-worldly atmosphere is greatly intensified by such religious (Christian) symbols.

Figure 2. Two huge crosses inside the bookstore at both ends of the driveway slope

The bookstore also flaunts its broad knowledge of the original (Western) avant-garde in the choice of its concrete décor. There are huge, slightly intimidating posts of Western artists and thinkers who are either representatives or precursors of the avant-garde and modernism: Kafka, Baudelaire, Novalis, Hemingway, Wilde, to name but a few. Aside from the images, various texts and pieces of art (paintings, sculptures) containing strong allusions to the nuanced modernist sense of alienation are employed. The line "strangers on the earth" (*dadi shang de yixiangzhe* 大地上的异乡者, from the Austrian poet Georg Trakl's verse), for example, appears on the wall behind the cashier table, near a human-sized replica of Rodin's "The Thinker" that faces the gate. This line is also carved into one of the big crosses. The space intended for cultural narration is vast for such a place. For example, the bookstore is referred to as a site that has grown out of a non-place, it turns "the rotten into a miracle" (*hua fuxiu wei shenqi* 化腐朽为神奇).[19] It is also a place in which "poetically, man dwells" (*ren shiyi de qiju* 人诗意地栖居)[20] (figure 3).

Existentialist philosophy, modernist Western poetry, and a modernized Christian faith, combined with the many well-chosen cultural figures and pieces of fine art, constitute a reservoir of cultural symbols of the avant-garde, from which the bookstore innovatively chooses to produce and engrave cultural messages of the avant-garde onto its physical presence, even including the nuanced modernist uncanny aura. It is possible to directly "read" into this space to attain knowledge of the post-Mao Chinese "avant-garde": the significant influence of its Western origin, its particularity in the Chinese cultural field, and the best-known group of avant-garde figures for the Chinese, etc. The bookstore can thus be seen as a well-structured semiotic field in Roland Barthes' sense, or a phenomenological field that brings about new horizons of cultural knowledge based on its visitors' sensorial experience and interpretations of the space.

Figure 3. "Poetically Man Dwells," alluding to Heidegger in front of one sub-bookstore.

However, to the culturally savvy visitor, what is uncannier about this bookstore is not the high modernist elements, but the atmosphere of a leisure consumerist culture that sits side by side with its highbrow decor. It has become increasingly obvious in recent years that the bookstore has consented to this tendency. The bookstore is no longer inhibited about reflecting the leisure consumerist culture, if that was once resisted. The comfortable coffee area, the souvenir and cultural goods section, the postcard wall, and the incessant flow of tourists, all make the bookstore occasionally feel like a highly commercial bookstore. As a result, the bookstore's initial avant-gardian atmosphere has become increasingly duplicitous over the years.

It could be said that two distinct code systems—that of the leisure consumerist culture and that of the high culture legacy—are offered to the visitors of the bookstore space simultaneously, and people are given space to interpret, as well as to selectively

---

19 Wong 2015.
20 "Poetically man dwells" alludes to Martin Heidegger's essay title. This line appears inside the flagship store. It is also one of the bookstore's most frequently appearing quotations in all its branch stores.

combine, the two forms of culture. The spatial arrangement of the bookstore does actively designate different areas for different types of visitors—curious one-time tourists, whimsical leisure seekers, readers looking for entertainment, serious scholars, etc.—by positioning different types of books and cultural goods in different areas, so that people can access auras that suit their purpose.

However, it perhaps makes sense to acknowledge that, more often than not, the two forms of culture become too intertwined and indistinguishable in this space, despite the bookstore's efforts to demarcate different regions. It is very hard to separate these two cultures, for example, in the goods positioned in the bookstore's space, which are simultaneously highly culturized and highly commercialized. For the cultural commodities (books included) the bookstore sells, these objects could be seen as microscopic spatial regions in the bookstore; they bring the mixture of two cultures to the level of the bookstore's spatial molecules. Volumes of Bob Dylan's poetry are wrapped in crisp bags, making them somehow misplaced, like they should really be sold in the coffee area (figure 4). When the visitor does go to buy sweets in the recreational region, however, they are likely to be befuddled when, this time, they are given a "book" to eat (figures 5 and 6). This ironic confusion of art and food products blatantly associates cultural appreciation with the basest sense of consumption—materialistic, hedonistic, like filling the stomach.

Figure 4. Volumes of Bob Dylan's poetry with a crisp bag-like cover design.

Figures 5 (left) and 6 (right). Dessert sold in the bookstore, designed to look like a book.

Even for other commodities the nature of which is not disguised to the degree of misrecognition, the employment of fine art and sophisticated cultural knowledge in the commonest goods is mesmerizing. The tiny reading-room decoration that invokes Tagore's lines, for example, is artistically creative and touching (figure 7); and a poem by Wislawa Szymborska is printed on the packaging of the hyper-commercialized bookselling promotion called "blind choice" (*mangxuan* 盲选) (figure 8).[21] Reading the poem via such a commercialized medium could nonetheless arouse an unexpectedly refined aesthetic effect.

Figure 7 (left). Tagore's poetry[1] invoked by a decorative good in the bookstore. Figure 8 (right). Szymborska's poetry on the packaging for bookselling promotion.

Moreover, the overall atmosphere of the bookstore remains consistent (if duplicitous), despite the space being divided into different regions. As exemplified above, the cultural and material resources in the bookstore, even the most consumerist ones, are deliberately decorated with a stylish shell that is compatible with the avant-gardian or the highbrow modernist taste. The actual forms of reading taking place in the bookstore, however, and the reading culture that is secretly endorsed by the bookstore's space, are now primarily following the features of consumerism and postmodernism: depthless, parodic, immediate, ambiguous, and full of free-plays of cultural symbols.

---

21 The rule of "blind choice" is when the consumer spends 99 RMB on a package containing two to three books chosen randomly by the bookstore, not knowing what they are.

By analyzing the spatial aspect of the Librairie Avant-Garde bookstore, it is possible to develop an initial and sensorial understanding of the cultural concept of "avant-garde" in contemporary China. Yet how does the avant-garde as a rich and flexible cultural concept mutate over time in post-Mao China's fast-changing society, particularly given that the consumerist culture has been challenging the authoritative position of the intellectual elites' high culture since the 1990s? What socio-political stories are hidden in the historical development of this bookstore, and more broadly, of the entire bookstore business in the post-Mao era? And how can we re-image a more nuanced culture picture of post-Mao China, in which multifarious social elements and cultural forms interact with each other, rather than simply replacing each other? These further tasks necessitate careful historical and cultural investigation into the bookstore, which leads to the essay's second section: the bookstore's history and its narratives on cultural identity.

Narrating a Life Story: History and Personified Identity

Regardless of the commercial nature of a private-run bookstore, on every possible occasion Librairie Avant-Garde has resisted being seen, or at least being *reduced* to a commercial place whose raison d'être is making money by trading books. It even seems that the bookstore is not satisfied with remaining a mere place. It strives to be appreciated in a personified and personalized way. The staff member I interviewed introduced the bookstore by recounting the "course" (*licheng* 历程) it has taken over the years, with various ups and downs in its path of growth.[22] The proprietor called his bookstore "she" (她), and endowed "her" with many identities: his belief and dream, his personal piece of art, the "Holzwege" (*linzhonglu* 林中路)[23] in his life, a "third space" for other citizens, etc. On its twentieth birthday, the founder of the bookstore, Qian Xiaohua 钱小华, even published a book about the store that has been perennially on sale since then; it reads very much like a biography of a genre.[24] To do justice to the cultural significance of this bookstore, therefore, it is necessary to

---

22 The 56-minute interview took place on August 28, 2019, inside the bookstore. The interview followed the procedures of READCHINA's ethical report, which has been approved by ERC. The interview materials are encrypted and stored in READCHINA's database.
23 Qian Xiaohua 1996, p. 331. The term is borrowed from Heidegger's eponymous book title.
24 The book is called *Librairie Avant-Garde: Born in 1996. Xianfeng shudian, sheng yu 1996* 先锋书店，生于 1996 (referred to as *Born in 1996* in this essay). It was edited by Qian himself.

consider the "life story" the bookstore tries to tell with sympathy. Before going deeper into the narrative of the bookstore's identity-seeking, however, it is also necessary to sketch the history and the overall picture of post-Mao China with regard to the development of bookstores.

For a long time in the history of the PRC, the bookstore was not a profit-driven place, nor was it a commercial site in Chinese people's impressions from the 1950s all the way to the 1980s. After the "three major reforms" (1956), the bookstore became literally *the* bookstore in the lives of the Chinese as the state-run New China Bookstore monopolized the bookselling field. Although private-run and commercially driven booksellers re-emerged in the late 1970s, they were of very little cultural influence at the time, and most were only small vendors who sold poor quality books.[25] The bookstore that people lined up in front of was still the New China Bookstore by default in the collective memory of the 1980s. This largely established the noble image of the bookstore in many people's perceptions during that decade: a non-commercial, much-desired, and privileged site of spiritual pursuit. Getting or reading books from it was also a privilege that did not come easily.

The spotlight began to move onto private-run bookstores in about the mid-1990s. According again to the memories of Xu Chong, private-run bookstores began to catch his attention in about the mid-1990s, when two major trends took place. He referred to the first trend as "the radicals" (*jijinpai* 激进派). This constituted ambitious bookstore owners who aspired to expand their book retail business by enlarging the scale of the selling space, and, more notably, launching price wars. This trend in the private-run bookstores did not last long. Xu called the second trend "the carefree" (*xiaoyaopai* 逍遥派), referring to the emerging "academic bookstores" run by intellectuals who were savvy about books. This type of bookstore intended to win over customers with their refinement of taste and by upgrading the quality of their books. This second trend proved to be successful and ultimately even the complacent New China Bookstore learned from it.[26]

Xu's observation of the growing influence of the "academic bookstores" is backed by other more objective research on China's book business. It has been agreed that these bookstores enjoyed a good reputation among the public. They created a phenomenon in China's book trade and "helped to change the public's perception of private

---

25 See Liu 2018, p. 138.
26 Xu Chong 2011, p. 334.

booksellers and hence reshaped the retail book market and book culture in China."[27] In fact, to a large degree, and somewhat counter-intuitively, the shiny, blatantly commercial-driven bookstores in China today are either direct descendants of, or significantly inspired by, the academic bookstores run by "the carefree." This is because a consensus has been formed since the 1990s: bookstores trying to increase profit by selling books *alone* or as if books are *merely* ordinary commodities, with price wars and sales promotions as a standard does not work— private-run bookstores are especially vulnerable in price wars. By contrast, the more adept a bookstore is at playing the "cultural card" derived from books (and other derivative commodities), and from the noble cultural image of the bookstore in people's collective memory, the better it is likely to do economically.

There appears therefore an intriguing historical outlook in the development of China's private-run bookstores: the ones who claimed to have little ambition in financial pursuit, and to devote themselves to the expansion of knowledge (by providing high quality and difficult books), became role models for today's shiny bookstores that fully embrace the consumerist leisure culture and contain very little "actual knowledge." There is a smooth line of inheritance between the two, as the academic bookstores showcase exemplary strategies in mobilizing the cultural resources that most successfully appeal to the public. More specifically, they resonate with the public's sympathetic admiration for the high-minded pursuit of knowledge and new thought in the 1980s, and the public's nostalgia for the Chinese intellectuals' idealized way of life that characterized the cultural atmosphere during that period.

From this point, it is beneficial to turn from the big historical picture to focus on the micro-history of Librairie Avant-Garde and its biographical narration. I refer to this type of bookstore as an "intellectual" bookstore rather than "academic," so as to highlight the human agency behind these bookstores. This term also follows the bookstore's own proclamation.[28] Through Librairie Avant-Garde's biographical narrative we can see that the 1980s high culture trend, deemed defeated after the tragic turmoil of 1989, had actually just come alive as a gradually stabilized cultural legacy by means of the social activities (for example, running a bookstore) of the intellectuals who once gave it the loudest voice. A cultural legacy's social influence is rightfully often considered as being latent or in dormancy, in that it becomes a ghostly ideal in the public memory and, as a perception in people's minds, hard to extinguish but also

---

27 Liu 2018, p. 138.
28 Qian Xiaohua 1996, p. 52.

hard to fathom. Yet a tangible cultural site such as a bookstore provides room for this legacy to manifest itself, enabling us to trace its shadow in the bookstore's identity narrative.

An objective, rhetoric-free summary of Librairie Avant-Garde's history is as follows. The bookstore came into being in 1996 in Nanjing, founded and run by Qian Xiaohua, a country-born intellectual who graduated from Nanjing University's "writer's class" (*zuojiaban* 作家班). Starting with a tiny store containing only 10 bookshelves, the bookstore has expanded into a chain brand and gained a remarkable reputation since. As of June 2020, it has one main store and 15 branch stores, most of which (including the main store) are situated in Nanjing. The history of its development is not without hardship, which reflects the predicaments of China's book retail business and the changing society.

Several turning points mark the bookstore's trajectory.[29] In its obscure early years (the 1990s) it survived the severe financial loss when a drunken driver hit the bookstore with his van. After several changes of location, however, its prospects looked up when it moved adjacent to Nanjing University and expanded its scale in 2001. Two or three years later, it faced another crisis: a business misjudgment on the location for an ambitious new sub-store, and a stark season for China's physical bookselling (due to the emerging digital reading habit). The bookstore's strategy in the 2000s was to choose Nanjing's famous tourist sites to expand new sub-stores, and to start selling small creatively-designed goods (*wenchuang chanpin* 文创产品).[30] After several years of smooth development, the 2010s saw a price war launched by online booksellers, which again put bookstores in danger, and many did not survive. This time, Librairie Avant-Garde upgraded its spatial design for customers, like other bookstores, and incorporated coffee / recreational areas into its stores. In the mid-2010s Librairie Avant-Garde began to be praised by Western media,[31] which boosted its reputation immensely. It has also been actively experimenting with "rural bookstores" (*xiangcun shudian* 乡村书店), which look to be very promising, according to my interviewee. In the last few years, there has been a mixture of opportunities and challenges. The state's tightened control over book publishing largely increases the

---

29 Summarized from my interview.
30 These goods are mostly small decorative commodities or items containing innovative designs, including souvenirs, notebooks, keychains, cotton bags, etc.
31 Most notably Wong 2015, as well as media in the UK, France, and Germany.

price of books; however, the state has also introduced favorable policies to protect the development of bookstores.[32]

The above summary presents a picture that is largely determined by economic and political trends. However, when we turn to the narratives that spin tightly around the bookstore, another image emerges. The bookstore appears to possess cultural autonomy that often runs against the odds of social-economic trends, and it is presented as possessing a unified cultural self-consciousness mirroring that of its proprietor, Qian. The bookstore's quasi-biography, *Born in 1996*, begins its narration with a 40-page interview with Qian, which reads like a sentimental autobiography.[33] Following this interview are four pieces of Qian's memoir. The secret behind the bookstore, these first five articles indicate, is that it was born out of despair and has been growing in despair, a despair rooted in Qian's tragic life experience and his tortured soul in a deteriorating society. A family tragedy, aborted young love, a good factory leader who sent Qian to study at Nanjing University (1989–1991) and was driven away from his old position (vaguely recounted here), Qian's failure to fit into an unspecified state-run institute, and his failed tea business. Then, the vision of running his own bookstore emerged, stemming from the memory of waiting in a long line to buy books from the New China Bookstore in his youth in 1989.[34]

The prehistory of the bookstore is presented in a very sophisticated manner, both obscure and telling. It is obscure in that the accounts of Qian's life experiences are often evasive and disjointed, whilst telling in that such evasion is combined with meaningful reference to the specific years around the turn of the 1990s, in the invocations of the 1980s discourse on new enlightenment, and in the painful socio-historical accusations of intellectuals. Moreover, from its prehistory, the bookstore's biography is intertwined exclusively with Qian's visions and his struggles. It is his personal bookstore, representing his voice and his cultural identity as a pure-spirit intellectual who has been reduced to despair since his formative age. The bookstore's development is outlined by marking the many blows it endured, the contemptible

---

32 According to my interviewee, the state has implemented a tax-free policy for bookstores in recent years.
33 Note that this interview was largely controlled by Qian, with very short questions and very long answers. According to the interviewer's endnote, Qian also added thousands of words to the draft and replaced most of the original subtitles with more poetic ones in later-stage revisions. See Qian Xiaohua 1996, p. 80.
34 Qian Xiaohua 1996, p. 53. The "lining up to buy books" scene was nothing new in 1989. Qian specified that year from his memory without explanation. The reason is left for us to guess.

nature of which pained Qian greatly, but he finally pulled through with spiritual strength. The bright turning points of the bookstore, on the other hand, are mentioned with a very light touch that tends not to draw the reader's attention.

The remaining articles are mostly other people's memories of Qian and his bookstore. Carefully selected, these articles enhance the unified aura of the bookstore narrated throughout the book: humble but awe-inspiring, tragic heroism walking hand in hand with redemptive spiritual peace, with Qian's figure looming large. I got a similar impression of the bookstore's general enterprise atmosphere as I did the interview and when I tried (and failed) to talk to more persons working for the bookstore. The running of the bookstore has a strong unified personal will behind it, dictating which employees can accept interviews, and very likely what patterns of introduction they should follow. Such a sense of discipline does not emerge from some dehumanized company rules but is highly personified and personal.

It is of little point arguing about whether these strictly organized narratives are truthful or not. Nor is it helpful to dismiss them as rhetorical tricks decorating the bookstore's socio-economical facts. Rather, the bookstore's life story consists of a personified cultural identity, and it helps to capture people's impressions of the just-passed 1980s cultural atmosphere in a unified narrative style and aura, enabling us to observe and define it. With regard to this identity, it is clear that the bookstore is intended to represent that of the 1980s young intellectuals who have become disillusioned, embodied by Qian's personal struggles. The control of narratives also accidentally reveals many traits of the social discourse of the Chinese intellectuals at the time: passionate, defiantly heroic, fond of grand narratives, elitist, and often domineering. With regard to the narrative style, the cultural experience we take from here is that of high modernism, which is, as concluded by Fredric Jameson, characterized by a feeling of alienation and existential anxiety, a disconnection between one's deep subjective world and the crumbling authority of outward structures.[35] To borrow Qian's words, the bookstore's narratives render it "symbolic of a declining era" (一个失落时代的象征)[36], an era marked by passionate pursuit of spiritual liberation, the meaning of individual life, and the entire society's well-being.

---

35 See Jameson 1997, pp. 294–297.
36 Qian Xiaohua 1996, p. 184.

From Culture to Culturalization: The Ambiguous Avant-Garde

A hyper-symbolic state of existence, or a mere symbolic manner of exerting influence, is not enough to sustain a cultural legacy's liveliness, however rich and creative its process of symbolification is. No longer a spiritual source that is imbibed by many Chinese as a way of life since the 1980s, post-Mao China's high culture as it is recorded latently in the Librairie Avant-Garde's narratives and manifested in the bookstore's identity establishment becomes worrisome. The managers of the bookstore (led undisputedly by Qian) clearly sense that the high culture they try to evoke, which was led and vividly experienced by the 1980s intellectuals, has gradually become obsolete over the years. Qian, for example, bitterly decried the loss of spiritual autonomy more than once in *Born in 1996*, claiming that he loved China's book business in the mid-1990s, but came to detest it a decade later.[37] He also claimed that his vocation in the book business was to re-establish its "enlightenment spirit" (*qimeng jingshen* 启蒙精神) and to sustain his "dream of culture savior" (*wenhua jiushi mengxiang* 文化救世梦想)[38], and he almost as often noted disillusionment despite the bookstore's success, not knowing what exactly his bookstore persevered for when the entire situation of the business and of the society had changed so much.

The smell of desperation is also revealed in the bookstore's ever-harder effort to intensify the affective force of symbolization. Sometimes such an effort reaches the level that the bookstore's cultural image turns from a humanized and personified one to something larger than human, to a site of martyrdom and consecration. The bookstore is imagined as a mausoleum, a tomb-like home for people who are alienated in a spiritless society.[39] The invocation of religion (Christianity) in the narratives marks a climactic stroke in the intensification of symbolic effect. These death-related, mournful, "larger than life" messages ironically reconfirm the lifelessness of the high culture the bookstore tries to preserve.

It is not, again, that high culture is disappearing in China's cultural field or in people's perceptions. On the contrary, Librairie Avant-Garde thrives in its cultural reputation, proving that the proliferation of the high culture's signs and symbols, as well as the better understanding of its nature and contents, renders the high culture

---

37 Qian Xiaohua 1996, p. 93.
38 Qian Xiaohua 1996, p. 115.
39 Qian Xiaohua 1996, p. 118.

more familiar to Chinese people today than it did 30 years ago, when it was just reintroduced after the Cultural Revolution. The point is that it is contaminated and distorted in a continuing process of dissemination: its cultural function now goes against the grain of its original spirit as it is shuffling with the consumerist mass culture that it is supposed to be critiquing by adopting a separate (higher) cultural position. The predicament of the intellectual bookstores is reflected here as well: they cannot ward off the tide of consumerist culture, which makes the high culture they represent look dishonest and tainted. The intellectual bookstore owners were once referred to as "the carefree" due to their relatively nonchalant attitude to the market, but now they must be quick to join the trend of commercialization, and to cater to the consumerist lifestyle. It is recounted, for instance, that selling cultural goods went against Qian's own wish and infuriated some of the bookstore's old visitors, but it was deemed a necessary compromise.[40]

More unnerving than the unwelcome compromises, however, are other moves the bookstore made that were designed to maintain a distance from consumerist culture, yet resulted in the opposite effect. The introduction of religious symbols to the bookstore is a typical example. This move was intended as a solemn, non- or anti-commercial gesture in remembrance of the bookstore's initial vision of the cultural savior, as the bookstore claims, and because Qian himself is a Christian. However, in effect the Christian element has become a novel selling point attracting visitors as self-image hunters in the age of social media. The two huge crosses in the main store have become popular spots for taking pictures: the erect one is suited to unconventional wedding pictures, and the supine one is straddled daily by people taking selfies, whilst the employees halfheartedly remind them not to do so, knowing this is in vain.

Such "blasphemy" seems to be no more than the bookstore deserves, ironically, as it was one of the earliest to allow visitors to take pictures inside—at first a gesture of warmth and humanization.[41] With other bookstores copying this move in the time of new media self-exhibition, Librairie Avant-Garde inadvertently became a forerunner in further commercializing China's bookstores, whether intended or not. Its experiment in "rural bookstores," also being copied, is likely to develop into another such example. Claiming to return to the spiritual tranquility of the countryside and to "revitalize the countryside with culture" (文化振兴乡村)[42], what the bookstore is

---

40 Qian Xiaohua 1996, p. 198.
41 Qian Xiaohua 1996, p. 210. This was drawn from a bookstore visitor's memory.
42 From my interview contents.

likely to contribute to is China's further urbanization, taking the consumerist lifestyle to more villages. However, this time, its attitude to state-endorsed consumerist culture is more ambiguous—or even cooperative—than resistant.

So, even the non- or anti-commercial moves that the intellectual bookstores made, originally to preserve the status of high culture, have ended up being assimilated by the consumerist culture. To make sense of this, it is necessary to distinguish two opposing natures that our understandings of culture in contemporary society reveal. The first is what human societies have traditionally perceived, and the core take-away here is that culture is independent from the inhuman logic of economy. The various cultural contents provide concrete "values, customs, beliefs and symbolic practices by which men and women live."[43] This is also in line with Kopytoff's view that culture is the "counter-drive to the potential onrush of commoditization," and that excessive commoditization is anti-cultural, because it homogenizes value.[44] The other nature of "culture" appears in the "consumer culture." As Baudrillard argues, "culture" becomes a very misleading term in a consumer society;[45] it has lost its autonomy, and its nature is now a *function* within the system of consumption. Put another way, in a society dominated by consumerism, "culture" in effect becomes "culturalization." It no longer denotes any living culture with independent contents or form. Rather, under "a raiding of all cultural forms"[46] by the consumer culture (i.e., "culturalization"), all former cultures are de-contextualized and leveled out in service of the structural logic of differentiation in the world of consumption.

It is the second nature of "culturalization" that determines the dilemma of China's high culture. On the one hand, culture is "the very element of consumer society itself; no society has ever been saturated with signs and images like this one."[47] High culture is thus constantly invoked, explored, and learned by cultural practitioners as well as consumers, together with the leisure mass culture. On the other hand, as all cultural forms are losing their independent social influence in a consumer society (China's urban society has been heading that way with dazzling speed), the high culture is reduced to something like a cultural indicator of class in Bourdieu's sense. "High" here no longer implies a critical transcendence over commercialization, but rather a positional difference, a social signifier within the entire sign system of consumerism.

---

43 Eagleton 2016, p. 1.
44 Kopytoff 1986, p. 73.
45 Baudrillard 1998, p. 104.
46 Featherstone 2007, p. 64.
47 Jameson 1979, p. 131.

This is also the hidden reason why intellectual bookstores have become inadvertent forerunners for fancy commercial bookstores. As long as culture is a card to play, it does not really matter what anti-commercial contents or forms it contains.

The confused situation of China's high culture today also points to a new reflection on the different nature of knowledge. The key problem with China's bookstores today is not that the "actual knowledge" is replaced with a proliferation of empty symbols of knowledge—knowledge of culture is to a large degree about symbolic practices anyway. Rather, the on-going accumulation of knowledge on high culture has turned from a "lived knowledge" in the 1980s to a "static knowledge" since the 1990s, both content-wise and in its symbolic practices. The cultural knowledge of "avant-garde" can serve as a telling example of the mutating nature of knowledge on high culture in China since the 1990s. Originally a particular school in Western high modernism, "avant-garde" is a flexible and complex cultural concept in contemporary China that the Librairie Avant-Garde deliberately aligns itself with. In its attempts to define and represent the essence of "avant-garde" over the years, the bookstore has showcased that an increase of cultural sophistication does not necessarily lead to the energizing of cultural influence if the nature of cultural knowledge is changed.

Within the conceptual realm of post-Mao China's high culture, "avant-garde" is a very peculiar concept. In Western languages and Chinese respectively, "avant-garde" and *xianfeng* 先锋 share compatible denotations and connotations. Both are originally military terms referring to a group of soldiers who scout ahead of the main force in a battle, and both are used in other extended realms of human society, referring to people who are at the front of a new and often radical trend or movement. Readily inter-translatable, avant-garde / *xianfeng* found its way into contemporary China's artistic field very early on, and it was later ardently embraced.

Academic discussions of the Chinese avant-garde have dated back to Republican China's New Literature (*xin wenxue* 新文学).[48] According to Van Crevel's study of contemporary Chinese poetry, "avant-garde" has appeared in the CCP's literary field since as early as the late 1960s.[49] The crucial moment of the avant-garde, however,

---

48 See Chen 2007. Michel Hockx also argues that in Republican China's literary field, the avant-garde is already "a fairly stable position ... that has been 'taken' in many different ways by many different groups." Hockx 1999, p. 12.

49 This was adopted by some precursor post-Mao poets as a label for their works. Stylistically, these poems cannot be called avant-garde in either the Western or 1980s China's aesthetic sense, but they do defy political authority and speak with the voice of something like an

is from the latter half of the 1980s to the first few years of the 1990s, when it became the name of a particular school of fiction with distinguishable aesthetic traits, known as the *Xianfengpai* 先锋派 (Avant-Garde School). Shortly after the term gained popularity, thanks to the success of this school of fiction, "avant-garde" developed into an enormously influential yet rather vague concept that seeped into the entire literary field as the umbrella term *xianfeng wenxue* 先锋文学 (avant-garde literature), and then into society's everyday life. It has been recognized as a buzzword for the late 1980s.[50] According to written memory, at that period of time in China, "there was 'avant-garde' everywhere."[51] From the mid-1990s, the avant-garde was commonly deemed to be out of fashion in the Chinese literary field and society. However, the many on-going discussions about it, along with the constant references to it—be they in a context of nostalgia, doom-fortune-telling, "post-avant-gardian" arguments, or mourning—render a claim about "the death of the avant-garde" highly questionable.[52]

It was against the above background that Librairie Avant-Garde came into being. At first the bookstore was named without much cultural reflection: Qian had studied literary writing, he liked poetry best, and in critical discourse he had always "worshiped the avant-gardian books from Western literature and art";[53] as a final touch, Qian happened to come by a literary magazine called *Jinri xianfeng* 今日先锋 (Avant-Garde Today), thus the name. "Avant-garde" in the bookstore's early years appeared to be a natural reflection on the lived cultural fashion at the time—and note that it did not possess its Western name in the 1990s, just *xianfeng*. As the social fever for *xianfeng* subsided and the bookstore endeavored to establish its brand image on the market, it started to explore the cultural depth of *xianfeng*. It began to allude to spiritual elitism, wearing an attitude of defiance and nonconformity that was becoming quaint in the growing process of commercialization. In the 2000s, it settled on the French term as its Western name. Later in its narration, the bookstore invited a professor of philosophy from Nanjing University, Hu Daping 胡大平, to make it explicit that "avant-garde is a stance," (先锋即是一种立场) and that this bookstore was a

---

individual self. Then, from the late 1970s on, "most if not all successful contemporary poets subscribe to a designation of their work as avant-garde." Van Crevel 2008, p. 6.
50 Zhang 1997, p. 6.
51 Written memory from *Xin zhoukan* 2014, p. 32.
52 For example, when Su Tong's 苏童 novel *Hean* 河岸 (River Bank) came out in 2009, it was still widely appraised as "the last avant-garde literature" (最后的先锋文学). See Wang Gan 2013.
53 Qian Xiaohua 1996, p. 293.

promoter of "an alternative and heterogeneous way of thinking" (一种异质性的思考方式) in the homogenous modern society.[54] By now, the sophisticated cultural self-reflection had begun, whilst the "avant-garde" as a genuine way of life lived by people was fading.

The tendency continued. The bookstore showed firmer knowledge of what avant-garde meant and what it specifically related to in its Western origins. It was also more adept at advertising this with sophisticated allusions and symbols, most notably from existentialist philosophy and theology. Although there is no evidence that the bookstore managers today really thoroughly understand the difficult Western thoughts, they are definitely more familiar with them and more confident in toying with them. The resulting effect of a tension between the edgy connotations of "avant-garde" and the tranquil inner world secured by religion is impressive, suitably expressing the splitting-up of high modernism. However, this all took place under the realm of the leisure consumer culture, characterized by a parodic and depthless postmodernism. With the eventual fading away of the "ardent, intensive atmosphere of seeking knowledge" (热切的求知氛围)[55], the static shell of knowledge tends to become a decorative part of the consumerist lifestyle rather than a lived way of life. Hence the ambiguous status of "avant-garde": it can only be true to its defiant nature when it holds a separate stance or guides a subversive way of life, but now it looks more like a label of cultural taste subject to individual preferences.

Conclusion

From an edgy defiant way of life to one of tamed cultural tastes in the self-indulgent consumerist lifestyle; from a lived (if somewhat shallow) cultural knowledge to its remnant of a set of well-defined yet static knowledge; and from high modernism's critical cultural stance to a decentralized anti-elitist postmodernism, the concept of "avant-garde," represented by the intellectual bookstore this essay focuses on, has become increasingly ambiguous in nature. Such is post-Mao China's high culture legacy in recent years, in a broader picture.

Rather than ending this essay with a conclusion about either a total triumph of the consumerist culture (culturalization) over all other cultural forms, or that the highbrow culture and the avant-garde still energetically exist, only significantly changed, this

---

54 Qian Xiaohua 1996, p. 296.
55 Qian Xiaohua 1996, p. 269

essay would like to remain in a state of ambiguity, and to end by pointing at the so far under-addressed, highly innovative element of human agency. It is after all the human participants in the concrete space that generate cultural effects, which effects hence always stand a chance to flee the controls of the prefabricated spatial designs and the consumerist sign-system. Based on my field trip in the summer of 2019, various characters showed up in the bookstore, and they were very active and creative. Human agency could overthrow the remaining gestures of superiority of the high cultural legacy, as in the case where visitors play with the religious decor. It could also subvert consumerism's sign-system by finding space for readers seeking in-depth cultural knowledge. Concrete places and human activities matter a lot in the cultural field. It is only to be hoped that their acting space is not further devastated in the aftermath of Covid-19.

References

Baudrillard, Jean. 1998. *The Consumer Society*. London: SAGE.

Chen Sihe. 2007. "The Avant-Garde Elements in the May Fourth New Literature Movement," in *Frontiers of Literary Studies in China* 1.2, pp. 163–196.

Delap, Lucy. 2015. "Feminist Bookshops, Reading Cultures and the Women's Liberation Movement in Great Britain, *c*. 1974–2000," in *History Workshop Journal* 81, pp. 171–196.

Eagleton, Terry. 2016. *Culture*. New Haven: Yale University Press.

Featherstone, Mike. 2007. *Consumer Culture and Postmodernism*. London: SAGE.

Hockx, Michel. 1999. *The Literary Field of Twentieth Century China*. Honolulu: University of Hawai'i Press.

Jacob, Christian. 2017. "Lieux de savoir: Places and Spaces in the History of Knowledge," in *KNOW: A Journal on the Formation of Knowledge* 1.1, pp. 85–102.

Jameson, Fredric. 1979. "Reification and Utopia in Mass Culture," in *Social Text* 1, pp. 130–148.

——— (transl. by Chen Qingqiao 陈清侨 et al.). 1997. *The Cultural Logic of Late Capitalism and Other Essays* 晚期资本主义的文化逻辑, ed. by Zhang Xudong 张旭东. Beijing: Sanlian shudian.

Kopytoff, Igor. 1986. "The Cultural Biography of Things: Commoditization as Process," in *The Social Life of Things*, ed. by Arjun Appadurai. Cambridge: Cambridge University Press, pp. 64–94.

Liu, Zheng. 2018. "Whither the Book Retailing Industry in China: A Historical Reflection." in *Publishing Research Quarterly* 34.1, pp. 133–146.

Pengpai xinwen 澎湃新闻. 2019. "'Shuhuang' niandai de Shanghai dushu jiyi" "书荒" 年代的上海读书记忆. https://www.thepaper.cn/newsDetail_forward_2810714 (accessed on June 22, 2022).

Qian Xiaohua 钱小华 (ed.). 1996. *Librairie Avant-Garde, Born in 1996. Xianfeng shudian, sheng yu 1996* 先锋书店，生于 1996. Beijng: Zhongxin chubanshe.

Van Crevel, Maghiel. 2008. *Chinese Poetry in Times of Mind, Mayhem and Money*. Leiden and Boston: Brill.

Wang Gan 王干. 2013. *Zaichang: Wang Gan 30 nian wenlun xuan* 在场：王干 30 年文论选. Kunming: Yunnan renmin chubanshe.

Wong, Maggie Huifu. 2015. "China's Most Beautiful Bookshop … Is in a Parking Lot," *CNN travel*, https://edition.cnn.com/travel/article/nanjing-book-shop/index.html (accessed on June 22, 2022).

Xin zhoukan 新周刊 (ed.). 2014. *Wo de guxiang zai bashi niandai* 我的故乡在八十年代. Beijing: Zhongxin chubanshe.

Xu Chong 徐冲. 2011. *Zuo shudian: Zhuanxingqi Zhongguo shuye de zhongduan qilu* 做书店：转型期中国书业的终端记录. Guilin: Guangxi shifan daxue chubanshe.

Zhang, Xudong. 1997. *Chinese Modernism in the Era of Reforms*. Durham, NC, and London: Duke University Press.

Zhang Xudong 张旭东 and Xu Yong 徐勇. 2020. "Huiwang 80 niandai, cong 'xiang qian kan' dao 'xiang qian kan'" 回望 80 年代，从"向前看"到"向钱看", https://www.sohu.com/a/429986896_260616. (accessed on June 22, 2022).

Enzyklopädie in Versform?
Eine Betrachtung von Li Qiaos (*c.* 645–714) Gedichtzyklus vor dem Hintergrund Tang-zeitlicher Enzyklopädien

Liu Wenqing

Chinese encyclopedia or, more literally, "category books" (*leishu* 類書) experienced their heyday between the sixth and ninth centuries. This article considers the *Bainian zayong* 百廿雜詠 (120 Miscellaneous Poems on Things) by Li Qiao 李嶠 (*c.* 645–714) as a site of accumulated knowledge. Its encyclopedic form in combination with its poetic style make the *Bainian zayong* an unparalleled piece of Chinese literature. Its 120 "poems on things" (*yongwu shi* 詠物詩) correspond to the structure of a *leishu*, but rather than just describing things the texts offer moral messages. This article analyses the organization and content of Li Qiao's work and compares it to two other Tang encyclopedic works. In this way, it aims to answer questions about the author's motives for composing the cycle of poems as well as its functions and effects.

Einleitung

Der berühmte Qing-zeitliche Gelehrte und Dichter Yuan Mei 袁枚 (1716–1798) klagte in einem Gedicht über das Studium „in den Jahren der Neige" (*shuainian* 衰年) darüber, wie er wegen seiner Bejahrtheit unter Vergesslichkeit leide:

Miscellaneous Poems on Growing Old
Old habits it seems cannot be swept away:
Beneath my lamp I go on studying whenever there's leisure time.
I copy things, take notes on them, forget them right away,
Yet still remember all the books I studied as a child.

衰年雜詠
結習由來掃未除，一燈猶自課三餘。
隨抄隨摘隨忘記，偏記兒時讀過書。[1]

Dem abschließenden Vers des Gedichtes kann wohl jeder zustimmen: Man kann am leichtesten das im Gedächtnis behalten, was man als Kind auswendig gelernt hat – ja, das Langzeitgedächtnis wird mit zunehmendem Alter stärker und besser als das Kurz-

---

1 Yuan Mei 2006, Bd. 27, S. 678. Übersetzung von Chaves 1986, S. 453.

zeitgedächtnis. Aber ich führe das Gedicht wegen des dritten Verses an: „Beim Abschreiben und beim Exzerpieren vergesse ich gleich das, was ich zu Papier gebracht habe" (隨抄隨摘隨忘記). Mit dem Ausdruck „beim Abschreiben und Exzerpieren" verweist Yuan Mei auf eine bei der Lektüre im alten China verbreitete Gepflogenheit: Ein Gelehrter machte sich beim Lesen Notizen, indem er das Gelesene zusammenfasste, kommentierte, herausragende sprachliche Wendungen kopierte oder dergleichen. Wer dies tat und wer sich darüber hinaus noch die Mühe machte, das solchermaßen „Abgeschriebene" und „Exzerpierte" systematisch zu ordnen, dürfte oft höhere Ziele als die bloße Pflege einer nach Kategorien geordneten Datenbank gehabt haben. Bei Jüngeren dürfte die angestrebte Teilnahme an den mehrstufigen Staatsexamina Grund genug gewesen sein, Lesenotizen anzufertigen, bei Älteren und solchen, die keine Examensprofilierung mehr nötig hatten, lässt sich das Exzerpieren am einfachsten als verinnerlichte, kollektive kulturelle Verhaltensweise interpretieren. Auch bei ihnen sind leicht Situationen denkbar, in denen es galt, sich mit einem gewählten Ausdruck als gebildet herauszustellen.

Die frühesten überlieferten chinesischen „Enzyklopädien" (*leishu* 類書), wörtlich „Kategorienbücher",[2] stammen aus der Sui- und Tang-Zeit (581–907). Die bekanntesten unter ihnen sind das *Beitang shuchao* 北堂書鈔 (Gesammelte Schriften aus der Nordhalle, entstanden zwischen 605–618) von Yu Shinan 虞世南 (558–638), das *Yiwen leiju* 藝文類聚 (Nach Sachgruppen geordnete Sammlung von literarischen Texten, 624) von Ouyang Xun 歐陽詢 (557–641) und das *Chuxue ji* 初學記 (Aufzeichnungen für Lernanfänger, 728) von Xu Jian 徐堅 (659–729).[3] Die beiden letzteren sind kaiserliche Auftragswerke und gleichzeitig kollektiv verfasste Arbeiten, auch wenn im Allgemeinen nur die Namen der jeweils verantwortlichen Gelehrten im Gedächtnis geblieben sind. Neben solcherlei staatlich organisierten Kompilationen gab es seit der Sui- und Tang-Zeit auch schon privat zusammengestellte *leishu*, beispielsweise das berühmte Werk *Baishi liutie* 白氏六帖 (Sechs Kategorien des Herrn Bai) von Bai Juyi 白居易 (772–846). Die Episode über die Entstehung des *Baishi*

---

2 Zur Schwierigkeit der Übersetzung des Begriffes *leishu* siehe Kaderas 1998. Es versteht sich, dass das chinesische *leishu* bezüglich seiner Intention, Funktion sowie Klassifizierung und Zusammenstellung von Einträgen nicht der Enzyklopädie, die sich seit dem 18. Jahrhundert in Europa entwickelt hat, gleichzustellen ist.

3 Kategorienbücher aus früheren Dynastien wie das *Huanglan* 皇覽 (Kaiserliche Anthologie) oder das *Leiyuan* 類苑 (Garten von kategorisiertem Wissen) sind längst verlorengegangen. Genaueres über die Entstehung des *leishu* siehe Kaderas 1998; Hu Daojing 1982; Zhang Dihua 1985; Zhao Hankun 2005.

liutie ist noch heute ziemlich populär.⁴ Weniger bekannt ist, dass nicht nur Bai Juyi, sondern auch sein Freund Yuan Zhen 元稹 (779–831) und viele andere Gelehrte und Dichter aus der Tang-Zeit, etwa Han Yu 韓愈 (768–824), Wen Tingyun 溫庭筠 (*c.* 812–870), Li Shangyin 李商隱 (813–*c.* 858) und Pi Rixiu 皮日休 (*c.* 834–883), mehr oder weniger umfangreiche *leishu* verfasst haben. Einige davon sind bis heute überliefert, obwohl sie ursprünglich eher zum eigenen Bedarf ihrer Kompilatoren als für eine breitere Leserschaft gedacht waren.⁵

Die Tatsache, dass „Kategorienbücher" in der Tang-Zeit massenhaft entstanden sind, hängt mit mehreren Faktoren zusammen. Ein wichtiger Grund ist die staatliche Beamtenprüfung (*gongju* 貢舉). Für die Prüfungen in unterschiedlichen Disziplinen musste sich jeder Kandidat neben dem konfuzianischen Kanon auch intensiv mit dem *Wenxuan* 文選 (Anthologie) befassen, denn die dort verwendete Figur des Parallelismus in prosaischen und poetischen Texten war seinerzeit von zentraler Bedeutung und das *Wenxuan* prüfungsrelevant. Dudbridge (1938–2017) bezeichnet die konfuzianischen Klassiker und das *Wenxuan* als „Bibel und Shakespeare" in der Erziehung junger Männer Ende des 8. Jahrhunderts. Zum Beleg verweist er auf die Aussage Han

---

4 Bereits Yang Yis 楊億 (974–1020) *Yang Wengong tanyuan* 楊文公談苑 (Der Garten der Plauderei von Herrn Yang) weiß Folgendes über die Entstehung des *Baishi liutie* zu berichten: Bai Juyi ließ in seinem Studierzimmer mehrere tausend Gefäße aus Ton auf die Regale mit sieben Böden stellen, versehen mit Überschriften der jeweiligen Kategorien. Seine Schüler sollten die ausgewählten Geschichten entsprechend der Kategorien in das passende Gefäß werfen, um schließlich all diese Zettel zu einem Buch zusammenzutragen. Yang Yi, Huang Jian und Song Xiang 1993, S. 8. Das klingt so, als wären sämtliche Kategorien des *Liutie* im Voraus festgelegt worden, und als sei dies die eigentliche Leistung des Bai Juyi gewesen, doch lässt sich nicht prüfen, ob das Werk tatsächlich so entstanden ist.

5 Nach Zhao Hankun stammen etwa 300 unter der Kategorie *leishu* registrierte Titel aus der Tang-Zeit, die meisten davon sind jedoch verlorengegangen. Siehe Zhao Hankun 2005. In Wang Yinglins 王應麟 (1223–1296) *Yuhai* 玉海 (Meer der Jade) werden mehrere Gelehrte aus der Tang-Zeit namentlich genannt, die sich private Sammlungen von parallelen Sprüchen und Anspielungen auf historische Gegebenheiten (*oudui leishi* 偶對類事) zusammengestellt hatten. Dazu zählt Han Yus fünfbändiges *Xiye yayan* 西掖雅言 (Auslese aus dem Westlichen Nebenzimmer). Im Vorwort zu dem verlorengegangenen Werk erklärt Han Yu den Titel: *Xiye* war ein damaliger Amtstitel, *yayan* ist als „schön und elegant formulierte Sätze aus dem *Shijing* und dem *Shangshu*" (*Shi Shu yayan* 詩書雅言) zu verstehen. Außerdem werden im *Yuhai* Lu Zhis 陸贄 (754–805) *Beiju wenyan* 備舉文言 (Sammlung der literarischen Ausdrücke) und Li Shangyins *Jinyue* 金鑰 (Goldener Schlüssel) genannt, die auch beide nicht erhalten sind. Siehe Wang Yinglin 2003, Bd. 948, S. 281 [201:26b–27a]. Diese *leishu* aus der Tang-Zeit sind nach der Aussage des Qing-zeitlichen Gelehrten Qian Zeng 錢曾 (1629–1702) „meistens zum eigenen Nutzen entstanden" (大都為一己採用而作). Qian Zeng 1985, S. 128.

Yus über den frühreifen Li Ping 李邴 (749–821): „Im Alter von 14 oder 15 konnte er *Lunyu, Shangshu, Maoshi, Zuo (zhuan)* und *Wenxuan* auswendig – zusammen mehr als eine Million Wörter."[6]

Von jedem Kandidaten wurde seinerzeit verlangt, einerseits auf dem jeweiligen Fachgebiet bewandert zu sein, andererseits über eine allgemeine Bildung nach den Normen der Zeit zu verfügen. Dazu zählten grundlegende Kenntnisse in politischen, sozialen, ökonomischen und juristischen Fragen einschließlich der dazugehörenden Begrifflichkeiten sowie nicht zuletzt Formulierungen literarischer Qualität. Demzufolge war für die Vorbereitung auf diese Prüfungen über die in Frage kommenden Themen ein strukturiertes Wissen erforderlich, das man sich innerhalb von einer begrenzten Zeit aneignen musste.[7] Als Hilfsmittel dafür waren die genannten Kategorienbücher sehr zweckmäßig, weil man sich dadurch das Gelernte bzw. das Auswendiggelernte nach einer „natürlichen" Ordnung leicht merken konnte. Im alten China war solch ein System über die menschlichen Erkenntnisse bereits im konfuzianisch-kanonischen *Erya* 爾雅 (Annäherung an die Eleganz) zu erkennen. Der Systematisierungsprozess des allgemeinen und speziellen Wissens nahm unterschiedliche Formen an. Das Han-zeitliche Lexikon *Shiming* 釋名 (Erläuterungen der Bezeichnungen) von Liu Xi 劉熙 (geb. c. 160 n. Chr.) ist beispielsweise ein Nachschlagewerk über die Namen der Dinge.

Studien über den Grad der Lese- und Schreibkompetenz in den verschiedenen Dynastien können dazu beitragen, das Bildungsniveau in einer bestimmten historischen Phase sowie den Entstehungs- und Verbreitungsprozess von Ideen und deren Einfluss

---

6 Siehe Han Yu 1987, S. 543 und Dudbridge 1983, S. 101, besonders Anm. 9. Wenngleich institutionengeschichtliche Quellen der Tang-Zeit darüber schweigen, ist doch in der Forschungsliteratur die herausragende Rolle des *Wenxuan* für die Tang-zeitlichen Staatsexamina zweifelsfrei belegt. Siehe Knechtges 2014; McMullen 1988, S. 224; Liu Qinghai 2008. Man darf annehmen, dass in der Praxis keineswegs Vertrautheit mit der Anthologie in ihrer Gänze erwartet wurde, aber wenigstens dann, wenn es um die Gedichtformen der Lieder (*shi* 詩) oder Rhapsodien (*fu* 賦) ging, mussten dem Prüfling entsprechende Titel aus dem *Wenxuan* geläufig sein.

7 Ein bekanntes Beispiel dafür ist dem kurzen Vorwort von Bai Juyis *Celin* 策林 (Wald der Ce) zu entnehmen: Zu Anfang der Yuanhe-Ära (806–820) plante er mit seinem Freund Yuan Zhen, gemeinsam an der durch den Hof veranstalteten Beamtenprüfung teilzunehmen. Zur Prüfungsvorbereitung zogen sich beide zurück in das daoistische Kloster Huayang in der Hauptstadt Chang'an, um sich mit bedeutsamen Fragen und Problemen der Gegenwart zu befassen und diese übungshalber zu beantworten; somit entstanden 75 Prüfungsaufsätze im Stil der politischen Erörterung (*ce* 策) über unterschiedliche Fachgebiete. Zhu Jincheng 1988, S. 3436. Für Ausführlicheres über die Vorbereitung der Tang-zeitlichen Prüfungskandidaten siehe Fu Xinglin 2014.

auf einzelne soziale Schichten zu erkennen. Ebenso können Studien über die Wissensstruktur der Beamten unterschiedlichen Rangs in einer bestimmten Epoche zeigen, welche Kenntnisse und Fähigkeiten von Kandidaten bei den Staatsexamina erwartet wurden. Das ganze Wissen für die Beamtenprüfung, das sich ein Tang-zeitlicher Prüfling durch Lernen bzw. Auswendiglernen erwarb, sollte im Idealfall zur richtigen Zeit „abrufbar" sein. Zu diesem Zweck dienten enzyklopädische Werke, da sie relevantes Schrifttum für Zeitgenossen sowie künftige Generationen in geordneter Form aufbewahrten. Die gebildeten Gelehrten in der Tang-Zeit besaßen nicht selten privat eine solche Materialsammlung im Volumen einer Enzyklopädie, womit sie auf althergebrachte Gegebenheiten und Redewendungen nicht für Prüfungen, sondern für ihre individuellen literarischen Zwecke zurückgreifen konnten. Enzyklopädien lassen sich also als Wissensorte im Sinne von Wissensarchiven verstehen, die der Einprägsamkeit, Handhabbarkeit oder Reproduzierbarkeit von Wissen dienten.

Vor diesem Hintergrund möchte ich einen außergewöhnlichen Gedichtzyklus, das *Bainian zayong* 百廿雜詠 (Hundertzwanzig vermischte Gesänge über Dinge) von Li Qiao 李嶠 (*c.* 645–714), einem Dichter der frühen Tang-Zeit, untersuchen. Seine 120 Dinggedichte (*yongwu shi* 詠物詩), welche sich 120 Gegenständen widmen, sind ähnlich wie ein *leishu*, auf eine enzyklopädische Weise also, strukturiert.[8] Damit hat Li Qiao ein in seiner Art singuläres Werk in der chinesischen Literaturgeschichte verfasst. Es soll gezeigt werden, in welche Wissenskategorien dieser Gedichtzyklus unterteilt war und wie er sich von anderen enzyklopädischen Werken seiner Zeit unterschied.

Li Qiaos zwölf Kategorien

Das Genre *Yongwu* 詠物 (Gedichte über Dinge) hat eine lange Tradition in der chinesischen Dichtkunst. Die Qu Yuan 屈原 (*c.* 340–287 v. Chr.) zugeschriebene *Jusong* 橘頌 (Ode über die Orange) zählt zu den frühesten berühmten Werken; und wenn Konfuzius das Studium des *Shijing* 詩經 (Buch der Lieder) mit dem Hinweis empfahl, es lehre uns viele Namen von Vögeln, Tieren und Pflanzen,[9] dann rückt er

---

8 Zhang Tingfang 1998.
9 Wilhelm 1967, S. 173.

damit das *Shijing* ebenfalls in die Nähe einer Enzyklopädie.¹⁰ Was aber die Gattung „Gedichtzyklus" (*zushi* 組詩) angeht, so befindet sich unter ihren Vätern abermals Qu Yuan, der beispielsweise mit den ihm zugeschriebenen *Jiuge* 九歌 (Neun Lieder) und *Jiuzhang* 九章 (Neun Strophen) entsprechende Zyklen hinterließ.

In Li Qiaos *Bainian zayong* sehen wir zum einen eine Sammlung von Dinggedichten, die sich eher auf „historische Begebenheiten" (*diangu* 典故) denn auf die Gegenstände selbst beziehen, zum anderen ein System des Wissens, das auf traditionellen chinesischen Vorstellungen der Welt aufgebaut ist. Die Struktur der 120 Dinggedichte entspricht trotz einer gewissen Variabilität dem Wissenssystem im chinesischen Altertum, ganz nach dem Muster des *Erya* und *Shiming* bzw. späterer enzyklopädischer Werke. In der Tat – so ist seiner Biographie zu entnehmen – kannte Li Qiao sich mit dieser Textgattung aus, weil er maßgeblich an der Kompilation der verlorenen Enzyklopädie *Sanjiao zhujing* 三教珠英 (Perlen und Blüten aus den dreifachen Lehren) beteiligt war, ja zu ihren verantwortlichen Redakteuren gehörte.¹¹

Li Qiaos 120 Dinggedichte lassen sich in 12 Kategorien aufteilen. Jede der unter Binom-Überschriften stehenden Kategorien umfasst zehn als fünfsilbige Achtzeiler (*wuyan lüshi* 五言律詩) verfasste Gedichte. Unter syntaktischen Gesichtspunkten haben wir es mit zwei Kategorien von Überschriften zu tun. Zunächst drei Begriffspaare, die aus einem als Attribut fungierenden Eigenschaftswort mit einem als Bezugswort dienenden Nomen bestehen: *fangcao* 芳草 (duftende Gräser) und *jiashu* 嘉樹 (gute Bäume), *lingqin* 靈禽 (spirituelle Vögel) und *xiangshou* 祥獸 (glückbringende Tiere) sowie *wenwu* 文物 (kulturelle Gegenstände) und *wuqi* 武器 (militärische Gerätschaften). Die übrigen drei Begriffspaare sind in Form von zwei Nomen gebildet: *qianxiang* 乾象 (Himmelsbilder), *kunyi* 坤儀 (Erdgestaltungen); *juchu* 居處 (Wohnen und Leben), *fuwan* 服玩 (Gebrauchsgüter und Vergnügungsgegenstände), *yinyue* 音樂 (Musik und Darstellungskunst) und *yubo* 玉帛 (Jade und Stoff). Die Kategorien im Einzelnen und die Themen der ihnen zugeordneten Gedichte haben folgende Inhalte:

---

10 Nicht wenige Experten sehen das *Shijing* als die Quelle der chinesischen Dinggedichte an und halten manche Volkslieder für die ersten Werke dieser Gattung. Siehe Yu Zhipeng 2011.

11 Die Enzyklopädie *Sanjiao zhuying* in 1300 Abschnitten (*juan* 卷) ist komplett verlorengegangen. Von den Autoren des Werks sind aber noch etliche Gedichte aus der Gedichtsammlung *Zhuying xueshi ji* 珠英學士集 (Gedichtsammlung der Perlen- und Blütengelehrten) überliefert. Siehe Fu Xuancong, Chen Shangjun und Xu Jun 2014, S. 49–58.

1. Himmelsbilder
Sonne (*ri* 日), Mond (*yue* 月), Sterne (*xing* 星), Wind (*feng* 風), Wolken (*yun* 雲), Dunst (*yan* 煙), Tau (*lu* 露), Nebel (*wu* 霧), Regen (*yu* 雨), Schnee (*xue* 雪).

2. Erdgestaltungen
Berg (*shan* 山), Stein (*shi* 石), Ebene (*yuan* 原), Wildnis (*ye* 野), Reisfelder (*tian* 田), Weg (*dao* 道), Meer (*hai* 海), der Strom (*Jiang* 江, d. h. der Yangtse), der (Gelbe) Fluss (*He* 河), der Luo-Fluss (*Luo* 洛).

3. Duftende Gräser
Orchidee (*lan* 蘭), Chrysantheme (*ju* 菊), Bambus (*zhu* 竹), Blauregen (*teng* 藤), Taglilie (*xuan* 萱), Wasserlinse (*ping* 萍), Wassernuss (*ling* 菱), Melone (*gua* 瓜), Silberhaargras (*mao* 茅), Lotos (*he* 荷).

4. Gute Bäume
Kiefer (*song* 松), Zimtbaum (*gui* 桂), Robinie (*huai* 槐), Weide (*liu* 柳), Tungbaum (*tong* 桐), Pfirsich (*tao* 桃), Pflaume (*li* 李), Birnbaum (*li* 梨), Chinesische Essigpflaume (*mei* 梅), Orangenbaum (*ju* 橘).

5. Spirituelle Vögel
Phönix (*feng* 鳳), Kranich (*he* 鶴), Rabe (*wu* 烏), Elster (*que* 鵲), Wildgans (*yan* 雁), Wildente (*fu* 鳧), Pirol (*ying* 鶯), Sperling (*que* 雀), Fasan (*zhi* 雉), Schwalbe (*yan* 燕).

6. Glückbringende Tiere
Drache (*long* 龍), Einhorn (*lin* 麟), Elefant (*xiang* 象), Pferd (*ma* 馬), Rind (*niu* 牛), Panther (*bao* 豹), Bär (*xiong* 熊), Hirsch (*lu* 鹿), Schaf (*yang* 羊), Hase (*tu* 兔).

7. Wohnen und Leben
Stadtmauer (*cheng* 城), Stadttor (*men* 門), Basar (*shi* 市), Brunnen (*jing* 井), Wohnhaus (*zhai* 宅), Teich (*chi* 池), Turm (*lou* 樓), Brücke (*qiao* 橋), Schiff (*zhou* 舟), Wagen (*che* 車).

8. Gebrauchsgüter und Vergnügungsgegenstände
Liege (*chuang* 床), Matte (*xi* 席), Zelt (*wei* 帷), Vorhang (*lian* 簾), Paravent (*ping* 屏), Decke (*bei* 被), Spiegel (*jing* 鏡), Fächer (*shan* 扇), Kerze (*zhu* 燭), Wein (*jiu* 酒).

9. Kulturelle Gegenstände
Konfuzianische Klassiker (*jing* 經), Geschichtswerke (*shi* 史), Lieder (*shi* 詩), Rhapsodien (*fu* 賦), Schriftzeichen (*shu* 書), Schreibpapier (*zhi* 紙), Anklagemanifest (*xi* 檄), Schreibpinsel (*bi* 筆), Tuschestein (*yan* 硯), Stangentusche (*mo* 墨).

10. Militärische Gerätschaften
Schwert (*jian* 劍), Säbel (*dao* 刀), Pfeil (*jian* 箭), Pfeilbogen (*gong* 弓), Armbrust (*nu* 弩), Banner (*jing* 旌), Flagge (*qi* 旗), Hiebaxt (*ge* 戈), Trommel (*gu* 鼓), Schleuderkugel (*dan* 彈).

11. Musik und Darstellungskunst
Zither (*qin* 琴), Se (瑟, ein zitherähnliches Zupfinstrument mit 25 Saiten), Pipa (琵琶, chinesische Laute mit vier Saiten), Wölbbrettzither (*zheng* 箏), Glocke (*zhong* 鐘), Längsflöte (*xiao* 簫), Flöte (*di* 笛), Mundorgel (*sheng* 笙), Gesang (*ge* 歌), Tanz (*wu* 舞).

12. Jade und Stoff
Perle (*zhu* 珠), Jade (*yu* 玉), Gold (*jin* 金), Silber (*yin* 銀), Münze (*qian* 錢), Brokat (*jin* 錦), Gaze (*luo* 羅), Damast (*ling* 綾), Weiße Seide (*su* 素), Gewebe (*bu* 布).[12]

Es lässt sich ein Zusammenhang zwischen den Kategorien in Li Qiaos Gedichtzyklus und einem universellen Weltbild, das man in der Antike Chinas konstruiert hat, herstellen. Das zentrale Konzept wird im *Yijing* 易經 (Buch der Wandlungen) als „Einheit von Natur und Menschen" (*tianren heyi* 天人合一) oder Rechter Weg der „drei Urmächte" Himmel, Erde und Mensch (*sancai zhi dao* 三材之道) ausgedrückt.[13] Doch im Unterschied zu anderen enzyklopädischen Werken aus der Tang-Zeit macht es sich Li Qiao mit seinen Gedichten zur Aufgabe, konkrete einzelne „Dinge" zu thematisieren. Der Autor nutzt den nach der Struktur des traditionellen chinesischen Weltbildes aufgebauten Gedichtzyklus, um über die 120 Dinge in einem großen Zusammenhang zu dichten. Man kann diese zwölf Kategorien paarweise in sechs Bereiche zusammenfassen, wodurch die inhaltliche Struktur noch deutlicher wird:

---

12 Da der Titel jedes Gedichts ein einsilbiges Wort ist, mit der Ausnahme von Pipa 琵琶, werden sie auch „Gedichte mit monosyllabischem Titel" (*dantishi* 單題詩) genannt. Siehe Sun Meng 1990, S. 838.
13 *Zhouyi zhengyi* 1999, S. 23, 318, 326. Siehe auch Tang Yijie 2005.

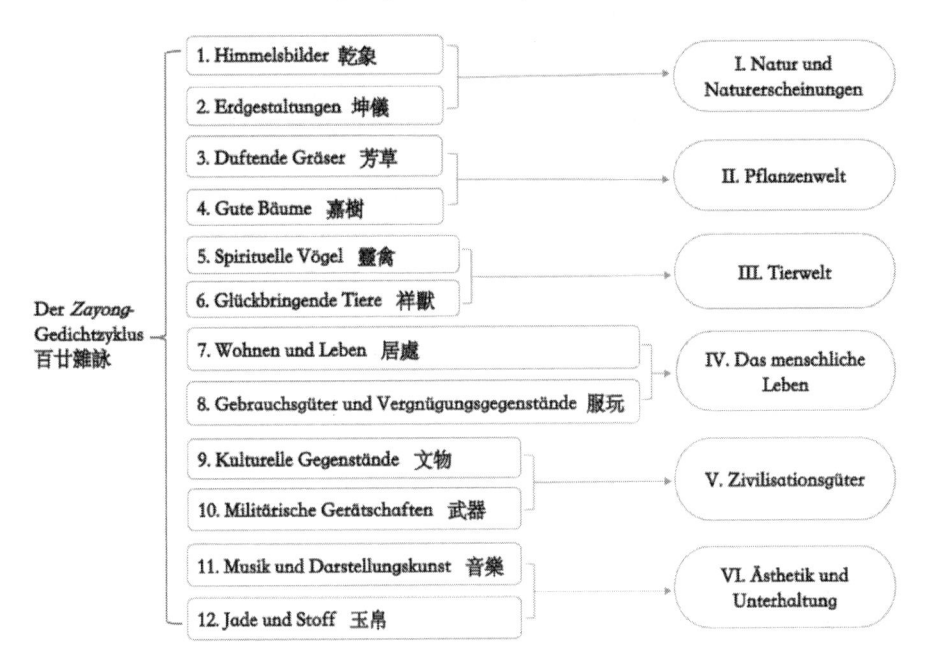

Enzyklopädie in Versform?

Der *Zayong*-Gedichtzyklus 百廿雜詠:
- 1. Himmelsbilder 乾象 ⟶ I. Natur und Naturerscheinungen
- 2. Erdgestaltungen 坤儀 ⟶ I. Natur und Naturerscheinungen
- 3. Duftende Gräser 芳草 ⟶ II. Pflanzenwelt
- 4. Gute Bäume 嘉樹 ⟶ II. Pflanzenwelt
- 5. Spirituelle Vögel 靈禽 ⟶ III. Tierwelt
- 6. Glückbringende Tiere 祥獸 ⟶ III. Tierwelt
- 7. Wohnen und Leben 居處 ⟶ IV. Das menschliche Leben
- 8. Gebrauchsgüter und Vergnügungsgegenstände 服玩 ⟶ IV. Das menschliche Leben
- 9. Kulturelle Gegenstände 文物 ⟶ V. Zivilisationsgüter
- 10. Militärische Gerätschaften 武器 ⟶ V. Zivilisationsgüter
- 11. Musik und Darstellungskunst 音樂 ⟶ VI. Ästhetik und Unterhaltung
- 12. Jade und Stoff 玉帛 ⟶ VI. Ästhetik und Unterhaltung

Inhaltlich handeln die ersten drei Bereiche im Wesentlichen von dem, was die Natur aus sich heraus bietet, die Bereiche IV bis VI hingegen von dem, was die Menschen mit Hilfe der von der Natur gebotenen Ressourcen geschaffen haben. Um den enzyklopädischen Charakter von Li Qiaos Werk zu verdeutlichen, sollen im Folgenden diese sechs Bereiche kurz erläutert werden.

I. Natur und Naturerscheinungen: Himmelsbilder, Erdgestaltungen
Am Anfang der Ausführungen über die Welt steht das Begriffspaar „Himmelsbilder" (1. Kategorie) und „Erdgestaltungen" (2. Kategorie) mit je zehn Stichwörtern, die alles umfassen sollen, was zwischen Himmel und Erde allgemein als „Natur und Naturerscheinungen" zu bezeichnen ist. Unter dem Begriff *qian* 乾 (Himmel) werden „Himmelsbilder" im weiteren Sinne aufgelistet: Sonne, Mond, Sterne, etc. Dem „Himmel" gegenüber steht der Begriff *kun* 坤 (Erde) mit den verschiedenen „Erdgestaltungen": Berg, Stein, Ebene, etc. Die Verflechtung von *qian* und *kun* zur Gruppe der „Natur und Naturerscheinungen" ist im chinesischen Denken geläufig.

II. Pflanzenwelt: Duftende Gräser, gute Bäume
Das Wissen über die Natur steht in den folgenden zwei Bereichen für Flora und Fauna (3. bis 6. Kategorie), wobei die Pflanzen weiter in die krautigen und verholzenden unterteilt werden, während die Tierwelt nur durch Vögel und Vierfüßler – ohne Fische

und Insekten – vertreten wird. Mit den „duftenden Gräsern" sind nicht nur die im chinesischen Altertum als „duftendes Gras" (*xiangcao* 香草) bezeichneten Pflanzen wie Orchidee, Chrysantheme, Taglilie, Wasserlinse und Lotos, parabolisch für einen noblen menschlichen Charakter, gemeint, sondern auch Bambus, Blauregen, Wassernuss, Melone und Silberhaargras, die in der Regel den Nutzpflanzen zugeordnet wurden. Genauso wie den „duftenden Gräsern" sprach man den „guten Bäumen", allen voran der Kiefer, dem Zimt- und dem Birnbaum, erstrebenswerte menschliche Eigenschaften zu.

III. Tierwelt: Spirituelle Vögel, glückbringende Tiere
Unter „spirituellen Vögeln" (5. Kategorie) verstand man in der chinesischen Antike Vögel, die über eine gute Auffassungsgabe verfügen, weshalb sie in der Lage sind, mit den Menschen gedanklich und gefühlsmäßig zu kommunizieren. Abgesehen vom Phönix, der als ein Fabelwesen oft im Binom *fenghuang* 鳳凰 vorkommt, haben die anderen neun Vögel stets eine wichtige Rolle im menschlichen Leben gespielt, was mit zahlreichen Zitaten aus dem *Shijing* zu belegen ist. Wie der Phönix unter den „spirituellen Vögeln" zählen in der Gruppe der „glückbringende Tiere" (6. Kategorie) der Drache und das Einhorn zu den Arten, die aus heutiger Sicht als Fabelwesen einzuordnen sind, weil sie allein in der menschlichen Vorstellung existieren.

IV. Das menschliche Leben: Wohnen und Leben, Gebrauchsgüter und Vergnügungsgegenstände
Aus dem Bereich des menschlichen Lebens wählte Li Qiao zwei Aspekte aus: Zum einen handelt es sich dabei um die Wohnumgebung, in der man sich im Alltag bewegt, und um die Verkehrsmittel, mit denen man zu Wasser und zu Land reist; zum anderen handelt es sich um das Mobiliar sowie die dazugehörigen Accessoires innerhalb des Hauses. Neben „Gebrauchsgütern" und „Vergnügungsgegenständen" ist dem Gedicht über den „Wein" (oder „Reiswein"), den man eher als „Verbrauchsgut" konsumiert, eine besondere Bedeutung beizumessen, denn im gesamten Zyklus fehlt das Thema „Essen" bzw. „Nahrung" oder „Speisen".

V. Zivilisationsgüter: Kulturelle Gegenstände, militärische Gerätschaften
Das Begriffspaar *wen-wu* 文武 (zivil-militärisch) besteht aus zwei entgegengesetzten, aber einander komplementierenden Aspekten der Staatsführung. *Wen* bedeutet „kultiviert, kulturell", *wu* „kriegerisch, kämpferisch". Anders ausgedrückt: Mit dem Schreibpinsel und mit Waffen wird das Reich regiert. In Bezug auf die materielle Kultur kann man anhand von kulturellen Gegenständen und militärischen Gerätschaften Rückschlüsse auf kulturelle Entwicklungen in einer Gesellschaft ziehen.

VI. Ästhetik und Unterhaltung: Musik und Darstellungskunst, Jade und Stoff
Der Gedichtzyklus endet mit dem Ensemble „Musik und Darstellungskunst" und „Jade und Stoff", womit acht Musikinstrumente sowie zwei darstellende Künste, nämlich Gesang und Tanz, sowie kostbare Steine, edle Metalle und seidene Stoffe gemeint sind.

Diese zwölf Kategorien sollen repräsentativ für die Ordnung „unter dem Himmel" stehen. Ferner bilden die einzelnen Objekte und die Gruppen, denen sie zugeordnet sind, ein System von menschlichen Kenntnissen mit den entsprechenden Ausdrücken. In dieser Hinsicht verfügte der Gedichtzyklus durchaus über eine pädagogische Funktion, was durch historische Aussagen belegt ist.[14]

Nachdem wir nun einen Überblick über den inneren Zusammenhang der zwölf Kategorien gewonnen haben, stellen sich einige Fragen: Aus welchen Motiven hat der Dichter diese Dinggedichte auf diese Art und Weise zusammengestellt? Warum hat er sie nach inhaltsbezogenen Kategorien geordnet und nicht etwa den Reim oder ein anderes neutrales Ordnungssystem bevorzugt? Sollen die Gedichte ihre Gegenstände möglichst umfassend beschreiben oder sollen sie sich auf einige Besonderheiten der thematisierten „Dinge" beschränken, und wenn ja, auf welche? Werden die beschriebenen Dinge wegen ihrer Materialität thematisiert oder ist ihnen ein darüberhinausgehender Wert zu eigen, oder beides? Sollen sie vorrangig Sachwissen vermitteln oder sittliche Werte vertreten und weitergeben, oder beides? Die zwölf Kategorien mit den jeweils zehn Gedichten könnten in zeitlichen wie räumlichen Verhältnissen symbolisch als eine Gesamtheit des Kosmos erfasst werden. Die Zahl von 120 Gedichten scheint nicht zufällig, sondern dürfte in Übereinstimmung mit den zehn „himmlischen Stämme" (*tiangan* 天干) und den zwölf „irdischen Zweige" (*dizhi* 地支) gewählt worden sein. Sollen die Gedichte den gesamten Kosmos beschreiben oder wollte der Autor lediglich Mustergedichte vorlegen, die andere Autoren über weitere Dinge schreiben konnten und sollten? Ich will versuchen, Antworten auf diese Fragen über Li Qiaos Gedicht „Das Wohnhaus" aus der siebten Kategorie „Wohnen und Leben" näherzukommen.

---

14 Stephen Owen sagt z. B. in Bezug auf das im Jahr 747 entstandene Vorwort des Zhang Tingfang 張庭芳 (8. Jh.) zur kommentierten Ausgabe des *Bainian zayong*: „He praises the collection in terms of poetic rhetoric, diction, and euphony and emphasizes its pedagogic value." Owen 1977, S. 287–288.

Ein Beispiel: Das Wohnhaus

Das Wohnhaus

(1A) Still, ruhig führte ein Pfad über Goldblumen hin [zu Zhang Zhongweis Haus],

(1B) geduckt und eng lag [Yanzis] Hütte im Lärm der Stadt.

(2A) Überall traf man [beim Anwesen des Chen Ping] auf Spuren der Wagen von Würdenträgern,

(2B) doch nur selten zog [Tao Yuanmings Heim] das Gespann eines alten Freundes an.

(3A) Die Mutter des Meng verließ nach der Befragung des Orakels die Nachbarschaft,

(3B) der General [Huo Qubing] lehnte das geschenkte Domizil ab.

(4A) Wer litt nicht an dem schäbigen Ort, wo [Yang Xiong] das *Taixuanjing* schrieb?

(4B) Und [Yang Xiong] fand sich allein gegenüber einer mit Büchern überhäuften Liege.

宅

寂寂蓬蒿徑，喧喧湫隘廬。
屢逢長者轍，時引故人車。
孟母卜鄰罷，將軍辭第初。
誰憐草玄處，獨對一床書。[15]

Das Gedicht scheint auf den ersten Blick mit dem Thema seiner Überschrift nichts zu tun zu haben, denn statt Beschreibungen eines Wohnhauses, die der heutige Leser möglicherweise erwartet, bietet es eine schmucklose Aufzählung von Erinnerungen an Persönlichkeiten aus dem chinesischen Altertum, die in unterschiedlicher Weise mit Wohnen assoziiert wurden. Die kurzen Aussagen sind so eng mit historischen Persönlichkeiten verbunden, dass Li Qiaos Zeitgenossen keine Namen benötigten, um zu wissen, von wem die Rede ist. Wenn ich in meiner Übersetzung Namen eingefügt habe, dann nur, weil dem modernen Leser das Gedicht „Das Wohnhaus" sonst vollkommen fremd bleiben müsste. Tatsächlich nennen die Verse nur eine Person, nämlich die Mutter des Menzius, und ironischerweise ist gerade sie es, die dem modernen Leser unter den genannten Personen am geläufigsten ist. Jedes chinesische Schulkind hört noch heute von den diversen Umzügen der Familie Meng. Li Qiaos Gedicht lässt insgesamt sieben Personen direkt oder indirekt vorstellig werden. Ihre Bedeutung soll

---

15 Zhang Tingfang 1998, S. 91–92.

hier kurz erklärt werden, um die Art des Wissens, das Li Qiao in seinem Werk zusammenstellte, zu verdeutlichen.

Zhang Zhongweis 張仲蔚 (Han-Zeit) Haus aus Zeile 1A versteckte sich hinter üppigen Goldblumen. Der mit „einem einzigen Pfad" erreichbare Ort entpuppte sich als die ideale Bleibe eines ambitionierten „Einsiedlers", der noch viel vorhat.[16] Der in Zeile 1B angesprochene Yanzi 晏子 (578–500 v. Chr.) war Kanzler des Königreichs Qi. Statt eines hoch gelegenen und geräumigen Anwesens zog er eine „geduckte und enge Hütte im Lärm der Stadt" vor,[17] weil ihm ebenso wie Zhang Zhongwei das Wohnhaus nicht von größter Wichtigkeit war.

Mit Zeile 2A tritt Chen Ping 陳平 (?–178 v. Chr.) auf, einer der wichtigsten Männer zu Beginn der Han-Dynastie. Die „Spuren der Wagen von Würdenträgern" vor seinem Haus verdeutlichen sein soziales Ansehen und sein politisches Können, obwohl Chen Ping damals in sehr bescheidenen Verhältnissen lebte.[18] In der nächsten Zeile wird, ohne ihn beim Namen zu nennen, an Tao Yuanming erinnert, der nach seinem Rückzug aus Amt und Würden nur noch wenig gesellschaftliche Kontakte pflegte. Diese Zeile ist besonders gelungen, weil sie ein Gedicht von Tao Yuanming selbst zitiert.[19]

Wiederum eine Zeile weiter (3A) wird schließlich an die Mutter von Menzius 孟母 (c. 4. Jh.–3. Jh. v. Chr.) erinnert, die mit ihrem Insistieren auf die ihrem Sohn förderliche Umgebung zum Paradigma der fürsorglichen, auf korrekte Kindererziehung bedachten Mutter schlechthin geworden ist.[20] Die Gegenzeile (3B) gilt dem

---

16 Im *Gaoshi zhuan* 高士傳 (Biographien hochstehender Edelmänner) von Huangfu Mi 皇甫謐 (215–282) ist eine kurze Biographie von Zhang Zhongwei, der in einem von Unkraut umgebenen Haus wohnte, zu finden. Huangfu Mi 1985, S. 77. Zhang Zhongwei wurde in späteren literarischen Werken immer mit Goldblumen (*penghao* 蓬蒿) in Verbindung gebracht und als ein repräsentativer Einsiedler gepriesen. Beispielhaft dafür ist, dass ihm Tao Yuanming das sechste Gedicht seines Zyklus *Yong pinshi* 詠貧士 (An arme Herren) widmete: „Chung-wei was fond of his poverty / Around his house the weeds grew tall. / Retired, he gave up social ties. / And wrote poems which were not bad." 仲蔚愛窮居，遶宅生蒿蓬。翳然絕交游，賦詩頗能工。Hightower 1970, S. 211–212.

17 Legge 1985, S. 586, 589.

18 Sima Qian 2014, 56:2494.

19 Das Gedicht *Du Shanhaijing* 讀山海經 (Beim Lesen des Buchs von den Bergen und Meeren) von Tao Yuanming enthält die Formulierung: „In mein enges Gässchen können schwere Karren (die tiefe Räderspuren hinterlassen) nicht eindringen; oft müssen daher die Wagen meiner alten Freunde wieder umkehren." 窮巷隔深轍，頗迴故人車。Zach 1958, Bd. 1, S. 545.

20 Liu Xiang 2014. S. 18.

Gedenken an den Han-zeitlichen General Huo Qubing 霍去病 (140–117 v. Chr.). Als ihm sein Kaiser ein komfortables Domizil schenken wollte, lehnte er dies in aller Bescheidenheit ab mit den imponierenden Worten: „Solange die Xiongnu nicht besiegt sind, verdiene ich kein Zuhause." 匈奴未滅, 無以家為也。[21] Erstaunlich ist hierbei, dass das private „Wohnhaus" mit den Interessen des Landes in Verbindung gebracht wurde.

Im letzten Verspaar schließlich wird Yang Xiong 揚雄 (53 v. Chr.–18 n. Chr.) gedacht. Sein Werk *Taixuanjing* 太玄經 (Das große Geheimnisvolle) soll nach seiner eigenen Schilderung „asketisch" (*zishou boru* 自守泊如)[22] in seinem schlichten Haus entstanden sein. Wegen dieser Aussage meinten spätere Dichter, dass er gewiss in einem Zimmer voller Bücher gelebt haben müsse.[23]

Diese knappe Lesehilfe zeigt, dass das „Wohnhaus" bei Li Qiao strenggenommen gar nicht als ein konkretes Objekt dargestellt wird. Kein Bauherr wüsste danach zu bauen, kein Historiker bekommt Einblicke in konkrete Wohnverhältnisse. Der Dichter behandelt stattdessen das Thema mit einer Fülle von historischen Personen, gepaart mit ihren jeweiligen „Wohnhaus-Geschichten", zumeist mit einer daraus gezogenen Lehre im moralischen Sinne. Anders ausgedrückt, das Wohnhaus ist stets mit bekannten Vorbildern aus der Vergangenheit sowie ihren daraus resultierenden hohen Idealen verbunden. Li Qiao schreibt über das Thema, indem er in erster Linie auf Geschichten über die jeweiligen „Hausherren" anspielt. Ob aber diese Schwerpunktsetzung bei der Wissenssammlung eine Besonderheit der Dinggedichte Li Qiaos ist, soll der folgende Blick auf Bai Juyis *Baishi liutie* und Li Hans 李瀚 (8. Jh.) *Mengqiu* 蒙求 (Sinnsprüche zur Aufklärung), zwei andere Tang-zeitliche Werke mit enzyklopädischem Charakter, zeigen.

Ein Vergleich mit anderen enzyklopädischen Werken

Der enzyklopädische Charakter des Werkes Bai Juyis wird schon an dessen unterschiedlichen Titeln erkennbar, die es neben dem kurzen *Baishi liutie* trägt: *Baishi*

---

21 Sima Qian 2014, 111:3556.
22 Als er das Buch verfasste, so schilderte er in seinem Vorwort (*zixu* 自序), lebte er asketisch in sehr armen Verhältnissen. Ban Gu 1970, 87:3565–3566.
23 So sagt etwa der Tang-zeitliche Dichter Lu Zhaolin 盧照鄰 (*c.* 634–686) in seinem Gedicht *Chang'an gu yi* 長安古意 (Eine alte Weise über Chang'an): „Wie einsam und leer war das Haus des Meisters Yang, / Jahr um Jahr begleitete ihn nur seine von Büchern überhäufte Liege." 寂寂寥寥揚子居, 年年歲歲一床書。Peng Dingqiu et al. 1979, S. 519.

liutie shilei ji 白氏六帖事類集 (Herr Bais Sammlung von Beispielen mit historischen Ereignissen in sechs Kategorien), *Baishi liutie leiju* 白氏六帖類聚 (Herr Bais Sammelwerk nach der Kategorienklassifizierung in sechs Kategorien) oder *Baishi jingwen shilei* 白氏經文事類 (Herr Bais historische Ereignisse aus den konfuzianischen Klassikern nach Kategorien).[24]

Bei Bai Juyi finden sich unter dem Eintrag *Zhaidi* 宅第 (Wohnhaus) direkt einige Lexeme, die übrigen sind eingeordnet in folgende acht Unterabteilungen: „Errichtung (des Wohnhauses)" (*xiuzao* 修造), „Verfall" (*huihuai* 毀壞), „Abschied von Zuhause" (*cizhai* 辭宅), „Auswahl der Nachbarschaft" (*zelin* 擇鄰), „In Armut" (*pinlou* 貧陋), „Im Luxus" (*shesheng* 奢盛), „Zerstörung" (*bengdao* 崩倒) und „Das vorübergehend bewohnte Haus" (*jiazhai* 假宅).[25] Zu vielen Ausdrücken gibt es in Bai Juyis Werk Anmerkungen mit einem Hinweis auf die originalen Textquellen.[26] Insgesamt bietet das *Baishi liutie* 150 Lexeme zum „Wohnhaus", wodurch es deutlich umfangreicher ist als das entsprechende Gedicht im *Bainian zayong*. Nicht weniger als neun Lexeme kommen aber auch in Li Qiaos Gedicht „Das Wohnhaus" vor. Im Einzelnen lassen sich folgende Übereinstimmungen auffinden (wobei in der nachstehenden Übersicht der Haupttext kursiv gedruckt und die zugehörige Anmerkung in Klammern gesetzt ist):

1. *Das Wohnhaus des Yanzi lag mitten in der Stadt* (Herzog Jing von Qi beabsichtigte, seine bisherige Bleibe gegen ein anderes Anwesen zu tauschen) 晏子之宅近市 (齊景公欲更之)

2. *Wagenspuren von Würdenträgern* (Chen Ping wohnte nahe der Außenstadt, vor seinem Haus häuften sich die Wagenspuren von Würdenträgern) 長者轍 (陳平附郭而居，門多長者車轍)

3. *Verfall: Wohnhaustausch* (Der Herzog [von Qi] sagte zu seinem Kanzler Yanzi: „Ihr Anwesen liegt zu nah am Markt in der Stadtmitte, wo viel Betrieb herrscht, und es ist geduckt und eng. Ihr solltet nicht dort wohnen. Ich möchte,

---

24 Über die ursprünglichen Bezeichnungen des Werkes von Bai Juyi gibt es unterschiedliche Überlieferungen. Genaueres dazu siehe in Hu Daojing 1982, S. 102–106.
25 Bai Juyi 1969, S. 136–137.
26 Die im Original (siehe Bai Juyi 1969) klein gedruckten Annotationen stammen wahrscheinlich zum Großteil von Bai Juyi selbst oder von einem seiner Mitarbeiter. Darüber hinaus entstanden in der Song-Zeit mehrere kommentierte Ausgaben, u. a. die von Chao Zhongyan 晁仲衍 (1012–1053). Aber die bekannteste Ausgabe stammt von Kong Chuan 孔傳 (1065–1139), der noch einige Kategorien ergänzt hat. Das so erweiterte Nachschlagwerk war unter dem Titel *Bai Kong liutie* 白孔六帖 (Sechs Kategorien der Herren Bai und Kong) weit verbreitet. Siehe Hu Daojing 1982, S. 109–114.

dass Ihr es gegen ein höheres und größeres tauschen lasst.") 【毀壞】更宅 (公謂晏子曰：子之宅近市，湫隘囂塵不可以居，請更諸爽塏)

4. *Verfall: Nur ein einziger Pfad ist gangbar* (Das Haus des Zhang Zhongwei aus der späteren Han-Zeit war ringsum von Goldblumen überwuchert, sodass nur ein einziger Pfad noch gangbar war) 開一徑 (後漢張仲蔚蓬蒿滿宅，唯開一行徑)

5. *Abschied von Zuhause: Huo Qubing* (Der Kaiser hatte vor, ein Domizil für den General (als Belohnung) bauen zu lassen. Huo Qubing lehnte es ab und sagte: „Solange der Feind des Reichs nicht besiegt ist, verdiene ich kein Zuhause." 【辭宅】霍去病 (為將軍，帝欲治第，去病辭曰：國讎未滅，臣無以家為)

6. *Abschied von Zuhause: Yanzi* 晏子

7. *Auswahl der Nachbarschaft: Menzius Mutter ist dreimal umgezogen* (um einen [für ihr Kind] geeigneten Nachbarn zu finden) 【擇鄰】孟母三徙 (以擇鄰)

8. *In Armut: Goldblumen* (Zhang Zhongweis Hütte war von Goldblumen überwuchert) 【貧陋】蓬蒿 (張仲蔚所居蓬蒿沒人)

9. *In Armut: geduckt und eng* 【貧陋】湫隘[27]

Diese neun auf das „Wohnhaus" bezogenen Lexeme, beispielsweise „Yanzi" oder „geduckt und eng", wären ohne den Kontext ihrer Kategorisierung und die beigefügten Erklärungen durchaus in anderem Sinne interpretierbar, da Bai Juyi die Einträge stark fragmentiert. So sind im *Baishi liutie* die vier Lexeme „Das Wohnhaus des Yanzi liegt mitten in der Stadt", „Yanzi", „Wohnhaustausch" und „geduckt und eng" voneinander getrennt, während sich ihr Inhalt bei Li Qiao im Vers 1B wiederfindet, wo es heißt: „Geduckt und eng lag (Yanzis) Hütte im Lärm der Stadt".

Damit zu der zweiten Enzyklopädie, welche die Besonderheiten von Li Qiaos Gedichten deutlich machen soll: Li Hans *Mengqiu* war ein sehr einflussreiches Werk über historische Personen und ihre lehrreichen, beispielhaften Handlungen. Es ist durch zahlreiche später entstandene Kommentare sowie Nachahmungen zu einem berühmten Schulbuch der Früherziehung geworden.[28] Das *Mengqiu* setzt sich aus 596 viersilbigen Versen mit 2384 Schriftzeichen zusammen. Abgesehen von den letzten

---

27 Bai Juyi 1969, S. 136–137.

28 Über die Entstehungszeit des Werks gibt es verschiedene Vermutungen. Guo Li argumentiert in einer Arbeit über die Biographie des Autors für eine Entstehung vor dem Jahr 764. Guo Li 2011, S. 49–58.

vier Versen, in denen als Abschluss ein Ansporn für Kinder anstatt einer Geschichtenerzählung steht, werden insgesamt 592 Geschichten in konziser Form dargestellt.[29]

Jeder Spruch, der eine Geschichte beinhaltet, besteht aus einem Subjekt, das ein vollständiger Name oder ein Höflichkeitsname ist, und einem Prädikat mit oder ohne Objekt, oder nur einem Objekt. Jedes Verspaar wird mit einem Endreim versehen, alle acht Verse bilden ein Ensemble. Daraus ergeben sich 74 Ensembles plus den abschließenden vier Versen. Da die Geschichten weder einer chronologischen noch einer thematischen Struktur folgen, scheint sich die Ensemblebildung nach dem Reim zu richten. Durch die abwechselnden Reime mit ebenen und unebenen Tönen wird der Gesamttext in einem kontinuierlichen Rhythmus fortgesetzt.

Vergleicht man nun das *Mengqiu* und Li Qiaos Gedicht „Das Wohnhaus", so finden wir vier Übereinstimmungen, wo dieselben Geschichten in Form von viersilbigen Versen wiedergegeben werden.[30] Die folgende Übersicht mit den chinesischen Textstellen sowie sinngemäßen Übertragungen ins Deutsche machen deutlich, dass die Leser unterschiedlich viel nicht explizit genannten Inhalt dazu denken mussten:

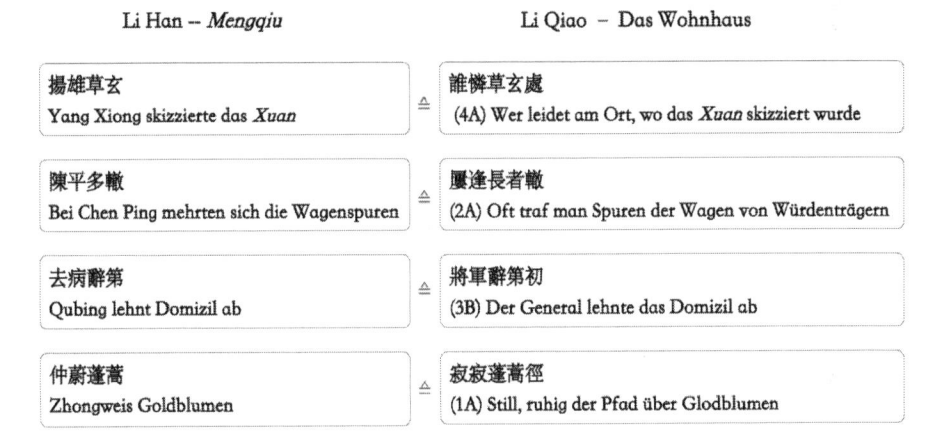

Li Han – *Mengqiu*		Li Qiao – Das Wohnhaus
揚雄草玄 Yang Xiong skizzierte das *Xuan*	≙	誰憐草玄處 (4A) Wer leidet am Ort, wo das *Xuan* skizziert wurde
陳平多轍 Bei Chen Ping mehrten sich die Wagenspuren	≙	屢逢長者轍 (2A) Oft traf man Spuren der Wagen von Würdenträgern
去病辭第 Qubing lehnt Domizil ab	≙	將軍辭第初 (3B) Der General lehnte das Domizil ab
仲蔚蓬蒿 Zhongweis Goldblumen	≙	寂寂蓬蒿徑 (1A) Still, ruhig der Pfad über Glodblumen

Betrachtet man nun alle Verse und Lexeme in den angeführten drei Werken zusammen, kann man sich ein Bild davon machen, was in der Tang-Zeit in Bezug auf das „Wohnhaus" als *wissenswert* galt. Nicht das Wohnhaus an sich steht im Mittelpunkt, sondern die Person, die dort wohnt, und die Einstellung des Hausherrn zu seinem Haus,

---

29 In der Regel erzählt ein Vers eine Geschichte von einer Person, aber in manchen Geschichten kommen zwei Personen vor, und manche Personen kommen in unterschiedlichen Geschichten mehrfach vor.

30 Li Han und Xu Ziguang 2003, S. 684, 695, 748, 758.

ja dem Wohnen insgesamt. Man assoziiert mit „Wohnhaus" gleich eine Reihe von vortrefflichen Beispielen, die späteren Generationen als Vorbild gelten sollen.

Zusammenfassend zeigt der Vergleich der drei Werke folgendes Ergebnis: Unter den acht Versen des Gedichts von Li Qiao findet man sechs Verse, die in abgewandelter Form auch in Bai Juyis *Baishi liutie* oder in Li Hans *Mengqiu* vorkommen:

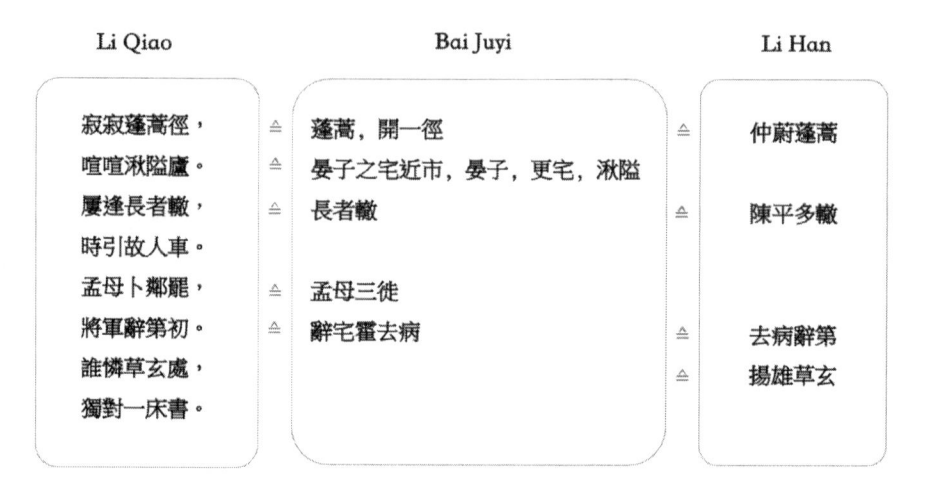

Li Qiao		Bai Juyi		Li Han
寂寂蓬蒿徑，	≙	蓬蒿，開一徑	≙	仲蔚蓬蒿
喧喧湫隘廬。	≙	晏子之宅近市，晏子，更宅，湫隘		
屢逢長者轍，	≙	長者轍	≙	陳平多轍
時引故人車。				
孟母卜鄰罷，	≙	孟母三徙		
將軍辭第初。	≙	辭宅霍去病	≙	去病辭第
誰憐草玄處，			≙	揚雄草玄
獨對一床書。				

Das Beispiel des „Wohnhauses" zeigt, dass die drei Werke idiomatische Wendungen enthalten, die eine aufrichtige Haltung und damit eine Vorstellung von einer zivilisierten Gesellschaft zum Ausdruck bringen. Man vermag alle drei Werke als „Ort angehäuften Wissens" zu erachten, in denen das Wissen jedoch nicht beliebig angesammelt, sondern in bestimmte Kategorien sortiert ist, und in denen ein Wissenssystem zu erkennen ist. Gemeinsam ist den drei Werken der universale Anspruch auf die überlieferte Tradition, allerdings mit unterschiedlichem Fokus: Der Schwerpunkt des *Baishi liutie* liegt auf den historischen Ereignissen aus den konfuzianischen Klassikern, die durch begleitende Kommentare erläutert werden. Die kurzen Verse in Li Hans *Mengqiu* verweisen sprichwörtlich formuliert und in sehr verknappter Form auf bekannte Geschichten, wobei sie durch die namentliche Nennung stets mit einem Protagonisten verbunden sind. Li Qiaos Gedichtzyklus von 120 „Dingen" vermittelt die ganze Welt von Natur und Menschen auf poetische Weise, wobei nicht die Dinge selbst, sondern moralische oder erzieherische Aspekte betont werden.

Die Frage, ob die Autoren von Enzyklopädien im Allgemeinen und Li Qiao im Besonderen *alles Wissenswerte* oder *alles, was man weiß*, bieten, lässt sich anhand der genannten Beispiele so beantworten: Sie boten – in unterschiedlichem Umfang und Detailreichtum – alles *Wissenswerte*, alle notwendigen oder nützlichen Kenntnisse für jemanden, der in die gebildeten, gehobenen Kreise kommen und sich dort bewähren wollte. Sie boten nicht *alles, was man weiß*, insbesondere wenn darunter technisches Wissen zu verstehen ist; sie taten das aber, wenn wir darunter einen allgemeinen Wissensstand zu einer umfassenden Sammlung von Themenfeldern verstehen, welcher Kennzeichen eben dieser gebildeten Kreise war.

Die Übereinstimmungen der drei Werke in Bezug auf das Thema „Wohnhaus" deuten auf ein kollektives Wissen hin; die Personen mit ihren Geschichten gehörten zum allgemein *Wissenswerten* für jeden, der lesen und schreiben konnte. Dies zeigt sich besonders deutlich an der Geschichte von Menzius Mutter oder von den Goldblumen um Zhang Zhongweis Haus. Da sie von Generation zu Generation weitergegeben wurden, findet man sie auch in unterschiedlichen Textversionen in vielen Werken.[31]

Obwohl die behandelten Gegenstände (120 Gedichte von Li Qiao), Personen (592 Verse von Li Han) und Themen (1376 Abteilungen von Bai Juyi) in diesen Werken begrenzt sind, bilden sie auf ihre jeweilige Art eine in sich geschlossene Welt. Wenn man das hier analysierte Beispiel „Wohnhaus" auf die weiteren Themenbereiche überträgt, wird deutlich, dass man mit Hilfe dieser Werke individuelle Weltbilder mit passenden Ausdrücken formulieren kann. In der Tat wurde Li Qiaos Zyklus als Musterbeispiel für das Gedichtschreiben benutzt.[32] Die Tatsache, dass alle drei Werke nach nicht so langer Zeit bereits kommentiert worden sind, Li Qiaos Gedichte sogar von Zeitgenossen, zeigt aber, dass *das Wissenswerte* hinter dem, was man wissen sollte, ja zum Verständnis der Gedichte des Li Qiao wissen musste, zurücklag.

---

31 Aber warum sollte man überhaupt etwas aufschreiben, was ohnehin jedermanns Allgemeingut ist? Zum ersten natürlich, weil man wünscht, dass es so bleibe; zweitens auch, weil durch die Verschriftlichung Kulturgut gesichert werden soll; drittens ist bei der Kulturbewahrung an unterschiedliche Zielgruppen zu denken – Li Hans *Mengqiu* richtete sich eher Schüler als an gebildete Erwachsene; viertens ist zu bedenken, dass ein Autor, der kulturelle Allgemeinplätze überliefert, dies auch zur kulturellen Selbst- und Fremdvergewisserung tun mag; und wenn fünftens der Zyklus eines Li Qiao ab der Song-Zeit Nachahmer gefunden hat, kann das damit zusammenhängen, dass er mit bekannten Geschichten und Bildern operierte.

32 Ein Beispiel hierfür sind die Nachahmungsgedichte des Song-zeitlichen Dichters Ding Wei 丁謂 (966–1037). Er soll aus Bewunderung für Li Qiao seine 120 Dinggedichte „beantwortet" (*he* 和) haben, um sie für seine Kinder und Enkelkinder in Luoyang als Fibel zur Verfügung zu stellen. Dieses Werk ist nicht vollständig überliefert, doch während 62 der überlieferten Gedichte thematisch mit Li Qiaos Gedichten übereinstimmen, findet man bei Ding Wei noch 27 Dinggedichte mit monosyllabischem Titel über Dinge, die Li Qiao in seinem Zyklus nicht besungen hat. Für Ausführlicheres hierzu siehe Ikezawa Shigeko 1998. In Japan fungierten Li Qiaos Dinggedichte von der Heian- bis zur Edo-Ära als Lehrwerk für Kinder und als Vorbilder zur Nachahmung von Gedichten in chinesischer Sprache. Siehe Steininger 2016 und Fukuda Toshiaki 2012, S. 986–1050.

Fazit

Zum Schluss möchte ich Huang Kan 黃侃 (1886–1935), einen chinesischen Gelehrten aus dem 20. Jahrhundert, zitieren. In seiner Lesenotiz über das berühmte Werk der chinesischen Poetik *Wenxin diaolong* 文心雕龍 (Der literarische Geist und das Schnitzen von Drachen) beschreibt er ein Phänomen des 5. und 6. Jahrhunderts, das aber in unterschiedlichem Maße auf jeden Gelehrten und Dichter zutrifft, auch auf so begabte wie Li Qiao und Bai Juyi:

> Von den Dynastien Qi und Liang an gewann der Parallelismus nach dem Metrum einen so großen Einfluss, dass man im Ausdruck besonders auf Anspielungen auf geschichtliche Ereignisse achtete. Im extremen Fall suchte man nach jedem noch so kleinen historischen Detail, um sich mit anderen an seltenen Anspielungen messen zu lassen. Man schämte sich des Unwissens und hielt diejenigen in hohem Ansehen, die um die Quellen der Zitate wussten. […] Die wenig Belesenen überlegten beim Schreiben hin und her, während die umfassend Gebildeten das ganz gelassen nahmen. Dies führte dazu, dass die wenig Begabten sich umso mehr mit Auswendiglernen abmühten, und wenn das Auswendiglernen nicht genügte, stützten sie sich auf das Abschreiben und Exzerpieren.
>
> 爰至齊梁，而後聲律對偶之文大興，用事采言，尤關能事。其甚者，捃拾細事，爭疏僻典，以一事不知為恥，以字有來歷為高。... 然淺見者臨文而躊躇，博聞者裕之而平素，天資不充，益以彊記，彊記不足，助以鈔撮。[33]

Damit komme ich zurück zum „Abschreiben und Exzerpieren", welches in dem anfangs zitierten Gedicht Yuan Meis erwähnt wurde. Als Lernmethode ist die intensive Beschäftigung mit kanonischen Werken in der Form des Abschreibens und Exzerpierens nicht pauschal als Mangel an Kreativität oder Originalität zu beurteilen, denn das Wissen wird dadurch in einen neuen „Ort" übertragen, wo es mittels eines Systems aufbewahrt wird – wie in einem „Zettelkasten" des fleißigen Lesers.

Zur Frage, ob Lyrik überhaupt geeignet ist, Merkhilfen zu geben, ob die rhythmisierte Sprache mnemotechnische Vorteile hat, genügt es, darauf zu verweisen, dass in China sehr viel Wissen in gebundener Sprache festgehalten und weitergegeben wurde, sei dies in Bauernregeln (*nongyan* 農諺), in Rezepten für Heilkräuter (*tangtou* 湯頭), in Lehrwerken für Kinder, wie z. B. *Sanzijing* 三字經 (Drei-Zeichen-Klassiker) und *Dizigui* 弟子規 (Standards, um ein guter Schüler und ein gutes Kind zu sein),

---

33 Huang Kan 1962, S. 188–189.

oder in Familienregeln (*jiagui* 家規, *zhijia geyan* 治家格言).³⁴ Enzyklopädien haben dennoch zumeist auf das Mittel der gebundenen Sprache verzichtet. Li Qiaos Zyklus hat daher verschiedene Alleinstellungsmerkmale: Er erfüllt die Ansprüche an eine zeitgenössische Enzyklopädie und ältere Lexika wie *Erya* und *Shiming* in formaler Hinsicht, indem er in seinen zwölf Kategorien den gesamten Kosmos abzubilden versucht. Wie jene Werke lebt auch er von zahlreichen literarischen und kulturellen Anspielungen. Die größte Besonderheit von Li Qiaos Zyklus liegt in seiner Sprache: Er bedient sich der in seiner Zeit modernen Form des fünfsilbigen Achtzeilers. Darüber hinaus ist sein Zyklus vor allem deswegen originell, weil die einzelnen Gedichte, wie am Beispiel der Verse über das Wohnhaus gezeigt, eine belehrende Funktion, um nicht zu sagen eine moralische Botschaft, haben. Der Dichter dürfte meines Erachtens keinen Einwand erheben, wollte man sein vorgestelltes Gedicht in der Übersetzung nicht mit der neutralen Überschrift „Das Wohnhaus" versehen, sondern wählte man stattdessen „Wie man wohnen sollte", vielleicht sogar „Von der Nebensächlichkeit des Luxus und der Pflicht, dem Staat zu dienen".

Literaturverzeichnis

Bai Juyi 白居易. 1969. *Baishi liutie shilei ji* 白氏六帖事類集. Taipei: Xinxing shuju.

Ban Gu 班固. 1970. *Hanshu* 漢書. Beijing: Zhonghua shuju.

Chaves, Jonathan. 1986. *The Columbia Book of Later Chinese Poetry. Yüan, Ming, and Ch'ing Dynasties (1279–1911)*. New York: Columbia University Press.

Dudbridge, Glen. 1983. *The Tale of Li Wa. Study and Critical Edition of a Chinese Story from the 9th Century.* London: Ithaca Press.

---

34 Christopher Nugent hat auf die Diskrepanz zwischen der großen Bedeutung des Auswendiglernens und dem Fehlen theoretischer Auseinandersetzungen damit hingewiesen: „With memorization playing such an important role in education, we might expect that the Chinese would have developed their own carefully articulated theories and treatises on memorization by the Tang period. Surprisingly, they did not. There are no received texts that point to the sort of sustained discourse on systematic practice to train and improve one's memory that were common in medieval Europe. […] This lack of a theoretical discourse does not, however, imply lack of method." Nugent 2010, S. 98. Zu der Frage typisch chinesischer memoriertechnischer Mittel fällt Nugent nicht eben viel mehr als das Bekannte ein: Reime, Parallelismen, gebundene Sprache und natürlich Abschreiben und (lautes) Rezitieren, und das immer wieder. Siehe Nugent 2010, S. 99–102.

Fu Xinglin 付興林. 2014. „Bai Juyi de kekao ji kejuguan" 白居易的科考及科舉觀, in *Dongya Hanxue yanjiu* 東亞漢學研究 4, S. 109–123.

Fu Xuancong 傅璇琮, Chen Shangjun 陳尚君 und Xu Jun 徐俊. 2014. *Tangren xuan Tangshi xinbian* 唐人選唐詩新編. Beijing: Zhonghua shuju.

Fukuda Toshiaki 福田俊昭. 2012. *Ri kyō to zatsuei shi no kenkyū* 李嶠と雜詠詩の研究. Tokyo: Kyuko Shoin.

Guo Li 郭麗. 2011. „*Mengqiu* zuozhe ji zuonian xinkao" 《蒙求》作者及作年新考, in *Zhongguo dianji yu wenhua* 中國典籍與文化 3, S. 49–58.

Han Yu 韓愈. 1987. *Han Changli wenji jiaozhu* 韓昌黎文集校注. Shanghai: Shanghai guji chubanshe.

Hightower, James Robert. 1970. *The Poetry of T'ao Ch'ien*. Oxford: Clarendon Press.

Hu Daojing 胡道靜. 1982. *Zhongguo gudai de leishu* 中國古代的類書. Beijing: Zhonghua shuju.

Huang Kan 黃侃. 1962. *Wenxin diaolong zhaji* 文心雕龍札記. Shanghai: Zhonghua shuju.

Huangfu Mi 皇甫謐. 1985. *Gaoshi zhuan* 高士傳. Beijing: Zhonghua shuju.

Ikezawa Shigeko 池澤滋子. 1998. „Ding Wei *Qingjin ji* zhong shi duoshu cunshi" 丁謂《青衿集》中詩多數存世, in *Guji zhengli yanjiu xuekan* 古籍整理研究學刊 2, S. 38–41.

Kaderas, Christoph. 1998. *Die Leishu der imperialen Bibliothek des Kaisers Qianlong (reg. 1736–1796)*. Wiesbaden: Harrassowitz.

Knechtges, David R. 康達維. 2014. „,Wenxuan' Rhapsody and the Imperial Examination in the Tang Dynasty" 《文選》辭賦與唐代科舉考試之關係, in *Journal of Oriental Studies* 47.1, S. 1–15.

Legge, James (Übers.). 1985. *The Chinese Classics. The Ch'un Ts'ew with the Tso Chuen*. Taipei: Southern Materials Center.

Li Han 李瀚 und Xu Ziguang 徐子光. 2003. *Mengqiu jizhu* 蒙求集註. *Wenyuan-ge siku quanshu* 文淵閣四庫全書, Bd. 892, S. 651–797, Shanghai: Shanghai guji chubanshe.

Liu Qinghai 劉青海. 2008. „Shilun Tangdai yingshi shi de mingti ji qi ‚Wenxuan' de yuanyuan" 試論唐代應試詩的命題及其和《文選》的淵源, in *Yunnan daxue xuebao (shehui kexue ban)* 雲南大學學報 (社會科學版) 7.4, S. 76–84.

Liu Xiang 劉向 (übers. von Anne Behnke Kinney). 2014. *Exemplary Women of Early China. The Lienü zhuan of Liu Xiang.* New York: Columbia University Press.

McMullen, David. 1988. *State and Scholars in T'ang China.* New York: Cambridge University Press.

Nugent, Christopher M. B. 2010. *Manifest in Words, Written on Paper. Producing and Circulating Poetry in Tang Dynasty China.* Harvard-Yenching Institute Monograph Series 70, Cambridge, Mass.: Harvard University Asia Center.

Owen, Stephen. 1977. *The Poetry of the Early T'ang.* New Haven und London: Yale University Press.

Peng Dingqiu 彭定求 et al. (Hrsg.). 1979. *Quan Tangshi* 全唐詩. Beijing: Zhonghua shuju.

Qian Zeng 錢曾. 1985. *Dushu minqiu ji* 讀書敏求記. Beijing: Zhonghua shuju.

Sima Qian 司馬遷. 2014. *Shiji* 史記. Beijing: Zhonghua shuju.

Steininger, Brian R. 2016. „Li Jiao's Songs: Commentary-Based Reading and the Reception of Tang Poetry in Heian Japan", in *East Asian Publishing and Society* 6, S. 103–129.

Sun Meng 孫猛. 1990. *Junzhai dushuzhi jiaozheng* 郡齋讀書志校證. Shanghai: Shanghai guji chubanshe.

Tang Yijie 湯一介. 2005. „Lun ‚Tian ren he yi'" 論「天人合一」, in *Zhongguo zhexueshi* 中國哲學史 2, S. 5–10.

Wang Yinglin 王應麟. 2003. *Yuhai* 玉海. *Wenyuange siku quanshu*, Bd. 943–947, 948, S. 1–378.

Wilhelm, Richard (Übers.). 1967. *Gespräche.* Düsseldorf und Köln: Eugen Diederichs.

Yang Yi 楊億, Huang Jian 黃鑑 und Song Xiang 宋庠. 1993. *Yang Wengong tanyuan* 楊文公談苑. Shanghai: Shanghai guji chubanshe.

Yu Zhipeng 于志鵬. 2011. „Shijing yu yongwushi qiyuan tanxi" 詩經與詠物詩起源探析, in *Huabei dianli daxue xuebao* 華北電力大學學報 5, S. 100–103.

Yuan Mei 袁枚. 2006. *Xiaocangshanfang shiwenji* 小倉山房詩文集. Shanghai: Shanghai guji chubanshe.

Zach, Erwin von. 1958. *Die chinesische Anthologie*. Cambridge, Mass.: Harvard University Press.

Zhang Dihua 張滌華. 1985. *Leishu liubie* 類書流別. Beijing: Shangwu yinshuguan.

Zhang Tingfang 張庭芳. 1998. *Ri cang guchao Li Qiao yongwu shi zhu* 日藏古抄李嶠詠物詩注, hrsg. von Hu Zhiang 胡志昂. Shanghai: Shanghai guji chubanshe.

Zhao Hankun 趙含坤. 2005. *Zhongguo leishu* 中國類書. Shijiazhuang: Hebei renmin chubanshe.

Zhouyi zhengyi 周易正義. 1999. Beijing: Beijing daxue chubanshe.

Zhu Jincheng 朱金城. 1988. *Bai Juyi ji jianjiao* 白居易集箋校. Shanghai: Shanghai guji chubanshe.

Literarische Zeitungsbeilagen im Hongkong der 1950er: Ein Wissensort für chinesische Intellektuelle im Exil

Virginia Y. Y. Leung

As a result of the turmoil in China in the late 1940s, many intellectuals in mainland China emigrated southwards to Hong Kong, Malaysia, or Singapore. In the 1950s, these "southbound literati" contributed greatly to the popularization of literature in the colonial city of Hong Kong, and thus to the flourishing of the publishing and newspaper industry. This article gives an overview of the development of the press by focusing on newspaper literary supplements in Hong Kong during that decade. It examines the question to which extent the literary supplements as a particular publishing format influenced the production and transmission of knowledge and cultural values. The supplement format shaped the reading habits of the audience and the narrative structure of the novel, particularly due to its serialized form. Thus, the serialized novels of the 1950s formed a special literary site of knowledge with specific structures, epistemic dimensions, and topical references. At the same time, in the form of the *bildungsroman*, these novels created a poetic space that offered the writers the opportunity to preserve and elaborate on ideas and ideals which they brought along from the mainland, and thus to reflect on their own political and intellectual past.

Dieser Aufsatz befasst sich mit der Bedeutung der Fortsetzungsromane in literarischen Zeitungsbeilagen, die chinesische Exil-Intellektuelle in den 1950er Jahren in Hongkong publizierten. Dabei geht er der Frage nach, welche Rolle dieses Publikationsformat der Fortsetzungsromane für die Produktion und Vermittlung von Wissen und kulturellen Werten spielte. Der Artikel führt hierzu zunächst das Publikationsformat der literarischen Zeitungsbeilagen ein und skizziert das Aufkommen sowie die Entwicklung der seriellen Fortsetzungsgeschichten in China und Hongkong. Anschließend betrachtet er die Exil-Literaten in Hongkong, die mit ihren Erfahrungen und ihrer Expertise vom chinesischen Festland einen maßgeblichen Beitrag zum Aufschwung des Publikations- und Zeitungswesens der 1950er Jahren beitrugen. Zahlreiche literarische Zeitungsbeilagen kamen in diesen Jahren in Umlauf, und damit einhergehend wurden serielle Fortsetzungsgeschichten zu einer populären und häufig publizierten Literaturform in Hongkong. Im darauffolgenden Abschnitt wird dann erläutert, wie die Exil-Literaten sich die Beilagen zur Vermittlung ihrer Ansichten sowie Ideen zunutze machten und auf diese Weise einen besonderen, literarischen Wissensort in Hongkong schufen. Zuletzt wird gezeigt, welche Bedeutung die Hongkonger

Literaturbeilagen für die Gattung des Bildungsromans hatten. Der serielle Bildungsroman dieser Zeit zeichnet sich durch charakteristische Strukturen, Zielsetzungen und thematische Bezüge aus und kann daher als ein besonderer literarischer Wissensort verstanden werden, also einem Ort der Konstruktion und Rezeption von Wissen, der durch die Wechselbeziehung zwischen sozialen Interaktionen und bestimmten räumlichen Praktiken geprägt ist.[1]

Publikationsformate

Literarische Zeitungsbeilagen waren ein essenzielles Publikationsformat für die Hongkonger Literaturschaffenden der 1950er Jahre. Werke vieler bekannter chinesischer Autoren dieser Zeit erschienen zuerst seriell gedruckt in solchen Beilagen, bevor sie als Bücher herausgegeben wurden. Wenn man sich mit der Literatur aus dieser Zeit beschäftigt, kommt man nicht umhin, die seriell herausgegebenen Publikationen zu betrachten, die heute größtenteils in Archiven und Datenbanken zu finden sind.[2] Welch hoher Stellenwert diesen Zeitungs- und Journalbeilagen in der Hongkonger Forschung eingeräumt wird, geht aus einem Kommentar Huang Jichis 黃繼持 (1938–2002), dem Mitherausgeber der Anthologie *Xianggang xin wenxue nianbiao, 1950–1969 nian* 香港新文學年表, 1950–1969 年 (Eine Chronologie der modernen Literatur Hongkongs, 1950–1969) hervor, in welchem er eine Rangfolge der wichtigsten Formate für die Hongkonger Literatur erstellt: „Bei der Erforschung der Literatur aus Hongkong muss man drei Formate beachten: zuerst die Zeitungsbeilagen, als Zweites die Literaturmagazine, und erst als Drittes die Werke in Buchform" (研究香港文學須要注意到三個方面：第一是報章副刊，第二是文藝雜誌，第三才是成書的作品).[3]

---

[1] Jacob 2017, S. 88.

[2] Die Volltextdatenbank „Hong Kong Literature Database" der Chinese University of Hong Kong Library bietet freien Zugang zu einer umfangreichen Kollektion von digitalisierten Texten und Aufsätzen, die aus Zeitungs- und Journalbeilagen stammen. Siehe The Chinese University of Hongkong (o. D.). Für eine Einführung in das im Jahr 2000 von der Chinese University of Hong Kong Library lancierte Digitalisierungsprojekt siehe Ma und Chan 2008. Für ausführliches Hintergrundwissen in Form von Blogeinträgen zu den literarischen Beilagen siehe Xianggang wenhua ziliao ku (o. D.).

[3] Huang Jichi, Lu Weiluan und Zheng Shusen 2000, S. 9.

Die Vorteile des seriellen Publikationsformats liegen klar auf der Hand: Die Kosten der Produktion waren relativ gering und die Erscheinungshäufigkeit sowie ein fester Kundenstamm sorgten für eine schnelle Verbreitung der Texte unter einer großen Leserschaft. Für die Verleger bedeutete dieses Format zudem, dass sie über die Fortsetzung einer Serie bestimmen und die Publikation zu jedem Zeitpunkt einstellen konnten, wenn eine Geschichte nicht auf ein breites Interesse bei der Leserschaft stieß. Die Kombination Zeitung plus Beilage, die gleichzeitig aktuelle Information und Literatur enthält, evoziert beim Leser, so Perry Link, das Gefühl vom Erwerb eines erschwinglichen Produkts nach dem Prinzip „zwei-zum-Preis-von-einem":

> [W]hen newspapers began serializing fiction, the device took on an economic logic for both readers and publishers. For readers, newspapers were—or at least seemed to be—a less expensive source of fiction than books or magazines. [...] [T]he total cost would not be different but the *feeling* of affordability would be present because each daily outlay seemed unimportantly small. And since there were, of course, many other good reasons for buying a newspaper, getting to read a novel could be viewed as a kind of bonus.[4]

Fortsetzungsliteratur in Zeitungen und Zeitschriften lässt sich in China bis in das späte 19. Jahrhundert zurückverfolgen. Die ersten seriell angelegten Werke erschienen in Shanghai in den 1870er und frühen 1880er Jahren. Shanghai war damals das Zentrum der chinesischen Druck- und Medienindustrie und durch die Ansiedlung zahlreicher europäischer und amerikanischer Händler besonders begünstigt bei der Übernahme westlicher Drucktechniken. Die in Shanghai ansässigen Verleger betrachteten die Fortsetzungsliteratur in der Vermarktung ihrer journalistischen Produkte als Experiment, das letztlich aber nicht genügend Leser anzog und sich daher als fester Bestandteil von Zeitungen nicht bewährte.[5] Zu Beginn des 20. Jahrhunderts, also in der späten Qing-Dynastie und Anfangszeit der Republik, erfuhr diese Gattung jedoch einen Aufschwung, der vor allem mit der zunehmenden Verbreitung von Populär- oder Unterhaltungsliteratur zusammenhing, auch bekannt als „Literaturströmung der Mandarinenten und Schmetterlinge" (*yuanyang hudie pai* 鴛鴦蝴蝶派).[6] In Hongkong waren literarische Zeitungs- und Zeitschriftenbeilagen ab den 1920er Jahren im Umlauf, mit einer Unterbrechung in den Jahren des Zweiten Weltkriegs. Während in

---

4 Link 1981, S. 151 (Hervorhebung im Original).
5 Reed 2004, S. 26; Des Forges 2003, S. 783–784.
6 Des Forges 2003, S. 783; Perry 1981; Rey Chow 1991, S. 34–81.

den 1940er Jahren nur neun literarische Beilagen zirkulierten, stieg deren Anzahl in den 1950er Jahren deutlich, wie folgende Tabelle verdeutlicht.[7]

Tabelle 1: Zeitungen und Zeitschriften mit literarischen Beilagen, 1950–1959

Jahr	Publikation
1950	*Xin wanbao* 新晚報 (Neue Abendpost) *Wentan yuekan* 文壇月刊 (Monatsschrift Literarische Zirkel)
1951	*Xingdao ribao* 星島周報 (Sing Tao Wochenzeitung) *Xidian* 西點 (Westpunkt)
1952	*Jinri shijie* 今日世界 (Welt von heute) *Renren wenxue* 人人文學 (Literatur für jedermann) *Zhongguo xuesheng zhoubao* 中國學生周報 (Chinas Wochenzeitung für Studierende) *Xianggang shangbao* 香港商報 (Hongkongs Handelszeitung) *Youmo* 幽默 (Humor) *Rifeng* 熱風 (Heißer Wind)
1953	*Zuguo* 祖國 (Heimatland) *Ertong leyuan* 兒童樂園 (Kinderparadies) *Yazhou huabao* 亞洲畫報 (Asien Illustrierte) *Wenyi xindi* 文藝新地 (Neuer Ort für Kunst und Kultur)
1954	*Wenxue shijie* 文學世界 (Die Welt der Literatur)
1955	*Daxue shenghuo* 大學生活 (Hochschulleben) *Shiduo* 詩朵 (Poesieblüten) *Hailan* 海瀾 (Meereswoge)
1956	*Wenyi xinchao* 文藝新潮 (Neue literarische Strömungen) *Qingnian leyuan* 青年樂園 (Garten der Jugend) *Jingbao* 晶報 (Kristall Tageszeitung)
1957	*Liangyou zazhi* 良友雜誌 (Gute Freunde Magazin) *Wenyi shiji* 文藝世紀 (Das literarische Jahrhundert)
1959	*Xiao pengyou* 小朋友 (Kleine Freunde) *Xin sixiang* 新思潮 (Neue Ideen)

---

7 Huang Jing 2002, S. 7–46, 102–106; Huang Aoyun 1990, S. 14.

Besonders von aus China eingewanderten Intellektuellen wurde in dieser Periode dieses Publikationsformat genutzt, um ihre literarischen Werke zu verbreiten und ihre kulturellen und politischen Ideen zu vermitteln.[8]

Hongkongs immigrierte Intellektuellenszene

In den Jahren um 1949 verließen viele Schriftsteller und Intellektuelle das chinesische Festland und zogen als „southbound literati" in Richtung Süden.[9] Hongkong, Singapur und Malaysia waren beliebte Destinationen für einen zunächst temporär geplanten Aufenthalt. Für die meisten war der Grund des Exils die unruhige politische Situation in China, in der sie Einschränkungen ihrer Selbstbestimmung hinnehmen oder gar um ihr Leben fürchten mussten. Inmitten dieser prekären Lage suchten diese Intellektuellen einen Ort, der ihnen Sicherheit und auch künstlerische Freiheit bot. Hongkong erschien vielen als gute Wahl, da man von dort aus genug Abstand zur turbulenten Politik auf dem Festland hatte, aber noch nah genug war, um die aktuellen politischen Geschehnisse zu beobachten.

Für die meisten Literaten bedeutete diese Auswanderung, dass sie ihre Existenz von Grund auf neu aufbauen und sichern mussten. Viele haderten mit ihrem neuen sozialen Status in der Stadt Hongkong und rangen mit ihrer Identität sowie ihrem Selbstverständnis als Intellektuelle im Exil.[10] Zeitungs- und Zeitschriftenbeilagen dienten als ein wichtiges Forum für die „southbound literati", denen das Schreiben und Veröffentlichen von literarischen Beiträgen wie Kurzgeschichten, Übersetzungen und Essays zudem eine wichtige Geldquelle für den Lebensunterhalt sicherte. So berichtet beispielsweise der Hongkonger Exil-Literat Liu Yichang 劉以鬯 (1918–2018), dass er gezwungen war, für den Erhalt seiner (finanziellen) Existenz zu schreiben (*xiegao wei sheng* 寫稿為生).[11]

---

8 Huang Wanhua 2013.
9 Es gibt verschiedene englische Bezeichnungen für diese emigrierten Intellektuellen bzw. Schriftsteller: „migrant writers" (*nanmin zuojia* 難民作家), „fallen literati" (*luonan wenren* 落難文人), „escaped literati" (*taonan wenren* 逃難文人) und „southbound literati" (*nanlai wenren* 南來文人). In der gegenwärtigen Forschungsliteratur hat sich der Begriff „southbound literati" durchgesetzt.
10 Siehe hierzu Fröhlich und Knüsel Adamec 2013; Knüsel Adamec 2013.
11 Liu Yichang 1987, S. 65.

Ab den 1950er Jahren florierte in Hongkong die Printindustrie. Gleichzeitig wuchs die Zahl neu gegründeter Zeitungen und Zeitschriften – und mit ihnen die Zahl der Beilagen. Der Autor Li Kuang 力匡 (1927–1991) merkte dazu an:

> Egal ob es große oder kleine Tages- oder Abendzeitungen sind, sie alle haben Beilagen. Manche Beilagen werden wöchentlich publiziert, andere alle drei Tage, und es gibt auch Beilagen, die täglich in Zeitungen erscheinen.
>
> 除了國際新聞和港聞之外，無論大報小報日報晚報；都有副刊。副刊有些是一週一次的，有些是三天一次的，還有天天見報的副刊。[12]

Der enorme Zuwachs an literarischen Beilagen lässt sich unter anderem damit erklären, dass Hongkonger Verleger Wege und Mittel suchten, um die Verkaufszahlen zu steigern. Dies taten sie mit Themen und Texten, die sich nicht zwingend auf das Tagesgeschehen oder aktuelle Nachrichten bezogen. Jedoch konnten Autoren von Literaturbeilagen, wie Perry Link schreibt, den Alltag des Lesers aufgreifen, indem sie Nachrichten und Themen, möglicherweise aus derselben Zeitung, in die Handlung der Fortsetzungsromane einbauten.[13] Alexander des Forges weist auf einen weiteren Aspekt hin, der die Fortsetzungsliteratur in Tageszeitungen kennzeichnet: Das gleichzeitige Konsumieren der Literatur und der aktuellen Tagesnachrichten suggeriert eine Gleichzeitigkeit der Inhalte. Hierzu schreibt des Forges: „As fiction published in parts and in close association with daily papers (often *in* them) [...] these instalment narratives both represented simultaneity and were consumed simultaneously."[14] Nach Benedict Anderson erzeugt der gemeinsame Nachrichtenkonsum eine imaginierte Gemeinschaft der Leser.[15] In diesem Fall wird diese imaginierte Gemeinschaft durch die Beilagen und die gemeinsame Erwartung der nächsten Serienfolge zusätzlich miteinander verbunden.

Für Hongkonger Verleger bedeutete seriell gedruckte Fortsetzungsliteratur eine lukrative Einnahmequelle. Der Literaturwissenschaftler Huang Weiliang 黃維樑 beschreibt die Situation folgendermaßen:

> Von dieser Zeit an, besonders nach 1949, erlebten in Hongkong Literaturbeilagen von Zeitungen einen Aufschwung. Hongkong genoss vergleichsweise große Pressfreiheit, aber es gab nicht ausreichend neue Nachrichten [um die Zeitungen

---

12 Li Kuang 1987, S. 92.
13 Link 1981, S. 22.
14 Des Forges 2007, S. 78.
15 Anderson 2006.

zu füllen]. Aufgrund der Konkurrenz fügte man zahlreiche Inhalte ohne Nachrichtenbezug hinzu, um Leser anzusprechen. Dies führte zu einer regen Entwicklung der Literaturbeilagen.

香港的報章副刊自那時起也相當發達，特別是 1949 年後，香港享有較大的新聞自由，但新聞內容不夠，為了競爭就增加許多非新聞性的東西去吸引讀者，於是造就了副刊的蓬勃發展。[16]

Mit dem Aufschwung der Beilagen kamen zahlreiche literarische Werke in Umlauf, vor allem von zuvor unbekannten Autoren vom chinesischen Festland. Der zuvor erwähnte Autor Li Kuang gründete 1952 die bekannte Literaturbeilage *Renren wenxue* 人人文學 (Literatur für jedermann), die knapp drei Jahre lang existierte. In einem 1987 erschienenen Aufsatz „The Literary Supplements of Hong Kong in the 1950s" betont er die herausragende Bedeutung der Literaturbeilagen, mit deren Hilfe auch weniger bekannte Schriftsteller rasch zu Berühmtheit gelangen konnten. Li Kuang erzählt in einer Anekdote von einer Begebenheit, die sich in den 1950er Jahren ereignete. Ein Student, der gleichzeitig ein leitender Redakteur des *Xuesheng wentan* 學生文壇 (Studentischer Literatenzirkel) war, fragte, was er von den exzellenten Werken von Xu Zhimo 徐志摩 (1897–1931) halte, und wie er sie im Vergleich zu seinen, also Li Kuangs, eigenen Schriften ansehe. Li Kuang ordnet diese Frage zwar bescheiden als einen schlechten Scherz ein: Wie könnte ein einfacher Schriftsteller wie er, der für die *Renren wenxue* und die Beilage der *Xingdao wanbao* 星島晚報 (Sing Tao Abendpost) schrieb, ernsthaft mit dem berühmten chinesischen Dichter Xu Zhimo in einem Atemzug genannt werden.[17] Die Anekdote verdeutlicht dennoch, welch hohes Ansehen die Autoren der Beilagen unter jungen Intellektuellen genossen.

Neben der Funktion, weniger bekannten Schriftstellern zu Bekanntheit zu verhelfen, boten die literarischen Beilagen jungen, angehenden Autoren eine Orientierung. Yuan Dian 原甸, der von Shanghai nach Hongkong einwanderte und die Zeitung *Sing Tao Ribao* 星島日報 (Sing Tao Tageszeitung) herausgab, schreibt in seinem Essay *Fukan de zhongyao* 副刊的重要 (Die Bedeutung der Beilagen) im Rückblick auf die 1950er Jahre, dass die Beilagen einen hohen erzieherischen Wert besäßen. Sie förderten nicht nur Literatur, sondern informierten auch über Kunst und Kultur und waren damit eine wichtige Lektüre für angehende Schriftsteller, insbesondere für die junge Generation von Studenten.[18]

---

16 Wu Xihe 2004, S. 59.
17 Li Kuang 1987, S. 93.
18 Yuan Dian 1980, S. 2.

Die Herausgeber setzten häufig das Format der Fortsetzungsliteratur[19] ein, denn damit ließ sich unter Zuhilfenahme einfacher Stilmittel eine große Leserschaft anlocken. Li Kuang gibt eine kurze Beschreibung dieser Literaturform:

> Die langen Fortsetzungsgeschichten sind in der Regel Romane. Innerhalb der 800 bis 1000 Zeichen, die pro Tag veröffentlicht werden, müssen sie generell so etwas wie eine übergeordnete Handlung, eine konkrete Erzählung und einen Höhepunkt haben. Diese Form der Publikation weicht ab von den [traditionellen] Romanen, die in den Abendzeitungen veröffentlicht werden, und auch der Schreibstil entspricht nicht dem der Romane in der traditionellen Literatur. […] Fortsetzungsromane benötigen vor allem einen „Steg" (Thema) und daraus resultiert erst die Erzählung. Die Protagonisten haben meist Gesichter, die man häufig auf den Straßen und in den Gassen sieht. Die Handlungen drehen sich um die täglichen Bedürfnisse des Lebens, wobei einige der Figuren in den Geschichten starke Ähnlichkeiten mit berühmten Personen aus dem wirklichen Leben aufweisen.

> 連載的長篇，通常是小說，每天八百字，或一千字，要多少有點兒情節、故事、高潮，這種刊於日晚報的長篇小說，寫法和正統文學的長篇小說不同。[…] 副刊小說，先要有「橋」(主題)，然後才是故事。人物多為街頭巷尾常見的面譜，情節則為日常生活中的柴米油鹽，有些故事中的角色，和現實生活中的知名人物有極大的相似。[20]

Von den Verlegern gab es zumeist eine Vorgabe für die Länge des Textes, die immer eingehalten werden musste. Aber um Kunden zu binden, war es wichtig, dass die Geschichte strukturell und thematisch einen Bogen spannte, der die Serienfolgen miteinander verband und der gleichzeitig bei den Lesern die Spannung aufrechterhielt. Diese Stilmittel konnte man schon in der Fortsetzungsliteratur der Ming- und Qing-Dynastie vorfinden.[21] Außer diesen beiden Anforderungen hatten die Literaten viel künstlerische Freiheit in Bezug auf Form und Inhalt. So konnten viele der Exil-Intellektuellen in Hongkong mittels dieser Publikationsform ihre schriftstellerische Kreativität entfalten. Gleichzeitig verfügten sie über eine regelmäßige Einnahmequelle und waren sogar oft selbst als Herausgeber einer Zeitung oder Beilage tätig.

---

19 Neben Fortsetzungsliteratur erfreuten sich Essays und Kolumnen (*zhuanlan* 專欄) großer Beliebtheit unter den Lesern.
20 Li Kuang 1987, S. 92.
21 Des Forges 2003, S. 790.

Literarische Zeitungsbeilagen als Wissensort: Sprachrohr und Vermittlung

Literarische Zeitungsbeilagen eröffneten für die aus China eingewanderten Intellektuellen einen Wissensort mit verschiedenen Funktionen. Besonders hervorzuheben sind dabei die Vermittlung und Verbreitung von Vorstellungen und kulturellen Werten. Die Beilagen spielten in zweierlei Hinsicht für die immigrierten Intellektuellen und insbesondere für die linken Schriftsteller eine tragende Rolle: Sie konnten sich einerseits das Format für die Publikation ihrer Ansichten und Ideen zunutze machen, andererseits stellten die Beilagen einen Weg dar, editorische Expertise auszutauschen, zu vertiefen und weiterzugeben. Diese Publikationsform förderte die Verbreitung der Hongkonger Literatur in den 1950ern, und sie gab derselben zugleich einen enormen kreativen Schub in Bezug auf Form und Inhalt. Die moderne Entwicklung der Hongkonger Literatur wäre ohne literarische Zeitungsbeilagen kaum denkbar gewesen.

Für die Exilanten stand ihr Heimatland China im Zentrum ihres politischen und kulturellen Interesses. Zumeist blickten sie herab auf das von Ausländern regierte Hongkong und sahen sich selbst in einer überlegenen Position.[22] Mit Hilfe der schnell zirkulierenden Printmedien, welche eine breite Leserschaft in der Hongkonger Bevölkerung erreichten, hatten die chinesischen Intellektuellen die Gelegenheit, der Hongkonger Gesellschaft Werte und Ideen zu vermitteln, die auf ihren Erfahrungen in den verschiedenen Regionen Chinas beruhten. Wie Ma und Chan bereits betont haben, waren in dieser Zeit insbesondere die Beilagen für die Verbreitung der Ansichten der Intellektuellen von großer Bedeutung: „Literary supplements in Hong Kong newspapers provide[d] *a channel for writers* to publish their works especially in a politically turbulent period."[23] Literatur, eingebettet in ein leicht zu konsumierendes Format, wurde von den Exil-Literaten als Werkzeug genutzt, um in Hongkong literarisch-künstlerische Standards (*wenyi zaidao* 文藝載道) zu propagieren sowie die Leser zu erziehen und moralisch anzuleiten (*jiaohua xunhui* 教化訓誨). Dazu schilderten die Exil-Intellektuellen in ihren Romanen Hongkong aus einer realistischen Perspektive und „gebrauchten die Literatur als Mittel zum Protest gegen Ungerechtigkeiten in ihrem konkreten Leben" (把文學視作向現實人生的不公義而抗爭的工具).[24] Die Vorführung der Ungerechtigkeit des realen Lebens sollte bei der Leserschaft ein

---

22 Zhang Yongmei 2003, S. 69–70.
23 Ma und Chan 2008, S. 74 (meine Hervorhebung).
24 Zhang Yongmei 2003, S. 264.

starkes moralisches Bewusstsein erwecken. Aus diesem Grund handelten die Geschichten der Exil-Literaten häufig von einfachen Menschen, die am Rande der Gesellschaft leben. Hinzu kam ein weiteres Merkmal, das charakteristisch für diese Literaturform war: die antagonistische Struktur bei Vergleichen zwischen China und Hongkong, in welchen zum einen die Schönheit Chinas gepriesen und zum anderen die Schattenseiten Hongkongs hervorgehoben wurden.[25]

Die Beilagen waren vor allem für die Linksintellektuellen jener Zeit ein Sprachrohr, mit dem sie ihren politischen Ansichten Gehör verschaffen konnten. Der Literat Luo Fu 羅孚 (1921–2014) schreibt über die Möglichkeiten, die sich für linke Autoren durch die literarischen Beilagen in jener Zeit eröffneten: „In den frühen 1950er Jahren hatten die linksgerichteten Autoren abgesehen von den Zeitungsbeilagen keinen literarischen Status" (左派在五十年代初期，除了報紙的副刊，就沒有什麽文學上的陣地).[26] Die Bedeutung der Beilagen für linksgerichtete Autoren stand in engem Zusammenhang mit der Struktur der Presse- und Medienlandschaft in Hongkong. Die Publikationshäuser Hongkongs wurden von politisch links oder rechts gerichteten Lagern subventioniert, wobei Rechtsintellektuelle aufgrund weltpolitischer Entwicklungen zu dieser Zeit eine stärkere Förderung erfuhren. Mit dem Beginn des Kalten Kriegs, in dem Hongkong eine wichtige strategische Position innehatte, versuchten die USA in Hongkong verstärkt die Werte der westlichen Welt wie Freiheit und Demokratie zu propagieren. Zu diesem Zweck wurden Verlagshäuser, Magazine und Zeitungen gegründet sowie Übersetzungen westlicher Texte und Literatur gefördert, meist mit einer politisch eher rechten Ausrichtung.[27] Diese von den USA gesponserten Aktivitäten, die in Hongkong ihren Höhepunkt in den 1950er Jahren erreichten, werden in der Forschungsliteratur unter dem Begriff „greenback culture" subsumiert.[28] Vergleicht man die Gesamtzahl der Publikationen in den 1950ern zwischen den beiden politischen Lagern, fällt die Zahl der linksgerichteten Publikationen hinter die Zahl der oft durch die USA geförderten, rechtsgerichteten zurück. Die Einträge der Hongkonger *Shukan zhucezu* 書刊註冊組 (Registrierungsstelle für Bücher) aus

---

25 Zhang Yongmei 2003, S. 262, 264–265.
26 Luo Fu 1993, S. 106.
27 Die Verlagshäuser *Yazhou chubanshe* 亞洲出版社 (Asien Presse), *Youlian chubanshe* 友聯出版社 (Vereinte Freunde Presse) und *Ziyou chubanshe* 自由出版社 (Die freie Presse) waren in jener Zeit die drei größten, die von USA gefördert wurden.
28 Die Bezeichnung „greenback" bezieht sich auf die Farbe der grünen Dollarnoten. Für eine ausführliche Untersuchung von „greenback culture" siehe Zhao Xifang 2006.

dem Jahr 1952 zeigen, trotz der Unvollständigkeit der Daten, dass zu diesem Zeitpunkt weit mehr politisch rechte als linke Verlage in Hongkong existierten. Auch der *Xianggang chubanren faxingren xiehui* 香港出版人發行人協會 (Verband für Verleger und Vertreiber in Hongkong) listet bis ins Jahr 1956 fünfzig Verlage auf, die von der „greenback" Kampagne unterstützt wurden.[29] Die literarischen Beilagen bildeten ein Gegengewicht. Sie ermöglichten den Linksintellektuellen in Hongkong, trotz der starken Dominanz der „greenback culture", öffentlichkeitswirksam zu publizieren und eine prominente Stellung in der Hongkonger Intellektuellenszene zu erwerben.

Auch die formalen Aspekte der Publikationsform der Beilage wurden durch das besondere intellektuelle Umfeld in Hongkong der 1950er Jahre geprägt. Die Entwicklung der literarischen Beilagen wurde vornehmlich von den Intellektuellen und Schriftstellern aus China vorangetrieben. Sie besaßen die Erfahrung und das nötige Know-how, um Form und Inhalt dieses Publikationsformat weiterzuentwickeln und zu verbessern. Der Hongkonger Literaturkritiker Meizi 梅子 ist der Ansicht, dass die Hongkonger Publikationen durch den unermüdlichen Einsatz der Exil-Literaten die auf dem Festland veröffentlichten Zeitungsbeilagen sowohl in der formalen als auch in der inhaltlichen Qualität übertrafen:

> Die Entwicklung der Literaturbeilagen in Hongkong wurde geprägt von zahlreichen Intellektuellen vom chinesischen Festland, die ihre Erfahrung beim Editieren von Literaturbeilagen mit nach Hongkong brachten und damit die Entwicklung der Beilagen in Hongkong anregten, sodass diese die Beilagen des Festlands allmählich übertrafen.
>
> 香港的副刊發展曾有賴於中國內地許多文化人，他們把內地辦副刊的經驗帶來香港，促進香港副刊的發展，又逐漸超越內地副刊。[30]

Der bereits erwähnte Exil-Literat Liu Yichang, der Mitherausgeber der Literaturbeilage *Renren wenxue* war, berichtet ebenfalls von Unterschieden zwischen Hongkong und dem chinesischen Festland:

> Bei den Zeitungen Hongkongs waren die Redaktionsmethoden für Literaturbeilagen grundsätzlich anders als auf dem Festland. Das Layout der Literaturbeilagen von Zeitungen in Hongkong bedurfte nur marginaler Veränderungen. […] Die Literaturbeilage, die ich auf dem Festland ediert hatte, unterschied sich von

---

29 Cheung 2012, S. 2197.
30 Wu Xihe 2004, S. 59.

denen hier grundsätzlich: wir mussten jeden Tag Anpassungen vornehmen, und daher mussten wir das Layout täglich neu entwerfen.

香港報章編副刊的方法與國內大相徑庭。香港報章的副刊版面變動很少 [...] 我在國內編的副刊和這裡的截然不同：我們要天天變，所以要天天畫版樣。³¹

Der geringere Bedarf zu Anpassungen im Layout weist auf eine Standardisierung und Professionalisierung des Publikationsformats der Beilage hin. Die Autoren und Herausgeber kamen häufig vom Festland, sie entwickelten die Beilagen in Hongkong aber formal wie auch inhaltlich weiter, so dass diese einen klar abgrenzbaren, Hongkong-spezifischen Wissensort bildeten.

Der Bildungsroman: eine populäre Gattung in Literaturbeilagen

Der Fortsetzungsroman in den literarischen Beilagen Hongkongs war keine grundlegende Neuerung, da sich diese Literaturform schon auf dem chinesischen Festland großer Beliebtheit erfreut hatte. In den 1950er Jahren etablierte sich mit dem Bildungsroman aber ein spezifisches literarisches Genre als Fortsetzungserzählung im Rahmen dieser Beilagen, das als charakteristisch für die Literaturentwicklung Hongkongs angesehen werden kann. Auch der Bildungsroman war für die eingewanderten Intellektuellen in Hongkong keine völlig neue Gattung, denn dieses ursprünglich europäische Genre war via Übersetzungen bereits seit langem in China bekannt. Der chinesische Wissenschaftler und Pädagoge Ma Junwu 馬君武 (1881–1948) fertigte beispielsweise schon Anfang des 20. Jahrhunderts die ersten chinesischen Übersetzungen von Goethes Werken an. Zunächst waren dies bloße Segmente aus größeren Werken wie *Die Leiden des jungen Werthers* oder mit „Mignon" ein Gedicht aus *Wilhelm Meisters Lehrjahre*. In den 1940er Jahren übersetzte der Literaturwissenschaftler und Übersetzer Feng Zhi 馮至 (1905–1933), der in den 1930er Jahren in Heidelberg in Philosophie promoviert worden war, letzteres Werk dann vollständig.

Im Hongkong der 1950er Jahre wurde das Genre des Bildungsromans in Form von Fortsetzungsgeschichten in verschiedenen literarischen Beilagen genutzt. Der chinesische Exil-Schriftsteller Cao Juren 曹聚仁 (1900–1972) verfasste den Bildungsroman *Jiudian* 酒店 (Das Hotel), der 1952 in der Beilage *Xingdao ribao* 星島日報 (Sing Tao Tageszeitung) publiziert wurde. Qi Huangs 齊桓 (Pseudonym für Sun

---

31 Liu Yichang 2006, S. 75–76.

Shuxian 孫述憲, 1930–2018) *Yindi* 銀弟 (Yindi) und Huang Sichengs 黃思騁 (1919–1984) *Gulangyu zhi lian* 鼓浪嶼之戀 (Liebe auf der Insel Gulangyu) erschienen beide 1953 in der schon zuvor erwähnten *Renren wenxue*, wo in den Jahren 1954/55 auch die Kurzgeschichte *A-Hong de tongnian* 阿弘的童年 (Die Kindheitsjahre des A-Hong) von Bai Mu 百木 (1927–1991) publiziert wurde. Ein wichtiger Grund für das Aufkommen dieser Gattung liegt in der persönlichen Beschäftigung der Intellektuellen mit ihrer politischen Vergangenheit. Der Bildungsroman erzählt Geschichten des Erwachsenwerdens sowie der persönlichen und beruflichen Weiterentwicklung. Vor diesem Hintergrund befassen sich die Bildungsromane dieser Intellektuellen mit dem Lebensalltag von eingewanderten Chinesen in Hongkong im Gegensatz zu ihren vorherigen Leben auf dem chinesischen Festland. Insbesondere bei der Darstellung der Figuren werden in diesen Romanen Werte wie Loyalität, Treue, Tradition, Zuhause und Familie stark hervorgehoben. Ebenso ist Nostalgie und damit verbunden die Sorge um sowie das Verantwortungsbewusstsein für China und die chinesische Gesellschaft ein wiederkehrendes Motiv dieser Bildungsromane.

Der Roman *Jiudian* von Cao Juren beschreibt den moralischen Verfall der jungen Frau Huang Mingzhong 黃明中, die sich als Prostituierte ihren Lebensunterhalt in Hongkong verdient.[32] Nach dem Tod des Vaters flüchten die Protagonistin und ihre Mutter von Nanjing 南京 nach Hongkong. Als ihre Mutter plötzlich krank wird und die letzten Ersparnisse aufgebraucht sind, bleibt Mingzhong keine andere Wahl als die Prostitution. Die immigrierten Chinesen empfinden im Roman das Leben in Hongkong als materialistisch, grausam und absurd. Es ist ein Ort für reiche Leute, an dem eingewanderte, mittellose Chinesen eine marginale Stellung in der Gesellschaft haben. Die Figuren in *Jiudian* überleben in der Stadt nur durch Anpassung an die gegebenen Umstände. Lindi 林弟, die Freundin Mingzhongs, bemerkt die Charakterwandlung ihrer Freundin:

> Tief im Herzen ist Mingzhong eigentlich eine liebenswürdige und aufrichtige Person. Ich kenne sie viel besser als Du. In nur etwa einem Jahr ist sie so egoistisch geworden. Dieses gesellschaftliche Umfeld ist zu verdorben. Jeder, der in einen Bottich mit Farbe fällt, ändert seine Farbe.

---

32 Als Schauplatz des Romans wählte Cao Juren ein Tanzlokal, da dort Prostitution üblich war. Laut Huang Yanping 黃燕萍 gab es zu dieser Zeit eine große Anzahl von Tanzmädchen in Hongkong. Siehe Huang Yanping 2002, S. 61. Um Material für den Roman zu sammeln und ein realistisches Bild der Situation wiederzugeben, besuchte Cao Juren, laut eigener Angabe, 18 Tage lang ein Tanzlokal. Cai Yihuai 2003, S. 17.

明中的心地，本來也是厚道的；對於她我比你清楚得多，只有一年半載，
她就變得這麼自私自利；這個社會環境太壞了，什麼人落到染缸裡，人性
都變啦！[33]

Die Protagonistin, eingangs als naiv und unschuldig beschrieben, wird im Laufe des Romans zur Femme fatale, die dem Sex und dem Alkohol verfällt. Für den moralischen Verfall sind das Leben der Stadt und die Gesellschaft Hongkongs verantwortlich.

In den Bildungsromanen *Gulangyu zhi lian*, *Yindi* und *A-Hong de tongnian* wird der Gegensatz zwischen Stadt und Land thematisiert. Dekadenz, Egoismus und Verfall werden der Stadt zugeordnet, während das Land für Natur, Reinheit und Aufrichtigkeit steht. Insbesondere Hongkong vereint alle Eigenschaften, die im diametralen Gegensatz zu Werten stehen, welche den eingewanderten Intellektuellen wichtig sind. Die Literaturwissenschaftlerin Ji Hongfang 計紅芳 stellt hierzu fest:

> Was sie auszudrücken versuchten, waren ihre Erinnerungen an frühere Erlebnisse auf dem Festland, wodurch sie ihre Auflehnung gegen ihr Schicksal im Exil und ihre Lebensbedingungen zum Ausdruck brachten. Es muss betont werden, dass das „Land" sich hier nicht allein auf das „Dorf" im Gegensatz zur „Stadt" bezieht, sondern in seiner Bedeutung das gesamte Festland sowie seiner dazugehörigen Geschichte und Kultur als Gegenstück zum fremden Hongkong einschließt. Daher waren das Dorf, der Heimatort, das nationale Territorium, die Geschichte, die früheren Lebenserfahrungen und die traditionelle Volkskultur alle in dem Konzept von „Land" enthalten.
>
> 他們試圖表達的是對已逝的大陸經驗的記憶，由此訴說對被放逐命運和現實生存的抵抗。要說明的是，這裡的「鄉」並不單純指與「城市」相對立的「鄉村」，還包括與異域香港相對的整個大陸及其蘊含的歷史、文化意義。因此鄉村、故鄉、國土、歷史、過去生活經驗、傳統民族文化都是「鄉」包括的內涵。[34]

Das Motiv des Lands beziehungsweise des Dorfs zeigt die enge Bindung zur Heimat und zur eigenen Vergangenheit der Exil-Literaten, von der sie sich nicht trennen können. Dargestellt wird dieses Motiv in den Bildungsromanen häufig als Ort des Rückzugs und der Selbstreflexion. So zieht sich beispielsweise im Roman *Gulangyu zhi lian* der Protagonist A-Hong 阿弘 in die Natur zurück, und die Oberflächlichkeit und Arroganz der Stadtmenschen wird kritisiert. Der Roman *Yindi*, der nach der Prota-

---

33 Cao Juren 1952, S. 192.
34 Ji Hongfang 2007, S. 25.

gonistin benannt ist, erzählt von einer spirituellen Reise: Hoffnungen und Erwartungen verbinden sich mit dem Meer und seiner Umgebung, während die nahe Stadt unnahbar erscheint. In *A-Hong de tongnian* verbringt der kleine A-Hong 阿弘 seine Ferien bei seinem Großvater. Er erkundet verschiedene Plätze im Ort seines Großvaters und sammelt wichtige persönliche Erfahrung, bevor er nach den Ferien zurück nach Hause zu seinen Eltern fährt.

Die Exil-Intellektuellen fühlten eine ausgeprägte soziale und moralische Verantwortung für die chinesische Gesellschaft und waren daher nicht in der Lage, ihre starke emotionale und geistige Verbindung zu ihrem Heimatland abzulegen. Auch beschäftigte sie die Frage, was sie aus dem Exil für China tun könnten. Im Roman *Jiudian* wird dieses Problem anhand der Figur des geflüchteten Intellektuellen Tiansheng 天聲 erörtert:

> Er ist sich bewusst, dass er gegenüber der Gesellschaft eine Verantwortung hat. Nur weil diese Gesellschaft ihn im Stich gelassen hat, ist er nicht bereit, diese Gesellschaft im Stich zu lassen. Er will nicht faul sein und Geld verdienen, ohne etwas zu tun. Er ist bereit, für jeden Gewinn hart zu arbeiten, und er glaubt, dass er ein sehr gutes Zahnrad [in der Maschine] sein kann. Aber seine Beziehung zur alten Gesellschaft wurde einfach so gekappt, und jede lebendige Verbindung, von der das Überleben abhängt, zerrissen. Als eine Person, deren Existenzrecht solch großen Gefahren ausgesetzt ist, welche Pflichten sollte er noch gegenüber der Gesellschaft haben? Was kann die Gesellschaft noch von ihm verlangen?
>
> 他想起了自己對社會的責任：這是社會遺棄了他，他並不願意遺棄社會。他並不想偷懶，也不願意不勞而獲；他願意一分勞力，得一分報酬，他相信自己可以做一個很好的齒輪。但是，他的舊社會關係就這麼割斷了，每一根賴以生存的生命索子都粉碎了。一個人在生存的權利上受到了這樣重大的威脅，他還該對社會盡什麼義務嗎？社會對於他，還可以要求些什麼嗎？[35]

Tiansheng ist im Roman hin- und hergerissen zwischen dem Wunsch, loyal und pflichtbewusst zu sein und andererseits die Hoffnung aufzugeben, da es die Gesellschaft ist, die ihn eigentlich zuerst aufgegeben hat. Dieser Zwiespalt ist charakteristisch für verschiedene Romane dieser Zeit. Die Figuren sind sich des Dilemmas bewusst und finden keinen Ausweg daraus, nicht zuletzt, weil ihre Wünsche, Hoffnungen und Erwartungen stets auf die Gesellschaft auf dem chinesischen Festland ausgerichtet sind.

Die persönliche Auseinandersetzung der Autoren mit ihrer politischen Vergangenheit und ihrer Aufgabe in der Gegenwart im Exil, die häufig auf die Romanfiguren

---

35 Cao Juren 1952, S. 154.

übertragen wurde, ist ein wichtiger Grund für die Blüte des Bildungsromans im Hongkong der 1950er Jahre. Mit dieser Literaturform gingen die Immigranten existentiellen Fragen nach: Wie kann ich meinem Heimatland China trotz meiner marginalen Position als Exil-Literat helfen? Was ist die Aufgabe eines Intellektuellen im Exil? Und wie sieht die Realität in Hongkong für zugewanderte Intellektuelle aus? Auf diese Weise schrieben sie zwar einerseits im Exil in Hongkong für das dortige Lesepublikum, richten ihren Fokus aber gleichzeitig auf das aktuelle politische Geschehen in ihrer Heimat, dem chinesischen Festland.

Die Aktualitätsbezüge dieser Bildungsromane bildeten zusammen mit ihrer Fortsetzungsstruktur und der Kombination mit den Nachrichten der Zeitungen, in denen sie als Beilagen erschienen, ein komplexes zeitliches System, das gegenwartsbezogen war und das Leben in Hongkong thematisierte, gleichzeitig aber stark auf Erlebnissen der Vergangenheit auf dem chinesischen Festland beruhte. Kollektives Wissen und Erfahrungen der Exil-Autoren wurden hierbei für eine imaginierte Gemeinschaft produziert und tradiert. Von großer Bedeutung als Wissensort waren die Fortsetzungsromane daher besonders für Exilanten, die am Rande der Hongkonger und ebenso der chinesischen Gesellschaft standen, die aber in diesen Texten einen Ort der kollektiven Identität fanden.

Zusammenfassung

Literarische Zeitungsbeilagen waren ein essentielles Printmedium für die Entwicklung der Hongkonger Literatur als diese noch in ihren Anfängen steckte. Die Beilagen besaßen viele Vorteile: Sie waren schnell zu produzieren und als Zusatz zur Zeitung für den Leser kostengünstig, wodurch eine schnelle Verbreitung der literarischen Erzeugnisse garantiert wurde. In China und Hongkong waren literarische Zeitungsbeilagen um die Mitte des 20. Jahrhunderts weit verbreitet, doch in Hongkong hatten diese Beilagen eine besondere Funktion: sie waren Sprachrohr und Wissensort für immigrierte, linksgerichtete Intellektuelle aus China. Mit der Publikation von Literatur in den literarischen Beilagen konnten sich diese Intellektuellen zum einen ihre Existenz im Exil sichern, und zum anderen konnten sie ihre schriftstellerische Laufbahn in Hongkong fortsetzen und den politischen Diskurs mitgestalten. Als Autoren oder sogar als Herausgeber dieser Beilagen erlangten sie zum Teil einen größeren Bekanntheitsgrad in der Stadt ihres Exils als in ihrer Heimat, die für viele dennoch der Bezugspunkt ihrer Ideen und Reflektionen blieb. Ihre Wahlheimat Hongkong aber gestattete den Exil-Literaten eine beträchtliche kreative Freiheit in Form und Inhalt, die insbesondere der in Hongkong zuvor kaum verbreiteten Literaturgattung des Bildungsromans einen Aufschwung verlieh. In der Form des Bildungsromans thematisierten die Exilanten ihre eigenen Lebensgeschichten und verbanden damit ihren Werdegang in China mit ihrer aktuellen Gegenwart in Hongkong. Damit schufen sie einen kollektiven Wissensort für sich und die chinesische Gemeinschaft im Exil.

Literaturverzeichnis

Anderson, Benedict. 2006. *Imagined Communities. Reflections on the Origin and Spread of Nationalism*. Überarbeitete Ausgabe, London: Verso.

Cao Juren 曹聚仁. 1952. *Jiudian* 酒店. Hong Kong: Xiandai shudian.

Cai Yihuai 蔡益懷. 2003. „Yuwang de huashen – Cao Juren *Jiudian* zhong de jiaojihua xingxiang fenxi" 慾望的化身——曹聚仁《酒店》中的交際花形象分析, in *Xiangjiang wentan* 香江文壇 19, S. 16–20.

Cheung, Martha P. Y. 2012. „Translation Activities in Hong Kong – 1842 to 1997", in: *Übersetzung – Translation – Traduction*, hrsg. von Harald Kittel et al. Handbücher zur Sprach- und Kommunikationswissenschaft 26.3. Berlin und Boston: de Gruyter Mouton, S. 2195–2201.

Chow, Rey. 1991. *Women and Chinese Modernity. The Politics of Reading between East and West*. Theory and History of Literature 75, Minneapolis: University of Minnesota Press.

Des Forges, Alexander. 2007. *Mediasphere Shanghai. The Aesthetics of Cultural Production*. Studies of the Weatherhead East Asian Institute, Columbia University, Honolulu. University of Hawai'i Press.

Des Forges, Alexander. 2003. „Building Shanghai, One Page at a Time: The Aesthetics of Installment Fiction at the Turn of the Century", in *The Journal of Asian Studies* 62.3, S. 780–810.

Fröhlich, Thomas und Brigit Knüsel Adamec. 2013. „Exilic Signifiers in 20th Century China: 1898, 1949, 1989", in *Oriens Extremus* 52, S. 3–18.

Huang Aoyun 黃傲雲. 1990. „Cong nanmin wenxue dao Xianggang wenxue" 從難民文學到香港文學, in *Xianggang wenxue* 香港文學 62, S. 4–14.

Huang Jichi [Wong Kai Chee] 黃繼持, Lu Weiluan [Lo Wai Luen] 盧瑋鑾 und Zheng Shusen [William Tay] 鄭樹森 (Hrsg.). 2000. *Xianggang xin wenxue nianbiao, 1950–1969 nian* 香港新文學年表, 1950–1969 年. Hong Kong: Tiandi tushu.

Huang Jing 黃靜. 2002. „1950 zhi 1970 niandai Xianggang dushi xiaoshuo yanjiu" 1950 至 1970 年代香港都市小說研究. Masterarbeit, Lingnan Universität.

Huang Wanhua 黃萬華. 2013. „Cong ‚Wenchao' (1944–1945) dao ‚Wenyi xinchao' (1956–1959): yi tiao buke renshi de wenxue shi xiansu" 從「文潮」(1944–1945) 到 「文藝新潮」(1956–1959)：一條不可忽視的文學史綫素. Internationale Konferenz *Hong Kong's Literature and Culture of the 1950s*, Lingnan University, Hong Kong, 21.–23.05.2013 (unveröffentlichter Konferenzbeitrag).

Huang Yanping 黃燕萍. 2002. „Chongxun yiben wushi niandai chu de Xianggang xiaoshuo: Cao Juren *Jiudian*" 重尋一本五十年代初的香港小說——曹聚仁《酒店》, in *Xianggang wenxue* 香港文學 207, S. 57–61.

Jacob, Christian. 2017. „Lieux de savoir: Places and Spaces in the History of Knowledge", in: *KNOW: A Journal on the Formation of Knowledge* 1.1, S. 85–102.

Ji Hongfang 計紅芳. 2007. „Xianggang nanlai zuojia huaixiang muti de sanchongzou" 香港南來作家懷想母體的三重奏, in *Wenxue yanjiu* 文學研究 7, S. 24–33.

Knüsel Adamec, Brigit. 2013. „In Exile: Lao Sze-Wang on Cultural Re-appropriation", in *Oriens Extremus* 52, S. 83–103.

Li Kuang 力匡. 1987. „Wushi niandai de Xianggang fukan wenxue" 五十年代的香港副刊文學, in *Xianggang wenxue* 香港文學 25, S. 92–93.

Link, E. Perry. 1981. *Mandarin Ducks and Butterflies. Popular Fiction in Early Twentieth-Century Chinese Cities*. Berkeley: University of California Press.

Liu Yichang 劉以鬯. 1987. „Zhi bu ke er wei: Liu Yichang xiansheng tan yansu wenxue" 知不可而為：劉以鬯先生談嚴肅文學, in *Bafang wenyi congkan* 八方文藝叢刊 6, S. 57–67.

———. 2006. „Wo bian Xianggang baozhang wenyi fukan de jingyan" 我編香港報章文藝副刊的經驗, in *Chengshi wenyi* 城市文藝 1.8, S. 74–78.

Luo Fu 羅孚. 1993. *Xianggang wenhua manyou* 香港文化漫遊. Jinri Xianggang xilie 今日香港系列, Hong Kong: Zhonghua shuju 中華書局.

Ma, Leo F. H., und Louise L. M. Chan. 2008. „New Access to Old Materials: The Hong Kong Newspaper Supplements Digitization Project", in: *The Impact of Digital Technology on Contemporary and Historic Newspapers: Proceedings of the International Newspaper Conference, Singapore, April 1–3 2008, and Papers from the IFLA World Library and Information Congress, Québec, Canada, August 2008*, hrsg. von Hartmut Walravens, IFLA Publications 135. München: K. G. Saur, S. 71–80.

Reed, Christopher A. 2004. *Gutenberg in Shanghai. Chinese Print Capitalism, 1876–1937*. Contemporary Chinese Studies. Vancouver: UBC Press.

The Chinese University of Hongkong. (o. D.). *Hong Kong Literature Database*, http://hklitpub.lib.cuhk.edu.hk/index_eng.jsp (Zugriff am 25.09.2020).

Wu Xihe 吳錫河. 2004. „Dui baozhang fukan de pinggu yu qiwang: Xianggang wenxue jie ‚fukan yu wenhua jiaoyu' jiaoliu hui ceji" 對報章副刊的評估與期望：香港文學節「副刊與文化教育」交流會側記, in *Xiangjiang wentan* 香江文壇, 31, S. 58–61.

Xianggang wenhua ziliao ku 香港文化資料庫. (o. D.). https://hongkong cultures.blogspot.com/ (Zugriff am 25.09.2020).

Yuan Dian 原甸. 1980. „Fukan de zhongyao" 副刊的重要, in *Kaijuan yuekan* 開卷月刊 2.7, S. 2.

Zhang Yongmei 張詠梅. 2003. *Bianyuan yu zhongxin: lun Xianggang zuoyi xiaoshuo zhong de ‚Xianggang' (1950–67)* 邊緣與中心：論香港左翼小說中的「香港」(1950–67). Hong Kong: Tiandi tushu.

Zhao Xifang 趙稀方. 2006. „‚Greenback Culture' and Hong Kong Novels in the 1950s", in *Ershiyi shiji* 二十一世紀 98, S. 87–100.

Fictional Texts as Sites of Knowledge: From Intertexts to Transtextuality

Lena Henningsen

Many fictional characters in Chinese literature are avid readers of literary prose, poetry, fiction, and nonfiction. This establishes a distinct web of texts, and thus patterns of intertextuality. Their reading acts often characterize these fictional characters. In literary texts produced after 1949, they are positioned clearly within the ideological framework set up by the literary dogma of the CCP. This dogma called upon the readers of fiction to emulate literary heroes. Using this as a starting point, I analyze the short story "Banzhuren" (The Class Teacher) by Liu Xinwu, published shortly after the Cultural Revolution (1966–1976). The multitude of texts read and discussed within this piece of fiction clearly locates the story within the literary and intellectual cosmos of the time. Moreover, the intertexts transform the story into a site where literary knowledge is debated, contested, and produced. Reading acts thus produce a site of knowledge within the fictional narrative. The short story offers interpretations of the intertexts and attains distinct meaning through the various texts referred to and discussed. At the same time, the interpretations of these intertexts mirror how the readers of "Banzhuren" may have perceived them. The short story and the texts referred to form what I call a "transtextual space." Taking into account the fictional nature of the text, I argue that this particular type of transtextuality creates distinct imaginary spaces.

Introduction[1]

In his examination of *lieux de savoir*, the French historian Christian Jacob rightly points out that knowledge "is not purely ideal" and does not "exist by itself." Rather, "it is always embedded in artifacts or embodied in individuals, communities, or institutions."[2] Artifacts can be drawings, texts, books, or various other things in which knowledge is written down, ordered, and presented. This materialization of knowledge is essential for the production and circulation of knowledge. Social and

---

1 This paper has been developed as part of the ERC-funded project "The Politics of Reading in the People's Republic of China" (READCHINA, Grant agreement No. 757365/SH5: 2018–2023). I would like to thank the READCHINA team (Eve Y. Lin, Damian Mandżunowski, Duncan Paterson, and Lara Y. Yang), Nicolai Volland, Martin Hofmann, and the anonymous reviewer for their careful reading of the different versions of this paper.
2 Jacob 2017, p. 87.

spatial practices thus determine how knowledge is created and circulated, and how it is adapted, altered, and advanced in the process. Similar to Jacob, the geographer David N. Livingstone argues for a geography of reading. He proposes a methodology that pays attention to "spaces of textual circulation,"[3] spaces of reading as "sites of textual hybridity,"[4] the creation of "cartographies of textual reception,"[5] and the construction of a "cultural geography of reading."[6]

The attention devoted to the circulation of texts mirrors deliberations in the fields of comparative and world literature. Literary texts become world literature through concrete movement across geographical space. World literature is therefore defined by the literary scholar David Damrosch as texts that, in traveling beyond their culture of origin, "gain in translation."[7] Recent research emphasizes that world literature should not be equated with literature circulating in English, and thereby gaining a global reach. Rather, starting from the multilingual contexts of South Asia, Francesca Orsini proposes the concept of a "significant geography ... that texts, authors, and language communities inhabit, produce, and reach, which typically extend outward without (ever?) having a truly global reach."[8] These geographies are defined as significant due to their "trajectories and imaginaries that are *recurrent* and/or that *matter* to actors and texts."[9] Texts, we learn from Orsini and her colleagues, are always embedded within distinct contexts of production, circulation, consumption, and reception. These contexts, in turn, have a distinct impact on which, and how, knowledge is produced and interpreted in distinct cultural settings.

The book as a material artifact is one of the objects through which knowledge is created. I define knowledge in very broad terms, ranging from basic factual information about a subject, to interpretations of natural, social, political, or cultural phenomena. The pages of a book become the sites on which knowledge is presented and ordered in distinct ways, thereby informing practices of knowledge circulation. While this is evident for books presenting *factual* texts, such as those discussed by Jacob, I am proposing incorporating *fictional* texts into this model as well. While

---

3   Livingstone 2005, p. 393.
4   Livingstone 2005, p. 393.
5   Livingstone 2005, p. 394.
6   Livingstone 2005, p. 395.
7   Damrosch 2003, pp. 281–303.
8   Laachir, Marzagora, and Orisini 2018a, p. 294; see also Laachir, Marzagora, and Orisini 2018b.
9   Laachir, Marzagora, and Orisini 2018a, p. 294; emphasis in original.

Franco Moretti has elaborated on the significance of geographical information in the creation of abstract models of fictional texts,[10] I propose considering the role of reading within the production of knowledge and the production of sites of knowledge (*lieux de savoir*). Reading attains significance as it represents the conscious or unconscious acquisition of knowledge from textual artifacts as sites of knowledge, and sometimes also within a concrete space dedicated to knowledge, such as a classroom or a library.

Fictional characters are sometimes portrayed as reading. In *How the Steel was Tempered*, the Soviet classic of socialist realism by Nikolai Ostrovsky (1904–1936), for example, the protagonist Pavel Korchagin names Ethel Voynich's (1864–1960) *The Gadfly* as the source of inspiration for his own heroic deeds. Such depictions may serve as a short-cut to the characterization of a fictional persona, or as a means of reflecting upon the nature and role of writing and reading literature. Similarly, numerous characters in Chinese fiction are portrayed as readers of prose, fiction, or poetry. Such fictional readers appear across a wide range of texts, from the classical novel *Honglou meng* 紅樓夢 (The Dream of the Red Chamber)[11] to Lu Xun's 魯迅 (1881–1936) "Kuangren riji" 狂人日记 (A Madman's Diary, 1918), from PRC classics like Yang Mo's 杨沫 (1914–1995) *Qingchun zhi ge* 青春之歌 (Song of Youth, 1958) and Ouyang Shan's 欧阳山 (1908–2000) *San jia xiang* 三家巷 (Three Family Lane, 1959) to science fiction such as Wei Yahua's 魏雅华 (b. 1949) "Wo jueding yu jiqiren qizi lihun" 我决定与机器人妻子离婚 (Conjugal Happiness in the Arms of Morpheus, 1981) or Ma Boyong's (b. 1949) 马伯庸 "Jijing zhi cheng" 寂静之城 (The City of Silence, 2005), to unofficial handwritten entertainment fiction from the Cultural Revolution[12] or a piece of scar literature (*shanghen wenxue* 伤痕文学, or literature of the wounded) from the immediate aftermath of the Cultural Revolution: "Banzhuren" 班主任 (The Class Teacher, Nov. 1977)[13] by Liu Xinwu 刘心武 (b. 1942).[14]

---

10 Moretti 2007.

11 In research about intertextuality in *Honglou meng*, the focus is on the ancient myths and texts that have influenced the author of the novel, rather than concrete reading acts in the plot; see, for example, Wang 1992.

12 For an overview of the literary field during the Cultural Revolution, see Henningsen 2019. I discuss reading acts in this genre in Henningsen 2021.

13 Liu Xinwu 1977. For an English translation, see Liu Xinwu 1995.

14 For an evaluation of Liu Xinwu's literary oeuvre of the late 1970s and the 1980s, see Himmelstein 1997.

These texts, I argue, can be seen as both concrete sites of knowledge and as a point of entry into imaginary spaces of knowledge. As sites of knowledge, they provide their readers with information about and interpretations of other texts, which were unknown, or, if they were known, not readily available to readers at the time, as was common during the Cultural Revolution and its early aftermath. Through these texts-read-within-fictional-texts, new knowledge may be introduced to readers or created through distinct interpretations of the text. A page of fiction thus turns into a *lieu de savoir*. On a different level, these readings in fictional texts may open up an imaginary realm, or space, as readers are invited to follow the characters into their worlds and their readings of other texts. The texts thus create imaginary, or virtual, spaces.

In this paper, I focus on one exemplary text, the short story "Banzhuren," which belongs to the canon of post-Mao scar literature and contains references to no less than 14 book titles. Some of these are mentioned in passing or as a shorthand characterization of the respective character. Others are discussed among the characters or inscribed into the narrative pattern of the story. "Banzhuren," I suggest, can thus be read as a debate among the fictional characters on the role and value of literature. I therefore conceptualize the short story as a site of knowledge. I argue, however, that the model can also be applied to other stories, to other genres, and to other eras. The focus on a story as a site of knowledge can yield fruitful findings beyond the national realm. The geographical coordinates of the reading materials referred to position the story distinctly on a map of world literature. These reading materials and reading acts provide readers of the story with knowledge about other (literary) texts and possible interpretations thereof. In their international scope, they also bring a transcultural and what I term transtextual dimension to the text. The transcultural dimension opens a perspective that may illustrate how cultural products are reinterpreted as they move or are moved from one culture to the next. This is particularly the case for literature-turned-world literature with texts gaining in translation—and, we may add, through reading. The "trans" in transcultural thus points to that which is gained through these processes of circulation. Transculturality is also an invitation to question and deconstruct the borders of cultures or identities.

In this paper, I understand transtextuality as derived from transculturality. Gérard Genette uses transtextuality as the superordinate term for the concepts of intertextuality, paratextuality, metatextuality, architextuality, and his notion of hypertextuality.[15] Differing from this, I want to highlight a textual quality that is more than the sum of

---

15 Genette 1993, pp. 9–18.

Fictional Texts as Sites of Knowledge   315

the meanings of the fictional text and the text(s) referred to therein. I argue that the inclusion of one text within another impacts back on the understanding and interpretation of both texts. "Trans" in transtextuality thus refers to that which is gained through these references. So, while "Banzhuren" is clearly rooted in the historical and geographical context of the aftermath of the Chinese Cultural Revolution, the intertextual references are transtextual and transcultural. As a result, distinct "significant geographies" open up these literary sites of knowledge to imaginative and imaginary spaces. To elaborate these arguments, I will develop this paper with an overview of the text, the context of its publication, and its standard evaluation in literary history; I will then turn to the texts read and discussed by the characters in this short story, before returning to consider transtextuality and the production of imaginary spaces.

"Banzhuren": Text and Context

"Banzhuren," first published in *People's Literature* (*Renmin wenxue* 人民文学) in 1977, is one of the central texts of the scar literature genre.[16] These short stories were written and published in the aftermath of the Cultural Revolution and are credited as being the first literary assessment of the "wounds," the hardships, suffering, and traumas inflicted by the Cultural Revolution. These texts name the wounds, and give the individual the right to state what she or he suffered, yet the genre in itself is still slightly formulaic and does not move beyond the confines of what was politically acceptable. The stories always end on a positive, optimistic note, and while the suffering of the individual (and sometimes the question of the guilt of the individual) are named, responsibility for everything that went wrong is invariably attributed to the "Gang of Four" (*siren bang* 四人帮), thereby exempting the recently deceased Mao Zedong and the political system from any moral guilt or political responsibility. Scar literature thus plays into the larger debates (and changing policies) about how to deal with the atrocities committed during the Cultural Revolution, and how to attribute accountability and to whom.[17] Despite its formulaic nature, however, close readings of scar literature point to elements of openness and ambivalence in the stories. Scar literature is thus not just a reinforcement of the Four Modernizations (*si ge xiandaihua* 四个现代化) or a final verdict on the Cultural Revolution. Rather, ambiguities in the

---

16 For an overview of scar literature, see Knight 2016.

17 For more on these debates, see, for example, the contributions in the edited volume by Leese and Engman 2018; Cook 2016; Leese 2014.

texts could point to interpretations that differ from the official line,[18] which also explains the popularity of the texts at the time. My reading of "Banzhuren" supports this as it also notes ambivalences in dealing with and making use of the Maoist past.

"Banzhuren" narrates how, in the spring of 1977, Song Baoqi, a young student referred to as a hoodlum or hooligan (*liumang* 流氓), is transferred into the class of Teacher Zhang, the protagonist of the story. Teacher Zhang has to cope with the reservations of his colleagues and his students (and their families) about welcoming Song into the class. The narrative introduces various teachers and students, and their different outlooks on Song, as well as their divergent political and ideological positions.

These positions are reflected in the reading acts of the protagonists, both in the texts they decide to read, and how they interpret them. Given the amount of reading and the intensity of the related discussions that take place within the narrative, the short story could be taken as a debate about the status and value of literature at the end of the Mao era. The short story is thus clearly a site where extant literary and ideological knowledge is contested and new knowledge is produced, challenging the Maoist literary dogma. Ever since Mao Zedong's 1942 Yan'an talks, literature and the arts had been subordinated to the politics of the Chinese Communist Party (CCP). Convinced of the educational function of literature, authors were called upon to create literary heroes as models for readers to emulate in their everyday lives.[19] As a consequence, literature from the era of high Maoism[20] features heroes conforming to the Three Prominences (*san tuchu* 三突出), i.e., prominence is given to positive characters; among this group, prominence is given to heroic characters; and among this group, prominence is given to the main heroic character. Accordingly, the main hero of a story stands out from the secondary heroes, the broad masses, and the class enemies.[21]

As a consequence, practices of emulating literary heroes emerged, or what I call practices of "normative reading." Texts read (no matter whether fictional or factual)

---

18 Chen 2020, pp. 29–37.
19 Wagner 1992; Wagner 1995.
20 High Maoism here refers to the later period of high socialism in China (defined as the period from the mid-1950s to 1980 in Brown and Johnson 2015, pp. 6–7), i.e., from the mid-1960s to the late 1970s. I use this term to emphasize the dominance of Mao Zedong within the entire political system and within popular imagination, brought about by power struggles and the carefully orchestrated Mao cult.
21 Huang 1973, King 2013, Yang 1998, and van Fleit Hang 2013 are seminal works on the literature created within the confines of the Maoist literary dogma. For the mode of operation of the socialist literary system in China, see Link 2000.

were not just vaguely inspirational for their readers; rather, they were believed to provide clear guidance in life. Autobiographical sources about Cultural Revolution experiences indicate that even among sent-down youth highly critical of the regime, patterns of normative reading were still widespread.[22] "Banzhuren" challenges and plays with the patterns of normative reading, as the following analysis of the reading acts in the text demonstrate.

Reading Acts and the Production of a Site of Knowledge

I define reading acts as people's interactions with texts, including the actual reading of a text, but also the discussion of a text, the borrowing of a book, and much more. Reading acts, in this sense, differ markedly from the model of "Acts of Reading" (*Leseakte*) established by Wolfgang Iser, which focuses on implicit readers and thus works as a literary theory that has as its object the text and its narrative structure.[23] In contrast, I conceptualize reading acts as what actual people do with texts and how they interact with the material artifacts on which texts are circulated, how they read, interpret, and meaningfully integrate their reading into their own lives.[24] Reading acts thus have a cognitive as well as an affective component and they are always connected to the concrete historical conditions under which they take place, regardless of whether a real-life reading act or a fictional reading act is at the center of the analysis.

In the context of Maoist and early post-Maoist China, reading acts can be understood within the framework of normative reading. Reading acts performed by fictional characters can be meaningfully incorporated into this model: if a literary hero is to be emulated by readers, then, we may assume, readers should take his or her literary preferences also as a model. A literary character's musing about the meaning of a text thus would claim normative status. The effect of the (suggested) normativity of a text may be even stronger if the text referred to is not readily available to the reader, because he or she does not possess it and cannot check the original himself or herself. Whenever fictional reading acts have a named title as their object (as opposed to an unspecified reference to the reading of "a novel" or "a poem"), they point to an intertextual relationship, similar to a quotation / citation or an allusion, as specified by

---

22 Henningsen 2021, chapter five; Henningsen 2020.
23 Iser 1976.
24 Reading acts from both autobiographical and fictional sources are collected in and available through the ReadAct database. See Paterson and Henningsen 2020.

Genette: they highlight the presence of one text inside another.[25] Referring to a textual source outside the text may impact on the real-life reader's interpretation of the text at hand. I argue that within the framework of normative reading, reading acts related to actual texts represent a particular form of intertextuality. The focus on the interaction of persons with texts points in two directions, to the plot and, potentially, to the lives of the readers of the text. The text read by a fictional character impacts on that character's life. The fictional character's evaluation and interpretation of the text (which at least in Maoist and early post-Maoist China was likely unavailable to readers of the fictional text) translates into a normative view of that very text. The fictional reading act thus produces knowledge using the pages of a fictional text as a site of knowledge.

The texts read in "Banzhuren" point to a wide literary cosmos. Most of these texts emerge from the realm of socialist cosmopolitanism that dominated the Chinese literary field before the start of the Cultural Revolution,[26] but a few texts are also from classical European literature and premodern Chinese literature. These readings are listed here in the order of their first appearance in the narrative:

- *The Gadfly* by Ethel Voynich;
- *Qingchun zhi ge* by Yang Mo, one of the most successful novels during the early years of the PRC;
- *How the Steel was Tempered* by Nikolai Ostrovsky, which uses *The Gadfly* as a central text of reference and was central to both the entire literary cosmos in socialist China and to the model of normative reading;[27]
- *War and Peace* by Leo Tolstoy (1828–1910);
- *Hongyan* 红岩 (The Red Crag), a second influential socialist realist novel of Chinese origin by Luo Guangbin 罗广斌 (1924–1967) and Yang Yiyan 杨益言 (1925–2017);
- *Xin Jiaxuan cixuan* 辛稼轩词选 (Selected Poems by Xin Jiaxuan);
- writings by Marx, Lenin, and Mao, including *The Communist Manifesto* and *The Three Origins and Three Components of Marxism*;
- *Baofeng zhouyu* 暴风骤雨 (Hurricane) a third Chinese socialist realist novel by Zhou Libo's 周立波 (1908–1979);

---

25 Genette 1993, p. 10.
26 Volland 2017.
27 On the influence of *How the Steel was Tempered* on the Chinese literary field, see Gamsa 2010, chapter 4; Green 2017; Wagner 1995; Yu 2002.

- *Mao Dun wenxuan* 矛盾文集 (Collected Works by Mao Dun);
- *Gaidaer wenxuan* 盖达尔选集 (Selected Works of Gaidar);
- *Eugenie Grandet* by Honoré de Balzac (1799–1850);
- *Tangshi sanbai shou* 唐诗三百首 (Three Hundred Tang Poems);
- and the Soviet children's story "The Watch" by Leonid Panteleyev which narrates the story of a young hoodlum or "street urchin" being reintegrated into society; readers of the story learn about the circumstances of his earlier misconduct and his underlying good character.

The texts referenced in the narrative of "Banzhuren" firmly anchor the story in late 1970s China. While these texts stem from different eras, geographical regions, and ideological provenances, autobiographical sources about the Cultural Revolution document that even though copies of the texts were scarce, some of them circulated and were widely read during the 1970s. *How the Steel was Tempered*, for instance, was never banned entirely. In life writing about the 1970s, the novel is referred to as a source of inspiration and as reading material that moved individual readers. However, these readings became ambivalent, and readers interpreted them not with an eye to emulating the protagonist's heroism, but, rather, in line with a general sense of disillusionment.[28] Three texts are central to an understanding of "Banzhuren," as they are discussed at length and firmly integrated into the narrative: *The Gadfly*, *How the Steel was Tempered* and "The Watch." These three are not only prominent within the plot of the short story, but also enjoyed significant circulation during the transition period of the late 1970s and early 1980s. *The Gadfly* and *How the Steal was Tempered* were both read extensively during the Cultural Revolution, as autobiographical accounts testify.[29] Moreover, all three intertexts and "Banzhuren" itself were adapted as comic books (*lianhuanhua* 连环画) between 1972 and 1980, thus making the texts available to a broader readership. The other texts are mentioned as earlier readings of the characters, but not discussed. While this makes them less prominent in the narrative, the range of titles identifies the story's fictional characters as avid readers. The brief references to these texts also suggest they had at least a certain relevance to the literary and intellectual field of the time. "Banzhuren" can therefore be read as a fictional literary debate on these existing titles, as well as on the status and role of literature in late 1970s China. The literary text thus becomes a site where knowledge is produced and shared in the reading act(s) through the voices of the different protagonists.

---

28 Henningsen 2020; Paterson and Henningsen 2020.
29 I elaborate on this in chapter five of Henningsen 2021.

In the short story, Xie Huimin, the Youth League Secretary of the class, is described as an honest, albeit naïve young girl who more or less blindly follows the Party's teachings but refuses to think independently. To her, both *The Song of Youth*—which features a love story during the time of revolutionary struggle and a heroine who is herself an avid reader—and *The Gadfly* are obscene books.[30] In her view, *The Gadfly* is particularly obscene because of its foreign origin and its illustrations, whilst Teacher Zhang (who read the book earlier in his life and found it to be meaningful) disagrees, and her classmate Shi Hong reads the book open-mindedly and considers it an exciting book that is worth reading. In fact, Shi Hong is in the process of reading *How the Steel was Tempered* and thus becomes curious to learn more about its intertextual engagement with *The Gadfly*. *How the Steel was Tempered* tells the story of Pavel Korchagin, an underprivileged youth growing up in poverty with ties to leftist circles who turns into a hero who forsakes romantic love and is willing to sacrifice his life for the sake of the revolution. Pavel notes that the source of his inspiration is *The Gadfly*—the story of a young man in 19th century Italy who fights against the monarchy and the Catholic church and willingly sacrifices love and life for the republic.

Within the plot of "Banzhuren," the ambivalent status of *The Gadfly* emerges because a torn copy of the book is found among the belongings of the "hooligan" Song Baoqi. The materiality of this copy is important. In addition to its damaged state, illustrations depicting the heroine of the novel have mustaches drawn on them. Teacher Zhang wonders whether Song and his friends have read the book as an obscene book like Xie Huimin, and whether they have misinterpreted a text that enjoyed official endorsement before the Cultural Revolution as titillation. The fact that in Song's copy of the book, the illustrations have mustaches, a clearly *male* "accessory," added to the face of the foreign *woman* might suggest a transgressive reading, thus, perhaps, proving Song's wrong, bourgeois state of mind. Teacher Zhang also realizes that Xie Huimin needs to learn not to think in black and white: she should differentiate between life and art, which can contain both treasures and trash. At this point in the story, Teacher Zhang thus calls into question a literary model that aims to provide simple answers and unambiguous guidance for life.

Song Baoqi's reading of *The Gadfly* is rather different from that of his future classmates and teacher, as Teacher Zhang learns soon after. Misspelling its title, Song only vaguely remembers the book, which he never finished reading as he was unable to comprehend it. In fact, he and his friends stole it, together with a number of other

---

30 Liu Xinwu 1977, p. 20.

titles, from the library of their school in order to sell them, thus mirroring real-life practices during the turbulent years of the Cultural Revolution. Breaking into the libraries that were closed at the time was one of the ways of attaining reading materials, as several authors report in their autobiographies.[31] Fearing arrest, Song Baoqi and his friends subsequently decided against selling the books and just played around with them, thus using the text in ways not intended by author or publisher. Each of the friends took a book with illustrations and drew mustaches on the faces of the women in a competition to see who could draw most and thus would be the most fortunate of them, thus using the books as fortune-telling devices.[32] Learning about this, Teacher Zhang ponders the state of Chinese society and the underlying reasons for both the narrow-mindedness of politically correct students like Xie and for the objectionable lifestyle of a "hooligan" like Song. Why, Zhang asks, were such valuable books declared "poisonous weeds" and locked away? What kind of threat did they pose? Could it be that *not* reading valuable books was the root of the young generation's disorientation? Realizing this, a wave of anger surges up in Teacher Zhang as the story takes a turn into the obligatory blaming of the "Gang of Four" and Zhang exclaims: "Save the children entrapped by the 'Gang of Four'!" 救救被"四人帮"坑害了的孩子！[33]

This sentence is not just an emotional outburst by a devoted teacher, it is also an intertextual link to Lu Xun's "Kuangren riji," credited as the foundational text of modern Chinese literature. The story can be read as a critical assessment of traditional Chinese culture, which is described as cannibalistic. To the madman, only the children are innocent as they have not yet eaten their fellow humans' flesh, so he ends his account: "Are there still children who haven't eaten humans? Save the children …" 没有吃过人的孩子，或者还有？救救孩子… Teacher Zhang's use of the well-known trope aligns itself, first of all, with May-Fourth discourses about the future of the country. In this reading of Lu Xun's trope, the children who have not been contaminated by inhuman cultural traditions are turned into the bearers of hope for a better future. By implication, the actions of the "Gang of Four" are equated with all that is negative about traditional Chinese culture, and the culture of the Cultural Revolution is declared to be cannibalistic—despite, or, more likely, because of its explicit leftist radicalism and anti-traditionalism. By implication, through this return to one of the

---

31 See, for example, Han Shaogong 2009, pp. 564–566.
32 Liu Xinwu 1977, p. 23.
33 Liu Xinwu 1977, p. 24.

founding texts of modern Chinese literature, "Banzhuren" lays claim to its own distinct literary value as an important reflection on contemporary Chinese society and culture.

The juxtaposition of Song Baoqi's physical interaction with his stolen copy of *The Gadfly* (a foreign literary text that was formative for the canon of socialist fiction) and the teacher's exclamation, which alludes to the founding text of modern Chinese fiction, turns "Banzhuren" into a particular site of knowledge. Ambivalence is inscribed into the story through the physical and ephemeral, material, and aesthetic pleasures of interacting with texts. Ambivalence further enters through attempts by individual characters to make claims based on their own subjective position towards the respective text.

The story also refers to Lu Xun at a second important junction in the last chapter.[34] In order to solve the conflict in the class and to overcome the antagonism against Song Baoqi, Shi Hong has taken the initiative and organized a reading of the Soviet children's story about a delinquent young street urchin, "The Watch" by Panteleyev. Lu Xun is explicitly mentioned in "Banzhuren" as the translator of the story who translated it with "great ardor" (*juda de reqing* 巨大的热情),[35] which underscores the authority of "The Watch." Through the students' interaction with and discussion of the text, the parallels between their own situation and that of the Soviet story become obvious, as well as the ambivalence of their situation and of their attempts to evaluate and compare Song Baoqi with the fictional character of the street urchin. Once they gain more knowledge about the respective backgrounds of the two hooligans, the students realize that neither of the two can be easily declared an outright bad character. Reading a literary text, once again, serves as a guide for one's own behavior.

Through the voice of Teacher Zhang, Liu Xinwu calls into question (literary) heroes modeled after texts such as *How the Steel was Tempered*. Zhang also questions the moral and ideological demands imposed on real persons during the Cultural Revolution. He advocates independent thinking but does so in a way that confirms the model of normative reading. He resolves to use guided reading activities to train his students in independent thinking—as is undertaken with "The Watch"—to help both Xie Huimin and Song Baoqi. Cherishing the values of good literature is thus a confirmation of the model of normative reading demanding that literature serve as a guiding tool both for ordinary readers and authors of literary texts. Just as Teacher Zhang

---

34 Liu Xinwu 1977, pp. 27–29.
35 Liu Xinwu 1977, p. 28.

makes plans for future guided reading activities with the students in his class to eliminate the negative influence of the "Gang of Four" and to turn his students into open-minded and independent students (who are thus able to contribute even better to socialist construction), Liu Xinwu took "The Watch" as the blueprint for his own literary creation, using it for his purposes as it serves as a model for the plot, interpretation of the plot, and evaluation of the short story itself.

Beyond the Site: Transtextuality and the Production of Imaginary Spaces

Through references to literary works from other parts of the world, in particular through the reading acts elaborated in the short story, "Banzhuren" attains a clearly transcultural dimension. This positions the characters, and through them the entire story, on a global literary map, including modern and premodern texts, texts from the world of socialist cosmopolitanism, and texts from Western literary traditions beyond the canon established by the literary dogma of the CCP. The short story thus turns into a site of knowledge that maps, evaluates, and thus produces knowledge about world literature. As a site of knowledge about world literature, "Banzhuren" inhabits a distinct "significant geography [..., albeit] without [...] a truly global reach."[36] The story in itself is bound to the Chinese context of its production and first circulation, and to the historical and literary background of the aftermath of the Chinese Cultural Revolution. However, the "significant geography" is produced through the texts read, many of them of foreign origin but adapted to the Chinese literary field at the time.[37] In this way, "Banzhuren" is positioned within transcultural circuits of literary exchange, albeit with the canon of socialist cosmopolitanism dominating. This production of a "significant geography" in the text rests on the fact that, as readers, the fictional characters in the story are "poaching" texts of world literature. With this poaching, Michel de Certeau refers to how readers generate meaning from texts through their reading. Meaning is not produced by the author, but by the readers of texts who wander through the text and integrate their reading into their own previous (reading) experiences. In de Certeau's reasoning, authorial intention is a strategy,

---

36 Laachir, Marzagora, and Orisini 2018a, p. 294.
37 Even a text like Zhou Libo's *Baofeng zhouyu*, a socialist realist novel authored by a Chinese author, has distinct foreign roots as it is modeled after *Virgin Soil Upturned*, which Zhou had translated earlier in his life. See Volland 2017, pp. 39–61.

while readers' responses to texts represent their tactics as they wander through the landscape of the text.[38]

The concept of "poaching" can be applied not only to actual readers (as de Certeau does), but to fictional readers as well. Fictional readers poach other (literary) texts, in this case *The Gadfly*, either by ascribing them transgressive intentions like Xie Huimin does, by using them for a fortune-telling game like Song Baoqi (drawing mustaches in order to see who will win and be the luckiest), or by declaring the novel a valuable work of literature like Teacher Zhang and Shi Hong. This may, at first, be seen as the attempt of an authorial voice to reclaim authority over the interpretation of texts, to establish its own interpretation of the texts discussed and by extension to establish its own interpretation of the short story itself, which is then interpreted through the texts read or intertextually referred to within the narrative. The text(s) referred to thus hover(s) above the target text, adding layer upon layer of meaning to it. However, if poaching is taken seriously, then reading acts in fictional texts similarly impact the intertexts that appear in relation to reading acts. This privileges the target text (the fictional text) as the site for the production of knowledge about the texts read, discussed, or otherwise referred to. The target text, moreover, makes claims about the contents, relevance, and meaning of the various intertexts. These intertexts are thus read from a distinct perspective, as the example discussed here exemplifies: through the debate in the "Banzhuren," it is first suggested that *The Gadfly* is an obscene text, which is then refuted. The relation of text and intertext is even more complex in the case of "The Watch", which is presented as a model for how to deal with problematic youngsters (and there were many after the turmoil of the Cultural Revolution). "The Watch" appears in two types of textual relationships, as defined by Genette. The first is an intertextual relationship, as it is mentioned and discussed at length by the protagonists of "Banzhuren." Within the framework of normative reading propagated in Maoist China, this textual relationship mirrors how the youngsters in the story rework their attitude towards their new classmate. This also calls upon actual readers of the story to emulate the protagonists. Second, "The Watch" has a hypertextual relationship (within Genette's theory) with "Banzhuren" as the latter can be seen as modeled on the former. This relationship emphasizes the importance attributed to the "model" text, and it also points out that "The Watch" is attributed high authority within the "significant geography" of "Banzhuren."

---

38 De Certeau 1984, pp. 165–176.

Thus, references to intertexts, and in particular the reading of texts in fictional texts, add a new layer of meaning to the respective piece of fiction. At the same time, they also impact on how the intertext itself is being read and interpreted, both within a fictional text and beyond. As intertext and target text attribute meaning to each other, they can both be located in what I term transtextual space. Through reading acts, the fictional text creates a distinct "significant geography."

Within the fictional space of "Banzhuren," Lu Xun—arguably the highest literary authority in modern China—and the novel *The Gadfly*—core reading material from the Maoist era—come to condemn the policies of the "Gang of Four" and to usher in the reform policy of the "Four Modernizations." They also serve to make an argument for the importance and value of reading. They are thus updated for the new era. Representative of late 1970s literature and 1970s reading practices more generally, "Banzhuren" manifests the capacity of reading materials to create transtextual spaces of knowledge and reveals how these spaces come into being: Teacher Zhang and the students only discuss an abstract notion of the *The Gadfly*, as their discussion does not focus on the contents and literary style of the book. Rather, one distinct copy forms the center of attention: stolen from a public library, tattered, and with mustaches drawn on the illustrations. While this copy of *The Gadfly* is clearly a site where knowledge is produced and contested, the location of the novel within another fictional text and the reading / poaching undertaken by the various fictional characters, turn the ensemble of the text and its various intertexts into a transtextual space (and a transcultural space, given the wide geographical distribution of the points of origin of the intertexts). Transtextual space is imaginary as it is built from the assumptions, interpretations, and readings of individual readers. Transtextual space, however, arises from the concrete physical manifestations of the texts that readers have in their hands. These material objects function as a site of knowledge and, at the same time, as a more or less virtual web of texts that they access through these texts.

References

Brown, Jeremy, and Matthew D. Johnson. 2015. "Introduction," in *Maoism at the Grassroots. Everyday Life in China's Era of High Socialism*, ed. by Jeremy Brown and Matthew D. Johnson. Cambridge, Mass.: Harvard University Press, pp. 1–15.

Chen, Letty Lingchei. 2020. *The Great Leap Backward. Forgetting and Representing the Mao Years*. Amherst: Cambria Press.

Cook, Alexander C. 2016. *The Cultural Revolution on Trial. Mao and Gang of Four*. Cambridge: Cambridge University Press.

Damrosch, David. 2003. *What is World Literature?* Princeton: Princeton University Press.

De Certeau, Michel (trans. by Steven Rendall). 1984. *The Practice of Everyday Life*. Berkeley: University of California Press.

Gamsa, Mark. 2010. *The Reading of Russian Literature in China. A Moral Example and Manual of Practice*. Palgrave Studies in Cultural and Intellectual History, New York: Palgrave Macmillan.

Genette, Gérard (trans. by Wolfram Bayer und Dieter Honig). 1993. *Palimpseste. Die Literatur auf zweiter Stufe*. Frankfurt a. M.: Suhrkamp.

Green, Frederik H. 2017. "The Cultural Indigenization of a Soviet 'Red Classic' Hero: Pavel Korchagin's Journey through Time and Space," in *The Making and Remaking of China's "Red Classics"*, ed. by Rosemary Roberts and Li Li. Hong Kong: Hong Kong University Press, pp. 136–155.

Han Shaogong 韩少功. 2009. "Manchang de jiaqi" 漫长的假期, in *Qishi niandai* 七十年代, ed. by Bei Dao 北岛 and Li Tuo 李陀. Beijing: Sanlian shudian, pp. 563–585.

Henningsen, Lena. 2019. "Literature of the Cultural Revolution," in *Routledge Handbook of Modern Chinese Literature*, ed. by Ming Dong Gu. Abingdon: Routledge, pp. 423–434.

———. 2020. "Poaching World Literature in China's Long 1970s," in *Asian Journal of African Studies* 48, pp. 119–149.

———. 2021. *Cultural Revolution Manuscripts. Unofficial Entertainment Fiction from 1970s China*. Chinese Literature and Culture in the World, Basingstoke: Palgrave Macmillan.

Himmelstein, Christoph. 1997. *Kaleidoskop der 80er Jahre. Das Werk des chinesischen Schriftstellers Liu Xinwu*. Bochum: projekt verlag.

Huang, Joe C. 1973. *Heroes and Villains in Communist China. The Contemporary Chinese Novel as a Reflection of Life*. London: Hurst.

Iser, Wolfgang. 1976. *Der Akt des Lesens. Theorie ästhetischer Wirkung.* München: Wilhelm Fink.

Jacob, Christian. 2017. "Lieux de savoir: Places and Spaces in the History of Knowledge," in *KNOW: A Journal on the Formation of Knowledge* 1.1, pp. 85–102.

King, Richard. 2013. *Milestones on a Golden Road. Writing for Socialism, 1945–80.* Vancouver: UBC Press.

Knight, Sabina. 2016. "Scar Literature and the Memory of Trauma," in *The Columbia Companion to Modern Chinese Literature*, ed. by Kirk A. Denton. New York: Columbia University Press, pp. 293–298.

Laachir, Karima, Sara Marzagora, and Francesca Orsini. 2018a. "Significant Geographies: In Lieu of World Literature," in *Journal of World Literature* 3, pp. 290–310.

———. 2018b. "Multilingual Locals and Significant Geographies: For a Ground-up and Located Approach to World Literature," in *Modern Languages Open* 1. DOI: https://doi.org/10.3828/mlo.v0i0.190 (accessed on March 17, 2021).

Leese, Daniel. 2014. "A Single Spark: Origins and Spread of the Little Red Book in China," in *Mao's Little Red Book. A Global History*, ed. by Alexander C. Cook. Cambridge: Cambridge University Press, pp. 23–42.

Leese, Daniel and Puck Engman (eds.). 2018. *Victims, Perpetrators, and the Role of Law in Maoist China. A Case-Study Approach.* Berlin: De Gruyter.

Link, Perry. 2000. *The Uses of Literature. Life in the Socialist Chinese Literary System.* Princeton: Princeton University Press.

Liu Xinwu 刘心武. 1977. "Banzhuren" 班主任, in *Renmin wenxue* 人民文学 11, pp. 16–29.

———. 1995. "The Class Teacher" (trans. by Zhihua Fang), in *Chinese Short Stories of the Twentieth Century. An Anthology in English*, ed. by Zhihua Fang. New York: Garland, pp. 85–120.

Livingstone, David N. 2005. "Science, Text and Space: Thoughts on the Geography of Reading," in *Transactions of the Institute of British Geographers* 30.4, pp. 391–401.

Moretti, Franco. 2007. *Graphs Maps Trees. Abstract Models for Literary History.* London: Verso.

Paterson, Duncan and Lena Henningsen. 2020. "ReadAct: Reading Act Database," *Zenodo*, April 16, 2020, DOI:10.5281/zenodo.3755105 (accessed on March 21, 2022).

Van Fleit Hang, Krista. 2013. *Literature the People Love. Reading Chinese Texts from the Early Maoist Period (1949–1966)*. New York: Palgrave Macmillan.

Volland, Nicolai. 2017. *Socialist Cosmopolitanism. The Chinese Literary Universe, 1945–1965*. New York: Columbia University Press.

Wagner, Rudolf G. 1992. *Inside a Service Trade. Studies in Contemporary Chinese Prose*. Cambridge, Mass.: Council on East Asian Studies, Harvard University.

———. 1995. "Life as a Quote from a Foreign Book: Love, Pavel, and Rita," in *Das andere China. Festschrift für Wolfgang Bauer zum 65. Geburtstag*, ed. by Helwig Schmidt-Glintzer. Wolfenbütteler Forschungen 62, Wiesbaden: Harrassowitz, pp. 463–476.

Wang, Jing. 1992. *The Story of Stone, Intertextuality, Ancient Chinese Lore, and the Stone Symbolism of* Dream of the Red Chamber, Water Margin *and* The Journey to the West. Durham, NC: Duke University Press.

Yang, Lan. 1998. *Chinese Fiction of the Cultural Revolution*. Hong Kong: Hong Kong University Press.

Yu, Min-Ling. 2002. "A Soviet Hero, Pavel Korchagin, Comes to China," in *Russian History* 29.2/4, pp. 329–355.

Zu den Autorinnen und Autoren

Chen Hailian 陈海连 schloss ihr Bachelorstudium in Ingenieurwissenschaften und ihr Masterstudium in Technikgeschichte an der Tsinghua-Universität in Beijing ab. An der Universität Tübingen promovierte sie im Fach Sinologie. Sie war Wissenschaftliche Mitarbeiterin im DFG-Projekt „Monies, Markets and Finance in China and East Asia, 1600–1900" in Tübingen und unterrichtete mehrere Semester lang an der Universität Trier. Seit September 2019 leitet sie das BMBF-Projekt „Die Wegbereiter von Chinas Aufstieg zur Technologiemacht: Technische Bildungseinrichtungen und ihre Studierenden im Zeitalter des Globalen Wandels, 1860–1911" an der Universität Leipzig. Mit einem Schwerpunkt auf der Geschichte des Zinks sowie des Bergbaus umfasst ihre Forschung und Lehrtätigkeit ein breites Spektrum von Themen aus den Bereichen der Technik-, Sozial-, Wirtschafts-, Umwelt- und Kulturgeschichte Chinas von der Qing-Dynastie bis zur Gegenwart.

Emily Graf arbeitet als wissenschaftliche Mitarbeiterin (Postdoc) am Institut für Sinologie der Freien Universität Berlin. Ihre Forschungsinteressen reichen von der Wechselbeziehung zwischen Geschichte, *Oral History* und kollektivem Gedächtnis über Kulturpolitik in der Vergangenheit und Gegenwart der VR China und Taiwans zur chinesischen Literatur im globalen Kontext. Sie schloss ihre Promotion in Sinologie und Transkulturellen Studien 2018 an der Universität Heidelberg ab. In ihrer Dissertation untersuchte sie die Museen und Erinnerungsorte von Schriftstellern der VR China, der DDR und Taiwans aus globaler und historischer Perspektive. Ein PhD Fellowship an der Renmin-Universität in Peking (2013–14) ermöglichte ihre Feldforschung an Museen in der VR China und in Taiwan. In ihrer jüngsten Forschung untersucht sie die Kulturgeschichte sogenannter „Barfußärzte", die in den 1960er- und 1970er-Jahren in ländlichen Regionen der VR China im Bereich Gesundheit und Hygiene arbeiteten, und betrachtet ihre Rolle aus globaler Perspektive im Themenbereich der Weltgesundheit.

Lena Henningsen ist Juniorprofessorin am Institut für Sinologie der Universität Freiburg. Sie forscht zu populärer chinesischer Literatur und Kultur des 20. und 21. Jahrhunderts und leitet derzeit das ERC finanzierte Forschungsprojekt „The Politics of Reading in the People's Republic of China (READCHINA)" (https://readchina.

github.io). Sie studierte Sinologie, Politikwissenschaften und Musikwissenschaften in Berlin (HU), Nanjing und Heidelberg. In Heidelberg wurde sie 2008 mit der Arbeit *Copyright Matters: Imitation, Creativity and Authenticity in Contemporary Chinese Literature* promoviert und habilitierte sich 2019 mit der Schrift *Texts in Motion: Unofficial Handwritten Entertainment Fiction from China's Cultural Revolution*.

Martin Hofmann arbeitet am Heidelberg Centre for Transcultural Studies. Er unterrichtete zuvor an den Lehrstühlen für Sinologie der Universität Würzburg und der Universität Leipzig, forschte als Postdoc am Max-Planck-Institut für Wissenschaftsgeschichte in Berlin, und war Gastwissenschaftler an der Harvard University, der Chinesischen Akademie der Wissenschaften in Beijing, dem Needham Research Institute in Cambridge und der Academia Sinica in Taipei. Seine Forschungsschwerpunkte sind Wissenschafts- und Ideengeschichte, Klassikerstudien sowie historische Geographie und Kartographie Chinas.

Joachim Kurtz ist Professor für Wissensgeschichte am Heidelberg Centre for Transcultural Studies. Sein Forschungsinteresse gilt Austauschprozessen zwischen China, Japan und Europa mit Schwerpunkten auf Philosophie, Logik, politischer Theorie, Praktiken der Argumentation, historischer Semantik und Buchgeschichte. Er lehrte zuvor an der Emory University in Atlanta und arbeitete als Gastwissenschaftler in Princeton, Paris, Shanghai, Taipei und Beijing.

Virginia Y. Y. Leung ist seit 2021 Doktoratskoordinatorin am Departement für Geistes-, Sozial- und Staatswissenschaften an der ETH Zürich. Sie studierte in Tübingen und Beijing und erwarb einen MA in Komparatistik, Kunstgeschichte und Sinologie. Ihre Dissertation, die sie 2019 abgeschlossen hat, behandelt Hongkonger Bildungsromane der 1950er Jahre. Ihre Forschungsinteressen liegen im Bereich moderne chinesische Literatur, Hongkonger Literatur und Kultur sowie literarische Übersetzungstheorie und Übersetzungspraxis.

Eve Y. Lin ist wissenschaftliche Mitarbeiterin im ERC finanzierten Forschungsprojekt „The Politics of Reading in the People's Republic of China (READCHINA)" und Doktorandin am Institut für Sinologie der Universität Freiburg. Sie forscht zu Leseaktivitäten in China in Zeiten von Konsumismus mit einem Fokus auf Räumen des Lesens. 2019 promovierte sie im Fach englischsprachige Literatur an der Universität

Nanjing (China). In den Jahren 2016–2017 war sie Gastwissenschaftlerin an der Duke University (USA).

Liu Wenqing 刘文清 absolvierte von 2011 bis 2015 ein Masterstudium in klassischer Sinologie an der Universität Münster, wo sie 2021 auch ihre Promotion im Fach Sinologie abschloss. Seit 2022 ist sie Dozentin am College of Humanities der Henan University of Science and Technology (*Henan keji daxue renwen xueyuan* 河南科技大学人文学院). Ihre Forschungsinteressen umfassen chinesische Literatur und Kunst sowie die chinesische Dichtkunst der Tang-Zeit.

Lu An 陸岸 stammt aus Shanghai und provomiert im Fach Sinologie an der Universität Münster. Seine Forschung konzentriert sich seit 2010 auf die Untersuchung buddhistischer Klöster in der Song-Zeit (960–1279).

Damian Mandżunowski hat 2015 ein BA-Studium in Sinologie (München) und 2018 ein MA-Studium in Modern China Studies (Freiburg) abgeschlossen. Seit 2018 promoviert er an der Universität Freiburg zu organisierten Formen des kollektiven Lesens in der Volksrepublik China und ist Mitarbeiter des ERC-Projekts „The Politics of Reading in the People's Republic of China (READCHINA)". Zu seinen Forschungsinteressen zählen das staatliche Propagandawesen, visuelle Erzählungsformen und die sozialpolitische Geschichte Chinas.

Immanuel Spaar studierte Sinologie an der Julius-Maximilians-Universität Würzburg, wo er seit 2017 Wissenschaftlicher Mitarbeiter ist und Kurse zu einem breiten Themenspektrum anbietet. Er war 2018 als Koordinator am European Chinese Language and Culture Programme at Peking University (ECLC) tätig und hielt sich von 2021 bis 2022 zu einem Forschungsaufenthalt an der University of British Columbia in Vancouver auf. Derzeit arbeitet er an einer Dissertation zur Textgattung „Aufgezeichnete Gespräche" (*yulu* 語錄) unter besonderer Berücksichtigung des Philosophen Luo Rufang 羅汝芳 (1515–1588).

Xie Shuyue 谢书悦 hat einen Bachelorabschluss an der Shanghai Normal University in der Fachrichtung „Klassische chinesische Quellenkunde" (*Gudian wenxian* 古典文献) und einen Master in Sinologie an der Universität Leipzig erworben. Sie promoviert derzeit an der Julius-Maximilians-Universität Würzburg zu Manuskriptkultur in

Jiangnan, 1550–1850. Neben Buchgeschichte gelten ihre Interessen der Geistes- und Sozialgeschichte der späteren Kaiserzeit.